Les conservateurs apostoliques dans le droit classique de l'Église

Études de droit canonique
dirigée par Pr Yves Strickler et Pr Mélina Douchy-Oudot

Cette collection a pour vocation de rendre accessibles au grand public francophone des œuvres scientifiques d'une utilité avérée pour la formation académique, la pratique judiciaire, la recherche et la divulgation du droit canonique. Elle est composée de quatre catégories de publications :

- Mémoires et thèses
- Guides et pratiques d'Officialité
- Prospectives canoniques
- Que dit l'Église ?

Elle reçoit également des ouvrages canoniques étrangers dont l'auteur souhaite une publication en langue française.

La direction éditoriale de cette collection est confiée à deux professeurs d'université, agrégés des Facultés de droit françaises, Yves Strickler et Mélina Douchy-Oudot, sous la responsabilité du conseil scientifique coordonné par l'abbé José Luis Domingo, official de Marseille.

Le présent ouvrage est le premier de la série Mémoires et thèses dans la collection « Études de droit canonique »

HENRI HÉNAFF

Les conservateurs apostoliques dans le droit classique de l'Église

édité et préfacé par Hervé Queinnec
avec la collaboration de Gwenaëlle Hervet

L'Harmattan

Illustration de couverture :
Grégoire IX remettant ses Décrétales à des clercs pour qu'ils les diffusent et les fassent appliquer. Manuscrit du XIIIe siècle (Fonds patrimoniaux de la Ville de Vendôme)

5-7, rue de l'École-Polytechnique, 75005 Paris
http://www.editions-harmattan.fr
ISBN : 978-2-336-55088-6
EAN : 9782336550886

PRÉFACE

C'est une institution originale mais aujourd'hui bien oubliée des canonistes et historiens du droit que nous présente l'abbé Henri Hénaff dans cet ouvrage, issu de sa thèse de doctorat en droit canonique soutenue à Strasbourg le 16 juin 1969 : celle des conservateurs apostoliques.

Le *Dictionnaire de droit canonique* publié entre 1935 et 1965 sous la direction de Raoul Naz n'en traitait pas[1]. En revanche, en 1894, le *Dictionnaire de droit canonique* de Mgr Michel André et de l'abbé Pierre Condis, revu par le chanoine Jules Wagner, y consacrait une notice d'une page et demie[2], laquelle reprenait à peine abrégé l'article « Conservateur » du *Cours alphabétique et méthodique de Droit Canon*, par M. l'abbé [Michel] André, publié en 1844 par M. l'abbé Migne. On y apprenait notamment qu'un « conservateur est un juge établi par le pape pour conserver les droits et les privilèges de certains corps ou de certaines personnes [en n'utilisant pas d'enquête judiciaire] »[3] : « *Conservator est judex delegatus a papa, datus ad tuendum aliquos contra manifestas injurias, seu violentias, judiciali non utens indagine* », que l'institution semblait remonter à une décision du pape Innocent IV au XIIIe siècle, la constitution *Statuimus*, elle-même complétée plus tard par la décrétale *Hac constitutione* figurant dans le *Sexte* (1298), et que cette institution était encore en vigueur en 1762. L'abbé André ne mentionnait pas à quelle date l'institution avait disparu.

Un autre manuel de droit canonique, celui de l'abbé Joseph Téphany, *Exposition du droit canonique selon la méthode des décrétales de Grégoire IX*, publié en 1898, précisait que les conservateurs apostoliques étaient des juges chargés par le Saint-Siège de conserver les droits et prérogatives « des ordres religieux, de la plupart des universités et de quelques collèges de chanoines [...]. Ces juges ne sont

---

1. Raoul NAZ (dir.), *Dictionnaire de droit canonique*, Paris, éditions Letouzey et Ané, 1935-1965, 7 vol.

2. Mgr M. ANDRÉ et abbé P. CONDIS, *Dictionnaire de droit canonique*, Paris, Hippolyte Walzer, 1894 (4 vol.), tome 1, p. 553-555.

3. *Cours alphabétique et méthodique de Droit Canon,* tome 1, Paris, 1844, col. 810-812. La phrase est de Barbosa.

pas nommés en synode diocésain ; mais ils doivent être choisis parmi les Juges Synodaux »[4].

Toujours à la fin du XIXe siècle, le *Dictionnaire de la langue française* par Émile Littré indiquait parmi les divers sens du mot « conservateur » qu'il s'agit d'un

> « titre de préposés à la garde de certaines choses, de certains droits : Conservateur des privilèges des villes ; Le conservateur des hypothèques. [...] Autrefois, juge conservateur, ou, simplement, conservateur, juge établi pour conserver les privilèges accordés à un corps »,

ou encore d'un

> « titre d'office dans quelques universités et dans d'autres corps, dont les fonctions consistent à veiller au maintien des droits et des privilèges » [5].

Un siècle plus tôt, l'*Encyclopédie de Diderot* (1751) définissait les conservateurs comme des officiers publics établis

> « pour la conservation de certains droits ou privilèges. Il y en a de plusieurs sortes : les uns qu'on appelle greffiers-conservateurs, dont la fonction est de tenir registre de certains actes pour la conservation des droits de ceux que ces actes intéressent [...] d'autres qu'on appelle juges-conservateurs, qui ont jurisdiction pour conserver certains droits & privilèges, tels que les conservateurs des privilèges royaux & apostoliques des universités » [6].

Certains de ces officiers publics royaux étaient des greffiers, comme les *greffiers-conservateurs des Hypothèques* ; d'autres étaient des juges, comme les *conservateurs des Villes ou des Privilèges des Villes*, ou les *conservateurs apostoliques ou des Privilèges apostoliques des Universités*. Ce petit détour par certaines institutions françaises d'Ancien Régime permet de comprendre que certains juges puissent recevoir le titre de conservateurs.

Mais une meilleure explication de ce qu'étaient les conservateurs apostoliques, avant le Code de droit canonique de 1917, se trouve dans la *Catholic Encyclopedia* de 1907 :

> « Un conservateur est un juge délégué par le pape pour défendre certaines classes privilégiées de personnes – comme les universités, les ordres religieux, les chapitres, les pauvres – contre des injustices ou des violences manifestes ou notoires, sans recours à une procédure judiciaire. Des conservateurs furent désignés dès le XIIIe siècle. Innocent IV présuppose leur existence dans la constitution [*Statuimus*] qui évoque pour la première

---

4. *Exposition du droit canonique selon la méthode des décrétales de Grégoire IX*, Paris, Bloud et Barral, 1898, (3 vol.), tome 1, p. 427. (Sur les juges synodaux, voir *infra* note 36).

5. *Dictionnaire de la langue française*, par Émile Littré, tome 1, Paris, Hachette, 1873-1874, p. 750.

6. « Conservateur », *Encyclopédie de Diderot,* 1re éd. 1751, tome 4, p. 33-34.

fois leur pouvoir (c. 15, *de officio et potestate Iudicis Delegati,* I, 14, in VI°). En raison des abus et des plaintes, le Concile de Trente limita leur juridiction (Sess. XIV, c. v, *de ref.*), mais de nouvelles controverses, souvent récurrentes, amenèrent Clément VIII, Grégoire XV, et Innocent X à définir plus précisément leurs privilèges. Des troubles continuant à surgir, surtout concernant les conservateurs d'ordres religieux, Clément XIII (23 avril 1762) décréta que dans les pays de mission de tels officiaux ne seraient plus choisis, mais que toutes les controverses devraient être déférées au Saint-Siège. Dès lors, les conservateurs tombèrent dans la pratique en désuétude » [7].

Cette explication se poursuit par des précisions sur leur nomination et leurs compétences :

« Selon le droit, ces officiaux devaient être choisis parmi les prélats ou dignitaires des églises cathédrales et collégiales ; plus tard, parmi les juges synodaux. Lorsqu'un conservateur avait été choisi par les réguliers, il ne pouvait être démis sans motif pendant cinq ans. Il n'avait pas compétence pour les affaires qui nécessitaient un examen judiciaire. S'il prenait connaissance de toutes les plaintes contre les réguliers, il n'avait pas d'autorité pour recevoir celles des réguliers contre d'autres, à moins qu'elles ne fussent notoires. Dans ce dernier cas, le conservateur décidait sommairement de la question. Il pouvait punir de peines ecclésiastiques même de hauts dignitaires de l'Église qui interféraient avec ses fonctions. Son pouvoir était toutefois limité à l'unique diocèse dans lequel il avait été désigné, et le même conservateur ne pouvait pas avoir de pouvoir dans plusieurs diocèses. »

Pour en savoir davantage sur les conservateurs apostoliques, il faut aller consulter les manuels et traités de droit canonique antérieurs au Code de 1917, qui sont presque tous rédigés en latin.

Celui qui faisait autorité au tout début du XXe siècle[8] était le traité de droit canonique (*Ius decretalium*, six tomes, trois éditions entre 1898 et

7. William H. W. FANNING, art. « Conservator », dans *Catholic Encyclopedia*, vol 4, New York, The Encyclopedia Press, 1907, p. 284 (Traduit de l'américain).

8. Pour les ouvrages plus anciens, on consultera : Lucio FERRARIS, « *Conservatores* », art. I, in *Prompta bibliotheca canonica, juridica, moralis, theologica nec non ascetica, polemica, rubricistica, historica*, [ed. 1^a^, Bononiae, 1746] editio 2^a^ Genuae, 1770, ex Typ. Augustini Olzati, p. 568-575. – Ubaldo GIRALDI, *Expositio iuris pontifici iuxta recentiorem Ecclesiae disciplinam in duas partes distributa*, Pars I^a^ tomus 2, Romae, 1769, ex typ. Caroli Barbiellini. – Franz SCHMALZGRUEBER, *Jus ecclesiasticum universum brevi methodo ad discentium utilitatem explicatum seu lucubrationes canonicae in quinque libros decretalium Gregorii IX. Pontificis maximi*, Romae, ex typ. Rev. Cam. Apostolicae, 1844, tomus primus, pars altera. – Peter LEUREN, *Forum ecclesiasticum in quo Jus Canonicum universum librorum ac titulorum ordine per quaestiones et responsa, tam canonistarum veterum & recentiorum, quam legistarum, in iis, quae utrique juri, canonico et civili communia sunt, authoritate stabilita, methodo clara & facili explanantur*, Augusta Vindelicum [Augsbourg], 1737. – Lucius DEVOTI, *Institutionum canonicarum*, Liège, 1860. – Franciscus SANTI, *Praelectiones juris*

1915) rédigé par l'éminent canoniste allemand Franz Xaver Wernz, professeur à l'Université pontificale grégorienne de 1882 à 1906, puis supérieur général de la Compagnie de Jésus de 1906 à 1914. Il explique que les conservateurs apostoliques sont des

> « juges délégués par le Pontife romain pour défendre contre des injustices manifestes ou notoires, et de violences dont on les menaçait ou qui leur étaient faites, certaines personnes privilégiées comme des ordres religieux, des universités, des chapitres, des personnes pauvres, si elles étaient accusées, *sans que la cause soit connue judiciairement* » [9].

Cette dernière indication laisse apparaître qu'ils n'étaient pas des juges de plein contentieux, et qu'ils ne pouvaient ordonner que des mesures provisoires. Wernz précise aussi que l'on trouvait le droit relatif aux conservateurs dans les « chapitres » 1, 2 et 15 du titre XIV *de officio et potestate Iudicis Delegati* du livre I du *Sexte*[10], puis il ajoute que ces conservateurs avaient été certainement déjà institués dès le XIIIe siècle par des lettres conservatoires des pontifes romains, bien qu'ils ne soient pas encore mentionnés expressément dans les *Décrétales de Grégoire IX* (1234). Mais quand par de graves excès ils dépassèrent les limites de leur mission, leur pouvoir fut réduit par plusieurs constitutions et décrétales que l'on trouve dans le *Sexte*.

*

Il convient ici de rappeler quelques notions d'histoire du droit canonique. Entre la seconde moitié du XIIe siècle et le début du XIVe siècle, le siège de saint Pierre fut occupé par de grands papes juristes. C'est aussi l'époque où s'organisent chancellerie pontificale et tribunaux apostoliques, où des légats romains sont mandatés pour contrôler sur le terrain l'observation des lois pontificales, et où l'enseignement du droit canonique se développe dans les universités qui se multiplient en Europe de l'Ouest. Un historien comme Jean Gaudemet qualifiera cette époque d'« âge d'or » du droit canonique[11].

C'est alors que se substituent aux collections de canons et de décrétales, multiples et à l'autorité incertaine, des collections plus officielles. On trouve d'abord une collection compilée sans doute à Bologne, vers 1140, par un canoniste du nom de Gratien[12].

---

canonici quas juxta ordinem Decretalium Gregorii IX, editio tertio emendata, Ratisbonae, Friderici Pustet, 1886.

9. F.X. WERNZ, *Ius decretalium*, t. 2, pars II^{a}, Romae, 1906^{2}, p. 300, n° 562. Ici et par la suite, notre traduction du latin.

10. *Ibid.*, p. 474 n° 709.

11. Jean GAUDEMET, *Le droit canonique*, Paris, Cerf / Fides, coll. « Bref », 1989, p. 13.

12. On sait peu de choses sur lui, si ce n'est qu'il s'agissait vraisemblablement d'un moine. On ne sait pas non plus si le *Décret* a été réalisé par le seul Gratien, ou s'il s'agit d'un travail d'équipe, ou de l'œuvre successive d'un canoniste puis d'un théologien, cf.

Communément désignée sous le nom de Décret de Gratien[13], cette compilation donnait l'essentiel d'un millénaire de droit de l'Église, et se voulait une *concordia discordantium canonum*, en essayant de résoudre les contradictions entre des textes proposant des solutions différentes. Bien que dépourvue d'autorité officielle, cette collection s'imposa rapidement, et fut amplement commentée dans les « Facultés de décret ». Les commentateurs du Décret de Gratien s'appellent des décrétistes. Le plus célèbre d'entre eux est Rolando Bandinelli qui deviendra pape sous le nom d'Alexandre III (1159-1181).

Le Décret de Gratien constituait le sommet de ce qu'il est convenu d'appeler le droit ancien (*ius antiquum*), dont il avait magistralement assuré la *concordia*. Un profond changement, irréversible jusqu'à nos jours, allait cependant se produire avec la rapide prédominance du droit pontifical appelé *ius novum*. Mgr Charles Lefebvre a décrit ainsi ce changement :

> « Gratien proclame l'existence de deux sources de caractère légal : les canons conciliaires et les décrétales pontificales. Bientôt cependant, malgré l'autorité du Décret et en dépit de la solennité qui entoure les prescriptions conciliaires, la doctrine tiendra que "*decretalis praevalet canoni*". Au surplus, celles-ci [les décrétales] constitueront rapidement la source à la fois la plus régulière et la plus abondante du droit canonique médiéval : elles sont l'élément essentiel de ce *ius novum* que ne tardent pas à reconnaître bon gré mal gré les décrétistes eux-mêmes » [14].

Mais le recours au Décret de Gratien ainsi que la multiplication des décrétales[15] rendaient le travail des canonistes de plus en plus difficile.

Décret de Gratien. Causes 27 à 36. Le Mariage, édition, traduction, introduction et notes par Jean WERCKMEISTER, *Revue de droit canonique*, tomes 58-59, 2011 [coédition Paris, Cerf, collection « Sources canoniques », n°3], p. 16-20. Mais il est désormais établi qu'il a existé une « recension » ou version plus ancienne et plus courte du *Decretum magistri Gratiani*, antérieure à la version longue et courante que l'on trouve dans l'édition Friedberg (Leipzig 1879). Voir Anders WINROTH, « Le manuscrit florentin du décret de Gratien », *Revue de droit canonique*, tome 51 (2), 2001, p. 211-231.

13. Le nom de « décret » (*decretum*) était déjà en usage pour désigner certaines collections canoniques, comme le Décret de Burchard de Worms (début XIe siècle), le Décret d'Yves de Chartres (fin XIe siècle).

14. G. LE BRAS, Ch. LEFEBVRE, J. RAMBAUD, *L'Âge classique (1140-1378). Sources et théorie du droit*, Paris, Sirey, 1965, p. 133 (coll. « Histoire du Droit et des Institutions de l'Église en Occident », publ. sous la direction de G. LE BRAS, t. 7).

15. Rassemblées dans cinq compilations successives : *Compilatio prima*, vers 1192, œuvre de Bernard de Pavie ; *Compilatio secunda*, vers 1210-1212, œuvre de Jean de Galles ; *Compilatio tertia*, vers 1210, réalisée par Pierre de Bénévent à la demande expresse du pape Innocent III, ce qui en fait la première collection officielle dans l'histoire du droit canonique ; *Compilatio quarta*, en 1216, par Jean le Teutonique ; *Compilatio quinta*, œuvre de Tancrède, sur l'ordre du pape Honorius III qui la sanctionne officiellement en 1226 ou 1227.

Aussi le pape Grégoire IX (1227-1241) chargea-t-il Raymond de Peñafort († 1275) de rassembler dans une œuvre unique les décrétales en vigueur, l'autorisant à en corriger le texte. Son œuvre, rassemblant les décrétales de Grégoire IX – appelée *Liber decretalium extra decretum*[16] – fut envoyée officiellement à l'Université de Bologne en 1234. Dorénavant, en dehors des textes du Décret de Gratien, seules les décrétales contenues dans le recueil officiel avaient force de loi. Les commentateurs des décrétales de Grégoire IX s'appellent des décrétalistes : les plus connus sont Bernard de Pavie (*Papiensis* † 1213), Henri de Suze (*Hostiensis* † 1271), Balde (1324-1400).

À la fin du XIIIe siècle, la législation canonique continuant à se développer, le pape Boniface VIII fit publier en 1298 un nouveau recueil comprenant les décrétales postérieures à la promulgation des cinq livres des *Décrétales* de Grégoire IX, d'où le nom de *Sexte* ou *Liber sextus*[17] (qui est lui-même divisé en cinq livres[18]).

*

C'est dans ce contexte que les papes vont préciser les pouvoirs des conservateurs apostoliques qu'ils instituèrent pour défendre certaines personnes (religieux, croisés...) – et parfois mais à titre supplétif des *miserabiles personae* – contre des injustices et violences manifestes.

Innocent IV (1243-1254) fut un des grands papes canonistes. Avant d'accéder au siège de saint Pierre, Sinibaldo Fieschi avait étudié puis enseigné à Bologne, exercé comme juge de curie en 1226, puis comme vice-chancelier du pape Grégoire IX. Élu pape après deux années de vacance du Saint-Siège en raison des pressions exercées par l'empereur Frédéric II sur le Conclave, et craignant à Rome la pression et même la coercition de l'empereur, il s'enfuit en cachette à Gênes puis à Lyon qui était alors nominalement une ville d'Empire mais de facto une ville libre et neutre entre la France et l'Empire. Il y résida entre 1244 et 1251 dans l'enceinte de la collégiale Saint-Just, sur la colline de Fourvière. C'est de là qu'il gouverna l'Église pendant sept ans (il retournera en Italie après la mort de Frédéric II), en commençant par convoquer le XIIIe concile œcuménique (concile de Lyon I), au cours duquel fut approuvée la constitution *Statuimus* (1245). Éminent juriste, Innocent IV publiera, outre trois recueils de ses décrétales, un commentaire de celles de Grégoire IX, l'*Apparatus in quinque libros Decretalium*.

---

16. Abréviation courante : X (pour *Liber decretalium eXtra decretum* : qui se trouve en dehors du Décret de Gratien).

17. Abréviation courante : VI ou in VI°.

18. Rappelons que la glose avait divisé (et résumé) tout le *corpus iuris canonici* dans le célèbre vers mnémotechnique suivant : *Judex, Judicium, Clerus, Sponsalia, Crimen* (le juge, le jugement, le clergé, le mariage, le crime).

La constitution *Statuimus* (qui sera plus tard insérée dans le *Sexte* : 1.14.1) commence par ces mots :

> « *Statuimus ut conservatores quos plerumque concedimus a manifestis iniuriis et violentiis defendere possint, quos ei committimus defendendos, nec ad alia quæ judicialem indaginem exigunt, suam possint extendere potestatem* »[19].
> (« Nous décrétons que les conservateurs, que nous accordons fréquemment (*plerumque*), pourront défendre contre les injustices et les violences manifestes ceux que nous les chargeons de défendre. Mais ils ne pourront étendre leur pouvoir aux autres affaires, qui exigent une enquête judiciaire »).

Un demi-siècle plus tard, cette constitution sera complétée par la décrétale *Hac constitutione* figurant également dans le *Sexte*, qui dispose qu'on ne peut établir pour conservateurs que « des prélats, ou au moins des dignités et personnats[20] des églises cathédrales et collégiales »[21]. Suivant cette décrétale, personne ne pouvait être le conservateur de son propre conservateur, ni de celui qui était sous sa juridiction, ou autrement dans sa dépendance. Les officiaux ou vicaires généraux des évêques n'ayant ni dignité ni personnat dans les chapitres ne pouvaient être établis conservateurs ; « mais le pape [pouvait] donner à des corps de religieux le pouvoir spécial de se les choisir pour tels ». Enfin, *Hac constitutione* prescrit aux conservateurs les cas et la forme de leur procédure ; ils ne peuvent connaître absolument que des violations manifestes des droits qui sont commis à leur défense. En cas « de doute ou de difficulté qui exigent des formalités dans l'instruction », ils doivent s'abstenir et ne point juger, sous peine de suspense des fonctions de leur office pendant un an, et d'excommunication contre ceux qui auront fait appel indûment à leur ministère[22].

Notons encore que le *Sexte* classe les conservateurs apostoliques parmi les juges délégués, puisqu'ils sont mentionnés dans les chapitres 1, 2 et 15 du titre XIV *de officio et potestate Iudicis Delegati* du livre I sur les juges. Or le droit canonique distingue juges ordinaires et juges délégués (tribunaux ordinaires et tribunaux délégués). Les tribunaux ordinaires, qu'ils soient apostoliques ou épiscopaux, sont ceux établis par le droit. Tandis que la juridiction déléguée procède d'une commission spéciale du pape ou de l'évêque (ou de l'abbé *nullius*, ou

---

19. Abbé [Michel] ANDRÉ, *Cours alphabétique et méthodique de Droit Canon*, tome 1, Paris, 1844, col. 810.

20. Bénéfice dans une cathédrale ou une collégiale qui donnait préséance sur un simple canonicat, sans comporter de juridiction comme une *dignité*.

21. ANDRÉ, *op. cit*, col. 810.

22. *Ibid.*, col. 810-811.

du supérieur majeur d'un institut clérical exempt[23]), conformément aux règles du droit commun en matière de délégation, pour le jugement d'affaires déterminées. Le pape peut désigner des juges délégués pour instruire voire juger certaines causes[24]. L'évêque diocésain peut faire de même à titre exceptionnel, de même que l'abbé *nullius*, ou le supérieur majeur d'un institut clérical exempt, quand l'impossibilité de constituer un tribunal permanent le contraint à déléguer des juges.

Le *Sexte* classe donc les conservateurs apostoliques parmi les juges délégués. Il en découle, fera observer Pedro Vidal dans le traité de droit canonique qu'il publia en 1927 sous l'autorité posthume de Franz Xaver Wernz, « puisque *ex rubro* il est permis de conclure *ad nigrum* »[25] (puisque le titre – contenant en rouge – explicite le contenu de la rubrique – en noir), « que les juges conservateurs sont des juges délégués, non des juges ordinaires ».

Les conservateurs apostoliques n'étaient donc pas des juges au sens strict, expliquait déjà à la fin du XIIIe siècle le célèbre jurisconsulte Guillaume Durand dans son *Speculum judiciale* (Miroir du droit)[26] antérieur au *Sexte*. Car comme le montre dans le présent ouvrage Henri Hénaff, les conservateurs ne constituaient que de purs exécuteurs, chargés de faire respecter les droits garantis par des documents précis ; ils n'avaient pas à intervenir dans les affaires douteuses qui requièrent une *cognitio* (enquête) judiciaire et un véritable procès. Ainsi que le fera remarquer un canoniste français du XIXe siècle, l'abbé François Maupied, quand l'institution existait encore,

> « une investigation (*indago*) judiciaire est une enquête (*inquisitio*), ou un examen (*examinatio*), qui, selon le droit (*juris ordine servato*), a lieu dans les cas douteux pour trouver la vérité, et en vue de proférer un jugement juste et droit… de sorte que les conservateurs, s'ils présumaient connaître d'autres choses que d'injustices et de violences manifestes, qui

---

23. Aujourd'hui, de droit pontifical.

24. De nos jours, le Dicastère pour la doctrine de la foi recourt fréquemment aux juges délégués pour instruire localement et juger en première instance les délits canoniques les plus graves (*delicta graviora*) contre la foi ou les mœurs commis par des clercs ou religieux. Le canon 1442 du Code de droit canonique de 1983 énonce ainsi : « Le Pontife Romain est le juge suprême pour l'ensemble du monde catholique ; il dit le droit par lui-même ou par les tribunaux ordinaires du Siège Apostolique, ou par des juges qu'il a délégués ».

25. *Ius canonicum*, auctore P. Francisco Xav. WERNZ, s.i. ad codicis normam exactum opera P. Petri VIDAL, s.i. [Droit canonique du P. Franz Xaver Wernz s.j., par les soins du P. Pedro Vidal s.j., selon les normes exactes du Code], tome VI, *De processibus*, Rome, 1927, p. 85 : « *Quare cum ex rubro liceat concludere ad nigrum* » (les titres des principales divisions de l'ouvrage étaient en rouge dans les premières éditions du *Sexte*).

26. Cf. G. DURAND (1230-1296), *Speculum iuris*, lib. 1, partic. 1, *De iudice delegato*, Francofurti, 1612, vol. 1, p. 26.

nécessiteraient une enquête judiciaire, outrepasseraient leur pouvoir, encourraient par le fait même une peine de suspense de leur office pour un an, et la partie qui aurait rendu cela possible, encourrait une sentence d'excommunication, selon la constitution *Hac constitutione* [de 1298, attribuée à Boniface VIII], [réitérée dans] la constitution *Sanctissimus* de Grégoire XV [1621] »[27].

Cependant, comme l'explique Henri Hénaff, une procédure *de plano* était parfois permise pour permettre au conservateur d'établir la notoriété du délit[28]. Cette expression *de plano* signifie « hors du tribunal » (rappelons que le *tribunal* désignait à l'origine l'estrade sur laquelle siégeait le magistrat) ; il s'agit d'une procédure brève ou sommaire, sans étude approfondie du cas posé, sans procédure contradictoire, sans forme judiciaire solennelle (*absque strepitu iudicii*, « sans le bruit du jugement »), donc avec des preuves incomplètes.

Mais cette possibilité d'enquête n'était pas toujours accordée au conservateur apostolique. Il faudra attendre une lettre de Boniface VIII de 1301 puis des lettres conservatoires délivrées par Clément V au lendemain du concile de Vienne (1311-1312) pour que les conservateurs soient autorisés à faire usage de la procédure *de plano*, et qu'ils puissent déléguer leur pouvoir à d'autres, ce que proscrivait la décrétale *Hac constitutione* de 1298.

Il ressort ainsi des textes étudiés par Henri Hénaff « que tout conservateur n'est qu'exceptionnellement un juge »[29]. Mais relevons qu'ils pouvaient prononcer des peines spirituelles (d'excommunication, ou de suspense de l'office ou du bénéfice, ou même, dans les cas les plus graves, d'anathème c'est-à-dire d'excommunication solennelle), surtout dans les cas urgents.

Par ailleurs, il ne faut pas oublier que le sens du mot « juge » était bien plus large autrefois que de nos jours. La « main de justice » de certains rois était le symbole de leur pouvoir judiciaire, et le souverain ou chef suprême qui graciait un condamné se considérait comme exerçant la justice. Quant à la discipline du Concile de Trente sur le sacrement de pénitence, elle insistera sur le caractère « judiciaire » de l'absolution sacramentelle donnée au « tribunal de la pénitence »[30]. Ce n'est que progressivement que sur le plan civil on en est venu peu à peu à distinguer clairement puis à opposer le pouvoir judiciaire (ou

---

27. Franciscus L.M. MAUPIED, *Juris canonici universi, per faciliorem methodum ad veram praxim sincere redacti, compendium ex probatissimis auctoribus catholicis*, tomus posterior, Paris, J.-P. Migne, 1861, p. 193.

28. Voir le chapitre III, p. 79 et s., ci-dessous.

29. Voir le chapitre I, p. 49, ci-dessous.

30. Concile de Trente, XIVe session (25 novembre 1551), *canons sur le très saint sacrement de la pénitence*, spécial. canon 9 (DENZINGER n°919 ; DENZINGER-SCHÖNMETZER n°1709).

contentieux) et le pouvoir administratif (ou volontaire) ; à ce dernier appartient le droit de grâce reconnu au souverain, tandis que le juge ne peut qu'appliquer la loi, et ne peut gracier celui qu'il a reconnu coupable. À l'inverse, le droit canonique, s'il différencie de nos jours le pouvoir judiciaire et le pouvoir administratif (par exemple en distinguant les fonctions du vicaire judiciaire et du vicaire général), ne saurait les opposer, puisque dans l'exercice de sa fonction pastorale ou *munus regendi* (elle-même distincte de ses fonctions d'enseignement et de sanctification, *munus docendi* et *munus sanctificandi*), l'évêque diocésain cumule tous les « pouvoirs » : législatif, exécutif / administratif, et judiciaire.

*

Dans son *Ius decretalium*, Wernz explique que peu après leur institution, les pouvoirs des conservateurs apostoliques furent réduits par différentes décrétales insérées dans le *Sexte* en 1298, en raison des « graves excès » commis par certains d'entre eux, puis enjambant deux siècles et demi d'histoire, il passe aussitôt au Concile de Trente (1545-1563), pour indiquer que le canon 5, *de reformatione conservatorum iurisdictionem*, du décret *de Reformatione* de la session XIV du 25 novembre 1551, limita encore leurs pouvoirs[31] mais « ne mit pas fin aux querelles et abus incessants »[32].

En effet, le célèbre décret tridentin *de Reformatione* n'avait pas étendu ses dispositions restrictives aux universités, collèges de docteurs ou d'étudiants, établissements de Réguliers (religieux), hospitaliers exerçant le service des hospices, ni aux « personnes des mêmes universités, collèges, lieux et hôpitaux »[33]. Aussi, de nouvelles controverses eurent lieu après le Concile de Trente, dans lesquelles surtout Clément VIII (1592-1605), Grégoire XV (1621-1623), et Innocent X (1644-1655) firent intervenir leur autorité pontificale[34]. C'est ainsi que Grégoire XV, par la constitution *Sanctissimus*, du 20 septembre 1621, fit obligation aux Réguliers de se choisir des juges

---

31. Cf. *Les Conciles œcuméniques*, tome II-2, *Les décrets. Trente à Vatican II*, Paris, Cerf, 1994, p. 1455 et 1457. (Le Concile de Trente mentionne également les conservateurs au canon 14 du décret *de Reform.* de la session VII du 3 mars 1547 ; et les *lettres conservatoires* au canon VIII du décret *de Reform.* de la session XXI du 16 juillet 1562. Le concile précédent de Latran V, dans sa session X du 4 mai 1515, « Bulle contre les exempts, dans laquelle sont contenues certaines dispositions concernant la liberté et la dignité épiscopales », avait également traité des conservateurs, cf. *ibid.* tome II-1, *Les décrets. Nicée I à Latran V*, Paris, Cerf, 1994, p. 1286-1287).

32. F.X. WERNZ, *op. cit.*, p. 474, n° 709.

33. *Les Conciles œcuméniques*, tome II-2, *Les décrets. Trente à Vatican II*, *op. cit.*, p. 1457.

34. F.X. WERNZ, *op. cit.*, p. 300, n° 562 ; p. 474, n° 709.

conservateurs pour protéger leurs droits[35], tout en défendant d'élire, de nommer ou de députer aucun juge conservateur, s'il n'était pas du nombre des juges « synodaux »[36].

Mais les conflits de juridiction continuaient entre évêques et religieux, notamment à propos du droit des religieux de désigner eux-mêmes leurs juges conservateurs. En effet, comme le note le célèbre pape canoniste du XVIIIe siècle Benoît XIV (Prospero Lambertini)[37], dans son traité *De synodo dioecesana*,

> « Les Ordres de Réguliers, et un grand nombre d'universités, ainsi que plusieurs collèges de chanoines, parmi d'autres privilèges, attribués par le Siège Apostolique, jouissent de celui de choisir des Juges conservateurs des privilèges ».

Or ce « privilège est distinct des autres [privilèges] attribués par le Saint-Siège, et il est valable uniquement pour ceux à qui il a été spécialement concédé »[38], comme l'a défini la S. Congrégation du Concile dans une sentence *Pampilonen.* du 31 juillet et du 28 août 1723, où elle rejetait la prétention du clergé pamplonais de se choisir un conservateur pour défendre ses droits et privilèges :

> « La S. Congrégation décide qu'il faut refuser la faculté demandée par tout le Clergé diocésain de Pampelune de prendre pour lui et choisir une personne constituée en dignité ecclésiastique pour la conservation des privilèges contenus dans les trois Constitutions apostoliques. Tout d'abord en effet, c'est une demande complètement exorbitante et très préjudicielle à l'autorité ordinaire, que celle demandant d'avoir un conservateur pour tout le clergé, à savoir en utilisant la faculté rappelée dans les trois Brefs

---

35. Lucio FERRARIS, « *Conservatores* », art. I, in *Prompta bibliotheca canonica, juridica, op. cit.*, 1770, p. 568-575, ici n°17-27 p. 571-572.

36. Joseph TÉPHANY, *Exposition du droit canonique selon la méthode des décrétales de Grégoire IX*, tome 1, Paris, Bloud et Barral, 1898, p. 422-434, ici p. 427. Les juges synodaux dont il est ici question sont ceux institués par le Concile de Trente (session XXV des 3-4 décembre 1563, *decretum de reformatione generali*, chap. 10) et non ceux mentionnés au canon 1574 du Code de droit canonique de 1917, qui diffèrent totalement des premiers. Le Concile de Trente voulant assurer la stabilité des juges délégués par le Saint-Siège, édicta que désormais les synodes provinciaux ou diocésains désigneraient dans chaque diocèse quelques ecclésiastiques (quatre au minimum) susceptibles d'être délégués par le Saint-Siège ou ses légats pour le jugement des causes déférées au Siège apostolique, d'où leur nom de juges synodaux. Ceux du Code de 1917 n'étaient plus à la disposition du Saint-Siège (mais pouvaient néanmoins être utilisés par lui, cf. can. 1607 CIC/17) mais constituaient avec l'Official le tribunal diocésain ; le Code de 1983 les appelle désormais « juges diocésains ».

37. BENOÎT XIV, *De synodo dioecesana*, livre IV, chap. 6, n°1 (Romae, 1748), cité par Filippo DE ANGELIS, *Praelectiones Juris Canonici ad methodum Decretalium Gregorii IX exactae quas in scholis pontificii seminarii romani*. Tome premier, deuxième partie, Romae / Parisiis, ex typ. Della Pace / Lethielleux, 1877, p. 146-147.

38. DE ANGELIS, *op. cit.*, p. 146-147.

précédemment cités. Ensuite, puisque dans l'édition des Brefs les Conservateurs ne sont pas désignés, il est inédit et insolite qu'ils [les membres du clergé] la demandent en se fondant sur ceux-ci. En conséquence, leur requête est rejetée, et dans l'hypothèse dans laquelle des disputes et des controverses surgiraient, soit contre la compréhension des brefs soit contre leur exécution, le Clergé peut se tourner vers le Tribunal du Nonce Apostolique, et engager une action en justice »[39].

Cinquante ans plus tôt, un conflit célèbre avait opposé Juan de Palafox, évêque de Puebla de los Ángeles au Mexique de 1640 à 1655, et les pères de la Compagnie de Jésus[40]. Dans cette cause, la S. Congrégation du Concile répondit le 16 avril 1648 qu'il n'était pas permis aux Réguliers de se choisir des conservateurs quand l'Ordinaire c'est-à-dire l'évêque du lieu leur ordonnait

> « d'observer les décrets du Concile de Trente dans les cas dans lesquels, par la force de ce même Concile ou des Constitutions apostoliques, les Réguliers exempts sont soumis à la juridiction de l'évêque ; ou quand l'Ordinaire selon le droit procède contre ces mêmes Réguliers, dans les cas où les Réguliers sont soumis aux Ordinaires »[41].

Cette décision en faveur de l'évêque n'empêcha pas les Jésuites d'obtenir peu après son retour en Espagne[42] !

Dans le même sens, interrogée le 28 juillet 1657 pour savoir si « les Réguliers ayant des conservateurs, s'ils sont coupables, peuvent aller en justice (*convenire*) devant leur Conservateur dans des causes requérant une discussion et une enquête judiciaires », la S. Congrégation du Concile répondit : « *Negative*, ils doivent aller devant l'Ordinaire du Lieu »[43], conformément aux dispositions du *Sexte* (1.14.1). Cependant, dans une cause *Januensi* (Gênes) du 20 février 1723 entre les Pères de la Compagnie de Jésus et les Pères Carmes déchaussés, la même congrégation assouplit la règle et répondit que « le conservateur pouvait procéder seulement dans les cas d'injustice et de violence manifestes, et quand les Pères sont les coupables cités » [44].

*

39. De Angelis, *op. cit.*, p. 146-147.

40. F.X. Wernz, *op. cit.*, p. 300, n° 562 : « ... *inter quas potissimum eminet causa inter Episcopum Angelopitanum et Patres S. I.* ». Voir décret de la S. Congr. du Concile du 16 avril 1648, confirmé par Innocent X le 14 mai 1653, dans Aem. Richter et F. Schulte, *Canones et decreta Concilii tridentini*, Lipsiae, 1853, p. 89 et s. cité dans *Ibid.*

41. Cf. Filippo De Angelis, *op. cit.*, p. 146-147.

42. Juan de Palafox (1600-1659) fut néanmoins béatifié le 5 juin 2011 !

43. Franciscus Santi, *Praelectiones juris canonici quas juxta ordinem Decretalium Gregorii IX*, editio tertio emendata, Ratisbonae, Friderici Pustet, 1886, Liber I, Titre XXIX, *de officio et potestate judicis delegati*, n. 43, p. 257.

44. *Ibid.*, et Ferraris, *op. cit.*, art. II, p. 579.

Comme nous l'avons indiqué un peu plus haut, le décret tridentin *de Reformatione* de 1551 n'avait pas interdit aux universités et collèges de docteurs ou d'étudiants de continuer à bénéficier de la protection d'un conservateur des privilèges. Nous ne donnerons qu'un seul exemple, celui de l'université de Paris à la veille de la Révolution française. Si l'on en croit l'*Encyclopédie de Diderot*, les droits et privilèges de l'Université de Paris étaient défendus par deux conservateurs, l'un apostolique, et l'autre royal :

> « Les universités [françaises d'Ancien Régime] ont deux sortes de priviléges, savoir apostoliques & royaux, & elles ont aussi des conservateurs différens pour chaque sorte de priviléges. On entend par priviléges apostoliques, ceux qui ont été concédés par les papes. L'université de Paris a pour conservateur de ses priviléges royaux le prevôt de Paris, & pour conservateurs de ses priviléges apostoliques, les évêques de Beauvais, Senlis, & Meaux, quand elle fait choix de l'un d'eux, & qu'il veut bien accepter la commission au nom du pape » [45].

Si l'on interprète bien, le conservateur des privilèges royaux était chargé de protéger l'exemption fiscale de l'université et ses membres en matière de police, tandis que le conservateur des privilèges apostoliques veillait à ce que l'évêque de Paris (archevêque après 1622) et les congrégations religieuses n'empiètent pas sur son autonomie.

Ce dernier exemple montre que l'institution des conservateurs apostoliques se maintint pendant plusieurs siècles, et parfois concomitamment avec d'autres institutions séculières ou régaliennes. On connaît la complexité du ou des systèmes judiciaires au Moyen Âge et sous l'Ancien Régime, avec un enchevêtrement de juridictions seigneuriales, ducales, royales, ou religieuses, avec l'exercice par les juges seigneuriaux ou royaux de fonctions administratives (dites de police générale), et l'existence d'institutions mi-administratives, mi-judicaires (en France, les Cours d'Amirautés, les Eaux et Forêts...). Voici un nouvel exemple d'une institution originale, créée par les Papes pour conserver c'est-à-dire protéger les droits et les privilèges de certains religieux, ayant essaimé en dehors de son cadre d'origine.

*

---

45. « Conservateur apostolique, ou des priviléges apostoliques des universités », *Encyclopédie de Diderot,* 1re éd. 1751, tome 4, p. 34.

Curieusement, le *Dictionnaire des institutions de la France aux XVIIe et XVIIIe siècles* de Marcel MARION (Paris, A. et J. Picard, 1923, IX-564 p.) ne mentionne même pas les conservateurs apostoliques ou royaux des universités (alors qu'il signale p. 36-37 une institution aujourd'hui oubliée, celle des « Banquiers expéditionnaires en Cour de Rome »).

Ces exemptions et privilèges n'allaient pas sans conflits, qui revenaient régulièrement. C'est pourquoi, lorsque « quelques Réguliers suscitèrent de nouveaux désordres dans l'intention de revendiquer excessivement leurs privilèges »[46], le pape Clément XIII décida d'intervenir. Par sa constitution *Cum omnium* du 23 avril 1762, il confirma les constitutions de Boniface VIII, Grégoire XV et Innocent X en y ajoutant une déclaration annexe, selon laquelle « les Supérieurs temporaires des réguliers ne pourraient pas constituer des conservateurs, ni faire élire des juges conservateurs pour les réguliers dans les territoires de missions des infidèles »[47].

Il semble que la législation pontificale sur les conservateurs apostoliques n'ait pas connu de changements après cette constitution *Cum omnium* de Clément XIII. C'est ce qui ressort de cette observation de Wernz : « la discipline ecclésiastique semble être inchangée depuis le temps de la constitution *Cum omnium* », mais « l'office et le privilège des Conservateurs ne semblent plus être désormais de quelque importance pratique »[48].

Certains manuels de droit canonique semblaient considérer que la fonction de conservateur apostolique était encore exercée à la fin du XIXe siècle, tout en la réduisant à celle de conservateur des (privilèges de) Réguliers[49]. Dans son *Exposition du droit canonique selon la méthode des décrétales de Grégoire IX*, à la fin de la section consacrée aux conservateurs apostoliques, l'abbé Joseph Téphany suggère même que cette institution a pu influencer au cours du XIXe siècle les évêques qui instaurèrent dans leurs diocèses des *supérieurs ecclésiastiques des religieuses* chargés de faire observer dans chaque congrégation et dans leurs maisons les lois canoniques, d'examiner les postulantes et les futures professes, et d'y faire régulièrement la *visite canonique* : « Dans beaucoup de diocèses de France, les Évêques nomment supérieurs ecclésiastiques des communautés de femmes des chanoines qui remplissent vis-à-vis d'elles le rôle de Conservateurs ou de Protecteurs » [50].

Mais nombre d'auteurs reconnaissent que l'institution des conservateurs tombe en désuétude. Ainsi, Francisco Santi :

---

46. F.X. WERNZ, *op. cit.*, p. 300, n° 562 ; p. 474, n° 709.

47. *Ibid.*

48. ID., t. 3, pars II[a], Romae, 1901, p. 781, n° 699.

49. MAUPIED, *op. cit.*, 1861, p. 193. TÉPHANY, *op. cit.*, 1898, p. 427. Un sondage dans les *Acta Sanctae Sedis* permet de trouver mention en 1872 des Conservateurs Ordinaires des Réguliers, dans la constitution apostolique *Apostolicae Sedis officium*, du 29 août 1872 (*ASS*, tome 7, 1872-1873, p. 94).

50. TÉPHANY, *op. cit.*, 1898, p. 434.

« De nos jours l'autorité et la juridiction des conservateurs a presque disparu, et toutes les affaires des Réguliers et des autres groupes de privilégiés quant à leurs privilèges sont ordinairement traitées et définies par les SS. Congrégations »[51].

Ou encore Wernz déjà abondamment cité par nous :

« Comme de nos jours le recours immédiat au Siège Apostolique est rendu également possible avec une plus grande facilité depuis l'étranger, tout ce droit concernant les Conservateurs autrefois constitué ne représente plus d'utilité pratique » [à la fin du XIXe siècle],

et les

« discussions prolixes au sujet des personnes pouvant prétendre à la dignité de conservateurs, de leur pouvoir et de leur office, et de leur procédure etc. nous semblent être aujourd'hui complètement superflues »[52].

Un autre auteur observait lui aussi « qu'aujourd'hui, presque toutes ces affaires de privilégiés sont habituellement traitées devant les SS. Congrégations romaines », mais ajoutait :

« ce n'est pas une raison pour oublier [dans l'enseignement du droit canonique] tout ce qui a trait au pouvoir des conservateurs, dont entre autres traitent Benoît XIV, *de syn. dioec.* L. IV, c. 6 ; Luc[io] Ferraris, v.° Conservatores ; Giraldi, *Exp. Jur. Pont.*, part. 2, sect. 47 ; Schmalzgr., Leuren., Devoti, Santi »[53].

*

Le Code de droit canonique de 1917 a fait disparaître l'institution des conservateurs apostoliques. Mais l'histoire permet souvent d'éclairer les questions du présent. Quand et pourquoi cette institution des conservateurs est-elle née ? A-t-elle été un instrument de centralisation pontificale ? A-t-elle été contestée et par qui ? À quel moment s'est-elle imposée ? A-t-elle connu des évolutions ? Comment la doctrine a-t-elle compris leur rôle et leurs attributions ? Y eut-il des abus ? Sait-on si de nombreuses lettres conservatoires furent concédées par les papes ou leur chancellerie ?

La thèse de doctorat et les travaux ultérieurs de l'abbé Henri Hénaff sur les conservateurs apostoliques à l'âge classique du droit canonique – c'est-à-dire du pontificat d'Innocent III (1198-1216) au concile de Vienne (1311-1312) – répond à ces questions pour le Moyen Âge.

51. SANTI, *op. cit.*, 1886, p. 257.

52. WERNZ, *op. cit.*, t. 2, pars IIa, Romae, 1906², p. 474 n° 709 (1re édition 1899).

53. D.O.M. [Anonyme], *Praelectiones Juris Canonici habitae in Seminario Pictaviensi.* Liber primus Decretalium *Judex Ecclesiasticus*, Pictavii, Lib. Maingault, 1889, p. 478. (Pour les autres auteurs cités, voir *supra* notes 8 et 37).

Il examine d'abord les origines de l'institution à la fin du XIIe siècle et au cours de la première moitié du XIIIe siècle. À peine monté sur le trône pontifical, Innocent III (1198-1216) adresse des lettres à des archevêques, évêques et abbés pour les enjoindre d'assurer la protection de monastères ou de chapitres. On sait que c'est avec lui que la papauté atteint le sommet de sa puissance. Le pape apparaît comme l'arbitre de l'Europe, désigne son candidat pour l'Empire, fait plier à ses volontés le roi d'Angleterre (Jean sans Terre) en obtenant de lui un acte formel de soumission, et affirme qu'il exerce dans la Chrétienté comme « vicaire du Christ » la plénitude du pouvoir. Dans le domaine spirituel, toutes les Églises lui sont soumises. Et dans le domaine temporel, qui reste autonome mais subordonné au spirituel, le pape se doit d'intervenir dans les affaires politiques, *ratione peccati*, quand le salut des chrétiens est en jeu...

Henri Hénaff relève ensuite qu'à la fin du pontificat suivant, celui d'Honorius III (1216-1227), le terme conservateur apparaît dans le corps même d'une lettre pontificale pour indiquer le responsable de la protection à assurer. Le pape qui lui succède, Grégoire IX (1227-1241), favorise les ordres mendiants et multiplie les lettres conservatoires, mais doit également prendre des dispositions pour éviter les abus de certains conservateurs. Cela conduira quelques années plus tard le pape Innocent IV à intervenir et à légiférer en concile en 1245 par la constitution *Statuimus* bien connue des canonistes d'avant 1917.

Cette constitution paraît assurer aux conservateurs apostoliques des pouvoirs suffisamment étendus pour être efficaces, tout en respectant les juridictions ecclésiastiques ordinaires. Mais certaines questions demeuraient, qui donnèrent lieu à des interprétations différentes, restrictive chez Bernard de Compostelle le jeune († 1267), large chez Innocent IV lui-même dans son *Apparatus in quinque libros Decretalium*, comme le montre H. Hénaff.

Poursuivant son étude des lettres, actes et registres pontificaux, l'auteur examine les concessions des conservateurs apostoliques par la chancellerie pontificale, et constate également que le pape Innocent IV a non seulement légiféré et commenté sur les conservateurs, mais favorisé leur multiplication : au profit des religieux d'abord, mais aussi en faveur de personnes morales (universités, collégiales) et physiques (évêques, rois, seigneurs, croisés...). À titre d'exemple, pour assurer la défense des Frères mineurs contre nombre de prélats, Innocent IV leur donnera près de soixante conservateurs pour toute la chrétienté[54] !

---

54. Cf. R.P. GRATIEN, *Histoire de la fondation et de l'évolution de l'ordre des Frères Mineurs au XIIIe siècle*, Paris-Gembloux, 1928, p. 205, cité ci-dessous chapitre II, note 22.

Un tel développement conduisit la doctrine à commenter la constitution *Statuimus* de 1245. Henri Hénaff examine ainsi les écrits du célèbre Hostiensis (Henri de Suse † 1271), la *Summa* (1253) et la *Lectura* (1251-1253), puis de quelques autres glossateurs comme Bernard de Montmirat († 1296). Ceux-ci donnent une interprétation restrictive des pouvoirs délégués aux conservateurs apostoliques, ne les autorisant à intervenir que dans des cas de violence notoire.

Mais c'est le pape Alexandre IV (1254-1261), pourtant favorable aux religieux, qui apporte en mars 1256 par quatre décrétales des restrictions aux pouvoirs des conservateurs sous peine de sanction, et tâche d'en réduire le nombre. La première décrétale, *Quia de conservatoribus*, précise que seuls les évêques, abbés, ou chanoines de cathédrales pourront être nommés conservateurs. La troisième, *Quia pontificali* traite des rapports des conservateurs avec les évêques. Les deuxième et quatrième, *Quia personae* et *Licet regularis*, rappellent les limites des privilèges accordés aux religieux.

Cependant, à la mort d'Alexandre IV en 1261, le statut des conservateurs apostoliques n'avait pas encore fait l'objet d'une véritable synthèse doctrinale. Ce sera l'œuvre, essentiellement entre 1270 et 1276, du célèbre canoniste, liturgiste et évêque de Mende Guillaume Durand (1230-1296), dans son *Speculum iuris* et son *Repertorium aureum iuris canonici*. On lira avec intérêt l'étude que H. Hénaff lui consacre dans son chapitre V.

Les onze papes qui occupèrent le siège pontifical entre 1261 et 1296 continuèrent à nommer des conservateurs. Une minutieuse enquête dans les registres des papes et les bullaires propres aux ordres religieux permet à l'auteur d'établir que les ordres religieux continuèrent à être les bénéficiaires de la protection de ces conservateurs : mendiants, moines, hospitaliers, templiers, chanoines réguliers. Les croisés furent également les sujets de nombreuses concessions de conservateurs. On trouve aussi des rois et reines, des nobles, des dignitaires ecclésiastiques, chapitres, chanoines, doyens ruraux, clercs royaux, juifs convertis…

Une étude attentive des lettres de concession permet également d'établir que les conservateurs étaient bien choisis parmi les évêques, abbés et autres dignitaires ecclésiastiques. Le dépouillement réalisé par H. Hénaff peut paraître un peu fastidieux à lire mais il permet de vérifier la mise en œuvre de la décrétale *Quia de conservatoribus* d'Alexandre IV. Cette minutieuse enquête permet aussi d'étudier la mission confiée aux conservateurs, la forme des lettres de concession, la variété des *incipit*, les circonstances dans lesquelles, en de rares occasions, un conservateur peut cumuler sa fonction avec celle de juge c'est-à-dire en utilisant la procédure judiciaire, et en infligeant des peines spirituelles en cas d'injustice manifeste (chapitre VII).

Cependant, à la fin du XIIIe siècle, une réforme des conservateurs apostoliques était devenue nécessaire pour améliorer leur fonctionnement et mieux réglementer leur activité. Ce sera l'œuvre du pape Boniface VIII.

Il fut un pape important dans l'histoire de l'Église, même si son attitude autoritaire lui procura de nombreux ennemis. Il fut également un grand canoniste, qui réorganisa la curie romaine, la bibliothèque et les archives vaticanes, et publia en 1298 le *Sexte*. Il limita les droits de prédication et de confession concédés trop largement par ses prédécesseurs aux ordres mendiants, ce qui avait suscité bien des tensions avec le clergé séculier. S'agissant des conservateurs, il réorganisa leur statut par quatre documents législatifs : la constitution *Statuimus* de 1295 (à ne pas confondre avec la constitution *Statuimus* d'Innocent IV de 1245), et trois décrétales directement insérées dans le *Sexte* (1298) : *Hac constitutione* (VI, 1.14.15), *Auctoritate Sedis Apostolicae* (VI, 5.7.4) et *Quum personae* (VI, 5.7.7). Cette réorganisation comporte naturellement des éléments nouveaux, ainsi qu'un rappel des dispositions déjà prises par ses prédécesseurs.

H. Hénaff nous offre ainsi au chapitre VIII une présentation des dispositions contenues dans la constitution *Statuimus* de 1295. Puis il examine les similitudes et différences entre les textes promulgués par Boniface VIII et Alexandre IV, ce qui lui permet d'établir que les décrétales *Hac constitutione* et *Quum personae* ont été rédigées par l'équipe des canonistes chargés par Boniface VIII de réaliser le *Sexte*, de même que la décrétale *Auctoritate Sedis Apostolicae*, datant de 1298, mais volontairement attribuée à Alexandre IV.

Un autre intérêt de l'ouvrage d'Henri Hénaff est d'avoir découvert que l'origine de l'extension des pouvoirs accordés aux conservateurs à partir du concile de Vienne (1311-1312) est à chercher dans une lettre de Boniface VIII du 28 juillet 1301, et d'avoir retrouvé parmi les dispositions discutées à Vienne un texte concernant les conservateurs, mais ne figurant pas parmi les décrets officiels du concile :

> « *Item iniuriatores, spoliatores et detentores possessionum ecclesiarum sive layci, clerici vel religiosi trahi possunt per conservatoria usque ad quartam dietam extra suam dyocesim – ita etiam quod iudices, si tres fuerant impetrati, unus sine altero procedere possit* » [55].
> (« De même, les délinquants, les spoliateurs et les possesseurs de biens ecclésiastiques, qu'ils soient laïcs, clercs ou religieux, peuvent être convoqués par lettres conservatoires [d'un lieu distant] jusqu'à quatre jours

55. Manuscrit Cod. lat. 2699, dans Ew. MÜLLER, *Das Konzil von Vienne (1311-1312). Seine Quellen und seine Geschichte*, Münster i. W., 1934, p. 679, cité par H. Hénaff, *infra*, p. 235.

[de marche] hors de leur diocèse – ainsi que si trois juges étaient concédés, un seul peut procéder sans les autres. »)

En consacrant sa thèse à une enquête minutieuse des sources médiévales de la législation pontificale sur les conservateurs apostoliques, l'abbé Henri Hénaff a comblé une lacune de la recherche historiographique. Qu'il en soit ici félicité.

Nous espérons que cette édition revue et augmentée de ses travaux rendra service aux historiens du droit, à une époque où les latinistes se font moins nombreux parmi eux... Elle permettra également de conserver le souvenir d'une institution aujourd'hui bien oubliée[56].

HERVÉ QUEINNEC

56. Au point que certains des traducteurs des *Conciliorum œcumenicorum decreta*, aux éditions du Cerf (1994), ne sachant comment traduire *conservatores* ou *conservatoribus*, optèrent pour « procureurs » ou « observateurs » (*Les Conciles œcuméniques*, tome II-1, *Les décrets. Nicée I à Latran V*, Paris, Cerf, 1994, p. 799 et 1287).

REMERCIEMENTS

À l'origine de ce livre se trouve notre thèse de doctorat en droit canonique, soutenue le 16 juin 1969 à l'Institut de droit canonique de l'Université de Strasbourg.

Je voudrais tout d'abord remercier mon directeur de thèse et président du jury, M. René Metz (1910-2006), professeur de droit canonique à la Faculté de théologie catholique et directeur de l'Institut de droit canonique de Strasbourg, pour ses encouragements et ses précieux conseils.

Je remercie tout spécialement Mgr Charles Lefebvre (1904-1989), Auditeur de la Rote romaine (il en sera le doyen quelques années plus tard, de 1974 à 1976), qui a bien voulu diriger officieusement mon travail et me faire bénéficier de ses grandes connaissances, de son expérience d'historien, de sa rigueur et de ses chaleureux encouragements. Il fut invité à faire partie, lui aussi, du jury.

Je tiens à exprimer ma gratitude à M. Jean Bernhard (1914-2006), professeur à la Faculté de théologie catholique de Strasbourg, fondateur et directeur de la *Revue de droit canonique*, et à M. Maurice Pallasse (1918-1970), professeur à la Faculté de droit et des sciences politiques et économiques de Strasbourg, qui m'ont honoré de leur participation à mon jury de thèse.

Je remercie également les personnes qui m'ont permis d'accéder à la Bibliothèque Vaticane et celles qui m'y ont rendu service. Ma reconnaissance s'adresse pareillement aux Pères de l'Université grégorienne pour m'avoir ouvert largement leur bibliothèque et permis d'y travailler librement.

Je remercie aussi pour leur accueil chaleureux les religieuses de la Congrégation des Sœurs de la Croix de Strasbourg, chez qui j'ai logé entre 1962 et 1964, et pour leur amitié fraternelle mes confrères chapelains de Saint-Louis des Français à Rome, entre 1964 et 1967.

Merci également à la *Revue de droit canonique* qui a publié entre 1974 et 2005 la majeure partie de ce travail sous la forme d'articles, et qui a eu l'amabilité d'en autoriser la reprise dans la présente édition.

Mes derniers remerciements vont aux Éditions L'Harmattan, qui ont accepté de publier cette version revue et augmentée de ma thèse, ainsi qu'au chanoine Hervé Queinnec, chancelier du diocèse de Quimper et official de Rennes, et à Mme Gwenaëlle Hervet pour leur aide dans le travail de relecture et d'édition.

NOTE DE L'ÉDITEUR

Le présent ouvrage est la version revue et augmentée d'une thèse de doctorat soutenue le 16 juin 1969 à l'Institut de droit canonique de l'Université de Strasbourg. Les différents chapitres de cet ouvrage ont été publiés sous forme d'articles dans les revues suivantes :

I. « Les conservateurs apostoliques dans le droit classique de l'Église. Origine et caractères de l'institution »,
Revue de droit canonique (Strasbourg) 24, 1974, p. 223-255.

II. « La concession des conservateurs apostoliques au temps d'Innocent IV (1243-1254) »,
Ephemerides iuris canonici (Roma) 31, 1975, p. 116-131.

III. « Les conservateurs apostoliques dans la doctrine canonique de la seconde moitié du XIIIe siècle »,
Revue de droit canonique 27, 1977, p. 243-272.

IV. « Les conservateurs apostoliques et les décrétales d'Alexandre IV (1254-1261) »,
Revue de droit canonique 35, 1985, p. 193-221.

V. « Les conservateurs apostoliques dans l'œuvre de Guillaume Durand (1230 ?-1296) »,
Revue de droit canonique 36, 1986, p. 3-26.

VI. « Les conservateurs apostoliques et les papes dans la seconde moitié du XIIIe siècle (1261-1294). Les bénéficiaires de la conservation et les titulaires de la fonction »,
Revue de droit canonique 43, 1993, p. 1-42.

VII. « Les conservateurs apostoliques dans la seconde moitié du XIIIe siècle. Les modalités de leur nomination et de l'exercice de leur fonction »,
Revue de droit canonique 47, 1997, p. 71-88.

VIII. « Les conservateurs apostoliques et la législation de Boniface VIII (1294-1303) »,
Revue de droit canonique 50, 2000, p. 283-308.

IX. « Les conservateurs apostoliques d'après le concile de Vienne (1311-1312) »,
Revue de droit canonique 55, 2005, p. 341-353.

(Ces articles ont été légèrement retouchés par l'auteur et l'éditeur pour éviter des répétitions. Les notes de renvoi ont été actualisées).

TABLE DES ABRÉVIATIONS

C.J.	*Codex Justinianus* (529)
Dict. de droit can.	*Dictionnaire de droit canonique* sous la direction de R. Naz, Paris, éditions Letouzey et Ané, 1935-1965, 7 vol.
Ephem. iur. can.	*Ephemerides iuris canonici* (Rome)
New Cath. Encycl.	*New Catholic Encyclopedia*, Washington, 1967, 15 vol.
P.L.	*Patrologia latina*, édit. J.P. MIGNE, Paris, 1844-1864.
VI ou in VI°	*Sexte* (1298)
X	*Décrétales de Grégoire IX* (1234)
Z.S.S. Kan. Abt.	*Zeitschrift der Savigny-Stiftung für Rechtsgeschichte: Kanonistische Abteilung*

INTRODUCTION

Les conservateurs apostoliques constituaient une catégorie particulière de juges délégués, avant tout établis par le pape pour défendre les droits et les privilèges de certaines personnes, le plus souvent morales (ordres religieux, universités, hôpitaux...) mais aussi physiques (croisés, rois, évêques...), contre des attaques ou des violences injustifiées, d'où qu'elles viennent.

L'institution a disparu il y a plus d'un siècle, mais a représenté un chapitre important de l'histoire du droit canonique et de l'Église. Entrés dans la littérature officielle à la fin du XIIe siècle, les conservateurs apostoliques n'en sont sortis qu'avec le Code de droit canonique de 1917, qui n'en rappelle plus le nom. Dans son célèbre traité de droit canonique publié au tournant des XIXe et XXe siècles, Wernz était pourtant encore témoin de leur existence[1], et en certaines régions de l'Église — ainsi en Catalogne — ils continuèrent même de survivre, semble-t-il, au XXe siècle, au moins dans les institutions ecclésiastiques de droit particulier[2].

Sur les conseils de Mgr Charles Lefebvre, nous en avions fait le sujet de notre thèse de doctorat en droit canonique soutenue en juin 1969 à l'Université des Sciences humaines de Strasbourg, puis de nos recherches ultérieures : *Les conservateurs apostoliques dans le droit classique de l'Église depuis le pontificat d'Innocent III (1198-1216) jusqu'au concile de Vienne (1311-1312).*

Cette institution n'avait jusqu'alors guère retenu l'attention des chercheurs. Il a cependant fallu nous borner au premier siècle de leur existence officielle, entre 1198 et 1312. Celui-ci les a vus se manifester, prendre corps, s'étendre et finir par adopter une condition un peu différente de celle initialement prévue. Les déterminations progressivement apportées à partir de 1245 par Innocent IV et ses successeurs ont dessiné les traits de l'institution tels qu'ils devaient demeurer pratiquement jusqu'au concile de Trente (1545-1563).

---

1. F.X. WERNZ, *Ius decretalium*, t. 2, pars II^a^, Romae, 1906, p. 300, n° 562 ; p. 474, n° 709 et t. 3, pars II^a^, Romae, 1908, p. 405, n° 699. Et ultérieurement, voir WERNZ-VIDAL, *Ius canonicum*, t. VI, *De processibus*, Romae, 1927, p. 85-86.

2. Ainsi suivant Mgr Manuel Bonet, auditeur de Rote († 1969), lui-même catalan. Cependant la sentence *coram* Sebastianelli du 1er juin 1911 (*S.R.R. Decisiones*, vol. 3, p. 215-216, n° 6) rappelle l'évolution qui a mis fin à leur existence. Le Code de droit canonique de 1917 n'en fait d'ailleurs plus mention aux canons 1652 et 536 (*Coram Lega habitae S.R. Rotae decisiones sive sententiae*, Romae, 1926-1928, p. 380, note 1).

Les premiers sondages effectués dans les documents législatifs nous ont en effet conduit à la décrétale *Statuimus* d'Innocent IV (1243-1254), promulguée au concile de Lyon de 1245 et reprise intégralement un demi-siècle plus tard dans le *Sexte* (1.14.1). Ce texte nous a servi de point de départ pour toutes nos recherches ultérieures. Notre première démarche a été de nous enquérir de la manière dont les commentateurs avaient compris cette constitution d'Innocent IV. C'est par eux que nous avons acquis la certitude que ce texte constituait bien la première décision législative qui ait été prise sur les conservateurs apostoliques.

Ils nous ont appris, en outre, que les conservateurs existaient avant Innocent IV. Les recherches entreprises sur les origines les plus reculées de leur existence nous ont fait apparaître qu'il était toutefois difficile de remonter au-delà d'Innocent III (1198-1216). Nous avons donc retenu ce pontificat comme terminus *a quo* de notre étude. Pour le terminus *ad quem*, nous avons finalement choisi le concile de Vienne (1311-1312), car il marque une étape décisive dans l'évolution de l'institution : en effet, par la suite tous les rescrits de concession de conservateurs se réfèrent à ce concile, puisqu'ils sont tous donnés selon la « forma concilii Viennensis ».

L'année 1245 fut une date capitale pour l'institution des conservateurs. En effet, la constitution *Statuimus* d'Innocent IV promulguée cette année-là avait pour objet d'empêcher les conservateurs d'étendre abusivement leur autorité. Ce texte législatif restreignait au maximum les pouvoirs des conservateurs ; il ne les autorisait à intervenir qu'en cas de violences ou d'injustices manifestes.

C'est sur cet aspect que les premiers commentateurs (Geoffroy de Trani, Bernard de Compostelle) vont particulièrement insister. Innocent IV, pour sa part, interprétera le texte d'une façon bien plus large et concédera aux conservateurs un pouvoir beaucoup plus étendu. Bien plus, dans la pratique il favorisera la multiplication démesurée de conservateurs. Cette libéralité conduira infailliblement à des abus, si bien que son successeur Alexandre IV (1254-1261) se verra obligé d'intervenir pour ramener l'institution dans les limites qui la justifiaient. En l'espace de trois jours, entre le 23 et le 26 mars 1256, on trouve ainsi quatre décrétales d'Alexandre IV sur les conservateurs.

Au cours de la seconde moitié du XIIIe siècle, la concession des conservateurs se poursuit comme par le passé, même si les nominations apparaissent moins fréquentes qu'auparavant. La synthèse harmonieuse de ces nouvelles dispositions législatives sera réalisée par le célèbre canoniste Guillaume Durand entre les années 1270 et 1276. Les abus, toutefois, sont récurrents. Entre le pontificat d'Urbain IV et celui de Boniface VIII, les actes des pontifes romains vont tenter d'y remédier. Cependant, les abus continuant, Boniface VIII (1294-1303) intervient à son tour, en 1295, par la constitution *Statuimus*, qui porte le même nom que celle d'Innocent IV.

Ensuite, le *Sexte* (1298) précisera la doctrine par la décrétale *Hac constitutione* (VI.1.14.15) rédigée sous l'autorité de Boniface VIII. L'orientation définitive de l'institution se fera avec le rescrit en faveur du vice-chancelier Papinien, évêque de Parme, dont les conservateurs obtiennent, en 1301, des pouvoirs étendus pour intervenir non seulement dans les cas manifestes, mais aussi dans les cas où une procédure sommaire peut être mise en œuvre. Ainsi prendra naissance la « forma concilii Viennensis », qui restera en usage durant des décennies.

La présente étude n'a pas pour but de faire toute l'histoire d'une institution peu connue même des spécialistes du droit canonique. Elle se bornera à en décrire l'origine et les caractères, puis à examiner comment les premiers conservateurs furent nommés, et comment la doctrine canonique de la seconde moitié du XIIIe siècle contribua à conforter cette nouvelle institution. Il nous sera alors possible d'examiner la mission confiée aux conservateurs, leurs pouvoirs, et les règles de procédure qui encadraient leurs interventions. Le concile de Vienne (1311-1312) clôt l'âge d'or des conservateurs apostoliques (1198-1312). La législation ultérieure n'ajoutera rien à l'institution. Au contraire, elle restreindra le pouvoir des conservateurs au cours des siècles et, après le concile de Trente, l'institution finira par tomber progressivement en désuétude.

I
ORIGINE ET CARACTÈRES DE L'INSTITUTION

La plupart des ouvrages qui traitent encore des conservateurs apostoliques datent leur création du pontificat d'Innocent IV, par la constitution *Statuimus* (1245). Il convient cependant d'examiner si l'institution ne serait pas plus ancienne qu'on ne le dit. Un examen de diverses lettres pontificales nous permettra d'établir que les premiers conservateurs furent institués au tournant des XIIe et XIIIe siècles, dès le pontificat d'Innocent III. Un demi-siècle plus tard, lors du Ier Concile de Lyon, par la constitution *Statuimus*, le législateur fixera les premiers caractères de l'institution, qui la marqueront dans la suite des temps.

I. ORIGINE DES CONSERVATEURS APOSTOLIQUES

Les trois premières décennies du XIIIe siècle sont marquées par l'apparition progressive des conservateurs apostoliques et par leur extension croissante dans les textes officiels. Sans doute les fonctions assumées par eux existaient déjà auparavant, mais la désignation désormais faite d'un titulaire particulier, chargé de les exercer, entraîne des conséquences faciles à prévoir : non seulement l'institution prend un caractère déterminé, mais en même temps les pouvoirs reconnus aux titulaires sont précisés peu à peu avec plus de netteté.

Les pontificats d'Innocent III, d'Honorius III et de Grégoire IX aboutissent à la mise en place de l'institution dont, autour de 1240, Geoffroy de Trani pourra mettre en relief certains caractères, avant que le législateur ne finisse par être amené à prendre quelques décisions à son égard.

1. Le pontificat d'Innocent III (1198-1216)

Les modalités de l'intervention pontificale. — Parmi les différents moyens d'assurer sa protection[1] à ceux qui ont besoin de défense contre

---

1. Sur les problèmes soulevés par la protection apostolique dès les origines voir, après A. VON HALBAN-BLUMENSTOK, *Der päpstliche Schutz im Mittelalter*, Innsbruck, 1890, le célèbre travail de Paul FABRE, *Étude sur le « Liber censuum » de l'Église romaine*, Paris, 1892, en particulier p. 36 et s. ; 48 et s. ; 71 et s., coll. « Bibliothèque des Écoles françaises d'Athènes et de Rome », fasc. 62. Voir aussi C. DAUX, « La protection apostolique au Moyen Âge », dans *Revue des questions historiques*, t. 72, 1902, p. 5-

des attaques ou des violences injustifiées, la papauté[2] ne se contente pas d'intervenir directement. Trop souvent il lui est impossible sinon d'empêcher les injustices, du moins d'assurer parfaitement, serait-ce par la menace de sanctions ecclésiastiques ou simplement spirituelles, leur répression. C'est pourquoi, de plus en plus, la hiérarchie ecclésiastique[3] reçoit mandat d'agir au nom de l'autorité suprême en faveur de ceux qui invoquent l'assistance pontificale. C'est ce que mettent particulièrement en lumière les registres d'Innocent III[4].

Soucieux de mieux assurer la défense des opprimés du temps, Innocent III adopte, à côté des mesures de protection apostolique traditionnelles[5], une méthode dont on ne découvre pas de traces chez

60 ; A. DUMAS, « Protection apostolique », dans *Dict. de droit can.*, publ. sous la direction de R. NAZ, t. 7, Paris, 1965, col. 381-388. La situation telle qu'elle se présente au XIIe siècle est bien exposée par G. SCHREIBER, *Kurie und Kloster im 12. Jahrhundert*, t. 1, Stuttgart, 1910, notamment p. 6-9 et 32, coll. « Kirchenrechtliche Abhandlungen », hrsg. von U. STUTZ, fasc. 65-66.

2. Relèvera-t-on qu'en ces temps où la police n'était pas assurée comme de nos jours, une protection de même nature pouvait être garantie par le pouvoir royal en des conditions similaires à celles de la protection pontificale : ainsi le privilège de Philippe Auguste en faveur des étudiants de l'université de Paris ressemble à s'y méprendre aux lettres accordées par la papauté ; cf. H. DENIFLE et Aem. CHATELAIN, *Chartularium universitatis parisiensis*, t. 1, Parisiis, 1889, p. 59-61. On consultera sur ce même sujet le travail de L. BUISSON, *König Ludwig IX., der Heilige, und das Recht. Studie zur Gestaltung der Lebensordnung Frankreichs im hohen Mittelalter*, Freiburg i. Br., 1954, en particulier p. 161 et s. ; on y constatera des vues presque semblables à celles qui ont animé sur ce point le droit canonique.

3. Le Saint-Siège peut également intervenir par des légats ou des juges envoyés de Rome ; cf. G. PHILLIPS, *Kirchenrecht*, t. 6, Regensburg, 1864, p. 797 et s. ; G.G. PAVLOFF, *Papal Judge Delegates at the time of the Corpus Iuris Canonici*, Washington, 1963, p. 9, note 8, coll. « The Catholic University of America, Canon Law Studies », n° 426. Voir aussi. P. HERDE, *Audientia litterarum contradictarum. Untersuchungen über die päpstlichen Justizbriefe und die päpstliche Delegationsgerichtsbarkeit vom 13. bis zum Beginn des 16. Jahrhunderts*, t. 1, Tübingen, 1970, p. 191, note 5, et p. 413 (coll. « Bibliothek des Deutschen Historischen Instituts in Rom », 31) ; R. A. SCHMUTZ, « Medieval Papal Representatives: Legates, Nuncios, and Judges-Delegate », dans *Studia Gratiana*, t. 15, 1972, p. 441-463.

4. Outre l'édition contenue dans la *Patrologia latina* (*P.L.*), édit. J.P. MIGNE, Paris, 1844-1864, t. 214-217, seront utilisées de préférence certaines éditions partielles plus parfaites ; ainsi, pour l'Angleterre, C.R. CHENEY et Mary G. CHENEY, *The letters of Pope Innocent III (1198-1216) concerning England and Wales*, Oxford, 1967 ; et surtout O. HAGENEDER et A. HAIDACHER (édit.), *Die Register Innozenz' III.*, t. I, 1, *Pontifikatsjahr, 1198/99*, Texte, Graz-Köln, 1964, coll. « Publikationen der Abteilung für Historische Studien des Österreichischen Kulturinstituts in Rom ». On n'omettra pas de tenir compte des observations faites par H. FEIGL, « Die Überlieferung der Register Papst Innozenz' III. », dans *Mitteilungen des Instituts für Österreichische Geschichtsforschung*, t. 65, 1957, p. 242-295.

5. Les recherches sont parfois facilitées par les *incipit* identiques des lettres conservatoires, ainsi *Non absque dolore*, mais aucune règle n'existe sur ce point, ce qui

les papes antérieurs[6]. À ceux qui recourent à Rome pour demander un secours immédiat, aux religieux surtout[7], plus exposés que d'autres aux sévices, Innocent III envoie des lettres[8] leur prescrivant de s'adresser aux représentants de la hiérarchie. Ceux-ci, commis par le pape[9], doivent faire entendre raison aux auteurs d'abus pour mettre fin aux vexations. Une lettre du 15 mai 1198[10] détermine, par exemple, que, si les coupables sont des laïcs, il faut les frapper d'excommunication publiquement et suivant les formes en usage avec extinction des cierges ; s'il s'agit de clercs, de chanoines réguliers ou de religieux, ils doivent être déclarés suspens de leur office et de leur bénéfice, sans possibilité d'appel. La levée de ces peines ne pourra être obtenue qu'après pleine satisfaction accordée aux victimes. Quant aux *villae*, où se trouvent les biens des victimes, elles seront, elles aussi, frappées d'interdit. Cette lettre, parmi d'autres, ne parle pas de recours à faire, même éventuellement, au bras séculier[11], mais elle manifeste l'énergie avec laquelle Innocent III, dès le début de son pontificat, tient à intervenir contre les auteurs d'injustices ou d'abus.

La forme des lettres pontificales. — La forme de ces lettres est importante à relever : elles ne sont pas nécessairement adressées à tel ou tel membre de la hiérarchie. Il semble bien que, parfois au moins, elles aient été remises aux plaignants eux-mêmes. Certains documents portent, en effet, la formule : « À nos vénérables frères archevêques, évêques et à nos chers fils abbés, prieurs et autres prélats ecclésiastiques *à qui ces lettres parviendront* »[12]. Il s'agit là, sans doute, d'un genre

---

rend les recherches assez difficiles quand, comme c'est le cas ici, des tables détaillées font encore défaut.

6. Il n'est pas exclu qu'il y ait eu au moins quelques précédents, mais les sondages effectués à ce sujet n'ont donné aucun résultat positif.

7. De même pour d'autres personnes morales : universités, chapitres de chanoines, par exemple.

8. Ces lettres sont communément désignées du nom de lettres conservatoires, étant donné leur objet; voir au sujet de ces dernières H. BRESSLAU, *Handbuch der Urkundenlehre für Deutschland und Italien*, t. I, 2e éd., Leipzig, 1912 (reprod. anast., Berlin, 1969), p. 83 et s.

9. Cf. P. LEGENDRE, *La pénétration du droit romain dans le droit canonique classique de Gratien à Innocent IV (1140-1254)*, Paris, 1964, p. 127 et s.

10. Cf. C.R. CHENEY et Mary G. CHENEY, *The letters of Pope Innocent III*, n° 127, p. 23 et 204 ; *P.L.*, t. 214, col. 178, n° 204 ; voir aussi HAGENEDER et HAIDACHER, *Die Register Innozenz' III.*, t. I, 1, p. 293-294, n° 204, et plusieurs autres lettres du même genre dans *P.L.*, t. 217, col. 90-92, n° 55 ; col. 138-140, n° 94.

11. Il en est fait mention avec Grégoire IX ; cf. L. AUVRAY, *Les registres de Grégoire IX*, t. 2, Paris, 1907, col. 1011-1012, n° 4341.

12. Voir la note 10. L'expression employée est caractéristique ; dans le corps même de ces lettres Innocent III déclare s'adresser : *Universitati vestrae.*

particulier de lettres de sauvegarde permettant de recourir, le cas échéant, aux autorités locales de la part du pouvoir suprême.

En d'autres cas, par contre, il ne s'agit plus de lettres envoyées avec une formule générale ; certaines, en effet, ordonnent à tel ou tel membre de la hiérarchie d'intervenir en faveur d'une collectivité. Ainsi, une lettre du 20 juin 1203[13] est adressée « à l'archevêque de Cantorbéry et à ses suffragants, aux abbés, prieurs et autres prélats ecclésiastiques *de la province* », leur enjoignant d'assurer la protection de Cisterciens[14]. Cette différenciation progressive est à souligner : il ne s'agit pas, cette fois, d'une assurance relativement anonyme, pourrait-on dire, mais d'un ordre donné à tels prélats d'avoir à défendre certains opprimés, et, semble-t-il, de manière générale[15].

Parfois même c'est à un prélat nommément désigné que mandat est donné d'intervenir. Ainsi, une lettre du 11 mai 1198 constitue Guillaume[16], archevêque de Reims et cardinal du titre de Sainte-Sabine[17], conservateur[18] ou défenseur des « privilèges, indulgences, confirmations[19] et libertés »[20] dont le Saint-Siège a enrichi l'église et le monastère de Saint-Germain-des-Prés. Ce n'est plus, en ce cas, à plusieurs personnalités, mais à un seul membre de la hiérarchie qu'est donnée mission de veiller à la sauvegarde des privilèges du monastère en question. Cet usage, sans devenir exclusif ou même habituel, tendra

---

13. C.R. CHENEY et Mary G. CHENEY, *The letters of Pope Innocent. III*, n°497, p. 81 et 236-237.

14. Des lettres de même nature sont adressées à l'archevêque de Rouen en faveur des Hospitaliers (*P.L.*, t. 215, col. 313) et aux évêques de Sardaigne pour la protection du Mont-Cassin (*ibid.*, t. 217, col. 185).

15. C.R. CHENEY et Mary G. CHENEY, *op. cit.*, n° 497, p. 81 et 236-237.

16. Cf. C. EUBEL, *Hierarchia catholica Medii Aevi*, t. 1, Monasterii, 1913, p. 46, 419.

17. *P.L.*, t. 214, col. 151, n° 172 ; voir HAGENEDER et HAIDACHER, *Die Register Innozenz' III.*, t. I, 1, p. 246-247, n° 172, et il faudrait lire *observatorem* et non *conservatorem*.

18. Il est très vraisemblable qu'il ne faille pas encore entendre ce terme au sens technique qu'il ne tardera pas à avoir, et qu'il faut le prendre comme le terme *protector* (cf. *P.L.*, t. 217, col. 257) au sens obvie pour désigner celui qui est chargé de conserver et de garder leur valeur et leur efficacité aux faveurs accordées par la papauté. Ce ne semble guère que dans la troisième décennie du siècle qu'il acquerra un sens précis et institutionnel.

19. Sur le rôle joué par les confirmations (au moins apparemment), voir L. DE LUCA, « *Confirmatio apostolica* », Roma / Cagliari, 1948.

20. Sur leur importance voir, entre autres, J.F. LEMARIGNIER, J. GAUDEMET, G. MOLLAT, *Histoire des Institutions françaises au Moyen Âge* (sous la direction de F. LOT et R. FAWTIER), t. 3 : *Institutions ecclésiastiques*, Paris, 1962, p. 58, 82, 116 ; J.B. MAHN, *L'ordre cistercien et son gouvernement des origines au milieu du* XIII*e siècle (1098-1265)*, Paris, 1945, p. 126 et s., 132, 137-138, coll. « Bibliothèque des Écoles françaises d'Athènes et de Rome », fasc. 161 ; G. LE BRAS, *Institutions ecclésiastiques de la Chrétienté médiévale*, Paris, 1959-1964, p. 319 et s., coll. « Histoire de l'Église depuis les origines jusqu'à nos jours », fondée par A. FLICHE et V. MARTIN, t. 12.

par la suite à se développer dans la pratique pour assurer la protection sollicitée.

Les pouvoirs concédés. — Les documents, le plus souvent, ne font encore état que de pouvoirs assez généraux. Il s'agit toujours d'une peine à infliger pour faire rentrer dans l'ordre des inférieurs trop portés à la violence. Cependant, à mesure que la mission de protéger est confiée à une autorité déterminée, une évolution se fait jour, qui aboutira à remettre des pouvoirs plus précis à ceux qui en seront tout spécialement chargés. Déjà la lettre adressée à l'archevêque de Reims pour la protection du monastère de Saint-Germain-des-Prés[21] lui donne pouvoir d'agir contre tous malfaiteurs au moyen d'une censure ecclésiastique. Elle note par ailleurs : « après monition »[22], en ajoutant que ne sont à admettre ni opposition ni appel. La conception qui finit par se dégager, à la fin du pontificat, est celle d'une possibilité d'intervention sans limitation de lieu ni de cas[23]. Il suffit, d'après le texte des documents, qu'une violation ou une injustice ait été constatée, pour permettre l'intervention en question. Aucune précision n'est encore apportée — pas plus qu'une restriction — sur le caractère que doit présenter la violence ou l'injustice susceptible de donner lieu aux sanctions prévues.

2. Le pontificat d'Honorius III (1216-1227)

Création d'un conservateur en Écosse. — Entre tous les actes d'Honorius III, il faut d'abord relever celui par lequel il ordonne, en date du 19 mai 1225, aux évêques d'Écosse — où il n'y avait pas d'archevêque — de réunir un concile provincial[24]. De cette manière, précise le pape, les crimes commis seront châtiés, ainsi que l'a recommandé le IVe concile du Latran. La lettre ajoute qu'il faut en particulier conserver les règles canoniques, notamment celles du concile général[25].

---

21. Voir *supra*, p. 40, note 17.

22. La monition est requise traditionnellement avant que soit infligée une peine ; cf. GRATIEN, *Décret*, C. 24, q. 3, c. 15, *De excommunicationis*.

23. Il faut relever cette donnée : elle ne peut que porter une atteinte grave aux pouvoirs des titulaires de la juridiction ordinaire. Telle sera d'ailleurs la raison de l'intervention du législateur, à la suite des plaintes de la hiérarchie ecclésiastique.

24. J.D. MANSI, *Sacrorum conciliorum nova et amplissima collectio*, t. 22, Venetiis, 1778, col. 1221 ; P. PRESSUTTI, *Regesta Honorii Papae III (1216-1227)*, t. 2, Romae 1895, p. 340, n° 5503. Voir aussi J. ROBERTSON, *Concilia Scotiae*, t. 2, Edinburgi, 1866, p. 3.

25. MANSI, *op. cit.*, t. 22, col. 1221.

C'est probablement à la suite de cette décision qu'est créé en Écosse un conservateur spécialement chargé de mettre à exécution les instructions pontificales indiquées dans la lettre d'Honorius.

Le préambule des statuts[26] prévoit en effet en sa faveur la présidence de l'assemblée épiscopale : c'est à lui que le diacre demande la bénédiction avant la lecture de l'évangile, de préférence à l'évêque plus ancien, et c'est lui encore qui baise le premier le livre des Évangiles après la lecture, et c'est toujours lui qui entonne le *Veni Creator* qui ouvre les travaux de l'assemblée[27]. L'importance de son rôle est soulignée par le fait que c'est aussi à lui qu'incombe la convocation du concile[28].

Le second article des statuts prescrit d'ailleurs que chaque année les évêques proposent — en commençant par celui de Saint Andrews — l'un d'entre eux, qui sera « conservateur des décrets du concile ». À ce titre, il lui appartient, jusqu'à la réunion suivante de l'assemblée, de punir ceux qui transgresseraient les décrets conciliaires et d'obtenir satisfaction en usant d'une censure ecclésiastique selon les exigences du droit[29]. Il ressort de cette disposition que, suivant les instructions du Saint-Siège, un conservateur a été ainsi nommé avec des obligations bien déterminées.

Développement progressif de l'institution. — Les autres lettres d'Honorius III mettent en relief la continuation de la politique antérieure des papes en cette matière. À côté des autres mesures de protection, toujours existantes, l'institution nouvelle semble se développer progressivement ; ce développement se manifeste en particulier en faveur des ordres mendiants de fondation récente, qui jouissaient d'une bienveillance spéciale de la part de la papauté, tout en étant l'objet de vives attaques venant de malfaiteurs de tous ordres[30]. Ceci se relèvera surtout dans les dernières années du pontificat. Par ailleurs, l'incipit *Non absque dolore*, déjà relativement fréquent sous

---

26. À la lettre pontificale reprise par Mansi font suite des statuts des conciles écossais, qui sont évidemment postérieurs au pontife, puisque la lettre ci-dessus indiquée y est citée avec la mention *felicis recordationis* (MANSI, *op. cit.*, t. 22, col. 1223 ; ROBERTSON, *Concilia Scotiae*, t. 2, p. 9). D. Dalrymple les ferait remonter soit à 1242, soit à 1269 (Sir David DALRYMPLE, « Historical memorials concerning the provincial councils of the Scottish clergy », dans *Annals of Scotland,* Edinburgh, 1797, t. III, cité dans Ch. J. HEFELE et H. LECLERCQ, *Histoire des conciles d'après les documents originaux*, t. 5, 2e partie, Paris, 1913, p. 1450, note 3).

27. MANSI, *Sacr. conciliorum ... collectio*, t. 22, col. 1222 ; ROBERTSON, *op. cit.*, t. 2, p. 4.

28. MANSI, *op. cit.*, t. 22, col. 1223 ; ROBERTSON, *op. cit.*, t. 2, p. 9.

29. MANSI, *op. cit.*,. t. 22, col. 1223 ; ROBERTSON, *op. cit.*, t. 2, p. 10.

30. Les documents à cette époque sont, le plus souvent, peu explicites sur l'identité des malfaiteurs en question.

Innocent III pour commencer les lettres de ce genre, est plus largement usité. Bientôt s'y joint un autre incipit *Nimis iniqua* commençant, lui aussi, des lettres de même nature[31] ; ce dernier sera souvent repris dans les pontificats postérieurs.

Apparitions du terme de conservateur sous Honorius III[32] — Le terme de « conservateur » est employé plusieurs fois, mais il faut tout de suite remarquer qu'il s'agit en trois cas[33] d'addition faite au document officiel. Cela manifeste pourtant que l'usage s'en répandait progressivement pour désigner ceux qui recevaient la charge de protéger personnes et biens ecclésiastiques.

De fait, vers la fin du pontificat, en l'année 1225, le terme de conservateur apparaît dans le corps même d'une lettre[34] dans laquelle le pape innove quelques privilèges accordés par Innocent III. Au comte de Champagne Théobalde sont donnés comme conservateurs les abbés de Longpont et de Saint-Jean des Vignes, ainsi que le doyen de Soissons. Mais comme l'évêque de Troyes se plaint de ces conservateurs, le pape remplace ces derniers par l'évêque d'Orléans accompagné de son doyen et de son vice-doyen, avec mandat de prendre connaissance des sentences portées par l'évêque de Troyes et de les révoquer si elles leur apparaissent injustes.

Ainsi ressort-il des actes d'Honorius III que les lettres de protection se multiplient, en particulier en faveur des nouveaux religieux, et que les documents officiels commencent à employer avec plus de fréquence qu'auparavant le mot conservateur pour indiquer le responsable de la protection à assurer.

3. Le pontificat de Grégoire IX (1227-1241)

Évolution du terme de conservateur vers le sens technique. — Le pontificat de Grégoire IX marque une détermination caractéristique dans l'évolution de l'institution, avec l'extension du terme de conservateur[35] pour désigner ceux qui sont officiellement chargés par la papauté de la préservation des biens ou des privilèges avec les pouvoirs

---

31. PRESSUTTI, *Regesta Honorii Papae III*, t. 2, p. 113-114, n° 4234.

32. On trouve déjà le terme de conservateur sous Innocent III, comme nous l'avons dit plus haut ; cf. p. 40 note 18. On pourra se reporter par ex. à *PL*, t. 214, col. 151.

33. PRESSUTTI, *op. cit.*, t. 1, Romae, 1888, p. 322, n° 1949 et p. 357, n° 2159 ; t. 2, Romae, 1895, p. 476, n° 6222.

34. PRESSUTTI, *op. cit.*, t. 2, p. 389-390, n° 5757 ; Arch. Vat., Reg. Vat., fol. 101, epist. 134.

35. Sans doute l'usage en était-il devenu plus courant dans le public ; les lettres qui en font état ne sont pas, en effet, seulement celles qui nomment des conservateurs ; cf. L. AUVRAY, *Les registres de Grégoire IX*, Paris, 1896-1955 (3 vol.), n° 436, 1296, 3103, 3116, 4524, 5274.

y afférents. Cette garantie consistait essentiellement dans la sauvegarde des uns et des autres, à savoir des biens et des privilèges, et les lettres ne sont désormais plus rares, qui en font état.

Ainsi, une lettre du 18 juillet 1227[36] adressée à l'évêque du Mans et à ses « cojuges »[37] mande que, si le légat du pape a négligé de mettre à exécution les prescriptions qui lui ont été faites, ils doivent s'en charger eux-mêmes et ont dès lors à s'opposer à ceux qui s'attaquent aux personnes et aux biens ecclésiastiques, en assurant leur défense et en les « conservant » contre toute violence.

Puisque ces délégués ont avant tout à « conserver », il sera naturel que le terme de conservateur leur soit reconnu. Un texte où cette désignation apparaît avec certitude au sens technique lui-même[38], semble-t-il bien, est celui de la lettre du 2 avril 1230 adressée au roi de France[39] : le pape l'informe, entre autres, qu'il renouvelle les conservateurs demandés[40].

Croissance du nombre et des fonctions des conservateurs. — Cette qualification revient ensuite avec plus de fréquence. Le 18 avril 1231, l'archevêque de Reims et l'évêque d'Amiens sont désignés pour conserver les droits des maîtres et étudiants de l'université de Paris[41]. Le 13 mai de la même année, mention est faite de conservateurs donnés à une veuve de Saint-Omer, qui avait été excommuniée par le doyen et le chapitre de l'église de la ville[42].

La lettre *Nimis iniqua* du 21 août 1231 prend la défense des religieux franciscains contre certains prélats qui refusent aux Frères mineurs l'exercice des droits qui leur sont reconnus par le Saint-Siège[43]. Bientôt après, en vue de garantir avec plus d'efficacité les libertés de ces mêmes religieux, le pape désigne en France les archevêques de Rouen et de Tours ainsi que l'évêque de Paris[44], et en Allemagne les archevêques de

---

36. Auvray, *op. cit.*, t. 1, Paris, 1896, col. 68-69, n° 131.

37. Le contexte ne permet pas de déterminer s'il s'agit ici de juges délégués par le Saint-Siège ; cela paraît pourtant très vraisemblable.

38. Admis progressivement par l'usage, comme il vient d'être dit.

39. Auvray, *Les registres de Grégoire IX*, t. I, col. 271-272, n° 436 ; Denifle et Chatelain, *Chartularium universitatis parisiensis*, t. 1, p. 132, n° 74.

40. La lettre ne précise ni les motifs de la demande ni l'objet de la mission confiée à ces conservateurs.

41. Denifle et Chatelain, *Chartularium...* , t. 1, p. 142, n° 85.

42. Auvray, *Les registres de Grégoire IX*, t. 1, col. 729-730, n° 1296.

43. J. H. [ou I.H.] Sbaralea, *Bullarium franciscanum*, t. 1, Romae, 1759, p. 74, n° 63 (La page de titre de l'ouvrage mentionne l'auteur par son prénom latin). Ce texte a été repris dans les *Décrétales de Grégoire IX* (5.31.16).

44. Le 28 août 1231 ; cf. Sbaralea, *Bull. franc.*, t. 1, p. 75, n° 65.

Magdebourg et de Cologne avec l'évêque de Wurzbourg[45]. Des dispositions identiques sont prises en faveur des Frères prêcheurs[46].

Comme les registres ne gardent qu'une partie des lettres pontificales, on peut aisément présumer que cette dénomination est de plus en plus fréquente[47].

De fait, le 10 juillet 1235 est fait mention, comme conservateur temporaire, de l'évêque de Toulouse, en vue de maintenir une provision faite par le légat pontifical[48]. Le 12 avril 1236, ce sont des juges conservateurs qui sont envoyés pour régler un litige durant depuis quatre ans entre Gautier de Lascy et sa femme d'une part, et les Hospitaliers d'autre part[49]. Le pape accorde même, dans cette affaire, dispense de la faveur soi-disant concédée aux Hospitaliers de n'être pas cités au-delà de deux jours de marche de leur résidence.

Le 12 juin 1237, il est demandé à l'archevêque de Reims[50], à l'évêque et au doyen d'Amiens de sauvegarder les libertés de l'université de Paris. Une autre lettre, du 14 mai 1238, mentionne l'intervention de deux conservateurs en vue de procéder au règlement des sommes dues par l'évêché de Metz à des marchands romains[51]. Le 7 septembre de la même année, les conservateurs des privilèges du monastère de Tours interviennent contre le comte de Blois et l'excommunient en raison des violences dont il s'était rendu coupable. Cette lettre fait état, au surplus, aussi bien des conservateurs que de leurs sous-délégués[52]. Le 11 août 1240, les conservateurs des privilèges du monastère de Fontevrault prennent position au sujet du droit de visite que l'évêque de Poitiers voulait exercer[53].

Comme le manifeste la fréquence croissante du qualificatif de conservateur, il semble bien que le langage juridique ait fini par enregistrer et consacrer officiellement un terme progressivement admis dans le langage courant à la suite de la multiplicité des lettres conservatoires envoyées par la papauté.

---

45. Le même jour ; voir SBARALEA, *Bull. franc.*, t. 1, p. 75-77, n° 66.

46. Cf. A. MORTIER, *Histoire des maîtres généraux de l'ordre des Frères Prêcheurs*, t. 1, Paris, 1903, p. 157 et s.

47. Voir R. FAWTIER, *Les registres de Boniface VIII*, t. 4, Paris, 1939, p. CV-CVI.

48. AUVRAY, *Les registres de Grégoire IX*, t. 2, Paris, 1907, col. 113-116, n° 2679.

49. *Ibid.*, t. 2; col. 358-360; n° 3103.

50. DENIFLE et CHATELAIN, *Chartularium...* , t. 1, p. 159, n° 112.

51. AUVRAY, *Les registres de Grégoire IX*, t. 2, col. 1011-1012, n° 4341. Grégoire IX recommande plusieurs fois les marchands italiens à Guillaume d'Auvergne ; cf. N. VALOIS, *Guillaume d'Auvergne évêque de Paris (1228-1249). Sa vie et ses ouvrages*, Paris, 1880, p. 137, note 1.

52. AUVRAY, *op. cit.*, t. 2, col. 1132-1134, n° 4524.

53. *Ibid.*, t. 3, Paris, 1910-1955, col. 298-301, n° 5274.

Abus commis par certains conservateurs. — Cependant nombre d'abus sont parfois commis par les conservateurs. La lettre du 22 avril 1236 est particulièrement riche d'enseignements[54] : dans le diocèse de Saintes, ainsi que dans les diocèses voisins, les conservateurs des Templiers et des Hospitaliers sont accusés de faire des citations en des lieux où les personnes convoquées ne peuvent accéder sans péril. Les mêmes religieux s'arrangent aussi pour étendre la protection de leurs conservateurs à des clercs et à des laïcs qui n'ont rien de commun avec l'ordre, moyennant un cens qu'ils leur font acquitter[55].

Par ailleurs, s'il faut distinguer entre conservateurs et juges[56], le contexte de certaines lettres ne permet pas toujours de discerner si l'on se trouve en présence de juges délégués ou de conservateurs. Ce manque de clarté devait amener très vite les conservateurs à empiéter sur un domaine qui n'était pas le leur. Des conflits allaient, inévitablement, s'ensuivre avec les différents représentants de la justice ecclésiastique.

Tous ces abus finiront par entraîner une intervention du Saint-Siège dans le domaine législatif lui-même, étant donné l'extension qu'ils prendront.

Premières dispositions prises par la papauté. — Comme le met en relief la lettre de 1236 évoquée plus haut, les fonctions exercées par les conservateurs les font parfois intervenir dans le domaine judiciaire. Certes, l'objectif assigné aux conservateurs ne peut faire de doute : il s'agit pour eux de défendre personnes ou biens ecclésiastiques avant tout au moyen des armes spirituelles dont dispose l'Église ; à strictement parler, l'usage de la procédure judiciaire ne leur est donc pas nécessaire[57].

Cependant le cas pouvait se présenter de citation à faire, par exemple lorsqu'il n'y avait pas flagrant délit motivant immédiatement l'intervention. Dans ces conditions, la question pouvait se poser de

---

54. *Ibid.*, t. 2, col. 368-369, n° 3116.

55. Cette lettre aurait pu faire l'objet d'une insertion dans le recueil de Grégoire IX, mais elle venait deux ans trop tard. Néanmoins, sous Innocent IV et sous Alexandre IV des plaintes réitérées finiront par émouvoir la papauté, et Alexandre IV interviendra par la décrétale *Licet regularis* en date du 26 mars 1256 ; cf. C. BOUREL DE LA RONCIÈRE, *Les registres d'Alexandre IV*, t. 1, Paris, 1902, p. 394-395, n° 1321. Le texte en est reproduit dans Ae. FRIEDBERG, *Corpus Iuris Canonici*, t. 2, *Decretalium Collectiones*, Lipsiae, 1881 (édit. anast., Graz, 1955), col. 1084-1085, en note.

56. Nettement distingués dans certaines lettres, ainsi dans celle du 12 avril 1236 (AUVRAY, *op. cit.*, t. 2, col. 358-360, n° 3103) ou dans celle du 22 avril suivant (*Ibid.*, t. 2, col. 368-369, n° 3116).

57. Le caractère notoire entraîne, on le sait, une procédure spéciale. Cf. P. FOURNIER, *Les officialités au Moyen Âge*, Paris, 1880, p. 281 et s. ; voir surtout R. BERTOLINO, *Il notorio nell'ordinamento giuridico della Chiesa*, Torino, 1965, p. 118 et s.

l'application du canon 37 promulgué par le IVe concile du Latran[58] interdisant de citer qui que ce soit à plus de deux jours de marche de sa résidence. De fait, afin que le pouvoir des conservateurs ne reste pas éventuellement lettre morte, le pape dispense parfois de la règle conciliaire, à condition toutefois que la citation ne soit pas faite pour un lieu distant de plus de cinq à six jours de marche de la résidence[59].

Telle n'est pas d'ailleurs la seule disposition procédurale susceptible d'être prise en considération. Sans doute en vue d'assurer la rapidité et l'efficacité de leur action, Grégoire IX permet aux conservateurs de faire usage d'une procédure moins stricte que la procédure ordinaire ; ils pourront intervenir *sine iudiciorum strepitu, simpliciter et de plano*[60].

Ces premières dispositions prises par la papauté commencent à accuser le caractère juridique de l'institution et à en préciser les éléments essentiels. Par ailleurs, l'admission du qualificatif de conservateur allait permettre de désigner de manière authentique l'institution naissante et de la distinguer des institutions voisines.

C'est en effet sans doute ce défaut de terme propre pour la dénommer qui a empêché d'en faire mention dans les *Décrétales de Grégoire IX* : le mot de conservateur n'y figure pas, même si l'institution transparaît dans le texte de certaines décrétales[61]. Étrange omission, dira-t-on ; pas nécessairement, si l'on tient compte du fait de l'étroite connexion avec les fonctions judiciaires[62], et surtout peut-être de l'absence de dénomination officielle reconnue.

Mise au point par la doctrine : Geoffroy de Trani. — En effet, la nouvelle institution n'échappera pas à la doctrine. Dix ans à peine après la promulgation des *Décrétales de Grégoire IX*, Geoffroy de Trani est le premier à consacrer tout un passage aux conservateurs dans le

---

58. MANSI, *Sacr. conciliorum ... collectio*, t. 22, col. 1023. Ce canon a été inséré dans la collection des *Décrétales de Grégoire IX*, l. 3. 28. Voir aussi R. FOREVILLE, *Latran I, II, III et Latran IV*, Paris, 1965, p. 301 et p. 365, n° 37, coll. « Histoire des conciles œcuméniques », sous la direction de G. DUMEIGE, t. 6.

59. Dans une lettre du 1er septembre 1234 ; cf. AUVRAY, *Les registres de Grégoire IX*, t. 1, col. 1123-1124, n° 2080 ; VALOIS, *Guillaume d'Auvergne...*, p. 366. Voir aussi pour une dispense de sept ou huit jours AUVRAY, *op. cit.*, t. 2, col. 368-369, n° 3116.

60. Ainsi dans la lettre du 1er septembre 1234 citée à la note précédente ; voir encore une lettre du 14 mai 1238 (AUVRAY, *Les registres de Grégoire IX*, t. 2, col. 1011-1012, n° 4341). Ces formules dénotent le développement progressif, à côté de la procédure ordinaire, d'autres formes moins rigides de procédure, qui admettent à cette époque des éléments de la procédure sommaire alors en voie d'établissement ; cf. Ch. LEFEBVRE, « Les origines romaines de la procédure sommaire aux XIIe et XIIIe s. », dans *Ephem. iur. can.*, t. 12, 1956, p. 166-169.

61. Ainsi dans la décrétale *Ex parte* (X. 5.33.13).

62. Geoffroy de Trani finira cependant par déterminer que les conservateurs sont de purs exécuteurs.

commentaire du titre *De officio et potestate iudicis delegati*[63]. Les principaux éléments qui les concernent y sont relevés[64].

Ils sont avant tout délégués par le pape[65], afin d'assurer la défense des personnes morales en particulier, trop souvent sujettes aux convoitises de puissants voisins. Aussi est-ce fréquemment que la papauté en fait la concession : *Tota die in Curia impetrantur*[66]. Le sommiste souligne cependant tout de suite que les conservateurs ont seulement à intervenir dans les cas de violences manifestes[67]. Ainsi ressort une première détermination de leur pouvoir, dont trace n'existe pas, jusqu'alors du moins, dans les documents officiels.

D'ailleurs, ils ne constituent que de purs exécuteurs[68]. Ainsi leur appartient-il exclusivement de faire respecter les droits garantis par des documents précis. Il s'ensuit qu'ils n'ont pas à intervenir en des affaires douteuses[69], qui requièrent avec la procédure judiciaire l'examen attentif d'une difficulté. Ceci relève de la compétence seule de la hiérarchie ordinaire[70]. Ce point, qui évite de reconnaître aux conservateurs un pouvoir universel, est expressément souligné par le commentateur : celui-ci invoque à ce propos la décrétale *Ad haec*[71], sans parler de la pratique de la Curie.

Enfin, la délégation[72] en vertu de laquelle agit le conservateur, doit ressortir d'un document écrit. Ce point ne saurait faire difficulté : il ne

---

63. *Summa D. Goffredi Tranensis in titulos decretalium*, Venetiis, 1564. Elle est terminée entre la mort de Célestin IV (1241) et l'accession au pontificat d'Innocent IV (1243). ; cf. G. LE BRAS, Ch. LEFEBVRE, J. RAMBAUD, *L'Âge classique*, Paris, 1965, p. 308, coll. « Histoire du droit et des institutions de l'Église en Occident », sous la direction de G. LE BRAS, t. 7.

64. *Summa Goffredi*, p. 102, n° 34.

65. Comme il paraît ressortir de la pratique de la Curie.

66. Cf. plus bas, p. 52 le texte de la Constitution *Statuimus*, qui relève le même point.

67. Ceci semble avoir été douteux au moins à l'origine : ... puto (c'est nous qui soulignons) *quod defendere habeant a violentiis manifestis, nam ... de dubiis non cognoscant* ; voir cependant déjà AUVRAY, *Les registres de Grégoire IX*, t. 2, col. 1132-1134, n° 4524.

68. Bernard de PARME les définit : *Executor dicitur proprie qui rem iudicatam ducit ad effectum*, d'où il conclut : *et talis executor partes iudicis sibi vindicare non debet, quia non habet aliquam cognitionem*, conformément au *C.J.* 7.53, *De executione rei iudicatae*, 6, *Si ut proponis*. Bernard poursuit cependant en reconnaissant que certains exécuteurs reçoivent improprement ce titre (in X. 1, *De off. et pot. iud. del.*, 27, *Super quaestionum*, V° *executorem*).

69. Geoffroy relève avant tout ce caractère de « purs exécuteurs », ce qui exclut la connaissance de toute affaire sujette à quelque incertitude. L'exclusion de toute *cognitio* soulignée par Geoffroy est pleinement conforme aux commentaires du *C.J.* 7.53.6, brièvement rappelés dans le sommaire de cette loi.

70. Ou des délégués à qui aurait été confiée la *cognitio* d'une cause (cf. X. 1.29.27, *in.*).

71. X. 1.3, *De rescriptis*, 10.

72. Les délégués pontificaux jouissaient d'un pouvoir plus étendu, comme le montre la décrétale *Super quaestionum* (X. 1.29.27).

constitue, en effet, qu'une application du droit commun, comme le prouve avec la décrétale *Quum in iure*[73] une règle remontant au Code de Justinien[74]. L'institution paraît ainsi se présenter avec des caractères bien tranchés, même si le législateur dix ans auparavant a encore estimé superflu de prendre position à son égard en assurant sa réglementation.

Deux points particuliers retiennent cependant l'attention dans l'exposé du célèbre sommiste : la limitation de l'intervention du conservateur au cas de violences « manifestes » et le rejet de toute procédure judiciaire[75].

Ce dernier élément n'offre guère de difficulté par rapport à la période antérieure. On a vu qu'en certains cas le pape autorise une procédure sommaire, ce qui sous-entend naturellement que, étant donné le caractère de l'institution de parer au plus pressé pour assurer la protection des opprimés, la procédure ordinaire avec toutes ses longueurs ne saurait être de mise. Au surplus, il ressort suffisamment des textes que tout conservateur n'est qu'exceptionnellement un juge. D'ailleurs, Geoffroy se réfère expressément à ce sujet à la pratique de la Curie.

Quant au premier point, c'est-à-dire le caractère manifeste des injustices requis pour permettre une intervention, il semble plus difficile à constater. Il n'est cependant pas moins essentiel, car lui aussi concourt à établir la nature exceptionnelle du pouvoir exercé par les conservateurs. En fait, parmi les lettres conservatoires plusieurs requièrent déjà cet élément : l'une du 10 juillet 1265[76] approuve l'excommunication infligée pour une violence et une contumace manifestes ; une autre du 7 septembre 1238[77] met, elle aussi, en relief une excommunication portée en raison de la « gravité manifeste du crime commis », tout en revenant plus bas sur la « réparation offerte pour les outrages manifestes », expressions qui paraissent bien requérir un caractère manifeste pour permettre au conservateur de frapper d'une peine canonique. Certains textes du *Décret*[78] et des *Décrétales de Grégoire IX* sont d'ailleurs évidents à ce sujet[79].

---

73. X. 1.29, *De off. et pot. iud. del.*, 31.

74. Ainsi *C.J.* 1.15, *De mandatis principum*, c. un.

75. On dirait aujourd'hui : de toute procédure ordinaire. Il ne faut pas oublier qu'à l'époque la procédure sommaire n'était pas considérée comme une véritable procédure. Ceci ressort en particulier de tout l'exposé d'Hostiensis dans sa *Summa*, Lugduni, 1568, lib. 5, tit. 1, *De accusationibus*.

76. AUVRAY, *Les registres de Grégoire IX*, t. 2, col. 113-116, n° 2679.

77. *Ibid.*, t. 2, col 1132-1134, n° 4524.

78. Ainsi GRATIEN, *Décret*, C.2, q.1, c.15 et s.

79. Ainsi X. 3.2.8 (*Tua*).

L'importance du pontificat de Grégoire IX pour l'évolution de l'institution est considérable, si on le compare à ceux d'Innocent III et d'Honorius III. Ceux-ci ont recueilli l'héritage antérieur : ils recourent à un pouvoir susceptible de garantir une protection pontificale efficace aux opprimés du temps, en vue d'assurer la sauvegarde de leurs droits et de leurs biens. Avec le pontificat de Grégoire IX un pas en avant est à souligner : d'une part, le terme de conservateur est déjà tellement entré dans l'usage courant que les documents pontificaux l'emploient plus fréquemment qu'auparavant ; d'autre part, l'extension prise surtout par les ordres mendiants entraîne la concession plus large par la papauté de ce moyen de les garantir contre leurs adversaires même revêtus de la dignité épiscopale ; ces éléments réunis finissent par attirer l'attention de la doctrine, qui relève quelques traits essentiels de l'institution ; enfin, les abus commis par certains conservateurs et en même temps le souci de mieux assurer l'efficacité de leur action amènent la papauté à prendre quelques dispositions qui ne pourront qu'entraîner bientôt une intervention du législateur lui-même. Celui-ci garde encore le silence en 1234, mais tout laisse supposer une intervention prochaine, puisque des plaintes sont parvenues à la Curie à la suite des excès commis par les conservateurs de certains ordres religieux.

II. LES CARACTÈRES DE L'INSTITUTION

Le développement de l'institution attire bientôt l'attention du législateur, qui en précise avec soin certains éléments bien déterminés. La doctrine, alors dans la plénitude de son éclat, ne manquera pas de s'y intéresser également et de l'intégrer dans le cadre juridique contemporain. Ainsi seront progressivement dégagés par Innocent IV, Hostiensis et leurs émules les traits essentiels qui désormais caractériseront les conservateurs apostoliques.

Le problème posé. — À première vue l'on pourrait croire que ce qui provoquera tout d'abord l'intervention du législateur consistera dans les abus commis par les conservateurs de certains ordres religieux, tels les Templiers ou les Hospitaliers : l'attention n'avait-elle pas déjà été attirée sur eux à l'occasion de ces abus[80] ?

Il semble qu'en fait ce sont avant tout les plaintes des évêques qui furent à l'origine du premier acte législatif concernant les conservateurs. Comme cet acte fut inséré parmi les dispositions du Ier concile de Lyon, et qu'il ne figure pas parmi les décrétales qui lui sont

---

80. Cf. *supra*, p. 46.

antérieures[81], une confirmation indirecte de cette intervention des évêques est extrêmement vraisemblable.

Le motif de plainte invoqué se réfère aux atteintes portées par le pouvoir des conservateurs à l'autorité des évêques. On l'a déjà relevé, les droits qui sont admis en faveur des conservateurs, les facultés qui leur sont données d'intervenir contre toute injustice commise à l'encontre de ceux qu'ils avaient mission de protéger, l'inutilité d'une procédure ordinaire, tous ces éléments n'aboutissent qu'à limiter l'autorité hiérarchique régulière, puisque des empiétements étaient ainsi faits sur son domaine. Bien plus, les conservateurs pouvaient agir contre les évêques eux-mêmes, s'il ressortait que ces derniers violaient les droits des religieux[82] : en fait, c'était de ceux-ci surtout qu'il était question avec le développement alors pris par les nouveaux ordres mendiants.

---

81. *Casus* anonyme, Bibl. Vat., Vat. lat., ms. 2689, fol. 3 rb : *Papa existens in concilio lugdunen ... Isti conseruatores* ante tempus istius constitucionis *cognoscebant de omnibus querelis quas habebant isti quibus dati erant contra quoscumque et sic non requirebant iudicium ordinarium et sic erat in maximum praeiudicium ordinariis, set* quia unicuique sua iurisdiccio debet seruari illesa papa potestatem illorum conseruatorum in constitucione presenti declarat ... (C'est nous qui soulignons les passages qui paraissent essentiels, en les faisant imprimer en caractères romains) ; cf. P.J. KESSLER, « Untersuchungen über die Novellen-Gesetzgebung Papst Innozenz' IV. », 3e partie, dans *Zeitschrift der Savigny-Stiftung für Rechtsgeschichte : Kanonistische Abteilung* (désormais cité *Z.S.S. Kan. Abt.)*, t. 33, 1944, p. 99-101. Ce point n'avait pas échappé à Geoffroy de Trani (voir plus haut, p. 46), qui rappelle la pratique conforme de la Curie. Quant au canon *Statuimus*, il fait partie des dispositions portées par le concile lui-même et n'est pas à attribuer à une décision prise antérieurement par Innocent IV ; cf. KESSLER, *op. cit.*, 1re partie., dans *Z.S.S. Kan. Abt.*, t. 31, 1942, p. 145, 214 et s. Il sera ensuite inséré dans la *Ia Collectio Novellarum* (25 août 1245), puis repris dans le *Sexte* (1.14.1) ; cf. Ch. LEFEBVRE, « Sinibalde dei Fieschi » (Innocent IV) dans *Dict. de droit can.*, t. 7, Paris, 1965, col. 1040, n° 2.

82. Ainsi le 26 février 1252, Innocent IV écrit de Pérouse à l'évêque de Capoue, Marinus de Eboli, de mettre fin aux vexations dont sont l'objet le prieur et les Dominicains du royaume de Sicile : il devra faire respecter les indults et les privilèges accordés à ces religieux. Même si le titre de conservateur ne lui est pas donné, il en remplit le rôle (E. BERGER, *Les registres d'Innocent IV*, t. 3, Paris, 1897, p. 28, n° 5585). Une autre lettre, de même incipit *Inundans malitia*, charge le 26 septembre 1252 les évêques de Palencia et de Calahorra de protéger par des censures les Frères mineurs du royaume de Castille menacés dans leurs personnes et dans leurs biens (A. POTTHAST, *Regesta Pontificum Romanorum inde ab A. post Christum natum 1198 ad A. 1304*, vol. 2, Berolini, 1875, p. 1213, n° 14717 ; voir aussi L. WADDING, *Annales Minorum*, edit. 3^a, Ad Claras Aquas (Quaracchi), t. 3, 1931, p. 578, n° 511, qui reproduit plus haut le même texte, p. 337, n° 297). Divers exemples de l'activité des conservateurs peuvent être cités : dans BERGER, *Les registres d'Innocent IV*, Paris, 1884-1921 (4 vol.), entre autres les n°s 1481, 1482, 1875, 1876, 1878, 3695, 3696, 4857, 5046, 5568, 5569, 5868, 5869 (ces références ne sont qu'une minime partie de celles que l'on pourrait donner) ; dans POTTHAST, *Regesta Pont. Roman.*, vol. 2, les n°s 11562, 11609, 11614, 11642, 11741, 11796, 11843, 11878, 13752, 13968, 14234, 14499.

On comprend ainsi l'émotion qui a pu s'emparer d'un certain nombre d'évêques ; et il est naturel qu'ils aient profité du concile — en particulier les évêques français[83] — pour se plaindre à Innocent IV de ce que « ces conservateurs connaissent de toutes les plaintes reçues contre n'importe qui », et qu'ainsi fasse défaut une procédure régulière, ce qui entraînait un préjudice considérable pour les ordinaires : « ne fallait-il pas que la juridiction d'un chacun soit sauvegardée ? », ainsi que le rappelle l'auteur anonyme du *casus* touchant la constitution *Statuimus*[84].

1. Le Ier concile de Lyon : la novelle *Statuimus*

Le concile promulgue le bref texte suivant :

> « Nous décrétons que les conservateurs, que nous accordons fréquemment, pourront défendre contre les injustices et les violences manifestes ceux que nous les chargeons de défendre. Mais ils ne pourront étendre leur pouvoir aux autres affaires, qui exigent une enquête judiciaire »[85].

Comme on le voit, cette constitution se compose de deux parties bien distinctes. La première établit une disposition positive en précisant le but en vue duquel sont institués les conservateurs : défendre contre les injustices et les violences manifestes ceux qu'ils ont reçu mission de protéger. La seconde partie constitue une interdiction ; une limitation est apportée à la juridiction des conservateurs : ils ne pourront intervenir dans les affaires exigeant une enquête judiciaire. L'objet de la constitution est ainsi double. D'une part, Innocent IV entend protéger certaines personnes[86] menacées dans les droits ou dans les biens qu'elles possèdent. Mais en même temps il faut, semble-t-il, remédier aux abus qui ont déjà pu se produire ou qui au moins sont susceptibles

---

83. On se rappelle la lettre de Grégoire IX sur les abus des conservateurs (AUVRAY, *Les registres de Grégoire IX*, t. 2, col. 368-369, n° 3116) ; voir *supra*, p. 46-47.

84. Cf. plus haut, note 81.

85. *Statuimus, ut conservatores, quos plerumque concedimus, a manifestis iniuriis et violentiis defendere possint quos eis committimus defendendos. Nec ad alia, quae iudicialem indaginem exigunt, suam possint extendere potestatem* ; notre citation est faite suivant le texte admis par FRIEDBERG, *Corpus Iuris canonici*, t. 2, *Decretalium Collectiones*, col. 978 (VI. 1. 14.1).

86. Généralement il s'agit de personnes morales (cf. *supra*, p. 51, note 82), plus particulièrement exposées aux attaques ou aux convoitises ; mais des personnes physiques pouvaient aussi recevoir la protection des conservateurs : ainsi, par une lettre datée de Lyon le 8 février 1247, Innocent IV mande à l'évêque de Worcester, chargé de prêcher la croisade en Grande-Bretagne, de donner en son nom des conservateurs spéciaux aux croisés, afin d'assurer avec leur sauvegarde le respect des privilèges accordés par le Saint-Siège (BERGER, *Les registres d'Innocent IV*, t. 1, Paris, 1884, p. 444, n° 2962).

d'exister : c'est la raison pour laquelle interdiction formelle est faite aux conservateurs d'agir lorsqu'une enquête judiciaire s'impose.

Une grande difficulté se présentait en effet : il ne fallait pas porter atteinte à l'organisation judiciaire établie. S'il s'avérait nécessaire d'intervenir en certaines situations de fait réclamant une intervention immédiate de l'autorité ecclésiastique, c'est à cela que devait se borner l'action des conservateurs. On connaît les circonstances du temps qui mettaient souvent les juges dans l'impossibilité d'intervenir, surtout dans les cas particulièrement urgents, avec l'efficacité indispensable[87] ; qu'il y ait conflit de compétence, éloignement du siège de la juridiction ou insuffisance des moyens aptes à s'opposer à des assaillants, l'autorité se trouvait impuissante pour agir sans retard — tout ceci sans parler des lenteurs inséparables de la procédure ordinaire — et nombre d'injustices demeuraient impunies.

Ainsi s'explique-t-on que la papauté restreigne le pouvoir des conservateurs aux violations « manifestes »[88] de la justice. La compétence qui leur est reconnue ne s'exercera qu'à l'égard des cas où atteinte sera portée à certains droits avec une évidence incontestable. Cet élément souligne à la fois l'urgence de l'intervention et la réserve faite en faveur des conservateurs, en frappant d'invalidité toute action qui ne serait pas requise par le caractère indiscutable de l'injustice commise. De ce fait, les pouvoirs des conservateurs ne nuiront pas aux juridictions ordinaires : les besoins auxquels ils auront à satisfaire précisent nettement le caractère exceptionnel de leur autorité. Cette détermination est confirmée par l'interdiction faite de traiter toute affaire comportant une enquête judiciaire. Si l'évidence est requise pour que les conservateurs agissent, la procédure est inutile, puisque aucune preuve n'est à apporter en cette hypothèse. Il en ressort enfin, au moins implicitement, que l'intervention des conservateurs doit être immédiate : comme le caractère manifeste d'une injustice suffit, et qu'il n'y a pas lieu de la prouver par une enquête judiciaire, le conservateur devra agir dès que connaissance lui sera donnée de l'injustice.

Ainsi se trouvent établies et la différence du pouvoir des conservateurs avec la hiérarchie judiciaire ordinaire et l'efficacité de leur autorité, qui ne subira aucun retard du fait de l'évidence du mal auquel remède sera apporté. La constitution paraît assurer aux conservateurs des pouvoirs suffisamment étendus pour être efficaces, et en même temps respecter les juridictions existantes. Encore restait-il à préciser les caractères de l'évidence requise et avec eux la possibilité

---

87. Cf. LE BRAS, *Institutions ecclésiastiques de la Chrétienté médiévale*, p. 398-400, coll. « Histoire de l'Église... », fondée par FLICHE et MARTIN, t. 12.

88. Notera-t-on que Geoffroy de Trani en avait déjà parlé, en exprimant un certain doute ? Voir *supra* p. 48, note 67.

d'un minimum d'enquête : c'est ce à quoi ne tarderont pas à s'employer les commentateurs.

2. Bernard de Compostelle et la glose ordinaire des *Novelles*

Bernard de Compostelle[89] s'attache avant tout à ces deux points.

Quelques brèves remarques sur certaines généralités de l'institution le retiennent d'abord. Il relève que la constitution *Statuimus* est le premier document législatif qui en traite[90], tout en soulignant lui aussi que des conservateurs sont « fréquemment accordés »[91]. Il rapproche cependant les conservateurs des évêques[92]. Depuis toujours ceux-ci n'ont-ils pas mission de protéger les pauvres, les veuves, les orphelins, les mineurs, bref tous les malheureux ? L'Église n'a-t-elle pas la charge de s'en occuper tout spécialement ? Le commentateur précise cependant tout de suite que cette intervention de l'Église en faveur des *miserabiles personae* n'est que supplétive en cas de carence du pouvoir séculier[93].

Au surplus, poursuit-il, ce rôle joué par les évêques n'est pas à confondre avec le pouvoir reconnu par la décrétale *Statuimus* aux conservateurs : ceux-ci sont en effet institués par le Saint-Siège en vue de défendre certaines personnes « contre des injustices et des violences manifestes ». Telle est la condition expresse de leur intervention, sur

89. Cf. KESSLER, « Untersuchungen über die Novellen-Gesetzgebung Papst Innozenz' IV. », 2e partie, dans *Z.S.S. Kan. Abt.*, t. 32, 1943, p. 316-354. Nous avons consulté les manuscrits Bibl. Vat., Pal. lat. 629, fol. 262 rb, et Chis. E. VIII 237, fol. 282 vb, ainsi que Vat. lat., 1365, fol. 587 va, et Borghes. lat. 268, fol. 129 v, dont les textes ne diffèrent pas sensiblement. La glose de Bernard remonte dans sa première recension à 1246-1253 (A. VAN HOVE, *Prolegomena ad C.J.C.*, 2e éd., Mechliniae-Romae, 1945, p. 480, dans *Commentarium lovaniense in Codicem iuris canonici*, vol. I, t. 1). Sur la vie et les Œuvres de Bernard de Compostelle, voir G. BARRACLOUGH, « Bernard de Compostelle le jeune », dans *Dict. de droit can.*, t. 2, Paris, 1937, col. 777-779.

90. Avant cette constitution d'Innocent IV on ne trouve en effet aucune disposition pontificale de caractère législatif relative aux conservateurs, ce qui permet à Bernard d'affirmer : *De talibus conseruatoribus nichil habemus ante constitutionem istam* (Chis. E. VIII 237, fol. 282 vb).

91. Il précise de fait après Geoffroy de Trani et la constitution elle-même : *ibid.* : ... *et* (non) *raro dantur huiusmodi conseruatores*. Le ms. Chis. E. VIII 237, fol. 282 vb dit sans doute *raro*, mais cette leçon ne saurait être retenue, en raison du texte même de la constitution, qui dit *plerumque*, et aussi des autres manuscrits, qui ne la portent pas.

92. *Ibid.* : *Tales conseruatores et defensores possunt appellari episcopi quoad iniurias et grauamina manifesta uiduis, orphanis, pupillis et aliis miserabilibus personis illata que ab ecclesia debent ab huiusmodi oppressionibus defensari.*

93. *Ibid.* : ... *alias de causis ipsarum se intromittere non debet ecclesia de quibus habemus 87 di. I, c. 1 et 2 et xxiii. q.v. amministratores, et i. de foro competenti, ex parte.*

laquelle il insiste comme l'avait fait le texte de la constitution, qui limite formellement leur juridiction aux injustices et violences manifestes[94].

Le problème se pose alors de savoir ce qu'il faut entendre par injustices et violences manifestes. La réponse est aisée, estime le décrétaliste[95] : les constitutions *Ex parte* et *Quum olim*[96] précisent en effet : « Est manifeste toute offense qui peut être établie avec certitude, soit par l'aveu du coupable, soit par une preuve légitime, soit par l'évidence du fait lui-même ». La décrétale *Quum olim* ajoute que l'évidence existe dès lors que la culpabilité est indéniable, ce qui revient au cas de flagrant délit.

Une difficulté peut pourtant se présenter : que faire si le coupable ne reconnaît pas qu'il y a injustice ou violence manifeste ? Que fera le conservateur, puisque la négation du caractère manifeste de l'offense aboutit à la rendre douteuse[97] ? Bernard répond que dans cette hypothèse le conservateur devra instruire l'affaire, sinon son office deviendrait inutile, d'autant que n'importe qui pourra toujours nier ce caractère manifeste. Au surplus, suivant les principes généraux du droit, c'est au juge lui-même qu'il appartient de déterminer sa juridiction[98].

À cette difficulté s'en joint une autre : le conservateur ne peut-il pas être récusé ? Sur ce point également le commentateur répond par l'affirmative : en effet, le conservateur remplit certaines fonctions du juge, et, par conséquent, pour lui s'applique la décrétale *Suspicionis* de Grégoire IX[99]. Enfin, il peut se faire que les conservateurs n'arrivent pas à mettre fin à l'injustice ou à la violence qui a provoqué leur intervention, parce que les coupables refusent de se soumettre à leur jugement. En ce cas, Bernard invoque le recours au bras séculier comme

---

94. *Ibid. : Tales sunt isti conseruatores qui dantur aliquando ad defendendos aliquos a manifestis iniuriis et uiolenciis nec ad alia suam debent extendere potestatem ut hic dicit, et sic limitata est iurisdiccio istorum conseruatorum ad manifestas iniurias et uiolencias tantum.*

95. *Ibid.* : *Que dicatur manifesta iniuria et uiolencia habes i. de uerborum significacione, ex parte et c. seq.*

96. X. 5.40.23 et 24.

97. Chis. E. VIII 237, fol. 282 vb : *Et si dubitetur an iniuria uel uiolencia sit manifesta quia quia pars altera hoc negat cum per negaciones res fiat dubia, C. quibus ad libertatem proclamare non licet, l. iii.*

98. *Ibid.* : *Uidetur quod ipsi conseruatores cognoscere debent, aliter inutile esset eorum officium quia quilibet hoc negaret sicut iudex potest cognoscere an sua sit iurisdiccio et de testibus cogendis, super hiis cum suis conc.*

99. *Ibid.* : *... et talis conseruator potest recusari sicut iudex e. t. c. suspicionis cum suis concord.* (cf. X. 1.29.39). À la fin de la glose cependant, Bernard admet une position opposée ; voir *infra*, note 102. Jean d'André et Guy de Baysio confirmeront d'ailleurs le changement d'attitude du glossateur : l'un dans la glose ordinaire du *Sexte* (lib. 1, tit. *De officio et potestate iudicis delegati*, cap. 1, *Statuimus*, au mot *conservatores*), l'autre dans son commentaire du terme *manifestis* de la constitution *Lectura in Sextum*, lib. 1, aux mêmes tit. et cap.).

pour tout autre juge ecclésiastique. Le pouvoir séculier doit alors intervenir. Le commentateur ajoute cependant que l'excommunication pourrait être fulminée contre le coupable : ce pouvoir est accordé au conservateur comme accessoire à sa fonction[100].

Sur certains points pourtant Bernard paraît avoir une certaine hésitation : à la fin de cette glose il propose en effet que le caractère manifeste existe quand il est absolument impossible de cacher ces injustices et ces violences, ce qui paraît plus strict que la définition qu'il avait adoptée antérieurement[101]. Bien plus, il n'admet plus la récusation des conservateurs, en ajoutant d'ailleurs qu'un appel n'est pas possible. Il précise enfin, en revenant encore sur le caractère manifeste requis, que, si le coupable nie la notoriété du fait, le conservateur pourra le prouver et ainsi en connaître[102].

On le voit, c'est surtout le caractère manifeste — dont l'importance est capitale, puisqu'il conditionne l'activité du conservateur — qui soulève certaines difficultés d'interprétation dès les premiers commentaires.

La glose consacrée à l'enquête, interdite par le texte de la constitution, précise seulement qu'il s'agit d'une enquête proprement judiciaire, c'est-à-dire conforme à l'ordre judiciaire existant : elle est en effet réservée aux « vrais juges », détermine Bernard, alors que le conservateur n'est en réalité qu'un exécuteur, à qui il n'est pas loisible d'assumer les fonctions du juge. Il s'ensuit que ce qu'accomplirait le conservateur n'aurait aucune valeur[103].

---

100. *Ibid.* : *Si conseruatores isti non possent iniuriam vel uiolenciam repellere, per sentenciam ecclesiae, implorare debent brachium seculare sicut et alii iudices, i. de off. ordinarii, c. i. et c. quoniam in plerisque in f. cum suis concord., ad quod potestas secularis tenetur ; aliter possunt illum excommunicare, cum hoc sit accessorium ad officium conseruatoris, xxiii. q. v. amministratores.*

101. *Ibid.* : *Uel dic quod isti conseruatores non intromittant se nisi de manifestis iiiuriis et uiolenciis que non possunt aliqua tergiuersacione celari.* Une tendance semble ainsi bien avoir existé, au moins aux origines, en vue de réduire strictement l'activité des conservateurs à des faits absolument indiscutables, ce qui risquait pratiquement d'aboutir à leur dénier tout pouvoir.

102. *Ibid.* : ... *nec possunt recusari, sicut nec posset appellari, de appell. c. cum sit romana et c. peruenit. Sed si uellet probare factum notorium, satis credo quod de hoc cognoscere possit, si reus negauit.* On relèvera cette dernière position de Bernard, qui ne semble pas distinguer, comme le fera Innocent IV, entre le fait lui-même et le caractère notoire qu'il est susceptible de présenter, mais on connaît les subtilités parfois soutenues par le célèbre commentateur.

103. *Ibid.*: *V° indaginem i. e. inquisicionem et cognicionem cum ordine iuris quod pertinet ad ueros iudices, talem uero inquisicionem non habent isti conseruatores, et si ad alia suam extenderent potestatem, nichil agerent sicut dicitur de mero executore qui non debet assumere partes iudicis, C. de execucione rei iudicate, si ut proponis, ut dicitur in fine prime nouelle.*

Cette partie du commentaire de Bernard de Compostelle, qui devait être retenu comme la glose ordinaire des *Novelles*, indique ainsi nettement la portée de la constitution. Cependant elle paraît assez incertaine, tant sur l'interprétation à donner au caractère manifeste des injustices requis pour permettre l'intervention des conservateurs, que sur certaines conséquences du titre de juge, qui leur est reconnu, comme la récusation.

3. Le commentaire d'Innocent IV

Innocent IV ne tarde pas à donner à la constitution un commentaire particulièrement autorisé[104], puisqu'elle fut promulguée vraisemblablement sur ses indications[105]. De fait, il apporte un certain nombre de précisions, qui paraissent bien donner au pouvoir des conservateurs une plus grande extension.

Dans sa première glose aux mots *Ut conservatores*, il détermine plusieurs motifs qui sont susceptibles de provoquer la nomination de conservateurs. Certains en effet sont chargés de protéger les personnes contre des malfaiteurs ; d'autres sont accordés en vue d'assurer la sauvegarde de privilèges antérieurement concédés[106] ; enfin, et de manière plus générale, ils ont à défendre contre toutes sortes d'injustices ou d'offenses. La portée de l'institution ressort ainsi plus clairement, et l'on sait la part qu'elle a eue notamment dans la défense des privilèges des religieux et d'autres personnes morales, trop souvent victimes d'attaques contre lesquelles leurs administrateurs étaient impuissants.

Encore faut-il préciser la procédure consentie aux conservateurs pour leur permettre de remplir efficacement leur rôle. On se rappelle qu'en vue de ne pas porter atteinte aux droits de la hiérarchie normalement constituée, toute enquête judiciaire leur était interdite[107], et Innocent IV ne pouvait que répéter cette prohibition. Encore y a-t-il

---

104. Cf. KESSLER, « Untersuchungen über die Novellen-Gesetzgebung Papst Innozenz' IV. », 2e partie, dans *Z.S.S. Kan. Abt.*, t. 32, 1943, p. 354-369 ; voir aussi J.A. CANTINI et Ch. LEFEBVRE, « Sinibalde dei Fieschi », dans *Dict. de droit can.*, t. 7, col. 1031 et 1054-1055. La date extrême est 1253, peut-être même avril 1251. Nous nous servons de l'édition de Venise de 1578 (INNOCENTII IV, *In quinque libros decretalium, necnon in decretales per eundem Innocentium editas, commentaria doctissima*, Venetiis, 1578, p. 61 v° et 62 r°).

105. Cf. plus haut, p. 52.

106. On l'a vu, c'est là une des catégories les plus fréquemment relevées, en raison de l'opposition souvent rencontrée par les religieux dotés de nombreux privilèges par le Saint-Siège.

107. Puisque dès l'origine ils ne sont que de « purs exécuteurs ». Cette procédure peut être rapprochée de l'actuelle procédure des flagrants délits. Voir cependant *infra* la note 112.

lieu de déterminer l'extension de cette mesure. Le pape admet en effet que les conservateurs peuvent convoquer les accusés et les interroger sur les délits ou les injustices qui leur sont reprochés. Alors de deux choses l'une : ou les coupables avouent leur méfait, et le conservateur agira contre eux, puisqu'ils sont coupables manifestes ; ou ils nient les faits qui leur sont imputés, et de ce fait leur culpabilité est douteuse. Ceci empêche toute intervention du conservateur[108], puisque conformément au texte de la constitution ses actes seraient invalides : étant donné qu'il ne s'agit pas de coupables manifestes, il dépasserait les limites du mandat qui lui a été confié[109]. Le commentateur reprend le point déjà précisé par Bernard de Compostelle : la juridiction du conservateur est déterminée par le caractère manifeste du crime commis, et toute sentence portée contre des malfaiteurs n'a de valeur que s'il s'agit de coupables manifestes.

La question se pose cependant de savoir que faire en cas de contumace des coupables. Innocent IV estime que le conservateur pourra agir en raison même de la contumace[110]. Toutefois, s'il inflige une excommunication pour violence ou délit, cette sentence n'aura de valeur que si le crime est manifeste, suivant la prescription de la décrétale. Mais si un jugement tient pour manifeste une injustice qui en réalité ne l'est pas, la sentence est malgré tout valide[111] en vertu même des principes concernant le pouvoir de tout juge.

Le pape précise ainsi certains éléments du pouvoir à reconnaître aux conservateurs en dépit des restrictions apportées par le texte de la constitution. Mais il y a plus. Une difficulté pourrait en effet être soulevée par les faits *notoires*[112], c'est-à-dire par des faits connus de

---

108. Innocent IV notera cependant plus bas (*ibid.*, au n° 6 de son commentaire) que, si le crime est tellement notoire que toute négation de la part des coupables serait vaine, le conservateur pourra agir validement et immédiatement sans avoir besoin de poser la question de sa juridiction : en l'occurrence celle-ci sera suffisamment établie parce que incontestable.

109. Ce point ressort de la décrétale *Super quaestionum* (X. 1.29.27) et plus encore de la décrétale *Quum causa* (X. 1.29.22).

110. Cf. FOURNIER, *Les officialités au Moyen Âge, op. cit.*, p. 252 et s., où sont cités plusieurs textes remontant au *Décret* de Gratien ; voir aussi G. DURAND, *Speculum iuris*, Francofurti, 1612, lib. 3, partie. 1, De accusatione, § 6.

111. La décrétale *Pastoralis* (X. 1.3.14) semblerait soutenir le contraire, mais la contradiction n'est qu'apparente ; d'ailleurs, la teneur des rescrits est importante pour apprécier ce point comme d'autres points des pouvoirs des conservateurs. Voir à ce sujet la position d'Hostiensis sur l'*executio mera* et l'*executio mixta* (dans sa *Summa*, au titre *De officia et potestate iudicis delegati*, n° 10, § *Quibus modis*, vers. *Quid si conservator* ; et surtout dans sa *Lectura* sur les *Novelles* d'Innocent IV (ouvrage qui sera connu sous le nom de *Commentaria in Sextum decretalium librum*), au même titre *De officio et potestate iudicis delegati*, cap. 1, *Statuimus*, au mot *defendendos*, n° 14).

112. Le rapprochement s'imposait tout naturellement avec les textes connus du *Décret* sur la procédure à adopter en cas de fait notoire (C.2, q.1, c.15, *Manifesta*), quoique la

tous ou de la plupart des habitants d'une localité[113]. En raison de cette circonstance, une procédure spéciale et plus rapide était traditionnellement admise, dont la trace se trouve expressément dans le *Décret*[114]. Le problème se pose donc de savoir si les conservateurs pourraient intervenir en ces cas et comment.

Qu'ils puissent intervenir ne semble pas pouvoir être mis en question, puisque tout fait notoire est forcément manifeste. Le conservateur ne peut donc qu'être compétent en l'espèce. C'est bien ce que reconnaît Innocent IV, après avoir rappelé que l'enquête judiciaire est interdite aux conservateurs pour tout fait répréhensible non manifeste. Mais en cas de notoriété, précise le commentateur à l'expression *Ad alia*, l'enquête normalement prévue est possible, et cela en vertu même de la juridiction reconnue aux conservateurs : ils possèdent certainement tous les pouvoirs requis en vue de l'exercice de leur charge[115]. Ce principe une fois posé — et comment sa valeur pourrait-elle être mise en doute — Innocent IV en déduit nombre d'exceptions à apporter à la règle prescrite par la constitution en ce qui concerne l'exclusion de toute enquête judiciaire. Pour pouvoir punir un coupable notoire, une citation préalable du coupable est nécessaire, afin que soit établi publiquement le caractère notoire du méfait ; le caractère notoire une fois établi, les conservateurs pourront agir et procéder à l'enquête normalement prévue[116]. De même en est-il si le crime est notoire pour d'autres personnes que le conservateur ; ici encore l'enquête est permise, car le conservateur peut exiger la preuve établissant la notoriété du délit[117]. Il est en effet impossible de négliger la procédure spéciale[118] prévue en ces cas, et le conservateur se doit de

---

notoriété de fait paraisse bien en l'occurrence être avant tout visée par la constitution *Statuimus*.

113. Cf. FOURNIER, *Les officialités..., op. cit.*, p. 281 ; voir DURAND, *Speculum iuris*, lib. 3, partie. 1, *De notoriis criminibus*, § 8.

114. C.2, q.1, c.15 et s. avec les *dicta* de Gratien.

115. Cf. VI. reg. 35 et 80.

116. Cf. C.2, q.1, c.15, 16, 17 et 21 ; voir FOURNIER, *Les officialités..., op. cit.*, p. 282.

117. Cette preuve n'est pas à faire par les personnes qui ont constaté un délit notoire, mais les plaignants doivent l'administrer au conservateur pour qu'il puisse intervenir. Cf. C. DZIATZKO, « Die Notorietät im canonischen Beweisverfahren », dans *Archiv für katholisches Kirchenrecht*, t. 48, 1882, p. 225-229 ; F. X. HEINER, « Urteile "in notorio" », dans *Ibid.*, t. 90, 1910, p. 700-701 ; J.-Ph. LÉVY, *La hiérarchie des preuves dans le droit savant du Moyen Âge depuis la renaissance du droit romain jusqu'à la fin du XIVe siècle*, Paris, 1939, p. 32 et s., coll. « Annales de l'Université de Lyon », 3e série : Droit, fasc. 5 ; C. GHISALBERTI, « La teoria del notorio nel diritto comune », dans *Annali di storia del diritto*, t. 1, 1957, p. 403-451 ; R.J. CASTILLO LARA, « Los primeros desarrollos doctrinales del "notorium" en la canonística clásica », dans *Salesianum*, t. 22, 1960, p. 410-433.

118. Voir FOURNIER, *Les officialités..., op. cit.*, p. 282, 231-232. En ce cas l'*ordo iudiciarius* normal n'est pas à appliquer. Certains des éléments de la procédure à adopter

la respecter. Il faut même admettre, détermine Innocent IV, que cette enquête du conservateur est à pratiquer *ex officio*, c'est-à-dire en vertu même de sa charge, conformément au droit commun, en vue de préciser le caractère notoire du fait incriminé.

Le commentateur en arrive ainsi à rechercher les moyens à employer par le conservateur pour assurer avec la preuve de la notoriété du crime[119] sa propre juridiction ; et l'on saisit tout de suite l'importance des déterminations faites par le pape, qui paraissent étendre singulièrement la portée de la constitution en dépit des restrictions prévues dans cette dernière.

L'aveu du coupable est le premier moyen de preuve : quand l'accusé avoue son forfait, le conservateur peut agir contre lui. Si cependant il avoue, tout en niant la notoriété, Innocent IV tient, à l'encontre de Bernard de Compostelle, que le conservateur peut néanmoins agir, car si de soi le crime n'était pas notoire, il le devient en vertu de l'aveu du coupable[120]. Le commentateur va même jusqu'à admettre que, si l'auteur n'est pas notoire alors que le fait l'est, la juridiction du conservateur ne saurait être mise en doute.

Les dépositions des témoins constituent le second moyen de preuve de la notoriété. Innocent IV y insiste en soulignant, non sans une certaine subtilité, que la preuve à faire est celle de la notoriété et non celle du fait lui-même : argumentation pleinement logique pourtant, eu égard au texte de la constitution[121]. Ainsi estime-t-il que, si les témoignages reçus permettent d'établir la culpabilité du criminel, mais non la notoriété du crime commis, le coupable ne pourra être l'objet de la sentence du conservateur : celui-ci ne peut en effet agir que contre un coupable notoire. De ce fait, s'il lui est permis d'enquêter sur les circonstances occultes d'un délit notoire, un crime occulte ou des auteurs occultes échappent à sa juridiction.

---

en cas de notoriété d'un délit seront repris plus tard dans la procédure sommaire ; cf. LEFEBVRE, « Les origines romaines de la procédure sommaire aux XIIe et XIIIe s. », dans *Ephem. iur. can.*, t. 12, 1956, p. 166-179. Il n'en ressort pas moins qu'en ce cas ne s'applique pas l'enquête judiciaire, exclue par la constitution *Statuimus*, bien que demeure possible une enquête, à condition qu'elle ne porte pas formellement sur les violences et injustices manifestes elles-mêmes.

119. Comme il vient d'être dit à la note précédente, Innocent IV écarte une preuve portant sur l'existence même du fait, mais admet la nécessité d'une preuve du caractère notoire : distinction quelque peu subtile, dira-t-on, mais qui est exigée au moins en certaines circonstances, en vertu même du droit.

120. Le commentateur soulève deux difficultés de moindre poids : que fera le conservateur si l'accusé proteste de son innocence, parce que, prétend-il, il n'a fait qu'user de son droit ? Comme aucune procédure directe n'est permise, on admet que le conservateur ne pourra pas agir. La réponse est identique si l'accusé oppose une exception en vertu de laquelle on ne peut agir contre lui.

121. Cf. FOURNIER, *Les officialités…*, *op. cit.*, p. 282.

Les témoins doivent en conséquence tenir que le crime leur apparaît comme notoire. Interrogés, ils doivent pouvoir répondre qu'ils étaient présents quand le crime a été commis et qu'ils ont vu le coupable perpétrer publiquement son forfait. Innocent IV va même plus loin et reprend sa position antérieure en soutenant que, si les témoins ont seulement vu conduire le coupable devant le juge, assisté à l'interrogatoire et entendu la confession du crime, cela suffit à la preuve du caractère notoire prévu. A fortiori en est-il ainsi lorsque l'aveu du crime est fait en public. Le pape estime également que, si le témoin dépose avoir vu le criminel s'enfuir ou se cacher sans pouvoir justifier sa conduite, la notoriété est suffisamment prouvée avec les conséquences qui s'imposent en faveur de la juridiction du conservateur.

En outre, Innocent IV tient que l'enquête est possible si les parties sont d'accord pour l'accepter. Il était fréquemment admis que les parties aient la faculté d'intervenir dans la procédure en renonçant à un droit qui leur était reconnu[122]. Le commentateur estime aussi qu'il peut en être ainsi au cas où le conservateur ne pourrait procéder à l'enquête en vertu de la constitution *Statuimus*. L'acceptation des parties ou de l'une d'entre elles permet au conservateur de proroger ou d'étendre sa juridiction en pratiquant une enquête, quoique celle-ci soit en principe prohibée. La conséquence en est que l'accusé aura au moins la possibilité, grâce à l'enquête, de se laver de l'accusation portée contre lui.

Ainsi Innocent IV admet que ce n'est pas en vertu du rescrit que le conservateur pourra en ce cas procéder à une enquête judiciaire, mais bien en vertu du consentement des parties. Si l'accusé affirme avoir agi en usant de son droit et se déclare prêt à le prouver, et s'il est d'accord pour que le juge procède à une enquête à ce sujet — et il faut bien qu'il le soit, sinon le conservateur pourrait l'excommunier, puisque le fait est notoire — en ce cas deux éventualités peuvent se présenter : ou bien le demandeur consent à ce que les preuves soient reçues, et alors la juridiction est étendue d'un commun accord au conservateur pour cette cause ; ou bien, au contraire, le demandeur se refuse absolument à l'admettre, et alors, puisque le conservateur ne pourra connaître judiciairement de la cause en raison du refus du demandeur, il ne pourra excommunier l'accusé, la preuve nécessaire lui faisant défaut.

Un autre cas est encore susceptible de se présenter, celui de la possibilité pour le juge de révoquer sa sentence. Innocent IV soutient que le conservateur peut révoquer sa sentence dans l'année, du fait qu'il possède juridiction. Par exemple, un offenseur notoire a fait l'objet d'une sentence d'excommunication en vertu de la constitution

---

122. *Ibid.*, p. 140.

Statuimus ; il vient trouver le juge dans l'année et lui demande d'enquêter sur l'importance du dommage causé, car il désire réparer les conséquences de ses actes. En ce cas également le conservateur pourra connaître de l'affaire et déterminer le dommage ; il le fera en recourant à l'audition des témoins ou en admettant d'autres moyens de preuve, mais toujours en présence des parties. La conséquence en est que cette procédure permettra de lever l'excommunication, ou, si l'accusateur s'oppose en vertu de la constitution à toute enquête de la part du conservateur, celui-ci devra acquitter l'accusé.

Innocent IV aborde enfin au mot *Manifestis* le problème de savoir si les conservateurs peuvent faire l'objet d'une récusation. Il répond par la négative[123], ce qui ressort, un peu subtilement sans doute, du caractère manifeste du méfait commis. Il ne leur appartient pas, en effet, d'apprécier le caractère criminel lui-même : ils ont seulement à sanctionner le crime. En pareil cas, la récusation ne saurait se justifier, puisqu'une question de fait se pose seulement. On se rend compte de l'importance des conclusions auxquelles aboutit Innocent IV dans l'interprétation qu'il donne de la constitution. Sans doute, c'est toujours le rescrit originaire qui détermine les pouvoirs du conservateur. Mais, même dans les cas où le rescrit est muet sur cette extension faite des pouvoirs en question, grâce à l'assimilation des faits manifestes aux faits notoires de droit ou de fait, une partie au moins des dispositions restrictives de la constitution disparaît : le conservateur pourra procéder à une enquête en un grand nombre de cas et ainsi possédera des pouvoirs bien plus étendus que ceux initialement prévus. Sur ce point l'interprétation aboutit à une extension considérable des dispositions légales primitivement portées.

* * *

Ainsi, au milieu du XIIIe siècle les premiers contours de l'histoire des conservateurs commencent à se dessiner, mais il ne s'agit que d'une étape. Dans la seconde moitié du XIIIe siècle, les commentateurs vont donner à la doctrine une ampleur bien plus grande que ce qu'on a pu constater jusqu'ici. Ce travail sera celui d'Hostiensis, de Pierre de Sampson, de Bernard de Montmirat et d'autres, que nous présenterons dans un prochain chapitre.

---

123. Ce point de vue avait déjà été souligné dans les décrétales antérieures (cf. X. 2.28.12 ; X. 2.28.24), et Bernard de Compostelle semble bien avoir fini par s'y rallier ; voir *supra*, p. 56.

II
LA CONCESSION DES CONSERVATEURS APOSTOLIQUES AU TEMPS D'INNOCENT IV (1243-1254)

L'origine des conservateurs apostoliques remonte à la fin du XIIe siècle. Ils apparaissent sporadiquement dans les lettres d'Innocent III ; mention plus fréquente en est faite sous le pontificat d'Honorius III et surtout sous celui de Grégoire IX. Mais le premier document proprement législatif qui les concerne date seulement de l'année 1245 ; il s'agit de la constitution *Statuimus* d'Innocent IV, promulguée au Ier concile général de Lyon. Cette constitution a pour objet de consacrer l'existence des conservateurs apostoliques et en même temps de les empêcher d'étendre abusivement leur autorité. Elle permet aux conservateurs d'intervenir dans les cas d'injustices ou de violences manifestes, mais elle leur interdit formellement d'agir lorsqu'une enquête judiciaire s'impose[1].

La décision prise au concile de Lyon aura pour effet de régulariser la procédure consentie aux conservateurs. La question qui se pose à présent est de savoir dans quelles conditions ils devront être nommés pour pouvoir remplir efficacement leur rôle. Comment la chancellerie pontificale va-t-elle s'acquitter de la charge qui désormais lui incombe ? De quelle manière la papauté répondra-t-elle aux demandes qui ne vont pas manquer de l'assaillir ? Ce sont les deux points qui font précisément l'objet de la présente étude.

I. LA CHANCELLERIE PONTIFICALE ET LA CONCESSION DES CONSERVATEURS APOSTOLIQUES

On constate tout d'abord que la chancellerie pontificale[2] se montre résolument favorable à la concession de conservateurs. Cette attitude

1. In VI°, 1.14.1 : *Statuimus, ut conservatores, quos plerumque concedimus, a manifestis iniuriis et violentiis defendere possint quos eis committimus defendendos. Nec ad alia, quae iudicialem indaginem exigunt, suam possint extendere potestatem* ; cf. Ae. FRIEDBERG, *Corpus Iuris Canonici*, t. 2, *Decretalium Collectiones*, Lipsiae, 1881 (édit. anast., Graz., 1955), col. 978.

2. Sur le fonctionnement de la chancellerie à ce propos, voir P. HERDE, *Beiträge zum päpstlichen Kanzlei- und Urkundenwesen im dreizehnten Jahrhundert*, 2e édit., Kallmünz, 1967, en particulier p. 57 et s., 218 et s., coll. « Münchener Historische

n'est-elle que simple conformité à une habitude antérieure ou répond-elle plutôt à des instructions reçues du pontife romain ? Il est difficile de le préciser, mais il n'est pas interdit de penser que les deux facteurs aient pu jouer en même temps. Toujours est-il que le terme *plerumque* de la constitution *Statuimus* semble bien n'avoir pas été une pure clause de style : il correspond parfaitement à la pratique alors admise à la Curie.

Les *Consuetudines curiae romanae*[3] attribuées à Bonaguida d'Arezzo[4] rapportent, avec le style de la Curie au temps d'Innocent IV, la manière dont étaient concédés les conservateurs. Les déterminations qui y sont faites, quoique extrêmement brèves, permettent de se rendre compte, au moins dans une certaine mesure, de la raison pour laquelle les conservateurs ont pris une extension aussi considérable que le manifestent les actes pontificaux. On mentionne, en effet, cette concession de conservateurs en plusieurs circonstances[5].

En principe, assure-t-on, c'est le style de la Curie d'accorder un conservateur pour tous les privilèges, même s'il n'en est pas fait de demande expresse[6]. On précise toutefois aussitôt qu'il en est ainsi aujourd'hui (*hodie*). Il est évidemment difficile de déterminer à quelle date se réfère cette indication. S'il n'y a pas de doute pour le pontificat d'Innocent IV, il semble peu admissible qu'il faille en faire état pour le pontificat précédent. L'importance des mesures prises par Innocent IV au Ier concile de Lyon pour réglementer l'institution naissante[7], de même que les nominations de conservateurs qui suivirent donnent plutôt à penser qu'auparavant la concession d'un conservateur n'accompagnait pas celle de tout privilège. En raison même de la gravité et de l'étendue des pouvoirs alors reconnus aux conservateurs,

---

Studien. Abteilung Geschichtliche Hilfswissenschaften », hrsg. von P. ACHT, vol. 1 ; du même, *Audientia litterarum contradictarum. Untersuchungen über die päpstlichen Justizbriefe und die päpstliche Delegationsgerichtsbarkeit vom 13. bis zum Beginn des 16. Jahrhunderts*, t. 1, Tübingen, 1970, p. 20 et s., 174 et s., coll. « Bibliothek des Deutschen Historischen Instituts in Rom », vol. 31. Voir aussi G. BARRACLOUGH, « Audientia litterarum contradictarum », dans *Dict. de droit can.*, publ. sous la direction de R. NAZ, t. 1, Paris, 1935, col. 1387-1399, notamment en ce qui concerne les *litterae legendae*. On se souviendra que les lettres conservatoires figuraient aussi au nombre des lettres dites de grâce ; cf. HERDE, *Beiträge...*, p. 160 et s.

3. Cf. L. WAHRMUND, « Die "Consuetudines curiae Romanae" », dans *Archiv für katholisches Kirchenrecht*, t. 79, 1890, p. 3-19 ; J. TEIGE, « Beiträge zum päpstlichen Kanzleiwesen des XIII. und XIV. Jahrhunderts », dans *Mitteilungen des Instituts für Oesterreichische Geschichtsforschung*, t. 17, 1896, p. 414-415.

4. G. Barraclough les fait remonter à 1253-1254 (« Bonaguida de Aretinis », dans *Dict. de droit can.*, t. 2, Paris, 1937, col. 939).

5. TEIGE, « Beiträge...», *loc. cit.*, p. 414-415.

6. TEIGE, « Beiträge...», *loc. cit.*, p. 414 : *Consuetudo cancellarie est dare conservatorem in omnibus privilegiis hodie, etiamsi non petantur.*

7. Voir *supra* p. 63.

toute juridiction ordinaire aurait pu, dans ce cas, être finalement mise en échec[8]. Il est donc plus probable que le terme *hodie* mentionné par les *Consuetudines curiae romanae* se rapporte au pontificat d'Innocent IV et que c'est bien à cette époque que remonte l'habitude de la chancellerie pontificale d'accorder systématiquement un conservateur pour tout privilège.

Pourtant, un conservateur n'est pas donné si l'acte de confirmation d'un privilège déclare : « Nous te confirmons cette église que tu possèdes justement et sans opposition »[9]. La raison du défaut de concession d'un conservateur en ce cas tient sans doute au fait d'une possession juste et indiscutée[10] ; on ne voit pas à quoi servirait le conservateur dans cette hypothèse : son rôle n'est-il pas avant tout d'intervenir en cas de contestation ? Toutefois, dans ce même cas de confirmation d'un privilège — où en principe un conservateur n'est pas accordé — on apporte une réserve quand une difficulté a surgi. Ainsi en est-il quand la formule de concession assure : « Tout ce qui a été fait canoniquement pour vous au sujet de telle église, a été fait de manière juste et en connaissance de cause »[11]. Dans cette hypothèse un conservateur est accordé : en effet, la condition, cette fois, ne concerne plus la possession juste et indiscutée, comme précédemment, mais le fait qui en est l'origine. Or ce fait peut très bien être l'objet de contestation, si, par exemple, il porte atteinte à une possession antérieure et différente.

Enfin, il y a également concession d'un conservateur, lorsqu'il s'agit d'un privilège qui « confirme toutes les libertés et immunités approuvées et les coutumes raisonnables accordées par le pontife romain aux rois ou aux fidèles »[12]. En ce cas aussi, même s'il n'y a pas une demande expresse de conservateur, on en fait néanmoins la

8. On peut cependant faire valoir en sens contraire que la constitution *Statuimus* a précisément été promulguée pour remédier à cette difficulté ; voir supra, note 1.

9. TEIGE, « Beiträge...», *loc. cit.*, p. 414 : ... *Confirmamus tibi ecclesiam sicut iuste possides et quiete.*

10. C'est du moins ce qu'assure la glose ordinaire du cap. *Examinata* des *Décrétales de Grégoire IX* (2.30.7), aux mots *sicut provide* : *Haec enim verba, sicut provide, in confirmationibus posita, conditionaliter intelliguntur... secus si ponuntur in privilegio...* ; or, il s'agit bien ici d'une confirmation, comme le dit le texte même du fragment des *Consuetudines* ; cf. P. HERDE, « Marinus von Eboli : "Super Revocatoriis" und "De Confirmationibus" », dans *Quellen und Forschungen aus italienischen Archiven und Bibliotheken*, t. 42-43, 1963, p. 233 et s., 236 et s.

11. TEIGE, « Beiträge...», *loc. cit.*, p. 414 : *Quicquid de te ad talem ecclesiam canonice factum est, sicut iuste et provide factum est, confirmamus*. Cf. HERDE, « Marinus von Eboli... », *loc. cit.*, p. 234 et s.

12. TEIGE, « Beiträge...», *loc, cit.*, p. 415 : *Confirmamus tibi omnes libertates, immunitates approbatas et rationabiles consuetudines a Romano pontifice vel regibus vel aliis Christi fidelibus concessas. Et datur conservator etiam si non petatur.* Cf. HERDE, « Marinus von Eboli... », *loc. cit.*, p. 233.

concession. La raison en est qu'on tient sans doute à garantir en toute hypothèse le privilège confirmé. On comprend dans ces conditions que les conservateurs soient devenus très nombreux et que leur rôle ait pris une grande importance. Il n'était pas rare, en effet, qu'on recourût au Saint-Siège pour obtenir la confirmation d'un privilège.

Un document — postérieur, il est vrai, en date — fournit de précieuses indications sur la manière dont le pape pouvait être au courant du développement assuré aux lettres conservatoires. Ce document, bien que tardif, mérite d'être mentionné, car la pratique dont il fait état peut très bien remonter, en tout ou en partie, à l'époque d'Innocent IV lui-même. Il paraît vraisemblable, en effet, qu'une telle pratique ait dû être adoptée assez rapidement pour libérer le pape d'une charge qui devenait tant soit peu fastidieuse.

Toujours est-il que sous le pontificat de Nicolas III, en l'année 1278[13], les lettres conservatoires qui concernent « les évêques, les rois ainsi que les autres grands » donnent lieu à une lecture par le notaire à l'audience pontificale[14]. Quant aux lettres qui ont trait à la protection des croisés ou qui sont accordées à des clercs ou à des laïcs, elles ne sont généralement pas lues, mais simplement concédées par l'intermédiaire du vice-chancelier[15]. Font seules exception, sans doute en raison de leur importance, les lettres relatives à des privilèges octroyés contre des indults ; celles-ci doivent également être lues devant le souverain pontife[16].

De ce fait, le pape est en mesure de suivre facilement la concession des conservateurs. On objectera que cela ne vaut guère que pour les lettres conservatoires relatives aux évêques, aux rois et aux grands, comme l'indique le texte même du document signalé plus haut[17]. Mais, comme on aura l'occasion de le constater, nombreux sont les évêques qui, en fait, sont impliqués dans les nominations de conservateurs. Qu'on songe simplement à la protection des religieux ; les évêques y jouent un rôle prépondérant. Il faut ajouter qu'en plus des évêques un grand nombre d'autres personnes étaient concernées par des lettres conservatoires qui devaient être lues devant le pape : les rois et les

---

13. M. TANGL, *Die päpstlichen Kanzleiordnungen von 1200-1500*, Innsbruck, 1894, p. 72 et s.

14. M. TANGL, *op. cit.*, p. 76, n. 33 (14-59) : *Item de episcopis regibus et etiam aliis magnatibus conservatoria, — Legatur per notarium...*

15. TANGL, *op. cit.*, p. 76, n. 33 (14-59) *in fine : ... Reliquis detur sine lectione et scribatur ordinariis* ; n. 34 (15) : *Item protectio crucesignatorum et conservatoria datur clericis et laicis non tamen episcopis et regibus sine lectione. — Detur.*

16. TANGL, *op. cit.*, p. 81, n. 83 (78) : *Item conservatoria privilegiorum contra indulta. — Legatur.*

17. Voir la note 14.

« grands » (*magnates*)[18]. Bref, si l'on tient compte de toutes les lettres qui intéressent, d'une manière ou d'une autre, soit les évêques, soit les rois ou les grands, on se trouve finalement en présence d'un nombre considérable de documents dont le pape prenait personnellement connaissance. On comprend, dès lors, que celui-ci était bel et bien informé du fonctionnement de l'institution. C'est dire aussi toute l'importance attachée à cette époque à la nomination des conservateurs.

II. LES CONCESSIONS DE CONSERVATEURS PAR INNOCENT IV

1. Nombre et destinataires

Le développement que prend l'institution, en particulier après le Ier concile de Lyon, permet de déterminer les différents caractères qu'elle revêtira désormais. Ainsi peut-on essayer de préciser, d'après les lettres conservatoires, l'extension des concessions faites, les personnes auxquelles sont accordés des conservateurs et celles qui, inversement, sont désignées pour en remplir les fonctions. Il convient également d'examiner la procédure permise ou imposée aux conservateurs, sans omettre de faire état des abus commis soit par les conservateurs eux-mêmes, soit par les personnes auxquelles ils sont concédés.

Même si les précisions qui viennent d'être apportées sur la pratique de la chancellerie pontificale n'étaient pas connues, ce que dit Innocent IV lui-même dans son commentaire de la constitution *Statuimus*[19] suffirait à prouver le nombre important des concessions de conservateurs. Tantôt, en effet, ils sont donnés en vue d'assurer la défense de personnes ou de biens contre les malfaiteurs ; tantôt, ils sont chargés de sauvegarder des privilèges antérieurement concédés ; tantôt enfin, et de manière plus générale, on les accorde pour protéger contre les violences ou les injustices de toute nature. C'est souligner avec l'ampleur des cas envisagés la multiplicité des concessions susceptibles d'être faites. On devine l'effectif que peuvent atteindre les conservateurs. Ainsi, il y a tout d'abord les conservateurs nommés pour garantir les très nombreux privilèges que la papauté accorde avec une

18. Nous citons simplement à titre d'exemple, parmi les grands, Alphonse de Poitiers ; cf. P. RICHARD, « Alphonse de Poitiers », dans *Dictionnaire d'histoire et de géographie ecclésiastiques*, t. 2, Paris, 1914, col. 745 et 747.

19. INNOCENTIUS IV, *In quinque libros decretalium, necnon in decretales per eundem Innocentium editas, commentaria doctissima*, Venetiis, 1578, fol 61 v° (tit. *De officio et potestate iudicis delegati*, cap. 1 in VI°, n. 1, glose aux mots *ut conservatores*) : *Conservatores aliquando dantur, ut defendant aliquos contra raptores et praedones ; alii dantur contra eos, qui aliquorum privilegia infringunt ; aliquando generalius dantur, scilicet ut defendant aliquos ab omnibus iniuriis et offensis.*

grande libéralité[20]. À ceux-là s'ajoutent les conservateurs chargés de défendre les biens, ou éventuellement les personnes contre les vexations dont elles peuvent être l'objet[21] ; les recours adressés à cette fin au Siège apostolique atteignaient des chiffres dont il est difficile de se faire une idée de nos jours.

Il ne s'agit d'ailleurs pas seulement de mettre fin aux injustices commises en des cas particuliers. La papauté entend surtout alors protéger certaines catégories de personnes dignes d'intérêt. Ce sont d'abord les religieux qui retiennent l'attention spéciale du pape. Ainsi, pour assurer la défense des Frères mineurs contre nombre d'évêques ou de prélats, Innocent IV leur donne dans chacune de leurs provinces des conservateurs, soit près de soixante pour toute la chrétienté[22] : le 18 août 1245, le pape nomme en faveur des Frères mineurs neuf conservateurs en France[23] ; ce même jour, il en désigne d'autres en Italie et ailleurs[24]. De nouvelles nominations, plus particulières, ont lieu peu après, le 21 octobre 1245 en Allemagne[25] et le 7 novembre en Espagne[26], toujours à l'attention des Frères mineurs. De même en est-il pour les Cisterciens[27], pour les Ermites de l'ordre du Mont-Carmel[28], pour les

---

20. Comme on vient de le voir d'après les *Consuetudines curiae romanae*, de cette même date justement ; cf. *supra* p. 64 et s.

21. D'après ce qui vient d'être dit, ce sont surtout les conservateurs des privilèges et les conservateurs des biens qui reviennent le plus fréquemment ; la doctrine adoptera pratiquement la classification en ces deux catégories (privilèges et biens). Toutefois, cette distinction n'entraîne aucune conséquence juridique déterminée.

22. P. GRATIEN (= Gratien de Paris, Eugène Badin, capucin), *Histoire de la fondation et de l'évolution de l'ordre des Frères Mineurs au XIIIe siècle*, Paris-Gembloux, 1928, p. 205.

23. E. BERGER, *Les registres d'Innocent IV*, Paris, 1884-1921 (4 vol.), n. 1878. Cf. I. H. SBARALEA, *Bullarium franciscanum*, t. 1, Romae, 1759, p. 374. constit. 88, n. 11-12 ; L. WADDING, *Annales Minorum*, edit. 3ª, Ad Claras Aquas (Quaracchi), t. 3, 1931, p. 503, n. 446. Voir aussi N. VALOIS, *Guillaume d'Auvergne évêque de Paris (1228-1249). Sa vie et ses ouvrages*, Paris, 1880, p. 105 et les rectifications apportées par A. CALLEBAUT, *Les Provinciaux de la Province de France au XIIIe siècle. Notes, documents et études*, dans *Archivum Franciscanum Historicum*, t. 10, 1917, p. 316.

Il convient de noter que le 28 août 1245 les conservateurs accordés aux Frères mineurs de France seront au nombre de dix. Cf. CALLEBAUT, *Les Provinciaux..., loc. cit.*, p. 316, note 3 ; SBARALEA, *Bull. franc.*, t. 1. p. 377, constit. 91.

24. BERGER, *Les registres d'Innocent IV*, n. 1877 et 1878 ; A. POTTHAST, *Regesta Pontificum Romanorum inde ab A. post Christum natum 1198 ad A. 1304*, 2 vol., Berolini, 1874-1875 (édit. anast, Graz, 1957), n. 11811. Cf. SBARALEA, *Bull. franc.*, t. 1, p. 372 et s., constit. 88 ; WADDING, *Annales Minorum*, t. 3, p. 501 et s., n. 444-446.

25. POTTHAST, *Regesta Pont. Roman.*, n. 11942 ; cf. SBARALEA, *Bull. franc.*, t. 1, p. 388, constit. 106.

26. BERGER, *Les registres d'Innocent IV*, n. 1617 ; POTTHAST, *Regesta....* n. 11955. Cf. SBARALEA, *Bull. franc.*, t. 1, p. 393, constit. 110.

27. POTTHAST, *Regesta...*, n. 14971.

28. BERGER, *Les registres d'Innocent IV*, n. 5563.

Frères prêcheurs[29]. En d'autres cas, les religieux obtiennent des conservateurs pour assurer le respect de leurs droits sur des sanctuaires ou sur des immeubles : ainsi en est-il pour les Hospitaliers[30] et les Templiers[31]. Ces deux mêmes ordres reçoivent également des conservateurs pour préserver leur exemption de certaines charges financières et les mettre à l'abri de toute autre exaction[32].

Des conservateurs sont aussi accordés aux croisés, qu'il s'agisse de ceux qui vont combattre l'infidèle en Orient ou de ceux qui leur sont assimilés en certaines régions orientales de l'Europe chrétienne. Ces conservateurs sont chargés de veiller aux biens et aux privilèges dont les croisés sont détenteurs[33] ; quelquefois aussi ils doivent garantir aux croisés leurs indulgences[34].

Un ou plusieurs conservateurs sont également donnés à l'université de Paris. Ainsi, par une lettre du 23 octobre 1246, Juhel, archevêque de Reims[35], Adam, évêque de Senlis[36], et son doyen sont chargés de protéger maîtres et étudiants contre les violences dont ils sont l'objet[37]. En l'année 1252, l'évêque de Senlis est de nouveau désigné pour empêcher que les maîtres et les étudiants ne soient entraînés hors de Paris[38] ou encore frappés de censures ecclésiastiques[39] et enfin pour faire respecter en leur faveur l'exemption des péages[40].

Des conservateurs sont accordés aussi à des évêques pour sauvegarder les droits ou les privilèges qui leur sont reconnus par le

---

29. *Ibid.*, n. 1875 et 1876 ; POTTHAST, *Regesta...*, n. 11878, Cf. T. RIPOLL et A. BRÉMOND, *Bullarium Ordinis Praedicatorum*, t. 1, Romae, 1729, p. 153-155, n. 100 à 113 et n. 114. Voir en outre BERGER, *op. cit.*, n. 5585. Pour une vue d'ensemble, nous renvoyons à D. A. MORTIER, *Histoire des maîtres généraux de l'ordre des Frères Prêcheurs*, t. 1, Paris, 1903, p. 338.

30. BERGER, *Les registres d'Innocent IV*, n. 1531, 1784, 2057, 5904.

31. *Ibid.*, n. 2316, 2777, 5131.

32. *Ibid.*, n. 2692.

33. *Ibid.*, n. 2962.

34. Alphonse de Poitiers obtient, le 9 juillet 1249, des conservateurs pour assurer la sauvegarde des indulgences dont il bénéficiait pour sa croisade ; cf. E. BERGER, *Saint Louis et Innocent IV*, Paris, 1893, p. 337 note 4.

35. Cf. C. EUBEL, *Hierarchia catholica Medii Aevi*, 2e édit., t. 1, Monasterii, 1913, p. 419.

36. *Ibid.*, t. 1, p. 451.

37. H. DENIFLE et Aem. CHATELAIN, *Chartularium universitatis parisiensis*, t. 1, Parisiis, 1889, p. 193, n. 163.

38. *Ibid.*, t. 1, p. 235, n. 208.

39. *Ibid.*, t. 1, p. 236, n. 210.

40. *Ibid.*, t. 1, p. 237, n. 212.

Saint-Siège[41]. D'autres sont concédés à des rois[42], à des ducs[43], à des abbés[44] ou à des prieurs[45]. On en donne également à des archiprêtres[46], à des prévôts[47], à des doyens et à des chapitres[48]. On trouve enfin des conservateurs qui sont chargés de protéger de simples particuliers[49] ou encore les habitants d'une ville[50]. Comme on le voit, la plus large ouverture existe dans la concession des conservateurs.

2. Les titulaires

Il n'en va pas ainsi pour ceux qui sont nommés conservateurs. Avant même que ne soient posées les règles d'Alexandre IV dans la décrétale *Quia de conservatoribus*[51], à en juger du moins d'après les registres, ce sont déjà des dignitaires ecclésiastiques[52] qui presque seuls reçoivent la charge de conservateurs. L'emportent parmi eux les abbés[53], puis

---

41. BERGER, *Les registres d'Innocent IV*, n. 1229, 3953, 4246, 4411, 4922, 5069, 5070, 5071, 5082, 6065, 6085, 6111, 6161, 6184, 6324, 6470, 6652, 6671, 6765, 6863, 7348.

42. *Ibid.*, n. 5655, 6134.

43. *Ibid.*, n. 3510, 5166, 5167, 5168, 6840.

44. *Ibid.*, n. 340, 4016, 4305, 4624, 5046, 5144, 5245, 5939, 6103, 6523, 6541, 6542, 6633, 6920, 6954, 7103.

45. *Ibid.*, n. 4475, 5250, 5643, 5868, 6880, 6913, 7234, 7235.

46. *Ibid.*, n. 5722, 6183.

47. *Ibid.*, n. 6590, 6798, 6922.

48. *Ibid.*, n. 4540, 5198, 6652.

49. *Ibid.*, n. 5184, 5857, 6280, 6861.

50. *Ibid.*, n. 3812, 5061, 5062, 5063.

51. En date du 23 mars 1256 ; cf. C. BOUREL DE LA RONCIÈRE, *Les registres d'Alexandre IV*, t. 1, Paris, 1902, p. 397, n. 1328. Le texte s'en trouve dans FRIEDBERG, *Corpus Iuris Canonici*, t. 2. *Decretalium Collectiones*, col. 981, titre 14, cap. 15, note a, et reproduit le *Bullarium Romanum*, t. 3, Augustae Taurinorum, 1858, p. 632 et s., n. 27. Voir infra chapitre IV.

52. Contrairement aux *advocati* qui, eux, étaient en principe des laïcs ; cf. H. DUBLED, « L'Avouerie des monastères en Alsace au Moyen Âge (VIIIe - XIIe siècle) », dans *Archives de l'Église d'Alsace*, n.s., t. 10, 1959, p. 1-88.

53. BERGER, *Les registres d'Innocent IV*, n. 10, 340, 1229, 1635, 3695, 3793, 3812, 3813, 4016, 4411, 4433, 4475, 4540, 4624, 4650, 4661, 4798, 5025, 5040, 5046, 5069, 5070, 5071, 5144, 5146, 5151, 5166, 5167, 5168, 5185, 5189, 5245, 5250, 5580, 5636, 5643, 5655, 5857, 5904, 5939, 6085, 6103, 6111, 6184, 6523, 6524, 6541, 6542, 6633, 6652, 6898, 6913, 6954.

La liste des lettres que nous avons signalées n'est de loin pas exhaustive ; nous aurions facilement pu ajouter les références à des dizaines d'autres lettres qui mentionnent des nominations d'abbé au titre de conservateur. Cette remarque vaut également pour les évêques (indiqués ci-dessous à la note 54), pour les prieurs (note 56), les doyens (note 57), les prévôts (note 58), les archiprêtres (note 59).

viennent les archevêques et évêques[54] ou les patriarches[55], les prieurs[56] et de nombreux membres de chapitres : doyen[57], prévôt[58], archiprêtre[59], chantre[60] ou préchantre[61], sacriste[62], trésorier[63], voire même de simples chanoines[64]. On rencontre aussi, au nombre des conservateurs, des archidiacres[65], des scolastiques[66], des officiaux[67], parfois même des curés de paroisse[68]. En quelques rares cas, les textes signalent un chancelier[69], un custode[70], un recteur[71], un écolâtre[72], un obédiencier[73].

3. La procédure

La procédure à mettre en œuvre n'est parfois pas négligée et maintes lettres précisent les moyens à utiliser pour assurer le succès de la mission confiée. Le moyen le plus fréquemment souligné est l'excommunication. Elle peut être fulminée par le conservateur au nom du pape, dont il tient son pouvoir[74]. À cette date, les lettres ne parlent généralement pas du recours au bras séculier[75], dont font état certains commentateurs[76]. Il va sans dire que cette éventualité ne peut être

---

54. *Ibid.*, n. 313, 1482, 1875, 1876, 1877, 1878, 2771, 3800, 3953, 3955, 4198, 4246, 4259, 4271, 4464, 4641, 4661, 4857, 5028, 5082, 5563, 5568, 5569, 5609, 5674, 5722, 5853, 6069, 6082, 6086, 6117, 6134, 6182, 6432, 6549, 6671, 6861, 6863, 6880, 6920.
55. *Ibid.*, n. 5178, 5539, 5893.
56. *Ibid.*, n. 261, 4433, 4661, 5061, 5069, 5070, 5071, 5184, 5243, 5245, 5260, 5846, 5868, 5869, 5900, 6065, 6087, 6088, 6108, 6126, 6161, 6590, 6820.
57. *Ibid.*, n. 1061, 1063, 3680, 3696, 4227, 4237, 4305, 4318, 4906, 4022, 5177, 5108, 5525, 5965, 6564, 6840, 6881, 6893.
58. *Ibid.*, n. 4227, 4339, 4346, 4347, 4348, 4366, 4924, 5061, 5891, 5920, 5941, 6161.
59. *Ibid.*, n. 3846, 4925, 5713, 5953, 6153, 6183, 6313, 6413.
60. *Ibid.*, n. 5007, 5525, 5882, 7431, 7541, 7560, 7572, 7587, 7623.
61. *Ibid.*, n. 6820, 7458.
62. *Ibid.*, n. 5062, 5063, 7349, 8259.
63. *Ibid.*, n. 1914, 4792, 6840, 6922, 7058, 7131.
64. *Ibid.*, n. 1914, 5183, 6034, 6128, 6349, 6584, 6654, 8128.
65. *Ibid.*, n. 5245, 6127, 6991, 7100, 7160, 7173, 7369, 7551, 7918.
66. *Ibid.*, n. 4318, 5965, 6242, 6968, 7241, 7330, 7594, 7643.
67. *Ibid.*, n. 3690, 4135, 5088, 6180, 6392, 6509, 6589, 6830, 6960, 7559, 7619.
68. *Ibid.*, n. 5114, 6454, 7547, 7805.
69. *Ibid.*, n. 6470.
70. *Ibid.*, n. 6174.
71. *Ibid.*, n. 6557, 7912.
72. *Ibid.*, n. 6296, 6521.
73. *Ibid.*, n. 7234, 7235, 7236.
74. *Ibid.*, n. 283, 765, où il y a détermination expresse.
75. Mention en est cependant déjà faite par Grégoire IX (L. AUVRAY, *Les registres de Grégoire IX*, t. 2, Paris, 1907, col. 1011-1012, n. 4341).
76. De fait, en cas de refus de la part des coupables de se soumettre au conservateur, Bernard de Compostelle invoquait le recours au bras séculier comme pour tout autre juge ecclésiastique ; cf. Bibl. Vat., ms. Chis. E. VIII 237, fol. 282 vb : *Si conservatores*

écartée ; en effet, si elle ne ressort pas expressément du texte même, elle est néanmoins sûrement à sous-entendre.

Quant au processus à suivre pour intervenir, il n'est habituellement pas déterminé. Aux termes de la constitution *Statuimus*, il exclut l'enquête judiciaire[77] ; il se réduit, en conséquence, à constater l'injustice manifeste commise et à infliger la censure destinée à faire cesser celle-ci. Il est pourtant permis, à titre exceptionnel, de recourir à la procédure judiciaire, lorsque la nature des faits le requiert et qu'en conséquence le rescrit le prévoit. On y trouve une allusion dans une lettre adressée à l'abbé de Saint-Germain-des-Prés au sujet du monastère de Fécamp : il est prévu qu'un conservateur pourrait entamer cette procédure contre le monastère en question, et elle semble assimilée à celle suivie par des juges ordinaires[78]. Dans des circonstances de ce genre, deux ou trois conservateurs interviennent généralement pour agir de concert selon les règles habituellement suivies[79]. Il est à noter que dans les cas où une procédure judiciaire est ainsi prévue, des clausules sont souvent insérées dans les lettres de nomination afin d'assurer une situation plus favorable au titulaire du rescrit. Ainsi trouve-t-on assez fréquemment la clausule *quod si non omnes* (ou *ambo*)[80], ou encore certaines autres permettant aux conservateurs d'agir en pleine liberté ; ils pourront, par exemple, défendre les intérêts de leurs protégés contre des tiers jouissant d'indults qui les exemptent normalement de peines canoniques, comme l'excommunication, la suspense ou l'interdit[81]. Parfois aussi on accorde la facilité d'avoir un conservateur pouvant convoquer au-delà de deux

---

isti non possent iniuriam vel violenciam repellere per sentenciam ecclesiae, implorare debent brachium seculare sicut et alii iudices, i. de off. iud. ordinarii, c. 1 et c. quoniam in plerisque in f. cum suis concord. (cf. X. 1.31. 1 et 14). Dans son commentaire de la novelle *Statuimus*, Innocent IV, pour sa part, n'aborde pas ce problème, mais Jean d'André précisera plus tard avoir entendu dire que l'opinion de Bernard de Compostelle était également partagée par Innocent IV et par Hostiensis (glose ordinaire du *Sexte*, lib. 1, tit. *De officio et potestate iudicis delegati*, cap. 1, *Statuimus*, addition au mot *conservatores*). On sait par Bernard de Montmirat qu'un tel recours au bras séculier n'était, cependant, pas admis par tous les commentateurs ; cf. Bibl. Vat., ms. Borgh. lat. 260, fol. 110 va, à l'expression *ad alia :... Quod dicit glossa de potestate invocandi brachium seculare, non concedunt elit, ut notavi s.e. significasti, cum iura que de hac materia loquuntur intelligantur in ordine.*

77. Voir *supra* note 1.

78. BERGER, *Les registres d'Innocent IV*, n. 5939 ; voir également n. 5929.

79. Voir sur ce point pour les juges délégués G. G. PAVLOFF, *Papal Judge Delegates at the Time of the Corpus Iuris Canonici*, Washington, 1963, p. 19 et s., coll. « The Catholic University of America, Canon Law Studies », n. 426.

80. BERGER, *Les registres d'Innocent IV*, n. 4783, 5061, 5062, 5893, 6085, 6455. Sur le sens de cette clausule, cf. A. BARBOSA, *Tractatus varii*, Lugduni, 1660, p. 482-483.

81. BERGER, *op. cit.*, n. 5007, 5891, 5893, 6161, 6182, 6184, 6270, 6303, 6432, 6455, 6968, 6970, 6973, 7530.

jours de marche de la résidence, contrairement à la constitution *Nonnulli* du IVe concile du Latran[82]. D'après ce que l'on vient de voir, les personnes auxquelles le Siège apostolique concède un conservateur jouissent donc de multiples avantages : elles profitent tout d'abord de la protection générale qui résulte de la présence du conservateur. Ensuite, le conservateur lui-même dispose de différents moyens d'action pour remplir efficacement sa tâche : des facilités d'intervention[83] ainsi que la fulmination de peines canoniques pouvant aller jusqu'à l'excommunication ; ces peines canoniques peuvent, en certains cas, être infligées même à des personnes qui bénéficient ordinairement de l'immunité de sanctions pénales.

4. Abus commis par les conservateurs

On conçoit que dans ces conditions certains conservateurs peuvent être amenés à abuser de leur pouvoir. Les lettres ne sont pas tellement rares, qui rappellent des excès de ce genre[84]. La tentation, en effet, reste grande de lancer l'excommunication contre des personnes qu'on peut seulement soupçonner de nuire à ceux qu'il faut protéger. Ainsi, on constate que certains conservateurs infligent des censures sans même s'assurer de la culpabilité des personnes en question. Nombreuses sont celles qui recourent au Saint-Siège pour ne pas être ainsi frappées sans une intervention spéciale de ce dernier. Ce ne sont pas seulement de simples fidèles qui s'adressent à Rome, mais des dignitaires comme

---

82. *Ibid.*, n. 4475, 5585, 5893, 6378, 6432, 6455, 6465, 7104, 7565. Pour le décret *Nonnulli*, voir X. 1.3.28 ; cf. Cl. LEONARDI, « Concilium Lateranense IV », dans J. ALBERIGO *et alii*, *Conciliorum Oecumenicorum decreta*, edit. 3a, Bologna, 1973, p. 251-252, n. 37.

83. Parmi les facilités d'intervention octroyées aux conservateurs, on peut mentionner la procédure sommaire, qui est utilisée plus particulièrement dans des causes difficiles, comme le sont celles concernant des biens ; cf. BERGER, *op. cit.*, n. 5929, 5939.
Sur la procédure sommaire en voie d'établissement à cette époque, voir P. FOURNIER, *Les officialités..., op. cit.*, p. 231-232 ; Ch. LEFEBVRE, « Les origines romaines de la procédure sommaire aux XIIe et XIIIe s. », dans *Ephem. iur. can.*, t. 12, 1956, p. 179-190.

84. Grégoire IX avait déjà dénoncé de tels abus dans une lettre du 22 avril 1236 ; cf. AUVRAY, *Les registres de Grégoire IX*, t. 2, col. 368-369, n. 3116. Innocent IV réagira, à plusieurs reprises, contre des excès du même genre. Ainsi, le 5 septembre 1247, Guillaume d'Auvergne, évêque de Paris, sera chargé de châtier dans son diocèse, entre autres, les conservateurs qui abusent des lettres apostoliques ; cf. BERGER, *Les registres d'Innocent IV*, n. 3214. Voir aussi VALOIS, *Guillaume d'Auvergne...* p. 138-140 et p. 382 (pièce justificative CI). Les abus se poursuivant, Alexandre IV sera bientôt amené à intervenir par la décrétale *Licet regularis* en date du 26 mars 1256 ; cf. BOUREL DE LA RONCIÈRE, *Les registres d'Alexandre IV*, t. 1, p. 394-395, n. 1321. Le texte en est reproduit dans FRIEDBERG, *Corpus Iuris Canonici*, t. 2, *Decretalium Collectiones*, col. 1084-1085, en note.

Guillaume d'Auvergne, évêque de Paris, le 13 janvier 1245[85], Aymery, ancien archevêque de Lyon, le 13 septembre de la même année[86], le prévôt de Bâle[87], l'évêque d'Oviedo[88], la comtesse de Boulogne[89], l'abbé du Mont Saint-Laurent de Liège[90], le chantre de Reims, chapelain pontifical[91], le roi de Chypre[92], l'abbé de Saint-Gall[93], Simon de Montfort[94], le comte de Joppé[95], la comtesse d'Artois[96] et bien d'autres[97]. Pour assurer le respect de cette protection spéciale, un ou plusieurs conservateurs particuliers sont parfois nommés[98].

En d'autres cas, ce sont les religieux eux-mêmes, protégés par les conservateurs, qui abusent de leur condition privilégiée. Ainsi, une lettre du 26 juillet 1247 enjoint à l'évêque de Strasbourg[99] de veiller à ce que les Frères prêcheurs, les Frères mineurs, les Hospitaliers et autres religieux ne célèbrent pas les offices en présence des Bâlois qui ont détruit le palais épiscopal et manifestent ainsi leur attachement à Frédéric II[100]. Une autre lettre, du 3 juillet 1252, prescrit aux Hospitaliers de ne nuire ni aux personnes ni aux biens de l'évêché de Tortose[101]. Le 18 mars de l'année suivante, le Saint-Siège impose aux Templiers, malgré les dettes dont ils sont grevés, de restituer au patriarche de Jérusalem la somme déposée chez eux par son prédécesseur[102]. D'après ces exemples, dont on pourrait facilement allonger la liste, on constate que la papauté sait intervenir même pour réprimer les excès commis par ses protégés.

---

85. BERGER, *Les registres d'Innocent IV*, n. 878 ; cf. VALOIS, *Guillaume d'Auvergne...*. p. 142 et p. 380 (pièce justificative XCV).

86. BERGER, *op. cit.*, n. 1536.

87. *Ibid.*, n. 1594.

88. *Ibid.*, n. 1432.

89. *Ibid.*, n. 1634.

90. *Ibid.*, n. 1715.

91. *Ibid.*, n. 1900.

92. *Ibid.*, n. 3067.

93. *Ibid.*, n. 3688.

94. *Ibid.*, n. 5019.

95. *Ibid.*, n. 6455.

96. *Ibid.*, n. 5035.

97. Nous donnons un certain nombre de références, sans avoir la prétention de présenter une liste exhaustive : *Ibid.*, n. 245, 258, 307, 328, 542, 543, 756, 757, 899, 976, 1138, 1159, 1228, 1508, 1910, 1934, 2482, 3952, 5178, 5580, 6040, 6324, 6325, 6392, 6430, 6470, 7173, 7348.

98. *Ibid.*, n. 1635, 5178, 5580, 6324, 6392, 6430, 6455, 6470, 7173, 7348.

99. Henri de Stahleck (1245-1260) ; cf. EUBEL, *Hierarchia catholica Medii Aevi*, t. 1, p. 105.

100. BERGER, *Les registres d'innocent IV*, n. 3109 ; POTTHAST, *Regesta Pont. Roman.*, n. 12622.

101. BERGER, *op. cit.*, n. 5861.

102. *Ibid.*, n. 6432.

* * *

Le pontificat d'Innocent IV tient une place particulière dans l'évolution des conservateurs apostoliques. Certes, le pape a contribué à donner à l'institution les premiers contours législatifs ; mais il a aussi « libéralisé » l'institution en favorisant la multiplication des conservateurs. Les religieux ont été les plus nombreux à profiter de l'institution, car c'est pour eux que les conservateurs semblent avoir été institués à l'origine. Mais dans la suite ils ne furent pas les seuls à en bénéficier ; d'autres profitèrent des avantages de l'institution. Cette extension paraît tout à fait normale, puisque l'objectif poursuivi par la papauté était bien d'assurer le plus parfaitement possible la protection de tous ceux qui avaient besoin d'une aide spéciale de sa part. C'est ainsi qu'on vit parmi les bénéficiaires de l'institution tout d'abord des personnes morales, comme les universités et les différentes collégiales, ensuite des personnes physiques de toute nature : évêques, rois, seigneurs, croisés, voire même de simples fidèles.

Cette pléthore de lettres conservatoires conduira infailliblement à des abus et à des heurts. On verra des conservateurs concédés à des personnes, physiques ou morales, qui auront pour mission de les protéger contre les excès dont pourraient se rendre coupables d'autres conservateurs. On devine l'imbroglio auquel devait aboutir, en certaines circonstances, pareille situation. Ces abus amèneront inéluctablement une réaction de la part du législateur. La papauté se verra très vite dans l'obligation de prendre des mesures pour mettre fin à cette sorte d'anarchie créée par une multiplication démesurée de conservateurs. Alexandre IV, successeur immédiat d'Innocent IV, s'efforcera de ramener l'institution dans des limites raisonnables.

III
LES CONSERVATEURS APOSTOLIQUES DANS LA DOCTRINE CANONIQUE DE LA SECONDE MOITIÉ DU XIIIe SIÈCLE

Les conservateurs apostoliques apparaissent à la fin du XIIe siècle. Leur statut juridique reste indécis pendant plusieurs décennies. Ce n'est que vers le milieu du XIIIe siècle que l'on trouve les précisions voulues au sujet de leur situation canonique. Mais ce n'est là encore qu'un début. Dans la seconde moitié du XIIIe siècle, la doctrine s'appliquera à donner à l'institution une ampleur qu'elle n'avait pas connue jusque-là. Les artisans de cette doctrine ont été, entre autres, Hostiensis, Pierre de Sampson, Bernard de Montmirat. Nous présenterons essentiellement l'apport de ces commentateurs, en y ajoutant quelques indications sur les *casus* anonymes.

I. HOSTIENSIS († 1271)

Le commentaire d'Innocent IV offre un intérêt tout particulier : on y trouve l'enseignement sûr et clair que le pape lui-même a voulu donner de la constitution *Statuimus* sur les conservateurs. En même temps et peu après lui un autre canoniste d'importance, Henri de Suse[1], dégage à son tour la doctrine de la constitution *Statuimus*. Il le fait d'abord dans la *Summa*, puis avec bien plus d'ampleur dans la *Lectura* sur les *Novelles* d'Innocent IV, où s'affirme mieux sa maîtrise.

1. La *Summa*

Dans la *Summa*, qualifiée d'*aurea*[2], au titre *De officio et potestate iudicis delegati*, Hostiensis ne traite pas *ex professo* des conservateurs.

---

1. Sur Henri de Suse (Hostiensis), sa vie et ses œuvres, voir Ch. LEFEBVRE, « Hostiensis », dans *Dict. de droit can.*, publié sous la direction de R. NAZ, t. 5, Paris, 1953, col. 1211-1227 ; du même, « Hostiensis (Henry of Segusio) », dans *New Catholic Encyclopedia*, vol. 7, Washington, 1967, p. 170-171. On pourra aussi consulter l'étude que consacre Ch. Lefebvre à Hostiensis dans G. LE BRAS, Ch. LEFEBVRE, J. RAMBAUD, *L'Âge classique (1140-1378). Sources et théorie du droit*, Paris, 1965, p. 312-314 (« Histoire du droit et des institutions de l'Église en Occident », sous la direction de G. LE BRAS, t. 7).

2. C'est ainsi que dans l'édition de Lyon de 1568, que nous avons utilisée pour cette étude, l'ouvrage porte le titre de *Summa aurea : Henrici cardinalis Hostiensis Summa*

Cela ne veut pas dire qu'il ignore la question ; bien au contraire, le terme même de *conservator* revient à plusieurs reprises sous sa plume. L'occasion lui en est donnée par l'examen des problèmes que posent les juges délégués, et de façon plus précise par la prorogation des pouvoirs de ces derniers[3]. Il s'intéresse tout particulièrement à l'étendue de la juridiction des conservateurs.

Évoquant les cas dans lesquels il y a prorogation possible de pouvoir pour les juges délégués, Hostiensis souligne que cette prorogation existe notamment en vertu d'une clausule générale apposée dans le rescrit de nomination[4]. Il met ainsi en relief que la désignation des conservateurs se fait par rescrit. C'est le rescrit qui détermine l'amplitude des pouvoirs conférés. À ce propos Hostiensis souligne que certaines clausules peuvent être insérées dans le rescrit et donner, en ce cas, aux conservateurs des pouvoirs plus étendus que ceux qui leur sont normalement attribués. De ce fait, il sera parfois admis que les conservateurs puissent exercer une activité judiciaire proprement dite. Il s'ensuit que, à côté des conservateurs au sens propre ou purs exécuteurs, prennent place des conservateurs au pouvoir mixte. Ceux-ci, en plus de leur fonction de purs exécuteurs, sont pourvus d'un certain pouvoir de juridiction : ce pouvoir leur est absolument nécessaire pour procéder à l'enquête qui leur est confiée. Cependant, des délais sont généralement imposés pour l'exercice de ce pouvoir. En conséquence, si les conservateurs ne procèdent pas à l'enquête dans les délais prescrits, ils ne disposent plus que de leur pouvoir habituel ; c'est dire qu'ils ne peuvent donc pas se livrer à l'enquête judiciaire prévue.

Hostiensis profite de la circonstance pour préciser un point déjà admis par Innocent IV[5]. Si un accusé, convoqué par le conservateur, nie avoir commis une violence, ou s'il avoue les faits qu'on lui reproche,

---

aurea, Lugduni, 1568. L'œuvre a été achevée en 1253 ; cf. LEFEBVRE, « Hostiensis », dans *Dict. de droit can.*, t. 5, col. 1215 et s.

3. *Summa*, lib. 1, *De officio et potestate iudicis delegati*, n. 10, § *Quibus modis*, vers. *Item fit prorogatio* ; édit. cit., fol. 70 v°.

4. Plusieurs exemples de clauses de ce genre sont indiqués par le sommiste ; ainsi : *Amoto quolibet illicito detentore... vel... quidam alii..., vel vocatis qui fuerint euocandi..., vel testes autem etc..., vel contradictores et rebelles etc..., vel si quis contra haec ausu temerario etc : vel si contra praedonem etc. vel sic molestatores*, etc. (fol. 70 v°).

5. INNOCENTIUS IV, *In quinque libros decretalium, necnon in decretales per eundem Innocentium editas, commentaria doctissima*, lib. 1, tit. *De officio et potestate iudicis delegati*, cap. 1 in VI°, *Statuimus*, n. 1, glose aux mots *Ut conseruatores*, Venetiis, 1578, fol. 61 v° : *Et si vocati venerint, interrogabuntur, an praedictas molestias, et iniurias irrogarint... Si vero negent, cum per negationem facta sit res dubia... (conseruatores) non procedent : et si processerint, non valet tanquam excedens fines mandati, quia non sunt manifesti iniuriatores, et iurisdictio conseruatorum limitata est tantum contra manifestos.*

mais en déclarant qu'il n'y a pas eu injustice, la charge du conservateur prend fin du même coup : en effet, en vertu de la négation de l'accusé ou du défaut d'injustice, l'objet de la plainte s'avère douteux et, en conséquence, toute intervention du conservateur devient impossible[6]. La position de Bernard de Compostelle était sur ce point plus nuancée en cas de négation de la part de l'inculpé, le conservateur, disait-il, devait instruire l'affaire, afin de déterminer sa juridiction ; sinon, son office devenait inutile, puisque n'importe quel malfaiteur pourrait toujours nier le caractère manifeste de son crime[7]. Hostiensis ne fait ici aucune allusion à cette position de Bernard de Compostelle et se range tout simplement à l'avis d'Innocent IV.

Par ailleurs, relève Hostiensis, le conservateur ne doit s'occuper que d'affaires proprement « notoires »[8]. À ce sujet, le commentateur paraît bien restreindre la portée de la constitution *Statuimus*. Celle-ci, en effet, parle expressément de violences et d'injustices « manifestes »[9], et Innocent IV dans son commentaire s'en tenait strictement à cette

---

6. HOSTIENSIS, *Summa* ; édit. cit., fol. 70 v° : *Si quis vocatus per conseruatorem neget se commisisse violentiam, vel confiteatur se fecisse id de quo quaeritur sed sine iniuria... cessat eius officium, cum per negationem id de quo quaeritur dubium factum sit.*

7. Bibl. Vat., ms. Chis. E. VIII 237, fol. 282 vb : *Et si dubitetur an iniuria vel violencia sit manifesta quia pars altera hoc negat, cum per negaciones res fiat dubia... uidetur quod ipsi conseruatores cognoscere debent, aliter inutile esset eorum officium quia quilibet hoc negaret sicut iudex potest cognoscere an sua sit iurisdiccio, et de testibus cogendis, super hiis cum suis conc.* (cf. X. 2.21.8).

Geoffroy de Trani avait déjà très nettement soutenu la position que devait reprendre plus tard Innocent IV ; les conservateurs n'étant que de « purs exécuteurs » ne pouvaient, selon lui, connaître des affaires douteuses... *Puto quod (conseruatores) defendere habeant a violentiis manifestis, nam cum sint meri executores de dubiis non cognoscant* ; *Summa D. Goffredi Tranensis in titulos decretalium*, Venetiis, 1564, p. 102, n. 34. Ainsi, dans l'hypothèse où le coupable ne reconnaîtrait pas qu'il y ait offense manifeste, Bernard de Compostelle avait adopté une attitude opposée à celle préconisée avant lui par Geoffroy de Trani et reprise par Innocent IV (cf. *supra*, note 5). Il est à noter que la limitation du pouvoir des conservateurs aux cas de violences manifestes semble avoir été douteuse au moins avant la constitution *Statuimus*, comme l'indique d'ailleurs le terme : *Puto* dans le passage du texte de Geoffroy cité plus haut.

8. *Summa*, lib. 1, *De off. et pot. iud. del.*, n. 10 ; édit. cit., fol. 70 : *Nec habet se intromittere, nisi de notoriis ex qualitate facti.* Pour expliquer ce qu'il entend par le terme de notoire, Hostiensis renvoie à ce qu'il écrit plus loin dans la *Summa*, lib. 3, au titre *De cohabitatione clericorum et mulierum*, n. 6, § *Quid sit notorium* ; édit. cit., fol. 199 r° : *Notorium facti dicitur publica seu famosa insinuatio, vel proclamatio communis, ex euidentia rei proueniens, quae nulla potest tergiuersatione celari.*

9. In VI°, 1.14.1 : *Statuimus, ut conservatores, quos plerumque concedimus, a manifestis iniuriis et violentiis defendere possint quos eis committimus defendendos. Nec ad alia, quae iudicialem indaginem exigunt, suam possint extendere potestatem* ; cf. Ae. FRIEDBERG, *Corpus Iuris Canonici*, t. 2, *Decretalium Collectiones*, Lipsiae, 1881 (édit. anast., Graz, 1955), col. 978.

détermination[10]. Hostiensis, par contre, soutient que seules les affaires notoires sont de la compétence du conservateur[11] ; il va même plus loin, puisqu'il précise que la notoriété en question sera établie « par la qualité même du fait »[12]. Il estime en effet qu'un crime notoire ne saurait être prouvé par témoins devant le conservateur[13]. La raison qu'il donne est difficilement discutable : la réception des témoignages requiert toujours juridiction. Une exception à cette règle ne serait admissible que dans le cas où une audience pure et simple, c'est-à-dire sans procédure, serait confiée au conservateur qui aurait incidemment à se prononcer sur un doute éventuel. De ce fait, sauf clausule spéciale du rescrit, le conservateur n'a aucune juridiction en ce domaine ; il ne saurait done recevoir les preuves que lui présenteraient les témoins. Ceci paraît à Hostiensis ressortir de toute évidence de la constitution *Statuimus*[14].

---

10. Cf. *supra*, note 5.

11. On peut alors se demander si Hostiensis restreint la portée de la constitution *Statuimus*, ou s'il ne s'agit chez lui que d'une tendance à assimiler « notoire et manifeste ». Il semble bien qu'Hostiensis confond pratiquement les deux notions, même s'il en fait la distinction théorique (cf. *infra*, note 23). De toute façon, la plupart des commentateurs postérieurs l'entendront ; ainsi pour eux, l'assimilation semble aller de soi (voir *infra*, note 31).

12. Voir plus haut, note 8. Un exemple donné à ce propos par Hostiensis lui-même est celui de la décrétale *Quanto* du titre *De translatione episcopi* (cf. X. 1.7.3). Il s'agit d'un évêque qui de sa propre autorité quitte son siège pour s'établir sur un autre ; de l'avis d'Innocent III, un tel fait, s'il s'avère exact, ne peut pas ne pas être notoire.

13. *Summa*, lib. 1, *De off. et pot. iud. del.*, n. 10 ; édit. cit., fol. 70 v° : *Nec per testes probari poterit coram eo*. Un fait notoire est évident par lui-même (voir *supra*, note 8 *in fine*) et en conséquence il n'a pas à être prouvé : cf. P. FOURNIER, *Les officialités au Moyen Âge*, Paris, 1880, p. 282. Toutefois, si la notoriété était contestée, elle devrait être prouvée par témoins ; mais l'objet de la preuve, en ce cas, serait la notoriété même et non le fait dont il s'agirait (FOURNIER, *loc. cit.*). Innocent IV avait d'ailleurs déjà souligné ce point, en rejetant toute preuve qui porterait sur l'existence même du fait, tandis qu'il admettait comme possible et souvent nécessaire la preuve du caractère notoire ; cf. INNOCENTIUS IV, *In quinque libros decretalium...*, lib. 1, tit. *De offic. et pot. iud. del*, cap. 1 in VI°, *Statuimus*, n. 6, glose à l'expression *Ad alia* ; édit. cit., fol. 62 r° : *Hoc autem satis videtur, quod non potest conseruator inquirere de maleficio ex officio suo, quia non est iste modus procedendi in notorio, nisi forte procedat ad inquirendum, an factum sit notorium, et etiam in hoc casu, scilicet si maleficium est notorium, sed non malefactor. Sed si per testes probatur de aliquo, quod fecit ille malefactor, sed non probatur, quod sit notorium, nec nocebit sibi talis probatio. Et hoc ideo videtur, quia non potest conseruator procedere, nisi contra notorium, qualis non est iste : quia licet de occultis circunstantiis possit inquirere conseruator, et de his quae sunt accessoria notorio, non potest tamen inquirere de occulto facto, vel de occultis personis, quae sunt principalia.*

14. La constitution *Statuimus* interdit effectivement toute enquête judiciaire aux conservateurs et, par conséquent, l'instruction de la cause de même que l'audition de témoins ; cf. *supra*, note 9. Dans le commentaire de la constitution, Innocent IV devait reprendre cette position ; toutefois, il précisait certains éléments du pouvoir à reconnaitre sur ce point aux conservateurs, en dépit de l'interdiction portée par la constitution. Cf. INNOCENTIUS IV, *In quinque libros decretalium....* lib. 1, tit. *De off. et*

Cependant une difficulté est tout de suite soulevée. Le cas peut en effet se présenter d'un conservateur qui a excommunié[15] – après la monition canonique requise[16] – un malfaiteur qui lui avait nié son crime. Dans la suite, l'homme est reconnu coupable de façon notoire devant l'autorité supérieure : que faut-il alors penser de la valeur de l'excommunication portée par le conservateur ? Hostiensis estime que cette excommunication est valide[17], même si le coupable a fait appel de

---

pot. iud. del., cap. 1 in VI°, *Statuimus*, n. 1, glose aux mots : *Ut conseruatores*, édit. cit., fol. 61 v° : *Et in nullo praedictorum casuum aliquam habent indaginem conseruatores, nisi in hoc, ut vocent eos, qui molestatores et iniuriatores dicuntur, et si vocati venerint, interrogabuntur, an praedictas molestias, et iniurias irrogarint et si eas confessi fuerint, tanquam contra manifestos iniuriatores, procedent, ut hic...* D'autre part, Innocent IV ajoutait qu'en cas de crime notoire les conservateurs pourraient agir et procéder à l'enquête prévue par la législation traditionnelle ; *ibid.*, n. 4, glose à l'expression *Ad alia*, fol. 62 r° : *Praeterquam in notoriis : quia in notoriis bene habebunt indaginem, arg. quia committitur conservatoribus iurisdictio in eis, ergo et omnia sine quibus illa non possunt explicare... Sed non possunt venire ad puniendum aliquos de notoriis malefactis, nisi eos citent, et nisi citatos et contumaces puniant in expensis, et alias.*

En s'opposant à l'extension de pouvoirs reconnue aux conservateurs par Innocent IV, Hostiensis semble, à première vue, s'en tenir plus strictement au texte même de la constitution *Statuimus*. En fait, il aurait plutôt tendance ici à assimiler pratiquement « notoire » et « manifeste », même si théoriquement il les distingue (voir *infra*, note 24). L'interprétation à donner des « violences manifestes » avait présenté des difficultés déjà chez les premiers commentateurs de la constitution *Statuimus*. Bernard de Compostelle, en particulier, paraissait avoir une certaine hésitation sur ce point. Il avait d'abord donné une première définition des violences manifestes en renvoyant à ce sujet aux décrétales *Ex parte* et *Quum olim* ; cf. Bibl. Vat., ms. Chis. E. VIII 237, fol. 282 vb : *Que dicatur manifesta iniuria et violencia habes i. de uerborum significacione, ex parte et c. seq.* (cf. X. 5.40.23 et 24). D'après ces décrétales était manifeste « toute offense qui pouvait être établie avec certitude, soit par l'aveu du coupable, soit par une preuve légitime, soit par l'évidence du fait lui-même ». Cependant, Bernard devait par la suite adopter une position apparemment plus stricte que la précédente : le caractère manifeste ne pouvait réellement exister que lorsqu'il était absolument impossible de cacher les injustices ou les violences en question. *Ibid.* : *Uel dic quod isti conseruatores non intromittant se nisi de manifestis iniuriis et uiolenciis que non possunt aliqua tergiuersacione celari.* Il semblerait qu'il y ait eu, au moins à l'origine, une certaine tendance à restreindre l'activité des conservateurs à des faits proprement indiscutables.

15. L'excommunication est permise aux conservateurs parce qu'ils ne disposent pas d'autre moyen d'agir contre ceux qui voudraient les empêcher d'exercer leur charge : *Meri executores sunt ad certos articulos expediendos, et nullam habent iurisdictionem... coercitionem tamen videntur habere, ut saltem excommunicare possint impedientes eos exercere suum ministerium sibi iniunctum ; alioquin delusoria et sine exitu esset talis commissio* (glose ordinaire du mot *Commissum*, in X. 1.29.43, § 2, *Ceterum*).

16. La monition est requise traditionnellement avant que soit infligée une peine ; cf. GRATIEN, *Décret*, C.24, q.3, c.15.

17. Ce point de vue était aussi celui d'Innocent IV, avec cette réserve que celui-ci parlait en la circonstance d'injustices « manifestes ». Cf. INNOCENTIUS IV, *In quinque libros decretalium...*, lib. 1, tit. *De off. et pot. iud. del.*, cap. 1 in VI°, *Statuimus*, n. 3, glose aux mots *Ut conseruatores* ; édit. cit., fol. 62 r° : *Si autem vocati contumaces fuerint, tunc*

la sentence du conservateur[18]. Il note pourtant qu'il faut bien veiller à ne pas déclarer notoire ce qui ne l'est pas. Ainsi, en cas de doute on doit accepter l'appel : si la notoriété est certaine, le coupable sera tenu aux dépens ; bien plus, une peine canonique lui sera infligée de surcroît. Si, par contre, l'injustice s'avérait douteuse, la sentence d'excommunication serait nulle de plein droit : le conservateur ne possède que les pouvoirs d'un pur exécuteur et il n'a pas le droit d'enquêter pour mettre fin au doute[19]. Il en irait tout autrement s'il avait les pouvoirs d'un exécuteur mixte[20], comme certains rescrits le prévoient[21], ainsi qu'on

---

conseruator, et alii consimiles pro contumacia possunt procedere contra eos : sed si ferrent aliquam sententiam excommunicationis, vel aliam pro violentia, vel alio delicto, non tenet, nisi esset manifesta, ut hic. vel nisi prius sententiarent, quod esset manifesta iniuria : quia ex tunc etiam si non esset manifesta iniuria, tamen tenet sententia, si non appellaretur ab ea. On connaît toutefois la tendance d'Hostiensis à assimiler pratiquement notoire et manifeste ; cf. *supra*, note 11 et *infra*, note 31.

18. Pour Bernard de Compostelle l'appel n'était pas possible ; cf. Bibl. Vat., ms. Chis. E. VIII 237, fol. 282 vb : *Isti conseruatores... non possunt recusari, sicut nec posset appellari, de appell. c. cum sit romana et c. peruenit* (cf. X. 2.28.5 et 13). Innocent IV, pour sa part, ne parle pas de l'appel ; il dit simplement, à propos du cas de contumace des coupables, que, si un jugement tient pour manifeste une injustice qui en réalité ne l'est pas, la sentence est cependant valide, sauf en cas d'appel. Voir le texte cité à la note précédente.

19. Innocent IV avait déjà souligné ce point de vue ; cf. supra, note 5. Bernard de Compostelle limitait, lui aussi, la juridiction des conservateurs aux injustices et aux violences manifestes ; cf. Bibl. Vat., ms. Chis. E. VIII 237, fol. 282 vb : *Tales sunt isti conseruatores qui dantur aliquando ad defendendos aliquos a manifestis iniuriis et uiolenciis nec ad alia suam debent extendere potestatem ut hic dicit, et sic limitata est iurisdiccio istorum conseruatorum ad manifestas iniurias et violencias tantum.* Toutefois, en cas de négation de la part du coupable, il répondait que le conservateur devait instruire l'affaire, comme on l'a relevé plus haut à la note 7.

20. Geoffroy de Trani qualifie nettement les conservateurs « d'exécuteurs purs » ; cf. *Summa D. Goffredi Tranensis...* ; édit. cit., p. 102, n. 34 : ... *Puto quod defendere habeant a uiolenciis manifestis, nam cum sint meri executores de dubiis non cognoscant* (cf. *supra*, note 7). Bernard de Compostelle relève également ce même caractère de pur exécuteur ; cf. Bibl. Vat., ms. Chis. E. VIII 237, fol. 282 vb : *V° indaginem, i.e. inquisicionem et cognicionem cum ordine iuris quod pertinet ad ueros iudices, talem uero inquisicionem non habent isti conseruatores, et si ad alia suam extenderent potestatem, nichil agerent sicut dicitur de mero executore qui non debet assumere partes iudicis, C. de execucione rei iudicate, si ut proponis, ut dicitur in fine prime nouelle* (cf. *C. J.* 7.53.6).

Hostiensis reprend la même position, mais il précise – sans doute en vertu d'une évolution de l'institution – que les conservateurs peuvent parfois être assimilés à de vrais juges. C'est le cas lorsque des pouvoirs supplémentaires leur sont accordés dans certains rescrits de nomination. Les conservateurs sont alors des « exécuteurs mixtes », expression qui leur est appliquée ici pour la première fois, à notre connaissance.

21. L'importance des rescrits avait déjà été relevée par Geoffroy de Trani ; celui-ci soulignait la nécessité d'un document écrit précisant la portée de la délégation faite au conservateur ; cf. *Summa Goffredi Tranensis...* ; édit. cit., p. 102, n. 34 : *Item credi non debet quod sit delegatus, nisi per literas delegationis ostendat.*

l'a vu plus haut[22]. Une fois encore, Hostiensis, insiste sur la nécessité de se référer au rescrit, qui peut seul déterminer avec netteté l'importance des pouvoirs accordés en chaque cas au conservateur.

Le bref exposé fait dans la *Summa* met ainsi en relief l'importance du rescrit de nomination. Toutefois, Hostiensis s'attache aussi à souligner le caractère notoire requis pour permettre l'intervention du conservateur. L'importance de ce point est considérable, car si tout ce qui est notoire est manifeste, tout ce qui est manifeste n'est pas nécessairement notoire[23]. Il s'ensuit qu'Hostiensis tient à déterminer la nature exacte de l'institution, en ne réservant aux conservateurs la possibilité d'une intervention que dans les cas notoires. Ceci lui permet, en conséquence, de se montrer catégorique sur le rejet de toute procédure judiciaire, si la notoriété n'est pas certaine[24].

2. La *Lectura* sur les *Novelles* d'Innocent IV

Dans cette *Lectura*, réalisée entre 1251 et 1253 [25], Hostiensis reprend la doctrine sur les conservateurs déjà esquissée peu auparavant[26] dans la *Summa* ; il donne, cette fois, de la constitution *Statuimus* un véritable

---

22. Voir *supra*, p. 78-79.

23. Hostiensis met bien en évidence cette différence entre le manifeste et le notoire dans la *Summa*, lib. 3, au titre. *De cohabit. cler. et mul.*, n. 6, § *Quid sit notorium* ; édit. cit., fol. 199 r° : *Manifestum (oritur) ex suspicione communi et scientia paucorum... Notorium facti dicitur publica seu famosa insinuatio, vel proclamatio communis, ex euidentia rei proueniens, quae nulla potest tergiuersatione celari, quando scilicet ita deprehensus est quis in crimine, vel ita patens et certum est delictum omnibus quod non est locus inficiationi, quia omnes vel maior pars hominum hoc faciunt* (sans doute faut-il plutôt lire : *sciunt* ?).

24. De ce fait, la liaison entre « notoire » et procédure judiciaire apparaît parfaitement logique ; il n'en va pas tout à fait de même s'il est seulement question de violences « manifestes ».

25. Cf. P.J. KESSLER, « Untersuchungen über die Novellen-Gesetzgebung Papst Innozenz' IV. », 3e partie, dans *Z.S.S. Kan. Abt.*, t. 33, 1944, p. 65-70. Voir aussi LEFEBVRE, « Hostiensis », dans *Dict. de droit can.*, t. 5, col. 1220 ; du même, « Hostiensis (Henry of Segusio) », dans *New Cath. Encycl.*, vol. 7. p. 170-171.

26. La rédaction primitive de la *Summa* remonte à l'année 1239. Ce travail devait être en partie détruit par un incendie. Hostiensis entreprit une nouvelle rédaction de l'ouvrage, qui ne fut terminée qu'au cours de l'année 1253. Il est difficile de préciser la date du début de cette nouvelle rédaction. St. Kuttner (« Decretalistica », dans *Z.S.S. Kan. Abt.*, t. 26, 1987, p. 461) avance l'année 1250, qui, d'après Ch. Lefebvre, peut paraître relativement tardive (cf. LEFEBVRE, art. « Hostiensis », dans *Dict. de droit can.*, t. 5, col. 1215). Toujours est-il que le passage où il est question des conservateurs dans la *Summa* (cf. *supra*, note 3) fait partie de la nouvelle rédaction ; il est certainement postérieur à l'année 1245, puisqu'il cite la constitution *Statuimus*. C'est dire que le commentaire donné de cette même constitution par Hostiensis dans la *Lectura* sur les Novelles d'Innocent IV suit de peu, quelques années tout au plus, le texte de la *Summa* qui mentionne les conservateurs.

commentaire[27]. Ceci lui permet de traiter des conservateurs d'une manière bien plus complète et plus approfondie.

L'exposé exégétique fait ici par Hostiensis manifeste l'importance qu'il attribue au problème des pouvoirs à reconnaître aux conservateurs. Il commence par souligner que ces derniers sont concédés par le Siège apostolique : c'est à la papauté d'abord qu'incombe la charge de défendre les personnes contre les injustices et les violences notoires[28]. De ce fait, il est clair que les pouvoirs des conservateurs ne sauraient être étendus à toute affaire qui exige une procédure judiciaire. Dès le début du commentaire, Hostiensis reprend ainsi l'interprétation qu'il avait déjà donnée dans la *Summa* : il réserve strictement aux faits notoires l'application de la constitution *Statuimus*[29]. Cette restriction lui semble commandée par l'importance des pouvoirs accordés aux conservateurs. L'influence d'Innocent IV ne semble d'ailleurs pas avoir été étrangère à cette détermination. Dans son commentaire, Innocent IV en était en effet arrivé à assimiler progressivement les faits manifestes aux faits notoires, comme cela ressort de notre premier chapitre[30]. On comprend ainsi qu'Hostiensis ait pu prolonger cette tendance jusqu'à substituer le terme *notoire* au terme *manifeste* employé par le texte officiel[31].

---

27. Comme la constitution *Statuimus* devait passer avec presque toutes les Novelles d'Innocent IV dans le *Sexte*, la *Lectura* d'Hostiensis sur les Novelles d'Innocent IV recevra le titre de *Commentaria in Sextum decretalium librum*, Venetiis, 1581 (édit. anast., Torino, 1965). La constitution *Statuimus* forme le cap. 1 (et unique) du titre *De officio et potestate iudicis delegati : op. et edit. cit.*, fol, 7 v° et 8 r°.

28. Cf. *supra*, notes 8 et 12.

29. Voir plus haut, note 11.

30. Cf. *supra* p. 57-62.

31. HOSTIENSIS, *In Sextum decretalium librum Commentaria*, (tit.) *De officio et potestate iudicis delegati*, cap. 1 (et unique), *Statuimus*, in princip. édit. cit., fol. 7 v° : *Potest quis a sede apostolica conseruatorem impetrare, conseruator huiusmodi potest a notoriis iniuriis, et violentiis defendere, nequid autem ad faciendam aliquam iudicialem indaginem potestatem sibi datam extendere.*

Les commentateurs postérieurs devaient ratifier cette substitution ou sanctionner l'assimilation des deux termes manifeste et notoire, voulue par la logique de l'institution, comme on vient de le voir (cf. *supra*, note 24). Ainsi, Jean Le Moine, commentant l'expression *A manifestis* de la constitution, écrira qu'il s'agit là de « faits notoires ou évidents, qui ne permettent aucun doute et ne requièrent pas le moindre examen » ; IOANNES MONACHUS PICARDUS, *In Sextum librum decretalium dilucida Commentaria*, (lib. 1), (tit.) *De officio et potestate iudicis delegati*, cap. 1, *Statuimus*, n. 3 ; Venetiis, 1585, fol. 133 r°. De même, Jean d'André, dans la glose ordinaire du *Sexte*, au mot *Conservatores*, soutient que par « affaires manifestes » il faut entendre celles « qui sont notoires et tellement évidentes qu'on ne saurait les nier en vertu d'un doute quelconque » ; cf. Glose in VI°, 1.14.1.

Guy de Baysio est plus nuancé et moins catégorique. Commentant le mot *Manifestis* de la constitution *Statuimus*, il déduit tout d'abord que le conservateur ne peut être récusé « dans des cas notoires de ce genre » (ce qui semblerait indiquer qu'il assimile, lui aussi,

Dans la première glose, au mot *Conservatores*, Hostiensis indique les motifs pour lesquels les conservateurs sont nommés. Tantôt ils sont accordés pour défendre contre les voleurs et les brigands ; tantôt ils sont donnés en vue de sauvegarder les privilèges de certaines personnes ou de certaines institutions ; tantôt, d'une manière plus générale, ils doivent intervenir contre toute espèce d'injustice ou d'offense. Sur ces points Hostiensis ne fait que reprendre les indications apportées par Innocent IV[32] ; mais en reprenant à son compte cet enseignement, il montre par le fait même que la politique du Saint-Siège n'a pas varié.

Le terme *Plerumque* n'avait pas retenu l'attention d'Innocent IV. Hostiensis, tout en rappelant les trois cas de concession précédemment indiqués, souligne que parfois le texte officiel porte *Plerisque* ; ceci implique la nécessité d'une demande de concession à faire par les impétrants.

Le mot *Concedimus* fait ressortir que c'est au pape qu'il appartient, en vertu de sa charge apostolique, de dirimer les litiges et d'assurer à chacun la juste possession de ses biens. Ce devoir s'impose tout naturellement à l'égard des veuves et des orphelins, des aveugles, des pauvres, des faibles et des opprimés, ainsi qu'à l'égard de tout autre malheureux, dont personne ne doute que la défense ne revienne à l'Église. Cependant, le commentateur précise que cette protection du Saint-Siège s'avère parfois peu utile ; cela se vérifie quand les litiges ne sont pas susceptibles d'être définis judiciairement. Ainsi, il détermine que la confirmation d'un privilège obtenu en forme commune[33] a peu d'effet ; quelquefois elle est sans effet aucun. De même en est-il pour

---

manifeste et notoire). Il poursuit en assurant que la juridiction des conservateurs est limitée aux seules injustices « manifestes ». Cependant il ajoute que « parfois manifeste s'entend de notoire, c'est-à-dire d'un fait tellement évident que le moindre doute ou la plus légère hésitation ne saurait exister » (l'adverbe « parfois » laisse probablement entendre que ce n'est pas là l'opinion la plus courante et la plus exacte) ; GUIDO A BAIISO, *In Sextum decretalium Commentaria*, (lib. 1), (tit.) *De officio et potestate iudicis delegati*, (cap.) *Statuimus*, n. 1 ; Venetiis, 1577, fol. 46 r°. Enfin, Jean d'André dans la *Novella in Sextum* précise que par *Ad alia* il faut entendre les « doutes non notoires », ce qui semble indiquer *a contrario* que par injustices manifestes il n'entend que celles qui sont notoires ; IOANNES ANDREAE, *In Sextum decretalium librum Nouella Commentaria*, (lib. 1), (tit.) *De officio et potestate iudicis delegati*, cap. 1, *Statuimus*, au mot *Possunt* ; Venetiis, 1581 (édit. anast., Torino, 1966), fol. 48 r°. Ainsi, la tendance remontant à Innocent IV lui-même et qui restreint l'élément manifeste à l'élément notoire l'emporte en vertu même de la logique de l'institution.

32. INNOCENTIUS IV, *In quinque libros decretalium*.... lib. 1. tit. *De off. et pot. iud. del*, cap. 1 in VI°, *Statuimus*, n. 1, glose aux mots *Ut conseruatores* ; édit. cit., fol. 61 v° : *Conseruatores aliquando dantur, ut defendant aliquos contra raptores, et praedones ; alii dantur contra eos, qui aliquorum priuilegia infringunt ; aliquando generalius dantur, scilicet ut defendant aliquos ab omnibus iniuriis, et offensis.*

33. Cf. A. VAN HOVE, *De privilegiis, De dispensationibus*, Mechliniae-Romae, 1939, p. 56, n. 55 et s., dans *Commentarium lovaniense in Codicem iuris canonici*, vol. I, t. 5.

l'innovation[34], qui ne confère aucun droit nouveau, puisqu'elle ne fait que renouveler le droit antérieur. On peut en dire autant de la réception sous la protection du Saint-Siège[35]. Certes, toutes ces mesures ne sont pas sans valeur, mais la conservation est bien plus utile, comme le fait remarquer le commentateur. Elle permet, en effet, au Saint-Siège d'intervenir avec efficacité en faveur des personnes qui réclament et nécessitent un secours immédiat. C'est dire toute l'importance du rôle qu'elle est appelée à jouer. Cela explique sans doute l'origine des conservateurs apostoliques : la faible efficacité des autres dispositions antérieures prises par la papauté pour assurer le respect et la sauvegarde des droits de chacun.

Le commentaire fait au mot *Manifestis* précise une fois de plus ce qu'Hostiensis avait déjà exposé auparavant. Il faut entendre par là, dit-il expressément, les affaires notoires et bien évidentes. En effet, les causes de ce genre ne présentent aucune difficulté et ne requièrent pas un examen prolongé aussi est-il superflu de s'y attarder. Quant au sens à attribuer au terme notoire, Hostiensis se contente de renvoyer à la *Summa*, où toutes précisions utiles sont apportées[36].

La glose du terme *Violentiis* est de grande importance. Elle donne l'occasion au décrétaliste de déterminer le rôle et le pouvoir des conservateurs ; elle met en relief les différentes circonstances dans lesquelles les violences peuvent faire l'objet de leur intervention. La forme de l'exposé se présente en une série de cas concrets, qui permettent à la pensée de l'auteur de bien se manifester. Un premier cas présente un personnage puissant et noble attaquant à main armée les dépendances d'un monastère. Un conservateur a été accordé : arrivé sur les lieux, il surprend le noble et ses séides en flagrant délit de violence, ou il les rencontre seulement. Toutefois, ces malfaiteurs refusent de reconnaître leur tort et pillent le monastère. Le conservateur pourra

34. Du même, *op. cit.*., p. 60, n. 60.

35. Voir A. DUMAS, « Protection apostolique », dans *Dict. de droit can.*, t. 7. Paris, 1965, col. 381-388, en particulier les col. 383-384 ; cf. G. SCHREIBER, *Kurie und Kloster im 12. Jahrhundert*, t. 1, Stuttgart, 1910, p. 6-9 et 32, coll. « Kirchenrechtliche Abhandlungen », hrsg. von U. STUTZ, fasc. 65-66.

36. On a vu plus haut ce que dit Hostiensis au sujet des éléments manifeste et notoire ; cf. *supra*, note 23. En ce qui concerne la renommée, il distingue celle qui ne permet aucun doute en raison du caractère public du fait et celle qui n'est fondée que sur de simples soupçons et les déclarations d'un individu peu crédible. Cette dernière, dit-il, ne peut servir de preuve : *Fama est publica, seu famosa insinuatio, vel proclamatio communis ex sola suspicione et incerto authore proueniens... Haec per se nihil probat* ; *Summa*, lib. 3, (tit.) *De cohabit. cler. et mul.*, n. 6, § *Quid sit notorium* ; édit. cit., fol. 198 v°.

sévir immédiatement contre eux ; point ne sera nécessaire de leur adresser une monition préalable, puisque leur contumace est évidente[37].

Mais que décider si le conservateur n'arrive sur les lieux qu'après le pillage ? La notoriété de la violence fait défaut, puisqu'il ne l'a pas constatée personnellement : il peut très bien se trouver à deux ou trois journées de marche du monastère en question et arriver trop tard pour prendre les agresseurs sur le fait. Il devra donc convoquer les coupables : s'ils confessent leur méfait et n'opposent aucune exception, le conservateur pourra procéder contre eux, comme d'ailleurs l'avaient soutenu Innocent IV et Bernard de Compostelle[38]. Une difficulté se présente cependant à ce sujet : le conservateur en question n'a, selon le texte de la constitution, que le pouvoir d'empêcher un mal (*defendere*) ; il paraît s'ensuivre que son intervention ne peut exister qu'à propos d'une violence future, car dire qu'il peut interdire un fait passé n'a pas de sens. Comment donc peut-il, dans le cas présent, user de ce pouvoir de « défendre », en vue d'obtenir satisfaction de la part des coupables ? Il serait obligé pour cela d'agir judiciairement ; or, dans cette éventualité, il devrait s'en abstenir, conformément au texte même de la

37. Bernard de Compostelle avait déjà souligné que le conservateur pouvait excommunier un coupable refusant de se soumettre à sa sentence ; cf. Bibl. Vat., ms. Chis. E. VIII 237, fol. 282 vb : *Si conseruatores isti non possent iniuriam uel uiolenciam repellere per sentenciam ecclesiae, implorare debent brachium seculare sicut et alii iudices... aliter possunt illum excommunicare, cum hoc sit accessorium ad officium conseruatoris, XXIII. q. 5. amministratores*. Innocent IV, de son côté, était d'avis que le conservateur pouvait agir en raison même de la contumace : cependant, ajoutait-il, l'excommunication portée contre un criminel n'aurait de valeur qu'en cas d'injustice ou de violence manifeste. Cf. INNOCENTIUS IV, *In quinque libros decretalium...*, lib. 1, tit. *De off. et pot. iud. del*, cap. 1 in VI°, *Statuimus*, n. 3, glose aux mots *Ut conseruatores ;* édit. cit., fol. 62 r° : *Si autem vocati contumaces fuerint, tunc conseruator, et alii consimiles pro contumacia possunt procedere contra eos. Sed si ferrent aliquam sententiam excommunicationis, vel aliam pro violencia, vel alio delicto, non tenet nisi esset manifesta iniuria, ut hic*. On retrouve chez Hostiensis la même doctrine à ce sujet.

38. Innocent IV reconnaissait au conservateur le droit de convoquer les accusés et de les interroger sur les méfaits qui leur étaient reprochés. S'ils avouaient leur crime, le conservateur pouvait intervenir contre eux, puisque leur culpabilité était devenue manifeste ; cf. INNOCENTIUS IV, *op. et loc. cit.*., n. 1 ; édit. cit., fol. 61 v° : *Et in nullo praedictorum casuum aliquam habent indaginem conseruatores, nisi in hoc, ut vocent eos, qui molestatores et iniuriatores dicuntur, et si vocati venerint, interrogabuntur, an praedictas molestias, et iniurias irrogarint : et si eas confessi fuerint, tanquam contra manifestos injuriatores procedent, ut hic*. C'était également l'avis de Bernard de Compostelle ; il soulignait, lui aussi, que les conservateurs ne pouvaient intervenir qu'en cas de violences manifestes (cf. *supra*, note 19). Il précisait, en se référant aux décrétales *Ex parte* et *Quum olim* (X. 5.40.23 et 24), que le caractère manifeste était établi, entre autres, par l'aveu du coupable ; cf. Bibl. Vat, ms. Chis. E. VIII 237, fol. 282 vb : *Que dicatur manifesta iniuria et uiolencia habes i. de verborum significacione, ex parte et c. seq*. Hostiensis, ici encore, reprend la doctrine de ses prédécesseurs, sans y ajouter quoi que ce soit de neuf.

constitution *Statuimus*. Pour répondre à cette objection, Hostiensis recourt non au texte de la constitution, qui est très clair, mais à son esprit, qui ne l'est pas moins et prévaut, à son avis, sur le texte lui-même ; sinon, la constitution se trouverait dépourvue d'objet dans une hypothèse certainement envisagée par le législateur. Hostiensis fait appel au principe en vertu duquel une disposition doit être suivie d'effet[39]. Il ajoute d'ailleurs que le pouvoir du conservateur ressort avant tout de la teneur du rescrit accordé. Ainsi se manifeste une fois de plus l'importance du rescrit, qui seul peut préciser l'étendue des pouvoirs du conservateur[40]. Le commentateur fait enfin valoir que, si le malfaiteur est contraint de réparer le dommage causé, les criminels éventuels seront mis en garde. La peur assurera, par le fait même, la protection des personnes qu'ils voudraient attaquer ; en effet, le châtiment d'un coupable sert souvent d'exemple aux autres et les dissuade de mal faire.

Un autre cas peut aussi se poser, déjà envisagé d'ailleurs par Innocent IV[41] de même que par Hostiensis dans la *Summa*[42] : si, convoqué, celui qui s'est rendu coupable d'une injustice nie en être l'auteur, que pourra faire le conservateur ? On saisit l'importance de cette difficulté : puisque la constitution *Statuimus* interdit la procédure judiciaire, le conservateur risque de se trouver dans l'impossibilité d'intervenir. En pareille circonstance, estime Hostiensis, le conservateur doit enquêter pour vérifier si le fait est notoire ou non, car il faut qu'il sache s'il a ou non juridiction ; celle-ci une fois établie, il

---

39. Bernard de Compostelle reconnaissait aux conservateurs le droit d'instruire une affaire, sinon, disait-il, leur mission devenait inutile ; voir *supra*, note 7. Il ajoutait que, si le coupable niait la notoriété du fait, le conservateur pourrait le prouver et ainsi en connaître ; Bibl. Vat., ms. Chis. E. VIII 237, fol. 282 vb : ... *Si uellet probare factum notorium, satis, credo quod de hoc cognoscere possit, si reus negauit*. Innocent IV, de son côté, devait préciser la procédure permise aux conservateurs en vue de l'exercice normal de leur charge, dont il soulignait la nécessité. Dans son commentaire de la constitution *Statuimus*, une partie au moins des dispositions restrictives de cette dernière allait disparaître. En vertu de l'interprétation donnée par Innocent IV, les conservateurs se voyaient finalement attribuer des pouvoirs bien plus étendus que ceux initialement prévus. En cas de notoriété, notamment, Innocent IV reconnaissait aux conservateurs le droit de procéder à l'enquête traditionnellement admise en la circonstance ; cf *supra*, note 14.

40. L'importance du rescrit de nomination avait été soulignée par Geoffroy de Trani ; cf. *supra*, note 21. Innocent IV avait toutefois admis par la suite que le conservateur puisse parfois procéder à une enquête judiciaire nonobstant le rescrit ; si, par exemple, le rescrit était muet sur ce point, l'enquête judiciaire serait néanmoins permise au conservateur avec le consentement des parties. Cf. INNOCENTIUS IV, op, et *loc. cit.*, n. 6 ; édit. cit., fol. 62 r° : *Item (conseruator) non habet iudicialem indaginem cum effectu : quia super ea non iudicant, sed tantum se instruunt, ut iuste possit excommunicare. Item non dicuntur habere iudicialem indaginem ex vi literae, sed ex consensu partium.*

41. Cf. *supra*, note 5.

42. Voir plus haut, note 6.

pourra intervenir, sinon il s'abstiendra[43]. Hostiensis reconnaît cependant que d'autres commentateurs sont d'un avis opposé. Ils estiment que la notoriété d'un méfait n'est pas susceptible d'être prouvée par témoins ; ils soutiennent que seule la qualité du fait doit l'établir[44]. Ils ajoutent, pour appuyer leur thèse, que l'audition de témoins entraîne pour le conservateur l'exercice d'une fonction judiciaire. Or cela lui est formellement interdit ; il se mettrait dans son tort en outrepassant les limites de son pouvoir[45].

---

43. C'était également l'avis de Bernard de Compostelle, qui en pareille hypothèse admettait que le conservateur doive instruire l'affaire ; cf. *supra*, notes 7 et 39. Cette opinion de Bernard sera relevée par Guy de Baysio à la glose du mot *Exigunt* de la constitution *Statuimus* : GUIDO A BAIISO, *In Sextum decretalium Commentaria*, (lib. 1), (tit.) *De off. et pot. iud. del.*, (cap.) *Statuimus*, n. 3 ; édit. cit., fol. 46 v° : *Unde scripsit hic B. (= Bernardus) quod si vult probare factum notorium, quod de hoc conseruator cognoscere possit, si reus negauerit, et hoc videtur bene dictum, ut sic saltem per hoc sciat, an sua sit iurisditio ; et si hoc inuenerit, procedet, allas abstinebit.*

Innocent IV soutenait cependant, à l'encontre de Bernard de Compostelle, qu'en cas de négation de la part des accusés, le conservateur ne pouvait absolument pas intervenir ; en effet, la culpabilité des personnes incriminées était douteuse (cf. *supra*, note 5). Toutefois, Innocent IV admettait, tout comme Bernard, qu'en cas de notoriété la procédure spéciale prévue était possible en vertu de la juridiction reconnue aux conservateurs (cf. *supra*, notes 14 et 39). Il déclarait même que, si le coupable avouait son crime, tout en niant par ailleurs la notoriété, le conservateur pouvait néanmoins agir. Cf. INNOCENTIUS IV, *In quinque libros decretalium...*, lib. 1, tit. *De off. et pot. iud. del.*, cap. 1 in VI°, *Statuimus*, n. 6, glose à l'expression *Ad alia* ; édit. cit., fol. 62 r° : *Si autem ille, qui fecit maleficium, vene confitetur illud, sed dicit illud non notorium, bene potest contra eum procedere conseruator quia licet illud maleficium non fuerit notorium facti euidentia, est tamen notorium per confessionem suam.* Bien plus, Innocent IV reconnaissait que, si le crime était tellement notoire qu'il rendait toute négation superflue, le conservateur pouvait agir validement sur le champ ; sa juridiction, en l'occurrence, était suffisamment établie parce que incontestable. Cf. INNOCENTIUS IV, *op. et loc. cit.*, n. 1 ; édit. cit., fol. 61 v° : *Iurisdictio conseruatorum limitata est, tantum contra manifestos... nisi forte adeo de facto, vel de iure esset eorum maleficium notorium, quod inficiationi locus non esset : quia tunc valeret processus contra tales.* Toujours selon Guy de Baysio, à la même glose du mot *Exigunt* de la constitution *Statuimus*, cette opinion d'Innocent IV serait notamment celle de Vincent d'Espagne. Pour ce dernier, la preuve de l'élément notoire serait établie plutôt par la qualité du fait que par des témoins. Cf. GUIDO A BAIISO, *op. et loc. cit.*, n. 3 *in fine* et 4 *in princip.* ; édit. cit., fol. 46 v° : *Alii contra, quia male probatur maleficium notorium per testes, sed per qualitatem facti.... Unde scripsit Vin. quod crimen est notorium per facti euidentiam apud omnes, vel maiorem partem illius habitationis, non in vico, sed in villa.*

44. Voir la note précédente, *in fine*. Innocent IV, de son côté, avait admis les dépositions des témoins comme mode de preuve de la notoriété. Toutefois, il spécifiait que la seule preuve à faire était celle de la notoriété et non celle du fait lui-même, comme l'avait déjà déclaré Vincent d'Espagne (cf. *supra*, note 13). Innocent IV renvoyait sur ce point aux cap. *Quanto* du *De translat. episc.* (X. 1.7 3) et *Tua* du *De cohabit. cleric. et mul.* (X. 3.2.8). Cf. INNOCENTIUS IV, *In quinque libros decretalium....* lib. 1, tit. *De off. et pot. iud. del.*, cap. 1 in VI°, *Statuimus*, n. 2, glose aux mots *Ut conseruatoria* ; édit. cit., fol. 61 v°.

45. C'était peut-être l'avis de Vincent d'Espagne et d'autres commentateurs.

Toutefois, si la culpabilité n'est pas susceptible de notoriété, le conservateur pourra tenir compte de la renommée[46]. S'il ne peut se fonder sur cet argument, il devra s'abstenir à tout prix d'intervenir. Mais si la commune renommée existe et que toute personne habitant les lieux affirme, même sans serment, que le fait est vrai et notoire, le conservateur pourra agir contre le coupable. Hostiensis ajoute que, si le conservateur veut pour plus de sûreté recevoir des témoins assermentés, cela ne saurait lui être reproché. De toute manière, estime le commentateur, il n'y a pas là de véritable *cognitio* judiciaire ; le conservateur n'agit pas en tant que juge, puisqu'il n'est pas obligé de convoquer les accusés pour la déposition jurée des témoins. En effet, il sait déjà très bien par la commune renommée que le méfait est notoire. Bien plus, le conservateur n'aura pas à s'occuper des exceptions éventuellement soulevées contre les témoins, ce qui serait du ressort du juge.

Hostiensis aborde ensuite une nouvelle hypothèse : que faire si l'auteur d'une injustice reconnaît bien le fait même, mais prétend avoir agi de son plein droit ? Cette affirmation rend évidemment l'injustice douteuse ; celle-ci perd ainsi le caractère notoire indispensable pour justifier le pouvoir du conservateur[47]. Ce dernier pourra-t-il néanmoins se saisir de l'affaire ? La difficulté, répond Hostiensis, peut être tranchée par l'examen de la qualité même du fait invoqué. Si en effet

---

Innocent IV cependant devait, par la suite, permettre aux conservateurs d'entendre les témoins pour établir la preuve de la notoriété ; INNOCENTIUS IV, *op. et loc. cit.*, n. 5, glose à l'expression *Ad alia* ; édit. cit., fol. 62 r° : *Item si maleficium est notorium aliis, sed non iudici, oportet quod super hoc requirat probationes, et etiam cogat aliquando testes, quibus interesse debent partes*. Voir aussi *supra*, note 13.

46. On a déjà vu comment Hostiensis entendait la commune renommée ; cf. *supra*, note 36.

47. Telle était la réponse faite par Innocent IV : *In quinque libros decretalium...*, lib. 1, tit. *De off. et pot. iud. del.*, cap. 1 in VI°, *Statuimus*, n. 6, glose à l'expression *Ad alia* ; édit. cit., fol. 62 r° : *Sed ille, qui fecit illud, quod dicitur maleficium : sed dicit quod illud non est maleficium, sed illud faciendo usus est iure suo, videtur quod in hoc casu admittet probationes utriusque quia aliter non potest explicare iurisdictionem sibi commissam... Hoc autem satis videtur, quod non potest conseruator inquirere de maleficio ea officio suo, quia non est iste modus procedendi in notorio*. Hostiensis, tout en reprenant et en faisant sienne cette position, estime cependant que la solution de la difficulté peut être obtenue par la qualité du fait lui-même : *In Sextum decretalium librum Commentaria*, (tit.) *De off. et pot. iud. del.*, cap. 1 (et unique), *Statuimus*, n. 10 ; édit. cit., fol. 7 v° : *Quid si iniuriator confitetur, factum, sed asserit hoc iure fecisse ? Planum est, quod per talem responsionem, et negationem fit res dubia... Et ideo hanc quaestionem talis, conseruator, nec examinare, nec diffinire poterit tanquam iudex ? Debet tamen aduertere, qualitatem facti, nam si confiteatur praedam et insultum publice factum, quomodo potest hoc iuste fecisse, nam talia omni iure damnata sunt, ut patet per multa exempla*. On a vu plus haut l'importance qu'Hostiensis, déjà dans la *Summa*, et Innocent IV lui-même attachaient à la qualité du fait ; cf. *supra*, notes 8, 12 et 13.

l'inculpé avoue une injustice ou un vol commis publiquement, il ne saurait avoir agi à bon droit : ce sont là des crimes que tout droit, aussi bien canonique que civil, condamne et réprouve ; ce sont des fautes mortelles qui ne peuvent avoir été accomplies avec une bonne intention et de plein droit, contrairement à ce qu'assure l'accusé. On objectera sans doute que l'acte en question peut très bien avoir été commis en toute justice, par exemple en vertu de l'autorité d'un juge. Hostiensis a déjà expliqué dans la *Summa* qu'en ce cas une juste cause existe et en conséquence une exception. Il ajoute : quelqu'un qui pour assurer sa protection commet une violence à l'égard d'un tiers qui l'a attaqué n'a pas à répondre de cet acte[48].

Le commentateur soulève encore un autre problème. Le conservateur peut très bien rétorquer que, si l'auteur de l'injustice n'a pas agi de plein droit, comme il le prétend, il est tenu de réparer avant une date donnée le dommage causé, sous peine de se voir assigner un terme péremptoire. En ce cas, la monition du conservateur n'est évidemment pas injuste, mais on peut craindre qu'elle ne le soit. En effet, si l'auteur de l'injustice est sûr de son bon droit, il peut très bien faire appel. Il répliquera au conservateur qu'une monition lui a été adressée à propos d'un délit qui n'est pas certain et qu'il se trouve dans l'impossibilité de se justifier puisqu'il n'y a pas de procédure judiciaire[49]. Bien plus, il peut craindre qu'après l'expiration du délai imposé une peine d'excommunication ne soit portée contre lui par le conservateur, sans que pour autant la certitude requise de sa culpabilité ait été établie. Pour cette raison, l'inculpé pourra faire appel au pape, afin que le bien-fondé de sa cause puisse être reconnu[50]. Si le conservateur excommunie malgré tout l'inculpé, poursuit Hostiensis, la

48. HOSTIENSIS, *Summa*, lib. 1, *De treuga et pace*, n. 3, § *Quid sit iustum bellum* ; édit. cit., fol. 83 r° : *Sed si authoritate iudicis rem nostram occupauerit quis, iustam causam habet detinendi, et ideo habet exceptionem, sic intelligi potest... tamen et illud dico quod si inferenti iniuriam inferatur iniuria repellendo ob tuitionem sui corporis, repellens non tenetur.*

49. En pareil cas, il était reconnu que le conservateur ne pouvait normalement pas agir. Geoffroy de Trani avait déjà souligné que les conservateurs n'étaient que de « purs exécuteurs » ; cf. *supra*, note 7. Innocent IV, tout en reprenant l'opinion de Geoffroy (*supra*, notes 5 et 7), devait cependant admettre la position suivante : si l'accusé soutenait avoir agi en usant de son droit et s'il se déclarait prêt à le prouver, le conservateur pouvait en ce cas, avec l'accord des deux parties, procéder à une enquête. Cf. INNOCENTIUS IV, *In quinque libros decretalium*, lib. 1, tit. *De off. et pot. iud. del*, cap. 1 in VI°, *Statuimus*, n. 6, glose à l'expression *Ad alia* ; édit. cit., fol. 62 r° : *Item non dicuntur habere iudicialem indaginem ex vi literae, sed ex consensu partium, quia est inculpatus. Dicit, ego feci utens iure meo, et hoc paratus sum probare, et conuenit, quod iudex de hoc cognoscat.*

50. On a vu plus haut ce que pensait Bernard de Compostelle de la possibilité de l'appel et ce qu'en disait Innocent IV ; cf. *supra*, note 18.

peine sera valable ou non suivant qu'en fait elle sera juste ou non[51] ; ou encore la valeur de l'excommunication pourra dépendre d'une déclaration postérieure au crime commis. Mais si l'auteur de l'injustice arrive à faire état de son bon droit et qu'il ait été néanmoins excommunié, le conservateur devra être puni[52] ; ce dernier toutefois n'encourra pas de sanction s'il a pris ses précautions en recevant au préalable quelques témoins qui auront affirmé la notoriété du crime[53].

C'est ensuite le terme *Defendendos* qui retient l'attention d'Hostiensis. La conclusion qu'il tire de ce mot de la constitution est que les coupables de violences ou d'injustices sont tenus de réparer les torts à l'égard des personnes qu'ils ont lésées[54]. Le conservateur peut les y contraindre, serait-ce par une censure ecclésiastique. Encore faut-il bien examiner le rescrit de nomination du conservateur. Comme on l'a déjà vu, la teneur du rescrit est un élément essentiel, sur lequel revient Hostiensis. C'est du libellé même du rescrit que dépendent, en effet, les pouvoirs plus ou moins étendus du conservateur. En réalité les conservateurs parfois sont mixtes[55] ; ils ont alors pouvoir de connaître, au sens juridique du terme, entre diverses personnes. L'une des clausules adoptées pour les qualifier est : « après convocation de ceux qui sont à convoquer » ; dans ce cas, les conservateurs ont la possibilité et même l'obligation de procéder suivant les formes judiciaires. De même en est-il quand le rescrit donne l'ordre de contraindre les

51. Ceci est pleinement logique eu égard au texte de la constitution ; Innocent IV l'avait précisé : « Toute sentence portée contre des malfaiteurs n'a de valeur que s'il s'agit de coupables manifestes » ; cf. *supra*, note 5.

52. C'est la première fois, à notre connaissance du moins, qu'il est fait mention explicite d'une sanction à infliger à un conservateur pour abus de pouvoir.

53. Les dépositions des témoins peuvent permettre au conservateur de déterminer sa juridiction ; mais, comme le disait nettement Innocent IV, elles ne peuvent être admises que pour prouver la notoriété et non le crime lui-même (cf. *supra*, note 13). Hostiensis le rappelle ici discrètement.

54. L'institution ayant été créée pour défendre certaines personnes contre toute injustice ou violence manifeste, il était normal que les coupables fussent tenus à réparation envers les personnes lésées ; mais Hostiensis est le premier à l'affirmer aussi clairement. Les commentateurs antérieurs mettaient surtout en relief l'excommunication encourue par les criminels ; cette peine était suffisamment grave pour mettre les coupables dans une situation difficile et aussi pour servir d'exemple aux autres. Le but médicinal de l'excommunication devait amener les malfaiteurs à s'amender et à réparer leurs torts. Innocent IV y fait allusion dans le cas où un offenseur notoire, voulant réparer les dommages causés, demandait au conservateur d'enquêter sur ce point. Cf. INNOCENTIUS IV, *In quinque libros decretalium...*, lib. 1, tit. *De off. et pot. iud. del.*, cap. 1 in VI°, *Statuimus*, n. 6, glose à l'expression *Ad alia*, *in fine* : *Item praedicta ratione videtur, quod si notorius offensor excommunicatus veniat infra annum, et dicat cognoscite de quantitate damni, quia volo satisfacere, quod de hoc debet (conseruator) cognoscere per testes, et alio modo ad sui instructionem partibus praesentibus, et si nollet actor, quod cognosceret conseruator, eum absoluet.*

55. Cf. *supra*, p. 77-78 ; 82-83.

récalcitrants. Les conservateurs doivent alors admettre toute juste exception, car ils sont en l'occurrence véritablement des juges. Toutefois, sur ces conservateurs mixtes, qui sont l'exception, Hostiensis ne s'étend pas davantage. Son propos, en effet, est de s'occuper du conservateur pur et simple, qui n'a de pouvoir que pour les cas notoires[56] ; aussi le commentateur y revient-il tout de suite. Il rappelle d'abord le problème de la récusation du conservateur. Ce point avait déjà été soulevé par les glossateurs antérieurs. À ce sujet, Bernard de Compostelle avait répondu affirmativement, puisque, disait-il, le conservateur est un juge[57]. Mais cette opinion ne satisfait pas Hostiensis, car, selon lui, le conservateur n'est pas un juge à strictement parler : il ne peut intervenir qu'à propos des faits notoires ; or, les faits de cette nature ne sont susceptibles ni d'appel ni de récusation, puisqu'il y a flagrant délit[58].

Par ailleurs, que décider si des malfaiteurs sont prêts à attaquer à main armée ceux que le conservateur a mission de protéger ? En ce cas, répond Hostiensis, le conservateur peut immédiatement excommunier les coupables. En effet, il y aurait péril à attendre la monition et le délai

---

56. Comme on l'a déjà signalé, les précisions apportées par Innocent IV semblaient bien étendre notablement les pouvoirs des conservateurs « purs et simples » même en cas d'injustices qui n'auraient pas été notoires, le pape leur reconnaissait un pouvoir d'intervention non négligeable, qu'il n'avait pas manqué de déterminer. Hostiensis, quant à lui, ne reconnaît aucun pouvoir aux conservateurs sauf pour les cas notoires. Ceci montre bien les restrictions apportées par la doctrine postérieure à Innocent IV. Il est par ailleurs certain que pour les faits notoires les conservateurs possédaient, selon Innocent IV lui-même, des pouvoirs bien plus étendus ; cf. *supra*, note 14.

57. Bernard de Compostelle s'était fondé sur la décrétale *Suspicionis* de Grégoire IX ; cf. Bibl. Vat., ms. Chis. E. VIII 237, fol. 282. vb : ... *Et talis conseruator potest recusari sicut index e. t. c. suspicionis cum suis concord.* (cf. X. 1.29.39). Mais il devait par la suite revenir sur cette position ; *ibid., in fine* : *nec possunt recusari, sicut nec posset appellari, de appell. c. cum sit romana et c. peruenit.*

Hostiensis ne fait pas état de ce changement d'attitude de Bernard de Compostelle, puisqu'il ne mentionne que la première opinion de ce dernier. Ce changement est cependant signalé par Guy de Baysio dans son commentaire du terme *Manifestis* de la constitution *Statuimus* (GUIDO A BAIISO, *In Sextum decretalium Commentaria*, (lib. 1), (tit.) *De off. et pot. iud. del.*, (cap.) *Statuimus*, n. 1 ; édit. cit., fol. 46 r°), de même que par Jean d'André dans la glose ordinaire du *Sexte*, au mot *Conseruatores* (in VI°, 1.14.1).

58. Bernard de Compostelle, en repoussant la récusation des conservateurs, ajoutait que l'appel n'était pas possible (cf. *supra*, note 18). Hostiensis reprend ce point de vue, déjà soutenu dans le droit antérieur à propos des cas notoires (X. 2.28.13, 14 et 61 ; cf. FOURNIER, *Les officialités..., op. cit.*, p. 282, note 3), alors qu'Innocent IV ne dit rien de bien net sur l'appel (voir *supra*, note 18) et suit la doctrine commune en matière de récusation. Cf. INNOCENTIUS IV, *In quinque libros decretalium...* lib. 1, tit. *De off. et pot. iud. del.*, cap. 1 in VI°, *Statuimus*, n. 4, glose du terme *Manifestis* ; édit. cit., fol. 62 r° : *Ex hoc apparet, quod recusari non possunt conseruatores, arg. infra de app. peruenit, et c. proposuit* (cf. X. 2.28.13 et 24).

qu'elle accorde, et le commentateur estime qu'il n'y a pas lieu de temporiser et de délibérer : la rapidité de l'intervention s'impose en la circonstance. Hormis ce cas, le conservateur ne doit pas porter d'excommunication inconditionnelle[59]. Bref, les conservateurs peuvent et doivent protéger tous ceux auxquels ils sont accordés ; encore faut-il que le délit soit notoire. Quant à l'excommunication, elle vaut même contre un absent[60].

À l'expression *Nec ad alia* Hostiensis précise qu'on doit entendre par là les cas douteux ou les faits dépourvus de la notoriété requise. À ce sujet, il rappelle que le conservateur n'interviendra pas contre quelqu'un qui n'a pas d'abord été cité et qui ensuite n'a pas été convaincu du crime ou ne l'a pas avoué[61].

Aux termes *Quae iudicialem* est abordé le problème de savoir si le conservateur a le droit de procéder à une enquête judiciaire, qui en principe se fait en présence des parties et suivant l'ordre judiciaire[62]. Selon Hostiensis, l'enquête judiciaire n'est pas de rigueur. Il autorise le conservateur à faire une enquête *de plano*, qui n'est pas une enquête judiciaire[63]. Innocent IV, pour sa part, prévoyait la possibilité d'une

---

59. Hostiensis fait état d'une monition et d'un délai comme pour toute excommunication. Les commentateurs antérieurs semblent indiquer que l'intervention du conservateur devait être immédiate. En effet, le caractère manifeste d'une injustice était, selon eux, une raison suffisante pour agir ; toute procédure, d'ailleurs interdite par la constitution *Statuimus*, était de ce fait inutile. En conséquence, le conservateur devait intervenir dès qu'il avait eu connaissance de l'injustice. Innocent IV reconnait aux conservateurs la faculté de faire l'enquête traditionnellement admise dans les cas de notoriété (cf. *supra*, note 14) ; cette enquête spéciale devait entrainer les mesures normalement prévues en ce qui concerne l'excommunication (cf. *Décret*, C.2, q.1, c.15 et s. avec les *dicta* de Gratien). Toutefois, la possibilité d'une excommunication immédiate et collective en cas d'attaque à main armée, et seulement en ce cas, est ici soulignée pour la première fois par Hostiensis.

60. De l'avis d'Innocent IV, le conservateur pouvait agir contre des coupables contumaces en raison même de la contumace (cf. *supra*, note 37). Suivant Paul Fournier (*Les officialités*..., *op. cit.*, p. 253, notes 2 et 4), la tendance à considérer comme coupable un accusé en fuite se faisait jour déjà en plusieurs textes du *Décret* de Gratien (C.3, q.9, c.10 ; C.3, q.8, c.1, § 4) ; elle devait se généraliser au treizième siècle, à en croire Guillaume Durand (*Speculum iuris*, lib. 3, partic. 1, *De accusatione*, 6, *Sequitur* ; Francofurti, 1612, t. 2, p. 13, n. 1).

61. Ce point avait déjà été bien étudié par Innocent IV, particulièrement soucieux de déterminer comment pouvait intervenir le conservateur en cas de faits notoires. Il soutenait que l'enquête normalement prévue pour ces cas était admise et avec elle une citation préalable de l'accusé (cf. *supra*, note 14). Il restait ensuite à prouver le caractère notoire du méfait, puisque c'était là une condition essentielle de la juridiction du conservateur (voir plus haut, note 13). Ce caractère notoire pouvait être établi soit par l'aveu du coupable (*supra*, note 43), soit par les dépositions des témoins (cf. les notes 44 et 45), soit grâce au consentement des parties (*supra*, notes 40 et 49).

62. Cf. FOURNIER, *Les officialités*..., *op. cit.*, p. 144 et s. ; Ch. LEFEBVRE, art. « Procédure », dans *Dict. de droit can.*, t. 7, Paris, 1965, col. 285 et s.

63. Voir *supra*, p. 79 et s.

enquête judiciaire pour les faits notoires, en vue d'établir la compétence du conservateur[64]. Mais sur ce point Hostiensis ne le suit pas, car, selon lui, les faits notoires, en raison même de leur caractère, n'exigent pas d'enquête judiciaire[65] : seuls requièrent une enquête les faits qui ne sont pas notoires[66]. Or, pour ces derniers, l'enquête *de plano* suffit. C'est dire que le conservateur peut bien faire une enquête *de plano*, mais non une enquête judiciaire. Il ne saurait donc forcer les témoins à prêter serment, car la prestation du serment est déjà un acte judiciaire[67].

À ce propos surgit une difficulté. Supposons que les témoins assurent sous serment, mais d'eux-mêmes et volontairement, qu'un délit est notoire. Ils précisent d'ailleurs que cette notoriété, incontestable, est la raison même de leur témoignage : ainsi, ils ont vu le coupable commettre son injustice publiquement ; ou encore, ils étaient présents lors d'une transaction sur un point donné ou bien lorsque le malfaiteur a avoué le délit devant le juge. Que faut-il penser d'un témoignage assermenté de cette nature ? La réponse d'Hostiensis est qu'un délit ainsi prouvé doit être tenu pour notoire[68]. Certains

---

64. Cf. *supra*, note 14.

65. Guy de Baysio dans sa *Lectura in Sextum* relève les points de vue différents d'Innocent IV et d'Hostiensis sur la possibilité d'une enquête judiciaire par le conservateur en cas de faits notoires ; pour Hostiensis, dit-il, « les faits notoires ne requièrent pas d'enquête judiciaire », alors que suivant Innocent IV « l'enquête est non seulement possible, mais même nécessaire », car « ... le conservateur se doit de citer les coupables pour les punir ». De l'avis de Guy de Baysio, « la pensée d'Innocent IV est plus exacte » ; cf. GUIDO A BAIISO, *In Sextum decretalium Commentaria*, (lib. 1), (tit.) *De off. et pot. iud. del.*, (cap.) *Statuimus*, n. 3, glose à l'expression *Ad alia* ; édit. cit., fol. 46 r. On peut cependant signaler qu'Hostiensis fait intervenir la procédure sommaire, dont les contours précis remontent à une époque postérieure à Innocent IV ; cf. Ch. LEFEBVRE, « Les origines romaines de la procédure sommaire aux XIIe et XIIIe s. », dans *Ephem. iur. can.*, t. 12, 1956, p. 181 et s. ; voir aussi du même, « Hostiensis », dans *Dict. de droit can.*, t. 5, col. 1225, 5°.

66. Voir *supra*, notes 8 et 13 ; cf. FOURNIER, *Les officialités...*, *op. cit.*, p. 282. « Lorsqu'un crime est notoire... on admit qu'il serait inutile de faire la preuve du fait délictueux (C. 2, q. 1, c. 15, 16, 17 et 21) ; en effet, on ne prouve pas le notoire ».

67. Hostiensis avait cependant dit plus haut que, « si la commune renommée existait réellement, le conservateur pouvait procéder contre le coupable ». Bien plus, « si dans ce cas le conservateur voulait, à la fois pour son instruction et pour plus de sûreté, recevoir quelques témoins même assermentés, on ne pourrait le lui reprocher » (HOSTIENSIS, *In Sextum decretalium librum Commentaria*, (tit.) *De off. et pot. iud. del.*, cap. 1 (et unique), *Statuimus*, n. 9, glose du terme *Violentiis* ; édit. cit., fol. 7 v°) ; cf. *supra*, p. 90. Jean d'André dans sa *Novella in Sextum* relèvera par la suite cette position d'Hostiensis (IOANNES ANDREAE, *In Sextum decretalium librum Nouella Commentaria*, (lib. 1), (tit.) *De off. et pot. iud. del.*, cap. 1, *Statuimus*, n. 4, au mot *Recipiet* ; édit. cit., fol. 48 r°).

68. Ces déterminations faites par Innocent IV étaient jugées suffisantes par lui pour établir à l'aide des témoignages reçus la notoriété du crime commis ; INNOCENTIUS IV, *In quinque libros decretalium...*, lib. 1, tit. *De off. et pot. iud. del.*, cap. 1 in VI°, *Statuimus*, n. 6, glose à l'expression *Ad alia* ; édit. cit., fol. 62 r° : ... *Dicunt quidam,*

auteurs vont même plus loin, ajoute Hostiensis. Ils estiment que la notoriété existe également dans le cas où les témoins soutiennent avoir entendu le coupable avouer son forfait devant plusieurs personnes[69] ; Hostiensis approuve cette opinion. De toute manière, comme le précisait déjà Innocent IV, le conservateur doit enquêter à ce sujet[70]. D'ailleurs, même une enquête *de plano* suffit pour asseoir la juridiction du conservateur. Au surplus, disait Innocent IV, une sentence d'excommunication ne saurait être portée sans *cognitio* de la cause[71]. Mais, comme la *cognitio* peut être « semi-pleine » ou *de plano*, il n'y a pas nécessairement *cognitio* judiciaire. La difficulté soulevée plus haut selon laquelle une cognitio est requise pour pouvoir porter une sentence d'excommunication est ainsi tranchée. Une autre solution peut d'ailleurs être apportée, si l'on admet que la *cognitio* en question concerne seulement les cas douteux et non les cas notoires[72].

---

quod testes, qui inducuntur super notorio, debent dicere factum esse notorium. Et ei quaeratur, quomodo scit : potest dicere, quod ego fui praesens, et vidi, quando publice in platea multis praesentibus fecit illud. Imo plus videtur, quod etiam si dicat, ego non vidi, quando fecit maleficium, sed vidi, quod ductus fuit coram iudice et interrogatus de maleficio non negauit, vel confessus fuit, scilicet quod sic publice fecerat. Quidam autem dicunt idem, etiam si coram multis confitetur.

69. Innocent IV s'était fait, lui aussi, l'écho de cette même opinion. Il soutenait que la notoriété existe si l'aveu du crime est fait en public et, semble-t-il, même devant plusieurs personnes, ou encore si les témoins ont entendu l'aveu du délit devant le juge (cf. la note précédente). Vincent d'Espagne paraissait plus réservé. Il affirmait que « l'aveu fait hors jugement (*extra iudicium*) ne prouve pas la notoriété », comme le rapporte Guy de Baysio à la glose du mot *Exigunt* de la constitution *Statuimus* : cf. GUIDO A BAIISO, *In Sextum decretalium Commentaria*, (lib. 1), (tit.) *De off. et pot. iud. del.*, (cap.) *Statuimus*, n. 4, *in princip.* ; édit. cit., fol. 46 v°. Quant à Jean d'André, il précisera, comme Innocent IV, que la notoriété est établie quand l'aveu est fait « devant de nombreuses personnes » ; IOANNES ANDREAE, *In Sextum decretalium librum Nouella Commentaria*, (lib. 1), (tit.) *De off. et pot. iud, del*, cap. 1, *Statuimus*, n. 4, au mot *Recipiet* ; édit. cit., fol. 48 r°.

70. Hostiensis est d'accord avec Innocent IV pour admettre que le conservateur enquête en vue de savoir s'il peut intervenir : la preuve de la notoriété du délit doit exister (cf. *supra*, note 45). La différence entre les deux positions est qu'Innocent IV pense à l'enquête spéciale prévue pour les cas notoires (voir plus haut, note 14 ; cf. FOURNIER, *Les officialités..., op. cit.*, p. 282) ; Hostiensis, lui, admet une enquête *de plano* de la procédure sommaire, en précisant aussi que la *cognitio* ne saurait être *plena*. En tout cas, l'un et l'autre sont d'accord pour exclure la procédure judiciaire stricte de l'*ordo iudiciarius*.

71. Pour assurer la punition d'une criminel notoire, une citation préalable de l'accusé s'impose, selon Innocent IV (cf. *supra*, notes 14 et 65). Hostiensis reprend, lui aussi, cette position à la glose des mots *Nec ad alia* (voir plus haut, p. 94).

72. La *cognitio* judiciaire ne peut être pratiquée que par les conservateurs « mixtes », car ils sont de véritables juges, comme cela a été dit plus haut. Hostiensis précise ici que la *cognitio* judiciaire concerne les cas douteux, puisqu'elle est exclue pour les cas notoires ; voir les notes 47 et s.

L'enquête peut aussi avoir lieu pour d'autres raisons. En effet, même lorsque l'auteur de l'injustice déclare avoir agi de son plein droit, plusieurs hypothèses se présentent. Ou bien l'accusateur consent à ce que les témoins soient entendus, et dans ce cas le conservateur pourra procéder : c'est qu'il agira alors en vertu du consentement des parties plutôt qu'en raison du pouvoir provenant du rescrit de nomination[73]. Ou bien l'accusateur refuse au conservateur le droit de recevoir les témoignages, et dans ce cas le conservateur ne pourra excommunier l'inculpé, puisque la cause n'aura pas été instruite[74]. Ou enfin, si l'auteur de l'injustice lui-même refuse au conservateur de connaître judiciairement de l'affaire, celui-ci l'excommuniera, car la présomption joue contre l'accusé, comme le dit encore Innocent IV[75]. Pourtant le conservateur pourra absoudre le coupable repentant qui viendra dans l'année demander d'être relevé de l'excommunication portée contre lui[76]. Ces interprétations données par Innocent IV et rapportées par Hostiensis ne sont pas admises par ce dernier. En particulier, il n'est pas d'accord avec Innocent IV pour soutenir qu'il est permis au conservateur de recevoir des témoins du seul consentement des parties[77]. Il ne partage pas non plus son avis au sujet d'un recours possible au pape[78].

Au mot *Potestatem* Hostiensis explique qu'il faut sous-entendre par là un pouvoir que le conservateur ne possède pas. Il souligne à ce propos la différence entre les conservateurs de biens et les conservateurs de

---

73. Ce point de vue avait été clairement affirmé par Innocent IV : l'enquête est possible si les parties sont d'accord pour l'admettre. Le pape précisait que « ce n'est pas en vertu du rescrit que le conservateur pouvait en ce cas procéder à l'enquête judiciaire, mais seulement en raison du consentement des parties » ; cf. *supra*, note 49. Hostiensis semble ici reprendre la position d'Innocent IV, mais, à la différence de ce dernier, il n'admet qu'une enquête *de plano* ; voir aussi plus haut, p. 94-95.

74. Si malgré tout le conservateur excommuniait en pareil cas l'inculpé, celui-ci pourrait faire appel. Hostiensis l'a souligné plus haut, conformément au droit commun des rescrits ; cf. *supra*, p. 91-92.

75. Cf. Innocentius IV, *In quinque libros decretalium...*, lib. 1, tit. *De off. et pot. iud. del.*, cap. 1 in VI°, *Statuimus*, n. 6, glose à l'expression *Ad alia* : *Inculpatus... conuenit, quod iudex de hoc cognoscat : quia aliter cum factum sit notorium, excommunicabit conseruator*.

76. Innocent IV, comme on l'a déjà souligné, admettait qu'avec le consentement des parties la *cognitio* puisse intervenir ici en vue de la levée de l'excommunication ; cf. *supra*, note 54. Sur le rôle joué dans la procédure par le consentement des parties, voir la glose ordinaire à l'expression *Ut personaliter*, in X. 1.29.43, § 1.

77. Hostiensis, en effet, conformément au texte de la constitution *Statuimus* (cf. *supra*, note 9), repousse toute procédure judiciaire, même avec le consentement des parties ; seule la procédure *de plano* lui semble compatible avec le texte de la constitution. Ceci d'ailleurs ressort de la teneur de nombreux rescrits, sans parler de la procédure utilisée dans les cas notoires.

78. Cf. les notes 58 et 81.

privilèges. Cette distinction, selon lui, est d'importance[79]. En effet, si les conservateurs de biens peuvent facilement constater une injustice notoire, il n'en va pas de même pour les conservateurs de privilèges. Or les privilégiés, et en particulier les « questeurs » ou créditeurs[80], commettent fréquemment des injustices en abusant de leurs privilèges. C'est pourquoi, s'il arrive à quelqu'un d'être cité par eux, il lui suffit, déclare Hostiensis, de faire porter une lettre indiquant la raison pour laquelle il ne répond pas à la citation. Un document public sera alors établi, qui fera foi et de la remise de la lettre et de l'excuse donnée. Au cas où il y aurait lieu de douter du bien-fondé d'une sentence qui aurait été prononcée, on pourra faire appel[81]. Bien plus, si le conservateur prononçait dans le doute une sentence d'excommunication, celle-ci serait invalide parce que rendue par un juge incompétent[82]. Le conservateur, en l'occurrence, agirait manifestement contre l'intention du pape, dont il tient sa juridiction. Ce conservateur d'ailleurs pourrait encourir une peine canonique pour abus de pouvoir[83], comme l'admet aussi Innocent IV[84]. La juridiction des conservateurs, en effet, se limite strictement à empêcher que ceux dont ils sont les protecteurs ne soient victimes d'injustices.

II. LES AUTRES COMMENTATEURS

Des commentaires de moindre importance ont encore été réalisés de la constitution *Statuimus* pendant la seconde moitié du XIIIe siècle. Ces œuvres, pour mineures qu'elles soient, méritent néanmoins d'être relevées ; elles manifestent le maintien de l'acquis dans l'évolution de la doctrine sur les conservateurs. Elles permettent, en conséquence, de mieux comprendre l'institution durant cette période.

---

79. En réalité cette distinction semble purement formelle ; elle n'entraîne pas de modification sensible des pouvoirs des conservateurs.

80. Cf. DU CANGE, *Glossarium mediae et infimae latinitatis*, édit. L. FAVRE, t. 6, nouveau tirage, Paris, 1938, p. 591, au mot *Quaestor*, n. 1 : *Quaestor, Questor, Creditor, qui ab alio rem creditam repetit, quaerit.*

81. Une incertitude paraît exister dans les différentes déclarations d'Hostiensis au sujet de l'appel ; en fait, tout dépend de l'hypothèse envisagée par le commentateur : fait notoire ou notoriété douteuse.

82. Il est cependant des cas où la sentence d'excommunication serait valide, notamment si elle était juste objectivement ou si une déclaration postérieure au crime en montrait le bien fondé, cf. *supra*, p. 91-92.

83. Hostiensis a déjà noté ce point plus haut, à la fin de la glose du mot *Violentiis* ; cf. *supra*, note 52.

84. Innocent IV dit bien que tout abus de pouvoir invalide les actes du conservateur (cf. *supra*, notes 5 et 13), mais il ne fait pas explicitement état, en pareille hypothèse, d'une sanction canonique qui pourrait être infligée au conservateur.

On sait par Jean d'André[85] que Martin de Fano a glosé la constitution *Statuimus*[86]. Malheureusement, cette glose n'a pas été retrouvée.

De son côté, Pierre de Sampson a commenté quelques-unes des Novelles d'Innocent IV entre les années 1246 et 1253 [87]. Son commentaire a eu deux recensions, dont les témoins les plus accessibles se trouvent à la Bibliothèque Nationale de Vienne. Mais l'auteur ne s'étend que très peu sur les conservateurs. Il relève seulement que, dans le cas d'un délit susceptible d'être sanctionné par les conservateurs, un archevêque ne saurait être frappé par la peine prévue[88].

Bernard de Montmirat († 1296), ancien élève de Pierre de Sampson, enseigna le droit canonique à Bologne. Il utilisait dans une large mesure l'œuvre de son maître[89]. Sa pensée sur les conservateurs ne témoigne

85. Dans ses *Additiones* au *Speculum iuria* de Guillaume Durand, au titre *De iudice delegato*, lib. 1, partic. 1, 18, *Excipi*, n. 24, aux mots *Libro sexto* ; cf. G. DURANDUS, *Speculum juris*, Francofurti, 1612, vol. 1, p. 26, *additio* g.

86. Les travaux publiés sur les manuscrits de Martin de Fano ne comportent rien, à notre connaissance, qui ait trait à cette glose. Cf. L. WAHRMUND, « Der *Ordo iudiciorum* des Martinus de Fano et Das *Formularium* des Martinus de Fano », dans *Quellen zur Geschichte des römisch-kanonischen Prozesses im Mittelalter*, vol. 1, fasc, 7 et 8, Innsbruck, 1906-1907 (édit. an., Aalen, 1962). Voir aussi U. NICOLINI, *Trattati « De positionibus » attribuiti a Martino da Fano*, Milano, 1935, « Orbis Romanus », Biblioteca di testi medievali a cura dell'Università Cattolica del Sacro Cuore, IV.

Sur Martin de Fano, sa vie et ses œuvres, voir R. NAZ, art. « Martin de Fano », dans *Dict. de droit can.*, t. 6, Paris, 1957, col. 836-837.

87. Cf. A. VAN HOVE, *Prolegomena*, 2e édit., Mechliniae-Romae, 1945, p. 480, dans *Commentarium lovaniense in Codicem iuris canonici*, vol. I, t. 1. Voir P.J. KESSLER, « Untersuchungen über die Novellen-Gesetzgebung Papst Innozenz IV. », 2e partie, dans *Z.S.S. Kan. Abt.*, t. 32, 1943, p. 369-376.

D'après le Professeur St. Kuttner, dont l'opinion est rapportée par Kessler dans l'étude indiquée ci-dessus, le commentaire de Pierre de Sampson aux Novelles d'Innocent IV ne serait pas à proprement parler une glose sur ces Novelles, contrairement à ce que le laisse entendre Fr. Schulte, mais plutôt une étude distincte du texte même des décrétales.

Sur Pierre de Sampson, on pourra se reporter à l'article de R. NAZ, « Pierre de Sampson ou Sampzon », dans *Dict. de droit can.*, t. 6, col. 1497-1498. Voir aussi les indications données par Ch. Lefebvre dans LE BRAS, LEFEBVRE, RAMBAUD, *L'Âge classique*, notamment p. 309 et 317.

88. Wien, Oesterreichische Nationalbibliothek, Cod. 2083, fol. 198 ra ; Cod. 2113, fol. 74 vb ; ces renseignements nous ont été fournis par Mgr Charles Lefebvre, auquel nous exprimons ici nos remerciements.

89. Les rapports entre les commentaires de Pierre de Sampson et de Bernard de Montmirat posent des problèmes dont la solution est malaisée. Les manuscrits, ou au moins certains d'entre eux, paraissent en effet présenter le même texte en l'attribuant tantôt à l'un, tantôt à l'autre. Sans doute, les manuscrits Borgh. lat. 231 et 260, conservés à la Bibliothèque Vaticane, contiennent en maints passages le sigle P. (= Pierre de Sampson) ; mais on peut se demander si ces indications sont suffisantes pour lui en reconnaître la paternité. Un examen attentif des commentaires attribués à l'un et à l'autre serait nécessaire, car le travail de P.J. Kessler, malgré ses qualités, n'apporte pas la lumière voulue : « Untersuchungen über die Novellen-Gesetzgebung

pas d'une grande originalité[90]. Il reprend d'abord la position d'Hostiensis[91], en notant que les conservateurs ne peuvent punir que des crimes notoires[92]. Commentant l'expression *Ad alia* de la constitution *Statuimus*, il explique que par là il faut entendre les affaires qui ne recouvrent pas directement des injustices ni des violences manifestes[93].

La constitution *Statuimus* interdit aux conservateurs d'étendre leur pouvoir aux affaires qui exigent une enquête judiciaire[94]. Bernard de Montmirat expose à la glose du mot *Exigunt* que les affaires visées par cette interdiction sont celles qui ne sont pas « manifestes ou notoires ». On peut en déduire *a contrario* que les conservateurs ont le droit de procéder à une enquête judiciaire dans les cas manifestes ou notoires ; comme Hostiensis, Bernard de Montmirat ne semble pas faire de distinction entre ce qui est manifeste et ce qui est notoire. Son opinion rejoint celle d'Innocent IV au sujet de l'enquête permise pour les cas notoires. Elle s'oppose, par contre, à celle d'Hostiensis ; ce dernier, comme on l'a vu, n'autorise en pareils cas qu'une enquête *de plano*.

Sur la possibilité d'un recours au bras séculier, Bernard de Montmirat renvoie à la glose ordinaire des Novelles d'Innocent IV[95] ;

Papst Innozenz IV. », 2e et 3e parties, dans *Z.S.S. Kan. Abt.*, t. 32, 1943, p. 369-376 et t. 33, 1944, p. 56-65.

90. Le commentaire de Bernard de Montmirat aux Novelles d'Innocent IV est légèrement postérieur à 1260. Il a été composé peu après sa *Lectura* sur les *Décrétales de Grégoire IX*, réalisée, elle, entre les années 1259 et 1266. Cf. VAN HOVE, *Prolegomena*, p. 478 et 480 ; LEFEBVRE, dans LE BRAS, LEFEBVRE, RAMBAUD, *L'Âge classique*, p. 315 et 317.

Pour une vue d'ensemble sur Bernard de Montmirat, voir A. VILLIEN, art. « Abbas », dans *Dict. de droit can.*, t. 1, Paris, 1935, col. 1-2.

91. Cf. *supra*, p. 79-80 ; 83-84 ; 93-94.

92. Bibl. Vat., ms. Borgh. lat. 260, fol. 110 va, aux termes *Ad alia* : *Ad alia, sc. quae non contingunt (in) iniuriam uel uiolenciam manifestam, uel expone: alia sc. quae non sunt manifesta vel notoria*. Ainsi, Bernard de Montmirat parle d'éléments « manifestes », qu'il assimile aux éléments « notoires » ; d'ailleurs, au mot *Exigunt* il précise : *Quae non sunt manifesta*. Il paraît ainsi suivre de plus près la constitution que ne le fait Hostiensis.

93. Voir la note précédente.

94. Cf. *supra*, note 9.

95. Bibl. Vat., ms. Borgh. lat., 260, fol. 110 va, aux termes *Ad alia* : ... *Quod dicit glossa de potestate inuocandi brachium seculare non concedunt alii, ut notaui s. e. significasti, cum iura que de hac materia loquuntur intelligantur in ordine*. De fait, en cas de refus de la part des coupables de se soumettre au conservateur, Bernard de Compostelle invoquait le recours au bras séculier comme pour tout autre juge ecclésiastique ; cf. *supra*, note 37.

Dans la glose ordinaire du Sexte, Jean d'André précisera avoir entendu dire que cette opinion de Bernard de Compostelle était également partagée par Innocent IV et par Hostiensis (*Glossa in Sextum*, lib. 1, tit. *De officio et potestate iudicis delegati*, cap. 1, *Statuimus*, addition au mot *Conseruatores*).

cette glose est attribuée, on le sait, à Bernard de Compostelle[96]. D'autres commentateurs n'admettent pas le recours au bras séculier, comme Bernard de Montmirat l'indique au canon *Significasti*[97]. Selon ces auteurs, les lois qui traitent de ce sujet doivent être interprétées conformément à l'*ordo iudiciarius*[98]. Bernard de Montmirat aborde enfin le problème de la délégation du pouvoir des conservateurs. Il signale à ce propos que ce n'est pas l'usage de la Curie d'autoriser les conservateurs à déléguer leur pouvoir. Il renvoie à l'argument donné au canon *Quoniam apostolica sedes* : l'office de conservateur est un *nudum ministerium* et, comme tel, il ne peut pas être communiqué à un autre[99].

Bernard de Parme († 1266) a consacré des *casus* aux Novelles d'Innocent IV[100]. Ce travail cependant n'est pas très original. Pratiquement Bernard de Parme se borne à reprendre la constitution *Statuimus*. Il ajoute toutefois une remarque intéressante : si les conservateurs outrepassaient les pouvoirs qui leur ont été donnés, leurs actes seraient sans valeur, car ils auraient abusé de leur mandat. Et Bernard de Parme de conclure que le pouvoir des conservateurs est limité[101].

Dans son commentaire de la constitution *Statuimus*, Jean d'André cite « François », sans doute de Verceil[102]. Mais il ne s'agit que d'une

---

96. Cf. KESSLER, « Untersuchungen über die Novellen-Gesetzgebung Papst Innozenz' IV. », 2e partie, dans *Z.S.S. Kan. Abt.*, t. 32, 1943, p. 316-354 ; voir aussi G. BARRACLOUGH, « Bernard de Compostelle le jeune », dans *Dict. de droit can.*, t. 2, Paris, 1937, col. 777-779.

97. Cf. X. 1.29.7. Dans leur commentaire de la constitution *Statuimus*, ni Innocent IV ni Hostiensis n'abordent le problème du recours au bras séculier. De même, la *Lectura in Sextum* de Guy de Baysio pas plus que la *Novella in Sextum* de Jean d'André n'en font mention. On n'y trouve pas davantage indiqués les tenants de l'avis opposé à celui de Bernard de Compostelle sur ce point.

98. Voir *supra*, note 95.

99. C'est la première fois, à notre connaissance, que la question de la délégation du pouvoir des conservateurs est soulevée par un commentateur et qu'on y apporte une réponse ; Bibl. Vat., ms. Borgh. lat. 260, fol. 110 va : *Set numquid possunt isti conseruatores alii committere uices suas ? Consuetudo est curie quod non, arg. s. e. quoniam apostolica sedes* (X. 1.29.43).

100. Cf. KESSLER, « Untersuchungen über die Novellen-Gesetzgebung Papst Innozenz IV. », 3e partie, dans *Z.S.S. Kan. Abt.*, t. 33, 1944, p. 95-99.

Sur la vie et les œuvres de Bernard de Parme, on pourra consulter P. OURLIAC, art. « Bernard de Parme ou de Botone », dans *Dict. de droit can.*, t. 2, col. 781-782.

101. Bibl. Vat. ma. Borgh. lat. 269, fol. 84 rb : ... *Set ad alia que requirunt aliquam cognicionem seu examinacionem potestas eorum non extenditur. Quod si facerent non valeret quia excederent fines mandati et sic limitata est eorum potestas.*

102. IOANNES ANDREAE, *In Sextum decretalium librum Nouella Commentaria*, (lib. 1), (tit) *De off. et pot. iud. del*, cap. 1, *Statuimus*, n. 5. À l'expression *Super literis* ; édit. cit., fol. 48 r° : *Franc. all(egat) ff. ad muni de iur. l. pen.* (cf. *Dig.* 50.1.37).

simple référence : rien de ce qui a trait aux conservateurs n'est malheureusement resté, même indirectement, de ce décrétaliste[103].

Les *casus* anonymes *Papa existens in concilio lugdunensi* présentent plus d'intérêt[104]. Ils relèvent avant tout l'occasion exacte de la constitution *Statuimus*. C'est surtout à la suite des plaintes formulées par les évêques qu'Innocent IV fut amené à intervenir sur le plan législatif au 1er concile général de Lyon de 1245[105]. Auparavant, les pouvoirs encore mal définis des conservateurs, du moins de manière officielle, portèrent très vite atteinte à l'autorité des évêques[106]. Émus par cette situation, ces derniers profitèrent du Ier concile général de Lyon pour se plaindre à Innocent IV des empiétements abusifs des conservateurs dans un domaine normalement réservé à la hiérarchie. Soucieux de préserver et de garantir la juridiction des uns et des autres, Innocent IV fit porter par le concile le décret *Statuimus*, qui autorisait les conservateurs à intervenir dans les cas d'injustices et de violences manifestes, mais leur interdisait l'usage de la procédure judiciaire[107].

Pour le reste, les *casus* anonymes ne diffèrent guère de la constitution *Statuimus*. Ils en reprennent presque les termes, tout en soulignant que les conservateurs ne sont accordés que « parfois » (*aliquando*)[108] ; tandis que la constitution, elle, utilise l'expression fréquemment » (*plerumque*)[109]. Cependant, la plupart des commentateurs ne se rallient pas à l'opinion exprimée dans les *casus*, mais ils suivent les dispositions du texte officiel. Ce fut d'ailleurs la pratique de la chancellerie sous le pontificat d'Innocent IV[110].

Bref, Bernard de Montmirat apporte quelques précisions sur les conservateurs par rapport aux commentaires antérieurs de la constitution *Statuimus*. Les autres travaux de cette période, à

---

103. Cf. KESSLER, « Untersuchungen... », dans *Z.S.S. Kan. Abt.*, t. 33, 1944, p. 90-93. Sur François de Verceil, voir R. NAZ, art. « François d'Albano, dit de Verceil », dans *Dict. de droit can.*, t. 5, col. 899.

104. Cf. KESSLER, *op. et loc. cit.*, t. 33, 1944, p. 99-101.

105. Voir notre chapitre I, p. 50 et s.

106. Bibl. Vat., ms. Vat. lat. 2689, fol. 3 rb : *Papa existens in concilio lugdunen... Isti conseruatores ante tempus istius constitucionis (= Statuimus) cognoscebant de omnibus querelis quas habebant isti quibus dati erant contra quoscumque et sic non requirebant iudicium ordinarium et sic erat in maximum praeiudicium ordinariis, set quia unicuique sua iurisdiccio debet seruari illesa papa potestatem illorum conseruatorum in constitucione presenti declarat...*

107. Cf. *supra*, note 9.

108. Bibl. Vat., ms. Vat. lat. 2689, fol. 3 rb : *Conseruatores aliquando dantur ut defendant aliquos contra raptores et predones uel contra eos qui infingunt priuilegia aliquorum uel ut defendant aliquos ab iniuriis omnibus et offensis.*

109. Cf. *supra*, note 9.

110. Voir ci-dessus chapitre II.

l'exception des *casus* anonymes, n'ajoutent pour ainsi dire rien de substantiel aux œuvres précédentes.

* * *

Les commentaires de la constitution *Statuimus* qui viennent d'être étudiés précisent l'institution des conservateurs apostoliques. Ils apportent nombre de modifications au droit prévu pour le *merus executor* que devait être normalement le conservateur. Les rescrits de concession ne permettent bientôt plus aux conservateurs d'intervenir que dans les cas de violences notoires. Telle est notamment l'interprétation donnée par Hostiensis. On comprend dans ces conditions que le conservateur ne puisse exercer de *cognitio* judiciaire ; seule une procédure *de plano* est parfois permise pour établir éventuellement la notoriété du délit. Cette certitude une fois acquise, le conservateur interviendra généralement par une excommunication ; mais son pouvoir est tel que l'appel, rejeté en principe et pour cause, finira par être admis en certains cas.

En raison de son importance, l'institution des conservateurs, fréquemment utilisée surtout en faveur des religieux, ne tardera pas à provoquer de nouvelles interventions papales. Celles-ci se produiront tout d'abord sous Alexandre IV (1254-1261) et plus tard sous Boniface VIII (1294-1303), dans le cadre de la politique suivie par ces pontifes à propos des religieux mendiants.

IV
LES CONSERVATEURS APOSTOLIQUES ET LES DÉCRÉTALES D'ALEXANDRE IV (1254-1261)

Les conservateurs étaient choisis par le pape avant tout parmi les dignitaires ecclésiastiques. C'est pourquoi on rencontre beaucoup d'abbés dans les rangs des conservateurs ; il y eut aussi des archevêques, des évêques, des prieurs. Cependant des dignitaires de rang moins élevé figurent également dans les listes des conservateurs que nous avons relevés. À côté des archidiacres, des doyens, des prévôts et des simples chanoines de chapitres apparaissent des officiaux et parfois même des curés de paroisse.

La première mention de conservateurs se situe sous le pontificat d'Innocent III (1198-1216). Sous son successeur, Honorius III (1216-1227), l'institution se développe ; sous Grégoire IX (1227-1241) elle s'amplifie, et déjà on constate des abus : les conservateurs commencent à s'immiscer dans des domaines qui ne relèvent pas de leur compétence. Il faut dire, à leur décharge, que leurs fonctions n'étaient pas encore nettement définies. Innocent IV (1243-1254) essaiera de mettre un peu d'ordre dans l'institution. Il profitera du concile de Lyon de 1245 pour faire promulguer la constitution *Statuimus*. Il s'agissait essentiellement de circonscrire les pouvoirs des conservateurs, car beaucoup abusaient de leur fonction pour se mêler d'affaires qui dépendaient de la juridiction des évêques. Désormais, les conservateurs ne pourront plus intervenir qu'en cas d'injustices ou de violences *manifestes*, qui demandent une intervention immédiate ; de toute manière, ils ne devront plus se permettre d'agir dans les affaires qui relèvent de la justice ordinaire.

Malgré les restrictions imposées par la constitution *Statuimus*, les abus continueront ; bien plus, ils iront même en croissant, car Innocent IV manifestera une grande libéralité dans la concession des conservateurs. Le nombre des conservateurs va devenir pléthorique vers la fin de son pontificat ; et ce qui est plus grave, on donnera une interprétation extensive au texte de la constitution *Statuimus*. Ce sera le fait de certains commentateurs et surtout d'Innocent IV, qui se montrera lui-même très large dans l'interprétation qu'il donnera de la constitution. Tout cela conduira inévitablement à d'innombrables excès.

La situation exigera un sérieux examen ; il faudra ramener l'institution dans des limites raisonnables. C'est une tâche qui incombera au successeur d'Innocent IV. Effectivement, Alexandre IV (1254-1261) s'efforcera d'introduire les réformes qui s'imposent.

* * *

Malgré l'urgence de la situation, on peut être surpris de prime abord de voir Alexandre IV tenter de restreindre les pouvoirs des conservateurs. On sait que ce sont avant tout les religieux mendiants qui profitaient de l'état de choses existant et que par ailleurs le pape était particulièrement bien disposé à l'égard de ces religieux.

L'intérêt et la bienveillance qu'Alexandre IV portait aux religieux mendiants s'expliquent aisément. Avant son élévation au pontificat, il avait été le cardinal protecteur des Frères mineurs[1]. Devenu pape, il conservera cette fonction, bien que ce ne fût pas dans les habitudes ; en règle générale, un protecteur qui accédait au pontificat suprême renonçait à cette charge pour la confier à un autre. Dans le cas présent, nous savons pertinemment qu'Alexandre IV tint à garder personnellement le protectorat de l'Ordre. À plusieurs reprises, les Frères mineurs sollicitèrent de façon explicite un nouveau protecteur. Le pape refusa de faire droit à leur demande, car il voulait à tout prix se réserver cette fonction[2]. Cette attitude laisse apparaître de la part d'Alexandre IV une marque de sympathie particulière à l'égard des religieux. D'où l'étonnement de le voir prendre des mesures défavorables aux conservateurs et, par voie de conséquence, porter apparemment préjudice aux religieux.

Un peu plus d'un an après le début de son pontificat, qui se situe au 20 décembre 1254, Alexandre IV publie quatre décrétales qui apportent quelques restrictions aux pouvoirs des conservateurs. Elles

---

1. Il en fait état lui-même de temps à autre. Ainsi, dans une lettre du 24 avril 1255 adressée aux évêques de Rimini, de Césène et de Forli, il écrit : *Ante promotionem nostram ad Summi Pontificatus apicem sub nostri cura regiminis et praecipuae defensionis praesidio constiterit idem Ordo...* ; I. H. SBARALEA, *Bullarium franciscanum*, t. 2, Romae, 1761, p. 39, n. 46. Cf. F. TENCKHOFF, *Papst Alexander IV.*, Paderborn, 1907, p. 271 et s. ; voir aussi S. SIBILIA, *Alessandro IV (1254-1261),* Anagni, 1961, p. 68 et s.

2. Cf. F. M. DELORME, « Alexandre IV et le protectorat de l'Ordre », dans *Archivum Franciscanum Historicum*, t. 12, 1919, p. 593-595 ; voir aussi P. GRATIEN, *Histoire de la fondation et de l'évolution de l'Ordre des Frères Mineurs au XIIIe siècle*, Paris - Gembloux, 1928, p. 213. Sur la particulière bienveillance d'Alexandre IV vis-à-vis des ordres mendiants, et à l'égard des Frères mineurs tout spécialement, on pourra consulter A. VAN DEN WYNGAERT, « Querelles du Clergé séculier et des Ordres mendiants à l'Université de Paris au XIIIe siècle », dans *La France Franciscaine*, t. 5, 1922, p. 272-274.

ont paru à trois jours d'intervalle : les deux premières le 23 mars 1256, la troisième le 24 mars et la quatrième le 26 mars[3]. Le rapprochement de ces dates semble bien indiquer que des mesures avaient été prévues par le pape depuis un certain temps déjà, mais que leur mise à exécution avait été arrêtée par une opposition rencontrée vraisemblablement au consistoire. L'obstacle dut pourtant être levé, ce qui permettrait d'expliquer pourquoi ces décrétales ont été publiées presque en même temps. Sans doute ne s'agit-il ici que d'une présomption, qui ne s'appuie sur aucun texte officiel. Mais on ne peut manquer d'être frappé par le caractère singulier de la publication si voisine de ces quatre documents ; il paraît malaisé d'y voir l'effet d'une simple coïncidence.

Certes, seule la décrétale *Quia de conservatoribus* traite directement et exclusivement des conservateurs. Les autres décrétales n'en parlent qu'indirectement. Dans ces dernières, les conservateurs ne sont abordés qu'en raison de dispositions prises à l'encontre des privilégiés, notamment de certains religieux. Il n'empêche que ces décrétales présentent toutes un réel caractère de solennité, sinon en raison de la clausule *Nulli liceat*[4], du moins à cause de la formule *Ad perpetuam rei memoriam*[5].

Quoi qu'il en soit, les restrictions apportées par Alexandre IV aux pouvoirs des conservateurs ne sont pas sans importance. Tout d'abord, elles présentent un grand intérêt pour l'évolution des droits reconnus aux conservateurs. En second lieu, elles passeront plus tard dans le *Sexte* et, à ce titre, dans le droit commun de l'Église ; une de ces décrétales (*Quia pontificali*) sera insérée telle quelle dans le *Sexte*, les trois autres avec des modifications[6].

---

3. 1. Décrétale *Quia de conservatoribus* (23 mars 1256) : reproduite dans AE. FRIEDBERG, *Corpus Iuris Canonici*, t. 2, *Decretalium Collectiones*, Lipsiae, 1881 (édit. anast., Graz, 1955), col. 981, tit. 14, cap. 15, note a, et dans le *Bullarium Romanum*, t. 3, Augustae Taurinorum, 1858, p. 632 et s., n. 27. — 2. Décrétale *Quia personae* (23 mars 1256) : dans le *Bullarium Romanum*, t. 3, édit. cit., p. 629 et s., n. 26. — 3. Décrétale *Quia pontificali* (24 mars 1256) : insérée intégralement dans le *Sexte*, 1. 14. 2. — 4. Décrétale *Licet regularis* (26 mars 1256) : dans FRIEDBERG, *op. cit.*, t. 2, col. 1083-1085, tit. 7, cap. 4, note a.

4. Cf. A. GIRY, *Manuel de diplomatique*, Paris, 1894 (reprod. anast., New York, 1965, et Hildesheim, 1972), p. 689.

5. GIRY, *op. cit.*, p. 676, note 2, et p. 695. Voir aussi H. BRESSLAU, *Handbuch der Urkundenlehre für Deutschland und Italien*, t. 1, 2e éd., Leipzig, 1912 (reprod. anast., Berlin, 1969), p. 83 et s. Pour une information générale sur les formulaires de la Chancellerie pontificale au XIIIe siècle, on pourra consulter également A. DE BOÜARD, *Manuel de diplomatique française et pontificale*, t. 1, *diplomatique générale*, Paris, 1929, p. 149-152.

6. Cf. *supra*, note 3.

1. La décrétale *Quia de conservatoribus*[7]

L'occasion de cette décrétale n'est pas connue et les commentateurs ne disent rien à ce sujet. On sait seulement que la décrétale *Hac constitutione* de Boniface VIII, insérée dans le *Sexte*[8], s'en est largement inspirée ; pour s'en rendre compte, il suffit de comparer les deux textes. Jean d'André soulignera plus tard cet emprunt dans la glose ordinaire du *Sexte*[9].

La décrétale *Quia de conservatoribus* a été promulguée au Latran le 23 mars 1256, ainsi que l'attestent les Registres conservés au Vatican[10]. Le pape commence par rappeler que le Saint-Siège accorde avec bienveillance et fréquemment des conservateurs[11]. Il souligne ensuite, en manière de préambule, les motifs de son intervention : des excès ont été commis pat les conservateurs[12]. Certains engagent des procès sans la juridiction requise ; ils se permettent, par exemple, d'intervenir en des cas douteux, à l'encontre des dispositions formelles de la constitution *Statuimus*[13]. D'autres n'observent ni la mesure ni l'équité dans leurs jugements ; ils provoquent ainsi, inévitablement, de véritables injustices. Ce sont là des abus de pouvoir, auxquels il faut remédier avec vigueur et promptitude. Aussi des décisions s'imposent,

---

7. Pour les références, voir *supra*, note 3, et *infra*, note 10.

8. VI. 1.14.15.

9. Dans la glose ordinaire du cap. *Hac constitutione* (in VI°, 1.14.15) aux mots *Hac constitutione*, Jean d'André écrit : *Quaedam ex istis sumpta fuerunt de extrauaganti Alexandri, quae incipiebat : Quia de conseruatoribus*.

10. Arch. Vatic., Reg. Vat. 24, fol. 167, ann. II, c. 268[10]. Cf. C. Bourel de La Roncière, *Les registres d'Alexandre IV*, t. 1, Paris, 1902, p. 397, n. 1328 ; A. Potthast, *Regesta Pontificum Romanorum inde ab A. post Christum natum 1198 ad A. 1304*, 2 vol., Berolini, 1874-1875 (reprod. anast., Graz, 1957), n. 16301.

11. La constitution *Statuimus* était très explicite à cet égard : *Statuimus, ut conservatores*, quos plerumque concedimus, *a manifestis iniuriis et violentiis defendere possint quos eis committimus defendendos. Nec ad alia, quae iudicialem indaginem exigunt, suam possint extendere potestatem* ; VI. 1. 14. 1, édit. Friedberg, *op. cit.*, t. 2, col. 978 ; c'est nous qui avons souligné le passage « quos plerumque concedimus » en le faisant imprimer en caractères romains.

La plupart des commentateurs, en particulier Bernard de Compostelle, Innocent IV et Hostiensis, relèveront cette fréquence dans la concession des conservateurs. Il faut ajouter que ce fut aussi la pratique de la Chancellerie sous le pontificat d'Innocent IV. Sur ce point voir les chapitres précédents.

12. Voir ci-dessus chapitre II, « La concession des conservateurs apostoliques au temps d'Innocent IV (1243-1254) ».

13. La constitution *Statuimus* était catégorique à ce sujet ; elle réservait aux conservateurs exclusivement les cas de violences ou d'injustices manifestes : ... *a manifestis iniuriis et violentiis. defendere possint*... ; cf. *supra*, note 11.

suivant le conseil des cardinaux[14], afin de pallier les excès du passé et d'assurer pour l'avenir le bien et la paix de tous.

Dans l'introduction le pape reprend tout naturellement la règle posée antérieurement par Innocent IV : les conservateurs peuvent seulement défendre contre les violences et les injustices manifestes ; ils n'ont pas le droit de s'occuper d'affaires qui requièrent l'enquête judiciaire[15]. Cette insistance à revenir sur la prescription formulée une dizaine d'années auparavant par Innocent IV paraît bien indiquer qu'elle n'était pas observée ou ne l'était qu'imparfaitement. Or, il s'agissait en l'occurrence d'un point tellement essentiel à l'institution que, pour le sauvegarder, des mesures complémentaires s'imposent dorénavant.

Les nouvelles dispositions prises par Alexandre IV sont de deux sortes. D'une part, des restrictions sont apportées pour limiter le choix et même le pouvoir des conservateurs. D'autre part, des sanctions sont prévues contre les transgresseurs éventuels de la loi.

Restrictions. — En ce qui concerne le choix des conservateurs, Alexandre IV rappelle, tout d'abord, une décision prise par Innocent IV au Ier concile général de Lyon[16] ; les causes attribuées aux conservateurs ne peuvent être confiées par le Saint-Siège ou par ses légats qu'à des personnes constituées en dignité dans l'Église ou appartenant au clergé des églises cathédrales ou collégiales[17]. La décrétale *Quia de conservatoribus* va encore plus loin dans la restriction. Elle précise que désormais pourront seuls être conservateurs les évêques, les abbés et les

---

14. L'expression employée dans la décrétale *Quia de conservatoribus* par Alexandre IV : *De fratrum nostrorum consilio* indique une disposition prise en consistoire. Cf. H.-W. KLEWITZ, *Reformpapsttum und Kardinalkolleg*, Darmstadt, 1957, p. 106 et s. (il s'agit de la reproduction d'un article qui a paru dans la *Zeitschrift der Savigny-Stiftung für Rechstgeschichte: Kanonistische Abteilung* (*Z.S.S. Kan. Abt.*), t. 25, 1936, p. 199 et s., sous le titre : « Die Entstehung des Kardinalkollegiums »).

15. Cf. *supra*, note 11. Alexandre IV rappelle : *Quum huiusmodi conservatores a manifestis solum iniuriis et violentiis eos, ad quorum tuitionem deputati sunt, possint defendere, nec ad alia, quae iudicialem indaginem exigunt, suam valeant extendere potestatem.*

16. Il s'agit de la constitution *Praesenti*, qui forme le *capitulum* 2 de la *Collectio Ia Novellarum* promulguée le 25 août 1245. Cf. P. J. KESSLER, « Untersuchungen über die Novellen-Gesetzgebung Papst Innozenz' IV. », 1ère partie, dans *Z.S.S. Kan. Abt.*, t. 31, 1942, p. 145 et s. ; elle n'est pas antérieure au concile : *ibid.*, p. 214 et s. Voir aussi Ch. LEFEBVRE, « Sinibalde dei Fieschi » (Innocent IV), dans *Dict. de droit can.*, publ. sous la direction de R. NAZ, t. 7, Paris, 1965, col. 1040.

17. *Praesenti decreta duximus providendum, ne a sede apostolica vel legatis ipsius causae aliquibus committantur, nisi personis quae vel dignitate sint praeditae vel in ecclesiis cathedralibus seu aliis collegiatis honorabilibus institutae* ; edit. Cl. LEONARDI, « Concilium Lugdunense I (1245) », dans J. ALBERIGO *et alii*, *Conciliorum Oecumenicorum decreta*, edit. 3a, Bologna, 1973, p. 284, n. 2. La constitution poursuit en précisant que les causes ne doivent être traitées que dans les villes ou dans les localités assez importantes, où puissent se trouver des experts en droit.

chanoines des églises cathédrales. Parmi ces derniers figureront surtout les dignitaires, tels le prévôt, le doyen, l'archidiacre, le chantre, le pénitencier, le théologal. Tout autre ecclésiastique sera exclu de cette charge[18].

À cette première règle Alexandre IV en ajoute une autre : nul ne pourra être le conservateur de son propre conservateur[19]. Le service mutuel qu'ont pu se rendre dans le passé certains conservateurs est interdit à l'avenir. On ne saurait, en effet, négliger les dangers que pouvait présenter cette réciprocité ; c'était une facilité tendant à favoriser la partialité dans les interventions demandées. Ce même souci entraîne une autre disposition de nature identique : à l'exception des rois et des reines pour leur royaume, en raison de leur éminente dignité, personne désormais, qu'il soit ecclésiastique ou laïc, ne pourra plus avoir comme conservateur quelqu'un qui se trouve sous sa juridiction ou qui dépende de son pouvoir, ecclésiastique ou même simplement séculier[20]. Pour couper court à un tel abus, une décision est prise : si quelqu'un se trouve actuellement dans cette situation, c'est-à-dire s'il a un conservateur qui est placé sous son autorité, le pouvoir de celui-ci, aussi bien que celui de tout autre conservateur député par qui que ce soit, est révoqué ipso facto à la fin de l'année[21] ; cette règle ne s'applique pas cependant si ce conservateur subordonné est un évêque, un abbé ou un chanoine d'une église cathédrale. Ainsi se manifeste la volonté catégorique du pape, puisque les dispositions prises sont suivies d'effet dans un bref délai.

---

18. Le texte détermine : *Deinceps soli episcopi, abbates et canonici cathedralium ecclesiarum, maxime hi, qui sunt in ipsis ecclesiis dignitatibus praediti, et nullae aliae personae ecclesiasticae conservatores exsistant.*

On remarquera que la disposition prise par Alexandre IV est plus rigoureuse que celle adoptée par Innocent IV dans la constitution *Praesenti* citée ci-dessus à la note 17 : celui-ci permettait la désignation de chanoines d'églises collégiales, encore qu'il ait ajouté : *honorabilibus*. Pour Alexandre IV, même les chanoines des églises collégiales sont à exclure de la fonction de conservateur. Cette rigueur sera modifiée plus tard dans la constitution *Statuimus* de Boniface VIII qui, lui, admettra comme conservateurs certains chanoines des églises collégiales (voir p. 210), ainsi que dans la décrétale *Hac constitutione* (VI. 1.14.15) ; édit. Friedberg, *op. cit.*, t. 2, col. 981-983 et en note.

19. La décrétale poursuit : *Ulterius inter aliquos reciproca non interveniat conservatio, nec ulli sibi mutuo praesidium conservationis impendant, ita quod nullus deputati sibi conservatoris esse valeat conservator.*

20. Alexandre IV précise : *Nulla ecclesiastica, saecularisve persona, exceptis regibus et reginis quantum ad regna sua, qui sicut dignitatis altitudine praeminent, sic praerogativa gratiae ipsos convenit anteferri, conservatorem habeat, qui sub sua iurisdictione, vel de ipsius dominio et districtu ecclesiastico vel temporali consistat.*

21. C'est de cette manière, semble-t-il, qu'il faut entendre les termes employés par la décrétale : *Sint et habentur, elapso anno, penitus revocati, ita quod ex tunc de huiusmodi conservatione nullatenus se intromittere valeant, nec ullam super hoc habeant, vel retineant potestatem.*

Sanctions. — Ce ne sont pas seulement des restrictions qui sont prévues dans la décrétale *Quia de conservatoribus*. Diverses sanctions sont également prises par le pape contre ceux qui transgresseraient la loi. Les coupables visés sont d'abord les conservateurs qui interviennent sans le pouvoir requis. Ce sont aussi les personnes qui auraient poussé ces conservateurs à agir de la sorte. De fait, les conservateurs qui s'ingéreraient sciemment dans des causes où il n'y a pas injustice manifeste, en outrepassant ainsi expressément les limites de leur mandat, sont par le fait même suspens de leur office durant un an[22]. Par ailleurs, quiconque aurait provoqué l'intervention arbitraire d'un conservateur sera tenu de dédommager la victime ; il lui faudra rembourser les frais de procédure que celle-ci aura engagés pour se défendre contre les mesures prises injustement à son égard[23].

Toutes ces dispositions : réserve de la charge de conservateur à des dignitaires ecclésiastiques, limites apportées à leur pouvoir, sanctions prises à l'égard des contrevenants, tout cela ne vise qu'à sauvegarder l'institution. Il s'agit pour le pape de ne confier la fonction de conservateur qu'à des candidats dont la compétence et l'honnêteté présentent toutes les garanties voulues[24]. Les autres mesures prévues par Alexandre IV ont surtout pour but de compléter ces règles générales en réprimant certains abus particuliers.

---

22. *Si de aliis quam manifestis scienter se intromiserint, potestatem vel iurisdictionem aliquam exercendo, eo ipso per unum annum ab officio sint suspensi*. Hostiensis estimait que tout conservateur coupable pourrait ou devrait être puni, sans toutefois spécifier ni la nature ni la durée de la peine. Cf. HOSTIENSIS, *In Sextum decretalium librum Commentaria*, (tit.) *De officio et potestate iudicis delegati*, cap. 1 (et unique), *Statuimus*, glose du mot *Violentiis*, n. 12 ; edit. Venetiis, 1581 (reprod. anast., Torino, 1965), fol. 8 r° : *Sed numquid punietur conseruator, si iniuriator de iure suo doceat ? Sic... nisi forsan ad cautelam aliquos testes receperit, per quos notorium fuit probatum.*

23. *Pars autem quae id procuraverit, expensas alteri propter hoc factas restituere teneatur*. On notera que cette mesure semble dépasser la portée de celle qu'avait admise Hostiensis. En lisant Hostiensis, on a l'impression que seuls les coupables proprement dits d'une injustice ou d'une violence manifeste sont tenus, sous peine d'une censure ecclésiastique, de réparer les dommages causés aux personnes qu'ils ont lésées. Cf. HOSTIENSIS, *op. et loc. cit.*, glose du mot *Defendendos*, n. 13 ; édit. cit., fol. 8 r° : *Violentos et iniuriatores ad satisfaciendum laesis per censuram ecclesiasticam distringendos et sic planum est*. Alexandre IV apporte, à notre avis, une précision importante : toute personne qui aura injustement provoqué l'intervention d'un conservateur devra réparer les dommages. Ainsi, d'après Alexandre IV, le devoir de la réparation ne concerne pas seulement le conservateur coupable, mais aussi l'instigateur.

24. Les textes de Boniface VIII, en particulier la décrétale *Hac constitutione* (VI. 1.14. 15), mettront encore mieux en lumière ce souci de la papauté de veiller au bon fonctionnement de l'institution. Voir *infra* chapitre VIII.

2. La décrétale *Quia personae*[25]

Cette décrétale a été promulguée par Alexandre IV le 23 mars 1256, c'est-à-dire le même jour que la décrétale *Quia de conservatoribus*. Elle traite, entre autres, des privilèges accordés aux religieux exempts du royaume de France. Elle fait état d'abus commis avant tout par des religieux qui refusent d'exhiber les rescrits leur accordant les privilèges dont ils se réclament. Il faut avouer qu'on ne sait pas de quels religieux exactement il s'agit ; la décrétale ne donne aucune précision sur ce point[26].

Dans la première partie du passage relatif à notre sujet, le pape rappelle les circonstances dans lesquelles sont intervenus les conservateurs. Il rapporte notamment qu'en France certaines personnes ont pris l'habitude de léser les droits reconnus aux religieux par le Saint-

---

25. Arch. Vat., Reg. Vat. 24, fol. 165, ann. II, c. 268[1], Cf. BOUREL DE LA RONCIÈRE, *Les registres d'Alexandre IV*, t. 1, p. 394, n. 1319 ; POTTHAST, *Regesta Pont. Roman.*, n. 16300. Pour l'édition du texte, voir *supra*, note 3.

26. On ignore les circonstances exactes qui ont motivé cette décrétale. Comme elle n'a pas passé intégralement dans le *Sexte*, elle ne semble pas avoir fait l'objet d'un commentaire particulier, qui eût peut-être fourni une indication sur l'occasion immédiate qui l'a provoquée. Elle ne sera reprise qu'en partie par Boniface VIII dans la décrétale *Quum personae*, insérée dans le *Sexte* au titre *De privilegiis* (5.7.7). Guillaume Durand dans le *Speculum iuris*, lib. 4, partic. 4, *De priuilegiis et excessibus priuilegiatorum*, mentionne la décrétale *Quia personae* et en donne la substance, à quelques nuances près ; G. DURANDUS, *Speculum iuris*, Francofurti, 1612, vol. 2, p. 494, n. 3. Par contre, dans sa *Lectura in Sextum*, Guy de Baysio ne fait aucune allusion, expresse du moins, à l'existence de cette décrétale ; GUIDO A BAIISO, *In Sextum decretalium Commentaria*, (lib. 5), (tit.) *De priuilegiis*, (cap.) *Cum personae priuilegia*, Venetiis, 1577, fol. 119 v°. Dans la glose ordinaire du *Sexte*, Jean d'André note que la décrétale *Quum personae* reprend en partie la décrétale d'Alexandre IV *Quia personae* ; *Glossa in Sextum*, lib. 5, tit. 7, cap. 7, addition à la glose des mots *Cum (Quum) personae*. Il ajoute que Guillaume Durand en fait mention dans son *Speculum iuris* : *In Spec. de appell. §. restat. vers. si autem iudex*. En nous reportant au texte de Guillaume Durand, nous avons constaté que Jean d'André a fait, semble-t-il, une erreur de citation : le passage en question se trouve un peu plus loin sous la rubrique : *Hoc tamen scias, quod nisi abbas ostenderit*. Cf. DURANDUS, *op. cit.*, lib. 4, partic. 2, §2, *Restat* ; édit. cit., p. 188, n. 6. Friedberg (*Corpus Iuris Canonici*, t. 2, col. 1087-1088, note a du cap. 7) reproduit la remarque de Jean d'André sans rectifier la référence. Dans ses *Additiones* au *Speculum iuris* de GUILLAUME DURAND (lib. 4, partic. 4, *De priuilegiis et excessibus priuilegiatorum*, n. 3), Jean d'André mentionne qu'il ne disposait pas de la décrétale *Quia personae* : *Quam non habemus : sed pro parte de illa sumpta fuit decret. cum personae. eo. tit. lib. 6*. Cf. DURANDUS, *op. cit.*, vol. 2, p. 494, *additio* a. Quant à la *Novella in Sextum* de JEAN D' ANDRÉ, elle fait état de la décrétale *Quia personae* de la même manière que dans la glose ordinaire du *Sexte*. Cf. IOANNES ANDREAE, *In Sextum decretalium librum Nouella Commentaria*, (lib. 5), (tit.) *De priuilegiis et excessibus priuilegiatorum*, cap. 7, *Cum personae* ; edit. Venetiis, 1581 (reprod. anast., Torino, 1966), fol. 150 v°, n. 9. La comparaison entre les décrétales *Quia personae* (1256) et *Quum personae* (1298) fait nettement ressortir les différences qui seront introduites plus tard par le pape Boniface VIII (1294-1303).

Siège[27]. La situation est devenue assez complexe depuis qu'Innocent IV a promulgué la constitution *Volentes*[28]. Celle-ci avait réduit d'importants privilèges admis antérieurement en faveur des religieux exempts[29]. Or, certains religieux ont voulu se prévaloir de privilèges accordés postérieurement à cette constitution. Ils ont profité de l'octroi de ces privilèges pour affirmer que leur exemption, effective ou prétendue telle, n'avait pas été limitée par la constitution d'Innocent IV[30]. Ce faisant, ils ont outrepassé, au dire du pape, les

---

27. La décrétale *Quum personae* précisera une quarantaine d'années plus tard que les personnes qui ont lésé les droits des religieux sont des ecclésiastiques réguliers ou séculiers, car elle ajoute au terme *personae* les qualificatifs *ecclesiasticae* et *saeculares : Quum personae ecclesiasticae tam religiosae quam saeculares* ; VI. 5.7.7 (FRIEDBERG, *op. cit.*, t. 2, col. 1087). Alexandre IV, lui, ne parlait que de : *personae religiosae tam exemptae quam aliae* (pour la référence au texte voir *supra*, note 3).

28. Cette constitution fait partie de la 3e collection des *Novelles* d'Innocent IV et sera reprise plus tard dans le *Sexte* (5.7.1 ; édit. FRIEDBERG, *op. cit.*, t. 2, col. 1082-1083). Mgr Lefebvre situe cette constitution entre le 28 janvier 1250 et le 4 mars 1251 ; cf. Ch. LEFEBVRE, art. « Sinibalde dei Fieschi » (Innocent IV), dans *Dict. de droit can.*, t. 7, col. 1044. Nous pensons qu'elle est antérieure au mois de mai 1250, car on trouve une citation expresse d'un passage de cette constitution dans une lettre adressée le 4 mai 1250 par Innocent IV à l'abbé général et à tout l'ordre des Cisterciens ; cf. POTTHAST, *Regesta Pont. Roman.*, édit. cit., n. 13967. Suivant Ch. J. Hefele et H. Leclercq (*Histoire des conciles*, t. 5, Paris, 1912-1913, p. 1662 et 1671-1672, can. 10), elle ferait même partie de la série des décrets promulgués le 25 août 1245 au Ier concile général de Lyon ; mais ce point de vue ne saurait être retenu, car il ne correspond pas à la tradition manuscrite. Voir, à ce sujet, l'étude de KESSLER, « Untersuchungen... », *loc. cit.* (cf. *supra*, note 16), t. 31, 1942, p. 257, note 280 ; 266 ; 274 ; 286, note 371 ; 289, note 374.

29. La constitution *Volentes* d'Innocent IV précisait dans quels cas les exempts pourraient, malgré leur exemption, être jugés par les ordinaires diocésains (cf. VI. 5.7.1). C'est sous l'influence de nombreuses plaintes d'évêques que le pape avait pris cette disposition quand les ordinaires étaient compétents en raison du lieu du délit, du contrat ou de la chose (*res*) ; cf. J. VENDEUVRE, *L'exemption de visite monastique*, Paris, 1907, p. 173. Les exempts et les privilégiés devaient être cités devant l'ordinaire diocésain et non devant un autre juge (qui parfois pouvait être un conservateur) lorsque les délits, les contrats ou les actes accomplis l'auraient été en un lieu non exempt. Le concile de l'Isle, en Comtat Venaissin, devait dès 1251 faire état de cette décision contre les excès commis par les privilégiés. Cf. VENDEUVRE, *op. cit.*, p. 175 ; HEFELE-LECLERCQ, *Histoire des conciles*, t. 6, Paris, 1914-1915, p. 72, can. 8.

30. Pour les religieux, la constitution *Volentes* représentait une atteinte certaine à leur liberté ; cf. VENDEUVRE, *op. cit.*, p. 173. Les Frères mineurs, en particulier, s'inquiétèrent un moment de cette situation. Ils « consultèrent le Souverain Pontife », comme l'indique le Père Gratien, qui note : « Innocent IV déclara que cette constitution, pourtant décrétée par lui-même, ne devait porter aucun préjudice à leurs libertés et immunités ». Une bulle du 27 décembre 1251 le dit explicitement : *Vos ab omnibus, per quae vobis possent provenire dispendia, immunes libenti animo praeservare auctoritate nobis praedicta indulgemus ; ut occasione constitutionis huiusmodi nullum eisdem libertatibus et immunitatibus in posterum praeiudicium generetur.* Cf. GRATIEN, *Histoire de la fondation et de l'évolution de l'Ordre des Frères Mineurs...*, p. 205 et la note 11 (voir *supra*, note 2). Ceci permet à Vendeuvre de conclure : Ainsi « à peine le pape a-t-il décidé que les exempts relèveront des ordinaires *ratione delicti vel*

limites de la liberté qui leur avait été reconnue et ont abusé de leurs droits. Bien plus, continue le pape, ils s'arrangent pour qu'on ne connaisse pas l'objet, ni l'étendue, ni la valeur de leurs privilèges. Ils refusent tout simplement de présenter aux ordinaires diocésains les rescrits relatifs aux privilèges, ou même seulement de leur en délivrer une copie[31]. C'est pour remédier à cette situation complexe qu'Alexandre IV intervient, et ceci fait l'objet de la seconde partie du passage qui, dans la décrétale, se rapporte à notre sujet.

Le pape règle le problème de la preuve des privilèges en question. Il envisage deux catégories de privilégiés : d'une part, ceux qui se déclarent exempts en vertu de privilèges ou d'indults du Saint-Siège et dont l'exemption ou la liberté n'est pas établie ; d'autre part, ceux qui ne jouissent pas de l'exemption ou de la liberté depuis un temps assez long. S'ils en sont requis par les ordinaires des lieux, les uns comme les autres devront exhiber les documents relatifs à ces privilèges ou indults, au moins sur les points au sujet desquels il y a problème ou controverse[32]. Ils pourront montrer ces documents soit aux ordinaires

---

contractus, il s'empresse de faire en quelque sorte des excuses aux privilégiés, de leur affirmer que cette mesure ne les atteint pas ou que, du moins, il n'entamera plus à l'avenir leur liberté » ; VENDEUVRE, *op. cit.*, p. 174. De fait, des réponses de même nature étaient faites aux cisterciens (POTTHAST, *Regesta Pont. Roman.*, n. 12430, 13967, 14339), pour Grandmont (POTTHAST, n. 14295), aux Dominicains (POTTHAST, n. 14408), aux Bénédictins (POTTHAST, n. 14526, 14932), aux frères hospitaliers de Jérusalem (POTTHAST, n. 14527, 15230). Une situation aussi confuse ne pouvait qu'engendrer des conflits entre évêques et exempts, puisque se multipliaient avec les quiproquos les abus plus ou moins voulus ; cf. VENDEUVRE, *op. cit.*, p. 173 et s. Le fond de la difficulté résidait toujours dans le problème de savoir qui est exempt et qui ne l'est pas : la lettre *Quum olim* d'Innocent III avait beau être insérée dans la collection des *Décrétales de Grégoire IX* (5.33.14) pour servir de critère aux générations futures, ce texte ne résolvait pas définitivement la question. Cf. VENDEUVRE, *op. cit.*, p. 158 et s. ; voir surtout VAN DEN WYNGAERT, « Querelles du Clergé séculier et des Ordres mendiants... », dans *La France Franciscaine*, t. 5, 1922, p. 257-281, en particulier p. 273-281.

31. Déjà un concile de Tours de 1236 avait exigé des exempts qu'ils exhibent aux ordinaires des lieux les documents établissant la preuve de leur exemption : *Ne sub falso exemptionis praetextu quisquam iurisdictionem ordinariam illudere possit*, et le texte poursuivait : *praesentis concilii authoritate statuimus, ut si qui coram ordinariis conventi iudicibus, se exemptas allegent, de quorum privilegiis dubitetur, privilegium exemptionis suae exhibeant...* ; J. D. MANSI, *Sacrorum conciliorum nova et amplissima collectio*, t. 23, Venetiis, 1779, col. 414, can. 11.

32. Il paraît difficile de mettre en doute la parenté de ce texte avec celui du concile de Tours cité à la note précédente. Plus tard, sous le pontificat de Martin IV (1281-1285), le concile de Riez du 14 février 1285 exigera que les exempts et les privilégiés fassent constater dans le délai de deux mois les libertés dont ils jouissent : *Statuimus et ordinamus, et ad hoc terminum tam exemptis quam privilegiatis duorum videlicet mensium a publicatione praesentium numerandorum concorditer assignamus, infra quos ostendant si voluerint privilegia, vel indulgentias, vel praerogativas alias si quas habent, per quae, vel per quas contra praesentis concilii statuta valeant se tueri...* ;

eux-mêmes, dans un lieu approprié et sûr, soit à des hommes prudents et au-dessus de tout soupçon, délégués par les ordinaires[33]. Si ces ordinaires ont usé de leur juridiction contre les exempts, en aucune façon ils ne pourront être molestés ou contrariés dans leur intervention par les conservateurs que le Saint-Siège a concédés aux exempts[34]. Bien plus, les sentences portées ou les procès intentés par ces conservateurs contre les ordinaires seront dans ce cas tenus pour nuls et non avenus[35].

On le voit, même si la décrétale *Quia personae* ne traite pas directement des conservateurs, elle ne les intéresse pas moins : dans un cas très précis, elle restreint en faveur de la juridiction ordinaire leur possibilité d'action.

Il convient de noter, pour terminer, l'importance de cette décrétale. Elle a été reprise plusieurs fois dans des conciles locaux, notamment dans le concile de Bourges du 19 septembre 1286, qui en renouvellera les dispositions contre les exempts[36].

MANSI, *op. cit.*, t. 24, Venetiis, 1780, col. 584, cap. 21, et col. 592, notes au cap. 21. Voir aussi E. MARTÈNE et U. DURAND, *Thesaurus novus anecdotorum*, t. 4, Lutetiae Parisiorum, 1717, col. 198, n. 18. Cf. HEFELE-LECLERCQ, *Histoire des conciles*, t. 6, p. 297, can. 21, ainsi que J. ANTELMI, *Assertio pro unico sancto Eucherio, Lugdunensi episcopo, opus posthumum. Accedit Concilium Regiense... anni 1285...*, Parisiis, 1726 : in fine, *Concilium Regiense*, can. 21, p. XXI-XXII et notes à la page XXXVII.

33. Le concile de Riez, déjà cité (cf. note précédente), prendra au cap. 6 une décision similaire en ce qui concerne l'obligation d'exhiber les preuves de l'exemption pour ceux qui prétendent ne pas être soumis au pouvoir judiciaire de l'évêque : *Statuimus quod si quis clericus conversus, donatus vel religiosus cuiuscumque ordinis, conditionis, status vel dignitatis existat, deliquerit per nostras civitates vel dioeceses ubicumque, maxime autem extra loca exempta, et per ordinarium requisitus nolit coram eo comparere, et reddere rationem huiusmodi delicti, idem ordinarius possit ipsum auctoritate huius concilii capere et detinere, et etiam eius mobilia seu se moventia, si quid habet in illa dioecesi, quousque satis dederit, de parendo iuri coram ipso, et de iustitia facienda, nisi fidem faciat de privilegia, per quod constet ab huiusmodi ordinariis totaliter se exemptum.* Cf. MANSI, *op cit.*, t. 24, col. 577-578, cap. 6, et col. 588, les notes au cap. 6 ; MARTÈNE et DURAND, *op. cit.*, t. 4, col. 193, can. 6. Voir, au sujet de ce canon, HEFELE-LECLERCQ, *Histoire des conciles* ; t. 6, p. 295, n. 6.

34. ... (*Si*) *iidem ordinarii sua iurisdictione usi fuerint contra eos, nequaquam tunc ipsi ordinarii hac occasione per conservatores a Sede* (*apostolica*) *illis deputatos eadem molestari valeant, aut aliquatenus impediri.*

35. ... *Quinimo sententiae, vel processus conservatorum ipsorum, quae, vel qui prolatae seu habiti fuerint contra eosdem ordinarios, in hoc casu omnino non teneant, nullumque robur habeant vel vigorem.*

36. Cf. MANSI, *op. cit.*, t. 24, col. 643-648, surtout col. 645 et s. ; voir aussi MARTÈNE et DURAND, *op. cit.*, t. 4, col. 200 et s.

On peut noter également qu'un important fragment de la décrétale *Quia personae* se trouve dans un recueil manuscrit de décrétales conservé à la Bibliothèque Vaticane, Vat. lat. 12572, fol. 16 (33 r°) : *Hii qui se ... seu aliquatenus impediri*, sous le titre : *De off. iud. sive ord. sive del.*

3. La décrétale *Quia pontificali*[37]

Promulguée au Latran le 24 mars 1256, cette décrétale devait être reprise intégralement dans le *Sexte*[38]. Elle traite un point déjà examiné dans la décrétale *Quia personae*, celui des rapports des conservateurs avec les évêques[39]. Ce problème, d'une importance capitale à l'époque, avait été abordé dans des documents antérieurs, comme nous l'avons déjà signalé. Ainsi, le pape Grégoire IX (1227-1241) avait dénoncé les abus commis par les conservateurs dans une lettre du 22 avril 1236 adressée aux Templiers et aux Hospitaliers des provinces de Bordeaux et de Tours[40]. On sait, par ailleurs, que c'est avant tout à la suite des plaintes formulées par les évêques qu'Innocent IV fut amené à intervenir sur le plan législatif au 1er concile général de Lyon de 1245 (constitution *Statuimus*)[41]. À plusieurs reprises, Innocent IV devait encore réagir contre les excès dont se rendaient coupables les conservateurs[42].

Dans la décrétale *Quia pontificali* d'Alexandre IV il est question aussi bien des juges en général que des conservateurs en particulier[43]. Les uns et les autres, lorsqu'ils remplissaient la fonction de délégués du Saint-Siège[44], étaient en quelque sorte assimilés aux légats. Sans doute, il ne s'agissait pas d'une pleine assimilation, puisque le pouvoir d'un légat était plus étendu que celui d'un conservateur ou d'un juge délégué[45]. Il

---

37. Arch. Vat., Reg. Vat. 24, fol. 167, ann. II, c. 268[7]. Cf. BOUREL DE LA RONCIÈRE, *Les registres d'Alexandre IV*, t. 1, p. 396, n. 1325 (qui en donne le texte).

38. VI. 1.14.2 ; voir *supra*, note 3.

39. Cf. *supra*, p. 44 et s., et notes 29 et s. du présent chapitre.

40. Cf. L. AUVRAY, *Les registres de Grégoire IX*, t. 2, Paris 1907, col. 368-369, n. 3116. Voir notre chapitre I ci-dessus, p. 46 et 50-51.

41. *Casus* anonyme, Bibl. Vat., Vat. lat., ms. 2689, fol. 3rb : *Papa existens in concilio lugdunen ... Isti conseruatores ante tempus istius constitucionis cognoscebant de omnibus querelis quas habebant isti quibus dati erant contra quoscumque et sic non requirebant iudicium ordinarium et sic erat in maximum praeiudicium ordinariis, set quia unicuique sua iurisdiccio debet seruari illesa, papa potestatem illorum conseruatorum in constitucione presenti declarat...* Voir notre chapitre I, p. 51 et s. ; notre chapitre III, p. 102.

42. Voir notre chapitre II ci-dessus, p. 73-74.

43. Le texte même de la décrétale précise : *Quum a iudicibus vel conservatoribus a sede apostolica deputatis... fuerit procedendum.*

44. La décrétale *Sane* (X. 1.29.11) le dit expressément pour le juge : ... *Iudex a nobis delegatus vices nostras gerit, unde in causa illa superior est, et maior illis, quorum causam suscepit terminandam.*

45. Au sujet des juges délégués, voir le travail de G. G. PAVLOFF, *Papal Judge Delegates at the Time of the Corpus Iuris Canonici*, Washington, 1963, en particulier p. 12 et s., coll. « The Catholic University of America, Canon Law Studies », n. 426. Sur les légats, on pourra se reporter à F. CLAEYS-BOUUAERT, art. « Légat du pape », dans *Dict. de droit can.*, t. 6, Paris, 1957, surtout col. 373. Voir aussi R. A. SCHMUTZ,

n'empêche que sur certains points au moins la similitude était réelle, comme le relèvent plusieurs commentateurs[46].

En qualité de délégués du Saint-Siège, les conservateurs étaient souvent chargés d'intervenir contre ceux qui portaient atteinte aux privilèges des personnes qu'ils avaient mission de défendre. Généralement il s'agissait de protéger certaines personnes morales, avant tout des religieux, contre les attaques dont elles pouvaient être l'objet. Mais des personnes physiques étaient susceptibles aussi de recevoir la protection des conservateurs ; comme nous l'avons souligné plus haut[47]. Innocent IV, en particulier, avait nettement mis en relief le rôle des conservateurs en vue d'assurer la sauvegarde de privilèges antérieurement concédés[48].

Cependant, il arrivait que les conservateurs interviennent parfois sans beaucoup d'égards envers les évêques ; cela se produisait notamment dans les conflits qui opposaient les évêques aux religieux. De tels comportements abusifs ou irrespectueux avaient déjà été rapportés à Innocent IV par les évêques lors de la convocation au 1er concile général de Lyon et relevés à maintes reprises dans le passé par la papauté elle-même[49]. Deux ans après le concile de Lyon, on trouve le même écho dans les doléances exprimées à Innocent IV, le 2 mai 1247, par le maréchal de France Ferry Pâté, représentant du roi Louis IX, et les évêques de Soissons et de Troyes, mandataires des prélats français. Entre autres griefs, ces envoyés exposent à Innocent IV, comme l'écrit E. Berger[50], les « abus commis par les juges exécuteurs et conservateurs des privilèges accordés aux Templiers, aux Hospitaliers, à d'autres religieux, à des clercs, romains ou autres, bénéficiers en France ; ces juges frappaient

« Medieval Papal Representatives : Legates, Nuncios, and Judges-Delegate », dans *Studia Gratiana*, t. 15, 1972, p. 441-463.

46. Cette similitude est soulignée, entre autres, par le Panormitain (Nicolas de Tudeschis) dans la *Rubrica* initiale du titre *De officio delegati : Officium legati in quibusdam simile est officio delegati, cum uterque gerat vices superioris* ; NICOLAUS DE TUDESCHIS, *Commentaria in decretalium librum*, vol. 2 (*Commentaria secundae partis in primum decretalium librum*), Venetiis, 1578, fol. 136 v°.

47. Voir *supra*, début de ce chapitre.

48. Dans son commentaire de la constitution *Statuimus*, Innocent IV indique plusieurs motifs susceptibles de provoquer la nomination de conservateurs, entre autres celui de la sauvegarde des privilèges accordés à certaines personnes par le Saint-Siège : *Conseruatores aliquando dantur, ut defendant aliquos contra raptores et praedones ; alii dantur contra eos, qui aliquorum priuilegia infringunt ; aliquando generalius dantur, scilicet ut defendant aliquos ab omnibus iniuriis et offensis* ; INNOCENTIUS IV, *In quinque libros decretalium, necnon in decretales per eundem Innocentium editas, commentaria doctissima*, lib. 1, tit. *De officio et potestate iudicis delegati*, cap. 1 in VI°, *Statuimus* n. 1, glose aux mots *Ut conseruatores*, Venetiis, 1578, fol. 61 v°.

49. Cf. *supra*, texte au-dessus des notes 39 à 43.

50. *Saint Louis et Innocent IV*, Paris, 1893, p. 268 et s. ; voir aussi p. 62-63.

de suspense, à tort et à travers, les prélats subalternes et supérieurs ». Les évêques ne manquèrent pas de s'en plaindre au Saint-Siège, comme on l'imagine aisément[51].

Aussi ne faut-il pas s'étonner de voir le pape Alexandre IV intervenir à nouveau par la décrétale *Quia pontificali*. Celle-ci rappelle aux conservateurs le respect dû aux évêques et les oblige à n'intervenir contre eux qu'avec mesure et considération.

Le bref *Summarium* de Jean d'André donne l'idée générale de la décrétale : en matière de contraintes et de peines il faut tenir compte de la dignité épiscopale[52]. Le texte de la décrétale développe et précise cette idée. Il convient, dit Alexandre IV, que l'on assure un respect particulier aux évêques et qu'on les honore plus que les autres, en raison de la dignité de leur charge. S'il est nécessaire aux juges ou aux conservateurs députés par le Siège apostolique de faire pression sur les évêques ou de leur infliger des peines, qu'ils procèdent par degrés et avec toute la modération voulue[53]. Ils commenceront par leur interdire l'entrée de l'église ou le ministère sacerdotal[54]. Ensuite, s'il le faut, ils les déclareront suspens de leur office. En dernier ressort, la peine pourra être aggravée, selon les termes mêmes de la décrétale, par l'infliction d'une « censure ecclésiastique » (ce qui signifie, à notre avis, l'excommunication). On ne fera exception à cette règle de la gradation de la peine que si l'obstination des coupables dans le mal ou la particulière gravité de la faute ne suggèrent d'agir autrement. C'est dire que dans ces circonstances exceptionnelles et seulement dans ces cas on pourra en venir directement à l'excommunication.

Parmi les quatre décrétales d'Alexandre IV où il est question des conservateurs, seule la décrétale *Quia pontificali* a été insérée intégralement dans le *Sexte*. Pour cette raison, il paraît utile de donner quelques passages du commentaire de Jean d'André dans la glose

---

51. L'exemple cité par Élie Berger en fournit la preuve. On relèvera cependant que les plaintes formulées plus tard par les évêques de France ne soufflent mot des conservateurs. On ne fait aucune allusion directe aux conservateurs, ni dans le projet de constitution de 1288, ni dans le mémoire des Prélats de 1289. Les deux textes ont été reproduits par K. SCHLEYER, *Anfänge des Gallikanismus im 13. Jahrhundert. Der Widerstand des französischen Klerus gegen die Privilegierung der Bettelorden*, Berlin, 1937, p. 137-140 ; 156-200.

52. *In coactionibus et poenis pontificali dignitati defertur* ; IOANNES ANDREAE, *Glossa in Sextum*, lib. 1, tit. 14, cap. 2, aux mots *Quia pontificali*.

53. *... gradus et modestia in huiusmodi processu servetur...*

54. Sur ce point Alexandre IV ne fait que reprendre les indications données par la décrétale *Sane* : ... *Episcopo vel ingressum ecclesiae, vel sacerdotale officium interdicat*. Le texte poursuit en rappelant la possibilité de l'interdit sur le diocèse (X. 1.29.11).

ordinaire du *Sexte* ainsi que le *casus* de Dominique de San Geminiano, ajouté par la suite à ce commentaire[55].

Cette décrétale d'Alexandre IV, précise Jean d'André, a été promulguée pour expliquer les *capitula Sane* et *Pastoralis* du même titre *De officio et potestate iudicis delegati* dans les *Décrétales de Grégoire IX* (1.29.11 et 28). Dans ces *capitula*, il est dit que le juge délégué peut corriger les rebelles et punir les évêques, si ceux-ci ne lui obéissent pas en tout ce qui relève de sa juridiction. Cependant, le juge délégué doit tenir compte de la dignité épiscopale et adoucir les peines. La décrétale *Quia pontificali* d'Alexandre IV traite en conséquence de la manière dont il faut comprendre cet adoucissement et de l'ordo à suivre par le conservateur pour infliger les peines aux évêques.

Dominique de San Geminiano précisera, à l'aide d'un *casus*, la réglementation donnée. *Casus* : un délégué du pape a sous-délégué l'évêque de Poitiers pour régler une affaire en cours ; mais l'évêque refuse de s'en occuper. Dans cette circonstance, le délégué du pape pourra contraindre l'évêque à agir. Toutefois, la peine devra être adoucie. Le délégué du pape, poursuit le commentateur, ne devra pas excommunier tout de suite l'évêque, mais commencera par lui interdire l'entrée de l'église. Si l'évêque ne tient pas compte de cette sanction, le conservateur ira plus loin et pourra suspendre l'évêque de son office sacerdotal. Ce n'est qu'en dernier lieu, si besoin est, que le conservateur prendra des sanctions plus graves à son égard.

Dominique de San Geminiano prévoit le cas où le délégué du pape aurait excommunié l'évêque sans autre formalité, donc sans passer par les peines intermédiaires et sans raison suffisante. À son avis, la peine infligée est valable, bien que le conservateur ait mal agi en l'occurrence. L'infliction immédiate d'une excommunication ne serait justifiée que dans les circonstances prévues par la décrétale : particulière gravité de la faute ou obstination dans la désobéissance.

La décrétale *Quia pontificali* témoigne de nouvelles limitations apportées par Alexandre IV au pouvoir des conservateurs à l'égard des évêques. On verra que la politique du Saint-Siège en ce domaine ne subira guère de modifications entre les années 1256 et 1298, puisque cette décrétale a été reprise et insérée telle quelle dans le *Sexte*.

---

55. *Glossa in Sextum*, lib. 1, tit. 14, cap. 2.

4. La décrétale *Licet regularis*

Datée du 26 mars 1256[56], cette décrétale revient de nouveau sur l'attitude des conservateurs au sujet des religieux.

Dans le préambule, Alexandre IV réitère son intention d'honorer de faveurs convenables les profès de l'ordre régulier[57]. Il entend notamment conserver intacts les privilèges de plus grande liberté dont les a gratifiés le Saint-Siège[58]. Encore faut-il que les réguliers se contentent de leurs droits. Ils doivent respecter les limites des privilèges qui leur ont été accordés et ne pas empiéter sur les droits d'autrui[59].

Certains faits apparemment récents, mais qui se répètent sans doute depuis quelque temps déjà, justifient cette nouvelle intervention pontificale et la présente décrétale[60]. Alexandre IV commence par les

56. Arch. Vat., Reg. Vat. 24, fol. 165, ann. II, c. 268[3]. BOUREL DE LA RONCIÈRE reproduit le texte : *Les registres d'Alexandre IV*, t. 1, p. 394-395, n. 1321 ; on le trouvera également dans FRIEDBERG, *Corpus Iuris Canonici*, t. 2, col. 1083-1085 (en note : cap. IV, a).

57. La décrétale mentionne : *regularis ordinis professores*. Au sujet de la signification du terme *professores*, voir DU CANGE, *Glossarium mediae et infimae latinitatis*, édit. L. FAVRE, t. 6, nouveau tirage, Paris, 1938, p. 525, au mot *Professores* : *Professores, vel Professores Ordinis, qui regulam Ordinis alicuius profitentur.*

58. On a souligné plus haut la bienveillance d'Alexandre IV à l'égard des ordres mendiants, et en particulier des Frères mineurs ; cf. *supra*, notes 1 et 2 et texte correspondant. En ce qui concerne les faveurs pontificales accordées aux Mendiants, notamment aux Frères mineurs, par les prédécesseurs d'Alexandre IV, voir VAN DEN WYNGAERT, « Querelles du clergé séculier et des Ordres Mendiants... », dans *La France Franciscaine*, t. 5, 1922, p. 267-270. Voir aussi GRATIEN, *Histoire de la fondation...*, surtout p. 122, 125 et 200-205 (cf. *supra*, note 2) ; A. LUCHAIRE, *Manuel des Institutions françaises. Période des Capétiens directs,* Paris, 1892, p. 1070. À propos des Franciscains, on pourra consulter également B. MATHIS, *Die Privilegien des Franziskanerordens bis zum Konzil von Vienne (1311)*, Paderborn, 1927, p. 83 et 161, note 16.

59. La décrétale *Quia personae* avait déjà mis l'accent sur ce point (*supra*, note 25). Voir aussi LUCHAIRE, *op. cit.*, p. 107 et s. ; C. PAULUS, *Welt- und Ordensklerus beim Ausgange des XIII. Jahrhunderts im Kampfe um die Pfarr-Rechte*, Essen-Ruhr, 1900, p. 14 et s.

60. L'occasion qui a donné naissance à la décrétale *Licet regularis* n'est pas rapportée par les commentateurs de la décrétale *Auctoritate* du *Sexte* (5.7.4). Celle-ci s'en est pourtant nettement inspirée, comme le montre une comparaison entre les deux textes. Plusieurs glossateurs relèvent cet emprunt. Ainsi, dans sa *Lectura in Sextum*, Guy de Baysio note que la décrétale *Auctoritate* commençait autrefois par les mots *Licet regularis : Avtoritate. Olim incipiebat, licet regularis* ; GUIDO A BAIISO, *In Sextum decretalium Commentaria*, (lib. 5), (tit.) *De priuilegiis*, (cap.) *Avtoritate*, in princip., Venetiis, 1577, fol. 119 v°. Guillaume de Montlauzun fait une remarque similaire dans sa *Lectura* sur le *Sexte*, au début de son commentaire de la décrétale *Auctoritate* : *Hec est extracta ex quadam extrauagan. que olim incipiebat Licet regularis* ; GUILELMUS DE MONTE LAUDUNO, *Lectura in Sextum librum decretalium*, lib. 5, (tit.) *De priuilegiis*, (cap.) *Auctoritate*, in princip., Tolosae, 1524 ; fol. 127 r°. Quant à Jean d'André, il ne dit rien à ce sujet dans la glose ordinaire du *Sexte*. Mais dans la *Novella in Sextum*,

relever[61], puis il indique les diverses dispositions prises en vue de remédier aux abus dénoncés. C'est pourquoi la décrétale comprend deux parties : la première explique les causes de l'intervention ; la seconde contient les différentes mesures édictées. L'une et l'autre se subdivisent en quatre points relatifs aux oblats, aux chapelles et oratoires, aux causes des hommes libres, aux peines infligées.

Exposé des causes. — Le pape note tout d'abord que les Templiers, les Hospitaliers[62] et les autres religieux qui jouissent du privilège de l'exemption[63] ont coutume d'assurer la défense de leurs hôtes

---

d'une part, et dans ses *Additiones* au *Speculum iuris* de GUILLAUME DURAND, d'autre part, il souligne, lui aussi, la parenté entre les deux décrétales *Auctoritate* et *Licet regularis*. On notera cependant que dans la *Novella in Sextum* Jean d'André présente à tort la décrétale d'Alexandre IV (*Licet regularis*) sous l'incipit *Quia regulares*. En effet, il écrit à propos de la décrétale *Auctoritate* : *Incipiebat, quia regulares, de qua loquitur Guil. in Spe(c). eo. ti(t).* ; IOANNES ANDREAE, *In Sextum decretalium librum Nouella Commentaria,* (lib. 5), (tit.) *De priuilegiis et excessibus priuilegiatorum*, cap. 4, *Avctoritate*, in princip., Venetiis, 1581 (Torino, 1966), fol. 149 r°. Dans ses *Additiones* au *Speculum iuris* de GUILLAUME DURAND (lib. 4, partic. 4, *De priuilegiis et excessibus priuilegiatorum*, n. 4), Jean d'André rectifiera l'*incipit* de la décrétale d'Alexandre IV. Il notera, d'autre part, que le début de la décrétale ayant été retranché, celle-ci s'appelle maintenant *Autoritate : [Licet] regularis. Quae hodie deciso exordio incip. autoritate. eod. tit. libri sexti.* Cf. DURANDUS, *Speculum iuris*, Francofurti, 1612, vol. 2, p. 494, *additio* c.

61. On peut sans doute rapprocher ces faits des plaintes du clergé français dont il a été question plus haut (cf. *supra*, note 50). On sait, en effet, qu'elles n'avaient été suivies d'aucune mesure de la part de la papauté. D'ailleurs, une lettre de l'archevêque de Cantorbéry à Pierre de Savoie, en 1247, est tout aussi formelle et rappelle ces mêmes plaintes, comme en témoigne la Chronique de Matthieu Paris : *Secundo, de judicibus executoribus ac conservatoribus Templariorum, Hospitalariorum, et aliorum religiosorum ac Romanorum et quorundam aliorum in regno Franciae, qui passim et indifferenter suspendunt inferiores et etiam superiores praelatos et alios, clericos et laicos, excommunicando et terras eorum interdicto supponendo, nullatenus sine scandalo et gravi discrimine salutis aeternae* ; MATTHAEUS PARISIENSIS, *Chronica Majora*, édit. H. R. Luard, vol. 6, *Additamenta*, London, 1882, p. 131. On peut penser que les plaintes formulées en 1247, et non suivies d'effet, reçurent satisfaction par la décrétale *Licet regularis*.

62. Sur le maintien des privilèges accordés par la papauté aux Templiers et aux Hospitaliers, voir entre autres la décrétale *Porro* d'Alexandre III (X. 5.33.7).

63. Sur les difficultés soulevées par l'exemption, voir J. GAUDEMET dans J.F. LEMARIGNIER, J. GAUDEMET, G. MOLLAT, *Histoire des Institutions françaises au Moyen Âge* (sous la direction de F. LOT et R. FAWTIER), t. 3 : *Institutions ecclésiastiques*, Paris, 1962, p. 237-238 ; G. LE BRAS, *Institutions ecclésiastiques de la Chrétienté médiévale*, Paris, 1959-1964, p. 542 et s., A. FLICHE et V. MARTIN, coll. « Histoire de l'Église depuis les origines jusqu'à nos jours », t. 12). On trouvera aussi des données intéressantes dans VENDEUVRE, *L'exemption de visite monastique*, surtout p. 145-177. L'ouvrage retrace l'évolution qui s'est opérée depuis la simple protection apostolique jusqu'à l'exemption proprement dite. Cette évolution a été particulièrement sensible à partir du milieu du XIIIe siècle. Elle s'est accentuée à la suite de la constitution *Volentes* d'Innocent IV dont il a été question plus haut (voir *supra*, notes 29 et 30) ; il convient

(*hospites*), du moins ceux du royaume de France. Ces religieux ont une conception large de la qualité d'hôtes[64]. Ils considèrent comme hôtes tout d'abord les personnes qui ont pris un certain engagement à l'égard de leur ordre ; on les appelle pour cette raison oblats (*oblati*) ou encore « donnés » (*dati*), même si quelquefois les liens qui les rattachent à l'ordre sont très lâches. Une seconde catégorie d'hôtes comprend les personnes qui se sont mises sous la protection de l'ordre en échange du paiement d'un cens, souvent modique et sans doute parfois purement symbolique ; en compensation, on attendait d'eux certains travaux ou services.

Tous ces hôtes, les religieux les soustraient à la juridiction ordinaire ; à cette fin, ils les font bénéficier de l'exemption dont eux-mêmes jouissent par privilège. C'est pourquoi, en cas de délit commis par ces hôtes, les religieux directement ou par l'entremise de leurs conservateurs arrivent à assurer à ceux-ci l'impunité ou du moins à leur éviter les sanctions prévues pour leur méfait. De la sorte, ces « protégés » des religieux ne se trouvent pas sur le même plan que les autres laïcs au point de vue pénal ; ils ont une situation privilégiée. Normalement la punition des crimes graves, entre autres le vol et l'adultère, relève de la juridiction de l'ordinaire diocésain[65]. Or, en raison de la prétendue exemption, tous ces hôtes échappent à cette juridiction.

---

de noter cependant que cette constitution a eu des effets contradictoires : ce que la papauté donne d'une main aux évêques, elle le rend de l'autre aux religieux.

Pour l'exemption relative aux principaux ordres religieux, on pourra consulter Ph. SCHMITZ, *Histoire de l'Ordre de Saint-Benoît*, t. 3, *Histoire externe*. I, *Du concordat de Worms au concile de Trente*, Maredsous, 1948, p. 48-64 et 130-131 ; A. MORTIER, *Histoire des maîtres généraux de l'Ordre des Frères Prêcheurs*, t. 1 (1170-1263), Paris, 1903, p. 435-475 ; t. 2 (1263-1323), Paris, 1905, *passim* et surtout p. 197-213 ; Fr. DE SESSEVALLE, *Histoire générale de l'ordre de saint François*, Ire partie, *Le Moyen Âge (1209-1517)*, t. 1, Paris, 1935, p. 88-105 ; J.-B. MAHN, *L'Ordre cistercien et son gouvernement des origines au milieu du XIIIe siècle (1098-1265)*, Paris, 1945, p. 148-169, coll. « Bibliothèque des Écoles françaises d'Athènes et de Rome », fasc. 161 ; L. J. LEKAI, *Les moines blancs. Histoire de l'Ordre cistercien*, traduct. franç., Paris, 1957, p. 73-75 ; G. SCHREIBER, « Studien zur Exemtionsgeschichte der Zisterzienser. Zugleich ein Beitrag zur Veroneser Synode vom Jahre 1184 », dans *Z.S.S. Kan. Abt.*, t. 4, 1914, p. 74-112.

64. Au sujet des différentes catégories d'hôtes, voir en particulier J. MARCHAL, *Le « droit d'oblat ». Essai sur une variété de pensionnés monastiques*, Ligugé-Paris, 1955, p. 4-5 ; 10 et s. (« Archives de la France monastique », vol. 49). On pourra consulter aussi LE BRAS, *Institutions ecclésiastiques de la Chrétienté médiévale*, p. 183 et 199, note 10 ; J. HOURLIER, *L'Âge classique (1140-1378). Les religieux*, Paris, 1974, p. 266-269 (coll. « Histoire du droit et des institutions de l'Église en Occident », publ. sous la direction de G. LE BRAS, t. 10).

65. Le pouvoir des évêques en matière pénale avait été déterminé par Alexandre III dans une lettre adressée à l'archevêque de Salerne. Cette lettre (*At si clerici*) fut insérée dans les *Décrétales de Grégoire IX* (2.1.4) pour servir de règle générale.

La décrétale allègue ensuite une deuxième cause. Les religieux exempts se permettent d'établir des chapelles et des oratoires sans le consentement (*sine consensu et auctoritate*) des ordinaires diocésains[66]. Ils méprisent de façon répréhensible les sentences d'interdit ou de suspense que les ordinaires ont portées contre les personnes ou les lieux soumis à leur juridiction. Ils ont l'audace de faire célébrer par des chapelains le service divin (*divina*) dans les oratoires qui dépendent de leurs hôtes, en des lieux frappés d'interdit[67] ; ils ne se préoccupent même pas de prouver qu'ils en ont reçu l'autorisation en vertu d'un privilège ou d'un indult apostolique.

À propos des deux autres causes, aucune mesure spéciale ne sera prise à l'égard des conservateurs. Il n'est cependant pas superflu de les rappeler pour indiquer les éventualités susceptibles de permettre l'intervention des conservateurs. Ainsi, les exempts se chargent des affaires de leurs sujets (*inferiores*)[68]. Ils vont jusqu'à porter des

---

66. La lettre *Quum olim* d'Innocent III à l'évêque de Coïmbre (X. 5.33.14 ; 26 juin 1203) spécifiait que nul ne pouvait construire de chapelle ou d'oratoire en un lieu non exempt sans l'autorisation de l'ordinaire diocésain. La décrétale *Licet regularis* d'Alexandre IV reprend cette disposition en l'appliquant sans doute aux seuls oratoires publics. Dans la glose ordinaire du *Sexte*, commentant la décrétale *Auctoritate* (largement tributaire de la décrétale *Licet regularis* ; cf. *supra*, note 60), Jean d'André précise à propos du mot *Oratoria* : *... Ista publica oratoria sine dioecesanorum licentia non construent in loco non exempto, et de his oratoriis habetur sup. de censib. c. vlt. sup. eo. patentibus* (quelquefois on trouve : *parentibus*) ; *Glossa in Sextum*, 5. 7. 4. Jean d'André se réfère, en l'occurrence, au cap. *Auctoritate* du *De censibus* et au cap. *Patentibus* du *De privilegiis* des *Décrétales de Grégoire IX* (3.39.27 et 5.33.10). Ces deux *capitula* permettent, en effet, aux exempts d'édifier des oratoires privés et d'y prier librement. Jean d'André indique qu'il est interdit d'y ériger un autel et d'y célébrer les saints mystères : *... privatim autem orare in domo sua cuilibet licet : non erigendo ibi altare, nec missam celebrando*. En addition à ce passage, Jean d'André note que ces deux actes, à savoir l'érection d'un autel et la célébration de la messe, peuvent se faire avec l'autorisation de l'ordinaire diocésain ; à l'appui de son affirmation il cite trois textes du Décret de Gratien : *Additio. Nisi haec duo faciat de auctoritate dioecesani ... de consec. dist. 1. c. unicuique et duobus c. seq*. (Décret de Gratien, *De cons.*, dist. 1, c. 33-35).

67. Ceci à l'époque était formellement prohibé par le droit commun. S'il était parfois permis de prêcher dans une église située sur un territoire frappé d'interdit, il était expressément défendu d'y célébrer la messe ou un office divin, comme le précise Innocent III à l'évêque de Ferrare ; *Décrétales de Grégoire IX*, 5.39.43. Cette règle générale admettait cependant des exceptions, sous certaines conditions, ainsi pour permettre d'assurer le viatique aux mourants, comme l'indique Grégoire IX dans une de ses décrétales (X. 5.39.57).

68. Les exempts agissaient ainsi soit par intérêt personnel, parce que ces sujets leur payaient un cens, soit par souci d'exercer sur leurs *inferiores* une réelle suzeraineté. Ils se fondaient sans doute sur le fait qu'un cens payé *ad indicium perceptae libertatis* impliquait l'indépendance à l'égard de l'évêque. Cette conception devint courante à partir du pontificat d'Urbain II (1088-1099) et elle se généralisa au XIIe siècle pour les monastères. Le mouvement devait s'amplifier avec l'apparition des ordres mendiants. Ceux-ci, favorisés d'ailleurs par la papauté, prétendirent vite échapper totalement à la

accusations contre des personnes qui, d'après eux, ont porté préjudice à ceux-ci. Ils se permettent de traduire en justice, de leur propre autorité, des personnes qu'ils accusent d'avoir causé des dommages à leurs sujets, bien que ces derniers soient entièrement libres. Enfin, comme le font d'ailleurs d'autres religieux non exempts, ils osent infliger des peines déterminées pour certaines fautes. De ce fait, il arrive que les péchés des délinquants, jusqu'alors occultes, soient révélés à autrui[69].

Bref, en plusieurs points les religieux, surtout les exempts, empiètent gravement sur la juridiction des ordinaires ; ils se servent à cette fin des conservateurs qui leur ont été accordés par le Saint-Siège. La décrétale souligne la gravité de ces transgressions de la loi. C'est pourquoi une intervention de la papauté paraît indispensable. Le problème d'ailleurs est soulevé en consistoire, et c'est en tenant compte de l'avis des cardinaux, à en croire le texte, que le pape prend les décisions qui s'imposent pour remédier aux abus signalés.

Mesures édictées par Alexandre IV. — Une première mesure concerne les hôtes. Il s'agit, nous l'avons vu, d'une part des sujets appelés oblats (*oblati*) ou « donnés » (*dati*), d'autre part des personnes qui paient un cens aux exempts. Tous ceux-là, s'ils ne se mettent pas entièrement à la disposition des exempts, mais entendent de toute manière demeurer sur leurs propriétés, ne seront nullement soustraits à l'autorité des évêques. De ce fait, les ordinaires pourront exercer leur juridiction sur eux exactement comme sur leurs autres diocésains ; ceci s'applique notamment quand il s'agira d'infliger des peines. Il s'ensuit

---

juridiction des ordinaires ; cf. GAUDEMET dans LEMARIGNIER-GAUDEMET-MOLLAT, *Institutions ecclésiastiques* (voir *supra*, note 63), p. 238. Alexandre III (1159-1181) avait tenté de remédier aux difficultés créées par les monastères dans une lettre adressée à son légat en Lombardie. La solution apportée par le pape s'appuyait sur la distinction suivante : si le cens était stipulé *ad indicium perceptae libertatis*, le monastère était soustrait à la juridiction de l'ordinaire ; au contraire, si le cens était payé *ad indicium perceptae protectionis*, l'évêque diocésain conservait son autorité. Cette lettre (*Recepimus*) devait être insérée dans les *Décrétales de Grégoire IX* (5.33.8) pour servir de critère. Sur cette question, voir A. DUMAS, art. « Protection apostolique », dans *Dict. de droit can.*, t. 7, col. 383-384. Toutefois, ce qui était valable pour les exempts ne pouvait en aucune manière s'appliquer à des sujets libres, surtout s'ils demeuraient sur leurs propriétés situées en dehors des monastères ou des couvents ; cf. MARCHAL, *Le « droit d'oblat »...*, p. 12 et s. Les exempts n'avaient nullement à s'occuper des intérêts propres de tels sujets ; en le faisant, ils se mettaient assurément dans leur tort.

69. Ce point de la décrétale *Licet regularis* relatif aux peines, qui n'intéresse pas directement les conservateurs, n'est pas repris dans la décrétale *Auctoritate* du *Sexte* (5.7.4). Il faut cependant signaler que dans certaines collections des décrétales d'Alexandre IV ce passage de *Licet regularis* est placé sous le titre *De poenis* ; cf. J. F. SCHULTE, « Die Dekretalen zwischen den "Decretales Gregorii IX." und "Liber VI. Bonifacii VIII."... », dans *Sitzungsberichte der Philosophisch-Historischen Classe der Kaiserlichen Akademie der Wissenschaften*, t. 55, Wien, 1867, p. 749.

que les conservateurs des exempts ne sauraient, en pareil cas, rien entreprendre de valable contre les évêques en question[70].

Une deuxième mesure a trait aux chapelles ou oratoires. Alexandre IV décide tout d'abord que les exempts ne pourront édifier de chapelles sans la permission des ordinaires des lieux. Le pape ne donne toutefois aucune précision à propos des lieux sur lesquels ces chapelles peuvent être construites : on ne sait pas notamment s'il s'agit de lieux relevant des ordinaires ou de lieux exempts. D'après ce que nous savons par le droit général, précisé par la glose ordinaire du *Sexte* (5.7.4), il s'agit des lieux relevant des ordinaires et non pas des lieux exempts qui, eux, sont soumis à la juridiction du pape. Ensuite, le pape défend aux religieux exempts de célébrer ou de faire célébrer le service divin dans des lieux frappés d'interdit par les ordinaires ; et cette défense vaut pour toutes les chapelles situées dans des lieux non exempts, même si elles ont été construites par des exempts avec l'autorisation épiscopale. Si les exempts avaient l'audace de ne pas se conformer à ces prescriptions, les ordinaires seraient habilités à les y contraindre par des mesures appropriées[71]. Pour s'opposer aux dispositions prises contre eux par les ordinaires, les exempts pourraient être tentés de faire intervenir leurs conservateurs. Le pape déjoue par avance toute manœuvre de ce genre. En effet, il déclare que les sentences que porteraient les conservateurs, en pareille circonstance, sont de plein droit révoquées[72]. Finalement, le pape défend aux exempts

---

70. ... *Statuimus quod huiusmodi hospites vel homines, qui dati vel oblati dicuntur, vel qui praefatis exemptis aliquem censum solvunt, si non se eisdem exemptis omnino reddiderint, sed in proprietatibus suis omnimodo duxerint remanendum, propter hoc ab episcoporum suorum sententia nullatenus eximantur, et potestatem suam in eos ipsi episcopi, sicut in alios parochianos suos, exerceant, quum pro suis fuerint excessibus corrigendi, nec ob hoc exemptorum ipsorum conservatores quicquam contra eosdem episcopos valeant attentare...*

À titre d'information, on peut signaler que le IVe concile du Latran (1215) avait déjà pris, pour éviter les abus, certaines dispositions en ce qui concerne la sépulture ecclésiastique ; à ce sujet, il avait prescrit dans son canon 57 que seuls les oblats et les personnes qui, de leur vivant, avaient donné à un ordre religieux tous leurs biens pouvaient être considérés comme des confrères de l'ordre et, de la sorte, bénéficier des privilèges accordés par le Saint-Siège à l'ordre en question ; cf. HEFELE-LECLERCQ, *Histoire des conciles*, t. 5, p. 1377-1379. Ce canon (*Ut privilegia*) a été inséré dans les *Décrétales de Grégoire IX* (5.33.24).

Il convient de relever que ce point de la décrétale *Licet regularis* relatif aux hôtes, pas plus que celui qui concerne les peines infligées, ne sera repris dans la décrétale *Auctoritate* du *Sexte* (5.7.4).

71. Ce rappel du droit général porte sur les différentes prescriptions réitérées dans la présente décrétale.

72. ... *Si quas propter hoc exemptorum ipsorum conservatores sententias protulerint in contrarium, illas penitus revocamus* ... Si la formule utilisée ici est différente de celle employée plus haut (*supra*, note 70), le résultat semble identique.

de construire des chapelles sur leur propre territoire, donc dans un lieu exempt, et aussi d'y célébrer le service divin en cas d'interdit porté par l'ordinaire diocésain ; pour ce faire il leur faut l'autorisation du Siège apostolique ou un privilège spécial[73].

Dans les deux mesures que nous venons de signaler, il apparaît clairement que le pape tend à contenir les pouvoirs des conservateurs dans des limites très strictes et les empêche de la sorte de se livrer à des abus. Dans la suite, la décrétale ne mentionne plus les conservateurs. Cela ne signifie nullement qu'elle ne les concerne plus ; les mesures que le pape va édicter dans cette partie de la décrétale intéressent les conservateurs au moins de façon indirecte. En effet, une troisième mesure a pour objet les causes des hommes libres ; le pape interdit aux exempts de se charger des affaires de ces hommes. Il refuse aux exempts d'agir au nom de ces derniers, aussi bien en qualité de défendeurs qu'en qualité de demandeurs. Le pape vise en l'occurrence les exempts qui prenaient en charge les causes des hommes libres comme s'il s'agissait de leurs propres causes. Il leur défend même d'intervenir de la sorte à l'égard d'hommes qui leur paient un cens et qui, par conséquent, se trouvent dans une certaine dépendance vis-à-vis d'eux[74]. Bien que ne faisant pas directement allusion aux conservateurs, cette mesure ne leur est pas étrangère. En effet, une intervention de leur part, à l'occasion de telles causes, irait manifestement à l'encontre de la volonté du pape. Pour cette raison, une telle intervention serait certainement considérée comme nulle, de la même manière que dans les deux cas exposés ci-dessus[75].

La quatrième mesure se rapporte aux peines infligées par les exempts. Le pape envisage le cas du péché ignoré ou occulte et il décide qu'un tel péché ne pourra jamais être frappé d'une peine déterminée. Il justifie sa mesure : il rappelle le principe suivant lequel on n'a pas le droit de dévoiler un péché occulte ; le fait d'imposer une peine caractérisée risque de manifester au grand jour l'identité du coupable et la nature de sa faute[76]. Ici encore les conservateurs sont passés sous silence. Pourtant il va de soi que, s'ils appuyaient des exempts enfreignant cette prescription, leur action serait sans aucune valeur.

---

73. Sans doute est-ce ainsi qu'il faut comprendre le passage un peu ambigu de la décrétale : *Inhibemus autem, ne in locis etiam exemptis hoc ipsi exempti facere audeant, nisi super his licentiam sedis apostolicae habeant vel ipsius privilegium speciale*.

74. Cf. *supra*, note 64.

75. Quoi qu'il en soit, la question des causes concernant les hommes libres sera reprise dans la décrétale *Auctoritate* (VI. 5.7.4) ; mais les commentateurs du *Sexte* sont muets sur le cas où des conservateurs interviendraient en pareille circonstance.

76. Ce fragment est inséré dans le titre *De poenis* du manuscrit de Prague avec l'incipit *Licet regularis ordinis professores et infra* ; cf. SCHULTE, « Die Dekretalen... », *loc. cit.*, t. 55, 1867, p. 749 (voir *supra*, note 69).

Les diverses mesures prises par Alexandre IV dans la décrétale *Licet regularis* apportent ainsi de nouvelles limitations au pouvoir des conservateurs par rapport aux évêques. La juridiction de ces derniers est affirmée par cette intervention pontificale. Les religieux exempts aussi bien que leurs conservateurs doivent respecter les droits et l'autorité des ordinaires des lieux. Les privilèges des exempts sont maintenus, mais ceux-ci ne sauraient s'en prévaloir de manière abusive. Il ne leur est pas permis notamment de les étendre, avec l'appui de leurs conservateurs, à des sujets qui, d'une manière ou d'une autre, ne relèvent pas de leur juridiction. Quant aux chapelles ou oratoires, leur construction dans des lieux non exempts dépend également du pouvoir épiscopal. En outre, pour la célébration du service divin les exempts relèvent aussi d'une certaine manière de l'autorité des évêques ; en cas d'interdit, ils doivent se soumettre aux prescriptions des évêques dans leurs chapelles situées sur un territoire non exempt. Toute opposition de la part des conservateurs des religieux exempts est irrecevable en pareil domaine.

La décrétale *Licet regularis*, dont nous venons de relever les dispositions essentielles, ne restera pas lettre morte. Elle passera en partie dans le *Sexte* (5.7.4). Avant 1298, année de promulgation du *Sexte*, elle avait déjà été reprise par divers conciles locaux et provinciaux. Il nous suffit de signaler, à titre d'exemple, le concile provincial tenu à Sens le 26 octobre 1269 ; il en fit l'objet de son sixième canon[77].

5. La place des décrétales d'Alexandre IV dans les additions aux « Décrétales de Grégoire IX »

Depuis qu'il eut promulgué sa collection en 1234 jusqu'à sa mort en 1241, Grégoire IX publia bon nombre de décrétales et de constitutions. Ses successeurs aussi eurent souvent à exercer leur pouvoir législatif. Ces documents pontificaux, dispersés hors des *Décrétales de Grégoire IX*, étaient dits : *extravagantes, vagantes extra Decretales Gregorii IX*. Des papes, Innocent IV, Grégoire X, Nicolas III, publièrent des compilations de leurs documents. Ils prescrivirent même que les décrétales et constitutions contenues dans leurs collections fussent insérées dans le recueil de Grégoire IX, aux titres qu'ils indiquaient[78]. Cependant les collections des successeurs de Grégoire IX, depuis Célestin IV (1241) jusqu'à Célestin V (1294),

---

77. MANSI, *Sacrorum conciliorum... collectio*, t. 24, col. 6-8 ; cf. HEFELE-LECLERCQ, *Histoire des conciles*, t. 6, p. 148-149.

78. À ce sujet, voir P. TORQUEBIAU, art. « Corpus juris canonici », dans *Dict. de droit can.*, t. 4, Paris, 1949, col. 632-633 ; F. CIMETIER, *Les sources du droit ecclésiastique*, Paris, 1930, p. 74-75 (« Bibliothèque catholique des sciences religieuses »).

rassemblaient une telle masse de documents qu'il était difficile de les faire entrer tous dans la collection de Grégoire IX. De surcroît, il eût fallu refondre périodiquement cette collection, déjà volumineuse, pour la tenir constamment à jour. Aussi n'y furent insérées que des décrétales et constitutions qui présentaient à l'époque un certain intérêt[79]. C'est ainsi que la constitution *Statuimus* d'Innocent IV sur les conservateurs prit place dans le titre *De officio et potestate iudicis delegati*[80] : c'était souligner, semble-t-il, que le conservateur constituait une sorte de juge délégué[81]. Innocent IV a choisi lui-même cette place selon toute vraisemblance, puisque dans son commentaire de la constitution (*Statuimus*) celle-ci se trouve à la fin de ce titre[82].

Il n'est pas certain qu'Alexandre IV ait publié un recueil officiel de ses décrétales[83] ; mais les recueils privés qui en furent composés suivent, eux aussi, la division en titres, qui avait été celle des *Compilationes antiquae* et des *Décrétales de Grégoire IX*. Toutefois, une certaine indécision s'est manifestée chez les auteurs des recueils au sujet des titres sous lesquels ranger les décrétales d'Alexandre IV.

Cette indécision se manifeste en premier lieu à propos des décrétales *Quia de conservatoribus* et *Quia pontificali*. En effet, l'une et l'autre sont rangées sous des titres différents selon les manuscrits. Notre enquête a porté sur trois manuscrits compulsés par Schulte : le manuscrit latin 213 de Munich, le manuscrit 464 de la Bibliothèque universitaire d'Erlangen et le manuscrit I. B. 4 (fol. 79 à 94) du Musée

---

79. Cette difficulté sera résolue par la composition du *Sexte*, entreprise sur l'ordre et selon les instructions de Boniface VIII (1294-1303) ; la nouvelle collection fut publiée lè 3 mars 1298 (bulle *Sacrosanctae*).

80. Ce fut le cas dès les premiers recueils ; cf. KESSLER, « Untersuchungen... », *loc. cit.* (voir *supra*, note 16), t. 31, 1942, p. 145.

81. Encore y a-t-il lieu de nuancer cette affirmation. En effet, on ne tarde pas à relever qu'une assimilation complète entre conservateur et juge délégué est impossible. Geoffroy de Trani soulignait déjà que les conservateurs étaient avant tout des délégués du Saint-Siège chargés de faire appliquer les décisions du pape ; ils n'étaient que de « purs exécuteurs ». De ce fait, ils ne pouvaient connaître des affaires douteuses, qui exigeaient la *cognitio* judiciaire : ... *Puto quod* (*conseruatores*) *defendere habeant a uiolentiis manifestis, nam cum sint meri executores de dubiis non cognoscant...* ; *Summa D. Goffredi Tranensis in titulos decretalium*, Venetiis, 1564, p. 102, n. 34.

82. INNOCENTIUS IV, *In quinque libros decretalium ...* (cf. *supra*, note 48), fol. 61 v° et 62 r°.

83. Cf. SCHULTE, « Die Dekretalen... », *loc. cit.* (voir *supra*, note 69), t. 55, 1867, p. 774-775. Ce point de vue est confirmé par le silence de Jean d'André, qui dans la Glose du *Sexte* ne mentionne aucun auteur qui aurait commenté ces décrétales. Dans un autre passage de son étude, Schulte laisse entendre cependant qu'Alexandre IV aurait lui-même composé un recueil au moins partiel de ses propres décrétales ; SCHULTE, *op. et loc. cit.*, p. 758. P. Torquebiau (*Dict. de droit can.*, art. « Corpus iuris canonici », t. 4, col. 632) pense, lui aussi, que vraisemblablement Alexandre IV fit un recueil de ses décrétales.

de Bohême à Prague[84]. Le manuscrit latin 213 de Munich ne présente pas d'intérêt pour notre étude, parce que les différentes décrétales, entre autres celles d'Alexandre IV, sont alignées pêle-mêle sans aucun ordre et sans titre[85]. Nous n'avons donc retenu que le manuscrit de Prague et celui d'Erlangen. Ainsi, dans le manuscrit de Prague on trouve, comme on est en droit de s'y attendre, la décrétale *Quia de conservatoribus* dans le *De officio* (*iudicis*) *delegati*[86]. Dans le manuscrit de la Bibliothèque universitaire d'Erlangen, en revanche, elle figure sous le titre *De privilegiis*[87]. Cette dernière place s'explique par le fait que les conservateurs intervenaient souvent pour sauvegarder les privilèges. Quant à la décrétale *Quia pontificali*, le manuscrit d'Erlangen la range dans le *De constitutionibus*[88], tandis que le manuscrit de Prague l'insère dans le *De privilegiis*[89].

En ce qui concerne les décrétales *Quia personae* et *Licet regularis*, on peut tout d'abord relever que le manuscrit de Prague les classe l'une et l'autre dans le *De privilegiis*[90]. La raison en est qu'elles traitent toutes les deux essentiellement des atteintes portées aux privilèges des religieux et, plus précisément, des abus commis par les privilégiés, comme le laisse entendre le libellé complet du titre, qui est le suivant : *De privilegiis et excessibus privilegiatorum*[91]. Il faut remarquer toutefois que ces deux décrétales sont également rangées sous d'autres titres dans ces mêmes manuscrits. Dans le manuscrit de Prague, la décrétale *Quia personae* figure en plus dans le titre *De regularibus et transeuntibus ad religionem*[92] et dans celui des dîmes (*De decimis*)[93]. La décrétale *Licet regularis*, elle, n'a été reprise dans le manuscrit de Prague que dans un seul autre titre, en plus du *De privilegiis*, à savoir dans le *De poenis*[94]. Dans le manuscrit d'Erlangen, la situation est un peu différente : la décrétale *Quia personae* se trouve uniquement dans

84. Pour le ms. de Munich, voir SCHULTE, *op. et loc. cit.*, p. 712-713 et 780-786 ; pour le ms. d'Erlangen, SCHULTE, p. 713-722 et pour le ms. de Prague, SCHULTE, p. 724-755.
85. *Ibid.*, p. 712-713.
86. *Ibid.*, p. 731.
87. *Ibid.*, p. 714.
88. *Ibid.*, p. 747.
89. *Ibid.*, p. 713.
90. *Ibid.*, p. 745 et 746. Il convient de rappeler pourtant que le manuscrit Bibl. Vat., Vat. lat. 12572, fol. 16 (33 r°) range un important fragment de la décrétale *Quia personae*, présenté avec l'incipit *Hii qui*, sous le titre *De off. iud. ord. sive del.* ; cf. *supra*, note 36.
91. Voir *Décrétales de Grégoire IX*, 5. 33 ; édit. FRIEDBERG, *Corpus Iuris Canonici*, t. 2, col. 848.
92. SCHULTE, *op. et loc. cit.*, p. 740.
93. *Ibid.*
94. *Ibid.*, p. 749 ; cf. *supra*, notes 69 et 76.

le titre *De concessione praebendae*[95] ; quant à la décrétale *Licet regularis*, elle n'a pas été retenue par l'auteur du manuscrit[96].

On peut se demander si cette variété que l'on constate dans la manière d'insérer ces décrétales dans des titres différents autorise quelque conclusion. De prime abord, il semble qu'il y ait une part d'arbitraire dans cette classification, bien que chaque compilateur ait sans doute eu ses raisons de placer ces textes sous tel titre plutôt que sous tel autre. Un élément de conclusion cependant paraît se dégager de cette enquête : on a l'impression que les canonistes tendent à mettre de préférence les conservateurs en rapport avec le titre *De privilegiis* plutôt qu'avec le titre *De officio* (*et potestate*) *iudicis delegati*, contrairement à ce qu'avait fait Innocent IV comme nous l'avons vu plus haut. Jean d'André nous fournit une confirmation de cette tendance : dans la glose ordinaire du *Sexte* (1.14.15), il laisse bien entendre que les conservateurs ne se confondent pas avec les juges délégués ; il y a des différences entre les deux institutions, celle du juge délégué et celle du conservateur[97]. Toutefois, il convient de noter que dans le *Sexte* luimême l'hésitation sur la place à donner aux conservateurs est encore patente : en effet, des quatre décrétales d'Alexandre IV deux sont insérées dans le *De officio et potestate iudicis delegati* et les deux autres dans le *De privilegiis*. Sous le titre *De officio* ... on trouve la décrétale *Quia pontificali*, qui a été reprise intégralement (1.14.2), et la décrétale *Quia de conservatoribus*, qui n'a été reprise que de façon partielle (1.14.15)[98]. Sous le titre *De privilegiis* on trouve la décrétale *Licet regularis* (5.7.4) et la décrétale *Quia personae* (5.7.7) ; elles n'y figurent pas telles quelles, mais elles ont fourni des parties importantes à deux nouvelles décrétales, la décrétale *Auctoritate* (5.7.4)[99] et la décrétale *Quum personae* (5.7.7)[100]. Il faut cependant relever que les décrétales qui traitent plus explicitement du statut des conservateurs figurent dans le *Sexte* au titre *De officio ... iudicis delegati*, tandis que celles qui se trouvent au titre *De privilegiis et excessibus privilegiatorum* concernent plus spécialement l'intervention indue des conservateurs.

* * *

95. *Ibid.*, p. 714.

96. En tout cas, on ne trouve rien à ce sujet dans *Ibid.*, p. 713-714.

97. Cf. *Glossa in VI°*, 1.14.15, commentaire de la décrétale *Hac constitutione*. Il convient de signaler à ce propos le *casus* fort intéressant que, ultérieurement, Dominique de San Geminiano a ajouté à ce commentaire.

L'attention avait déjà été attirée sur ce point par Geoffroy de Trani, qui différencie nettement les conservateurs et les juges délégués ; voir *supra*, note 81.

98. Cf. *supra*, notes 3 et 9.

99. Cf. *supra*, notes 3 et 60.

100. Cf. *supra*, note 26.

Le pontificat d'Alexandre IV a bien marqué les conservateurs. Le pape a promulgué quatre décrétales à leur sujet dans un laps de temps record : les quatre documents ont paru dans un intervalle de trois jours. L'intention du pape était de réformer ou, disons mieux, d'améliorer le statut des conservateurs. Le caractère essentiel de cette législation paraît bien avoir été de sauvegarder le droit des ordinaires face aux abus commis par les religieux et leurs conservateurs. En 1245, Innocent IV était déjà intervenu pour limiter le pouvoir des conservateurs. Onze ans plus tard, en 1256, Alexandre IV apportera de nouvelles restrictions aux droits de ces mêmes conservateurs, dont la mission était essentiellement d'assurer la protection des personnes morales. Par ces dispositions le pape atteindra dans leurs privilèges les religieux, auxquels il était pourtant très favorable.

La loi est une chose, sa mise en pratique une autre ; les deux ne se recoupent pas toujours. C'est pourquoi on peut se demander dans quelle mesure les règles édictées par Alexandre IV ont été appliquées et ont porté leurs fruits. On serait tenté de le croire. En effet, Guillaume Durand adopte la législation d'Alexandre IV ; les travaux de l'illustre canoniste permettent ainsi d'admettre que cette législation a bien passé dans la doctrine commune de l'époque. Il semble donc que nous ayons là une preuve que les dispositions prises par Alexandre IV au sujet des conservateurs ne sont pas restées lettre morte.

Un point est acquis ainsi au cours du dernier tiers du XIIIe siècle : les conservateurs, qui disposaient primitivement de pouvoirs très étendus, voient leurs droits contenus progressivement dans des limites de plus en plus strictes. Ces restrictions portées à leurs pouvoirs ont pour fin d'assurer un respect plus grand de la juridiction épiscopale. Ainsi, l'autorité des évêques est affermie, en même temps que le pouvoir des conservateurs est maintenu dans des limites raisonnables. La question qui se pose maintenant est celle de savoir si le droit complémentaire qu'établira Boniface VIII à la fin du siècle respectera l'institution telle qu'elle fonctionne conformément aux mesures prises par Alexandre IV ou si ce droit apportera de nouvelles dispositions ; en somme, il s'agit de se demander si Boniface VIII ne fera que confirmer la législation en vigueur ou s'il la modifiera. La réponse à cette question fera l'objet d'un prochain chapitre.

V
LES CONSERVATEURS APOSTOLIQUES DANS L'ŒUVRE DE GUILLAUME DURAND (1230 ? - 1296)

Les conservateurs apostoliques doivent à Innocent IV (1243-1254) les premières dispositions législatives les concernant, qui ont été complétées et précisées par son successeur immédiat Alexandre IV (1254-1261). Cependant, à la mort de ce pontife en 1261, les différents textes fixant le statut des conservateurs n'ont pas encore fait l'objet d'une véritable synthèse doctrinale ; c'est dire que la constitution *Statuimus* d'Innocent IV, promulguée en 1245 au Ier concile général de Lyon, et les quatre décrétales d'Alexandre IV, publiées entre le 23 et le 26 mars 1256, n'ont pas encore été intégrées pleinement dans la doctrine canonique de l'époque. La synthèse harmonieuse de cette législation sera réalisée par Guillaume Durand, pour l'essentiel, entre les années 1270 et 1276 ; il y reviendra plus tard pour ajouter quelques compléments.

Guillaume Durand était particulièrement qualifié pour accomplir ce travail. Sa formation de canoniste, son enseignement du droit en Italie, son appartenance à la Curie romaine le désignaient mieux que quiconque pour mener à bien cette tâche[1].

Guillaume Durand est né vers 1230 en France à Puimisson, dans le diocèse de Béziers. Nous n'avons pas d'informations précises sur ses premières études. Il fréquenta vraisemblablement l'université de Montpellier et sans doute aussi celle de Paris. Vers l'âge de vingt-cinq ans, il partit pour Bologne, où il suivit, entre autres, les cours de Bernard de Parme et peut-être l'enseignement d'Henri de Suse, le futur Hostiensis. Auprès de tels maîtres il acquit une solide formation de

---

1. Pour une vue d'ensemble sur la vie et les œuvres de Guillaume Durand, voir entre autres V. LE CLERC, « Guillaume Duranti, évêque de Mende, surnommé le Spéculateur », dans *Histoire littéraire de la France*, t. XX, 1842, p. 411-497 ; L. FALLETTI, art. « Guillaume Durand ou Durant, souvent appelé Le Spéculateur », dans *Dict. de droit can.*, publ. sous la direction de R. NAZ, t. 5, Paris, 1953, col. 1014-1075. On pourra consulter également l'étude que consacre Ch. Lefebvre à Guillaume Durand dans G. LE BRAS, Ch. LEFEBVRE, J. RAMBAUD, *L'Âge classique (1140-1378). Sources et théorie du droit*, Paris, 1965, p. 319-320 (« Histoire du droit et des institutions de l'Église en Occident », coll. publ. sous la direction de G. LE BRAS, t. 7).

canoniste. Bientôt il assura lui-même l'enseignement du droit d'abord à Bologne, puis à Modène.

Très tôt, Guillaume Durand devint un familier de la Cour romaine ; il semble bien que ce fut déjà sous le pontificat d'Urbain IV (1261-1264). Il s'occupa d'abord de l'examen de certaines causes administratives, dont il fait état dans son *Speculum iuris*. Sous Clément IV (1265-1268), il devint, comme il se définit lui-même : *domini papae capellanus, subdiaconus, ac ipsius palatii causarum generalis auditor* (*Speculum*, lib. 2, partic. 1, *De citatione*, § 6. *Dicto*, n. 1). La charge d'auditeur général des causes du palais apostolique devait lui permettre d'acquérir l'expérience et le sens des choses judiciaires.

Guillaume Durand se trouvait à Viterbe quand Grégoire X fut élu pape en 1271. Le nouveau pontife romain en fit son secrétaire au IIe concile général de Lyon (1274) ; on lui confia la rédaction des actes du concile. Dans la suite, il occupa diverses fonctions au service de la papauté comme administrateur et diplomate ; il fut chargé notamment de pacifier la Romagne.

En 1285, il fut élu évêque de Mende. Cependant, il ne rejoignit son diocèse qu'en 1291. Le pape Boniface VIII (1294-1303) le rappela en 1295 en Italie pour lui confier le gouvernement de la Romagne et de la Marche d'Ancône. Il mourut à Rome le 1er novembre 1296.

Ces activités d'ordre très divers n'empêchèrent pas Guillaume Durand de réaliser une œuvre scientifique très importante dans les domaines du droit canonique et de la liturgie. Les travaux qui nous intéressent ici sont ses ouvrages juridiques. Deux de ces travaux retiennent spécialement notre attention en raison des indications qu'on y trouve sur le statut des conservateurs. Il s'agit du *Speculum iuris* et du *Repertorium aureum iuris canonici*.

Speculum iuris. — Le *Speculum iuris*, dénommé aussi *Speculum iudiciale* par l'auteur lui-même, constitue l'ouvrage le plus important de la production juridique de Guillaume Durand[2]. Comme le titre l'indique, il contient le résumé du savoir juridique de l'époque : on y trouve à la fois un exposé systématique de la doctrine du droit et une somme de la pratique judiciaire. C'est dire que l'ouvrage est comme le reflet ou le miroir de tout ce que devait savoir un juriste ou un praticien ; d'où la dénomination de *Speculum* donnée par l'auteur lui-même à l'ouvrage. Cela explique aussi le surnom de *Speculator* que reçut par la suite Guillaume Durand.

2. G. DURANDUS, *Speculum iuris*, Francofurti, 1612. Pour toutes les questions concernant le *Speculum* (dates, recensions...), nous suivons les indications données par FALLETTI, *Guillaume Durand...* (cf. note 1), col. 1029-1052.

La composition de l'ouvrage appartient à diverses périodes de la vie de l'auteur. D'après les travaux les plus autorisés, l'ouvrage aurait eu deux recensions. La première fut dédiée au cardinal Ottoboni de' Fieschi, le futur Adrien V, dont le pontificat ne dura que cinq semaines : élu pape le 11 juillet 1276, il mourut le 16 août suivant. Cette recension ne peut donc pas être postérieure à 1276. En outre, elle suppose qu'Hostiensis n'est plus de ce monde ; or, ce dernier est décédé le 28 octobre 1271. C'est donc entre ces deux années (fin 1271 et première moitié de 1276) que se situe la rédaction de cette première recension. Quant à la deuxième recension, elle a été réalisée entre 1287 (plus probablement 1289) et 1291.

L'ouvrage s'adresse à tous ceux qui participent à des procès, aussi bien aux professionnels : juges, avocats, tabellions..., qu'aux parties intéressées et aux témoins. Jean d'André ajoute que même le non-expert en droit peut facilement y trouver tous les éléments qui lui seraient utiles : ... *Notabiliter fuit commendabile, sic opus componere, et etiam non Iurista facile potest, quod sibi expedit, inuenire*[3]. « Au-delà du renseignement du moment, comme le note à juste titre L. Falletti[4], l'auteur vise à former des praticiens, affirmant audacieusement qu'une intelligente utilisation rendra le plus inexpert habile juge, ou avocat, ou greffier ».

L'ouvrage est divisé en quatre livres ou parties. Le premier traite du rôle des personnes qui prennent part à un procès ; le deuxième concerne l'ordre judiciaire à observer dans les causes civiles ; le troisième est consacré aux procès criminels ; le quatrième, plus technique, est un formulaire propre à chacun des divers types de procès.

Le *Speculum iuris* a fait autorité, comme en témoigne le grand nombre de manuscrits conservés. Il a reçu des additions, entre autres, de Jean d'André († 1348) et de Balde († 1406). Il fut très utilisé au Moyen Âge. De nombreuses éditions en ont été faites à la fin du XVe siècle et au courant du XVIe [5]. À partir du XVIIe siècle, comme l'œuvre suscite moins d'intérêt, elle ne retient plus guère l'attention des imprimeurs ; aussi les rééditions se raréfient-elles. Nous avons utilisé pour notre étude l'édition de Francfort de 1612, dont nous pouvions facilement disposer à la Bibliothèque Vaticane.

Repertorium aureum. — Il s'agit d'un manuel qui, dédié au cardinal Matteo Rosso Orsini, est un exposé systématique du droit canon.

3. Voir *Additiones* au *Speculum iuris*, au titre : *De officio omnium iudicum*, lib. 1, partic. 1, § 8. *Postremo*, addition au mot *Postremo* ; cf. DURANDUS, *Speculum iuris*, édit. cit., vol. 1, p. 145, *additio* a.

4. FALLETTI, *op. et loc. cit.* (cf. note 1), col. 1035.

5. Au sujet des manuscrits et des éditions imprimées du *Speculum*, voir LE CLERC, « Guillaume Duranti... » (cf. note 1), p. 450-456.

L'ouvrage porte deux titres : tantôt il est dénommé *Breviarium* et tantôt *Repertorium aureum*. C'est Guillaume Durand lui-même qui a utilisé ces deux titres ; il l'appelle notamment *Breviarium* dans l'introduction de cet ouvrage. Mais c'est le nom de *Repertorium* qui a prévalu plus tard[6].

L'ouvrage eut, lui aussi, deux recensions : l'une est antérieure à la première rédaction du *Speculum iuris*, qui se situe entre la fin de 1271 et la première moitié de 1276 ; l'autre, postérieure au IIe concile de Lyon, a été écrite entre 1274 et 1279. Il est divisé en cinq livres correspondant aux cinq livres des *Décrétales de Grégoire IX* dont, à quelques exceptions près, il suit le plan.

Les problèmes qu'aborde Guillaume Durand sont avant tout ceux qui ont été traités dans le *Décret* de Gratien et les *Décrétales de Grégoire IX*. Il facilite aux intéressés l'utilisation de ces œuvres maîtresses. À cette fin, il donne pour chaque question (par exemple, l'office du juge délégué, l'office d'archidiacre, d'archiprêtre...) les références voulues aux différents textes du *Décret* de Gratien et des *Décrétales de Grégoire IX* ; il y ajoute aussi les références à des décrétales qui ne figurent pas dans ces collections, entre autres à des décrétales d'Innocent IV. Il mentionne également les gloses de certains canonistes ; on trouve notamment des renvois aux commentaires d'Innocent IV et d'Hostiensis. Bref, nous avons affaire à une table systématique des matières très élaborée des principaux sujets qui préoccupent ou doivent préoccuper les gens d'Église.

Bien qu'il n'ait pas eu le même succès que le *Speculum iuris*, l'ouvrage a cependant fait l'objet d'un certain nombre d'éditions imprimées ; parmi ces dernières, on peut citer celle qui a été réalisée à Rome en 1474[7]. Souvent il n'a pas été imprimé en volume séparé, mais joint au *Speculum* dont il constituait une sorte d'appendice. L'édition que nous avons utilisée est précisément celle qui figure en appendice à l'édition du *Speculum* imprimée à Francfort en 1612.

I. INTÉRÊT DU TRAVAIL DE GUILLAUME DURAND

Pour comprendre l'intérêt que présente le travail réalisé par Guillaume Durand, il paraît indispensable de faire le point de la situation : il importe de voir notamment où l'on en était arrivé en ce qui concerne l'élaboration de la doctrine relative aux conservateurs.

6. G. DURANDUS, *Repertorium aureum*, Francofurti, 1612. Pour tous les détails relatifs au *Repertorium*, nous nous en tenons également aux indications fournies par FALLETTI, « Guillaume Durand... » (cf. note 1), col. 1031 et 1052-1053.

7. Pour les manuscrits et les éditions imprimées du *Repertorium*, voir LE CLERC, « Guillaume Duranti... » (cf. note 1), p. 458-460.

La législation en la matière reposait à l'époque en tout sur une constitution (*Statuimus*) d'Innocent IV, promulguée au Ier concile de Lyon de 1245, et sur quatre décrétales d'Alexandre IV, publiées entre le 23 et le 26 mars 1256. Tout ce qu'apparemment Guillaume Durand a pu connaître au point de vue doctrinal sur les conservateurs était fondé sur l'étude faite par Geoffroy de Trani[8] et sur les commentaires dont la constitution *Statuimus* avait fait l'objet. Celle-ci a été commentée en premier lieu par Bernard de Compostelle le jeune († 1267) et par Innocent IV lui-même († 1254)[9] ; dans la suite, d'autres canonistes s'y sont intéressés, tels Bernard de Parme († 1266), Pierre de Sampson (dont nous ignorons la date du décès, mais dont nous savons qu'il a réalisé son commentaire entre les années 1246 et 1253), Bernard de Montmirat († 1296) et surtout Hostiensis († 1271)[10].

Contrairement à la constitution d'Innocent IV, les quatre décrétales d'Alexandre IV n'avaient pas encore été commentées à l'époque de Guillaume Durand, car il ne semble pas qu'Alexandre IV ait lui-même publié un recueil officiel de ses décrétales[11]. Ceci explique la raison pour laquelle ses décrétales n'avaient pas suscité l'attention des commentateurs. Bien sûr, nous n'entendons pas dire par là que les décrétales en question ne furent pas commentées ; mais elles ne le seront qu'après leur insertion, intégrale ou partielle, dans le *Sexte*. C'est par ce biais qu'elles seront glosées par les canonistes. Or, le *Sexte* n'a été promulgué qu'en 1298 et les premiers commentaires remontent au début du XIVe siècle ; tous ces commentaires sont donc postérieurs à Guillaume Durand, dont la mort survint en 1296, soit deux ans avant la promulgation elle-même du *Sexte*.

Le sort privilégié dont a joui la constitution *Statuimus* d'Innocent IV de la part des commentateurs s'explique de la façon suivante : le pape en a donné lui-même un commentaire, ce que n'a pas fait Alexandre IV pour ses décrétales. En outre, certains documents pontificaux, en raison

---

8. Voir *supra* chapitre I, p. 47-49.

9. *Ibid.*, p. 54-56 ; 57-62.

10. Voir supra chapitre III.

11. Cf. J.F. SCHULTE, « Die Dekretalen zwischen den "Decretales Gregorii IX." und "Liber VI. Bonifacii VIII."... », dans *Sitzungsberichte der Philosophisch-Historischen Classe der Kaiserlichen Akademie der Wissenschaften*, t. 55, Wien, 1867, p. 774-775. Dans un autre passage de cette étude, Schulte laisse cependant entendre qu'Alexandre IV a pu lui-même composer un recueil au moins partiel de ses propres décrétales ; *ibid.*, p. 758. Par ailleurs, il signale, en dépit de l'absence de glose, une somme sur les extravagantes d'Alexandre IV, d'Urbain IV et de Clément IV (manuscrit latin 213 de la *Münchener Hofbibliothek*, fol. 111-126) ; *ibid.*, p. 780 et s. À la suite de Schulte, P. Torquebiau (*Dict. de droit can.*, art. « Corpus juris canonici », t. 4, Paris, 1949, col. 632) pense, lui aussi, que vraisemblablement Alexandre IV fit un recueil de ses décrétales. Mais nous n'avons pas de certitude sur ce point et il ne pourrait s'agir que d'un ou de plusieurs recueils privés.

de leur particulière importance et de l'intérêt du moment, furent ajoutés à la collection des *Décrétales de Grégoire IX*. Ce fut le cas de la constitution *Statuimus* d'Innocent IV. De ce fait, elle eut un certain retentissement et attira l'attention des commentateurs. Les décrétales d'Alexandre IV n'eurent pas cette chance ; d'où un moindre intérêt et une faible diffusion.

Cependant, il peut paraître surprenant que l'attention d'un canoniste de renom, comme Hostiensis, n'ait pas été retenue par les quatre décrétales d'Alexandre IV sur les conservateurs. Celles-ci, en effet, se situent entre le 23 et le 26 mars 1256, soit quinze ans avant la mort d'Hostiensis († 1271). Effectivement, Hostiensis s'est intéressé aux conservateurs ; il les mentionne dans la *Summa* et il en traite de façon exhaustive dans la *Lectura* sur les Novelles d'Innocent IV[12]. Mais, comme ces deux ouvrages étaient achevés en 1253[13], ils sont antérieurs à la publication des décrétales d'Alexandre IV, qui datent de l'année 1256. Hostiensis a bien continué à travailler jusqu'à sa mort, survenue en 1271 ; mais les travaux auxquels il s'adonnait à cette époque, notamment la *Lectura* sur les *Décrétales de Grégoire IX*, ne lui fournissaient pas l'occasion de traiter des conservateurs[14]. S'il en avait eu l'occasion, il aurait certainement fait état des décrétales d'Alexandre IV, puisqu'il jouissait d'une grande faveur auprès de ce pape.

Finalement, c'est à Guillaume Durand que reviendra le mérite de compléter les travaux de ses prédécesseurs sur les conservateurs, en intégrant dans la doctrine les nouveaux éléments fournis par les décrétales d'Alexandre IV. Son enseignement à Bologne, puis à Modène sous le pontificat d'Alexandre IV, ses fonctions ensuite à la Curie romaine sous Urbain IV et Clément IV ne sont probablement pas étrangers au fait qu'il ait été amené à mettre à jour la doctrine canonique sur les conservateurs. Cette mise à jour s'imposait puisque le travail doctrinal était réduit, si l'on excepte l'étude de Geoffroy de Trani, aux seuls commentaires de la constitution *Statuimus* d'Innocent IV. Il restait à tenir compte des décrétales d'Alexandre IV et ensuite à faire la synthèse de l'ensemble. C'est ce à quoi va s'attacher Guillaume Durand.

II. SYNTHÈSE DOCTRINALE

Deux possibilités s'offrent pour présenter l'institution des conservateurs telle que nous la découvrons sous la plume de Guillaume

12. Voir *supra*, chapitre III, p. 77-98.

13. Cf. Ch. LEFEBVRE, art. « Hostiensis », dans *Dict. de droit can.*, t. 5, Paris, 1953, col. 1215-1216 et 1220.

14. LEFEBVRE, *op. et loc. cit.*, col. 1220-1221.

Durand. On peut exposer les grands traits de l'institution telle qu'elle apparaît à travers l'œuvre du grand canoniste. On peut aussi suivre, pas à pas, les développements qu'il consacre aux conservateurs dans les deux ouvrages où il en traite, à savoir le *Speculum iuris* et le *Repertorium*. Les deux manières de procéder se justifient ; nous avons opté pour la seconde, car elle permet de mieux se rendre compte de tous les aspects de l'institution mis en relief par l'auteur.

1. Le *Speculum iuris*

Comme on peut s'y attendre, le *Speculum iuris* traite des conservateurs aux titres habituels : « juge délégué » et « privilèges et excès commis par les privilégiés ». Il en parle aussi, mais très discrètement, au titre consacré aux appels judiciaires.

1. Titre : *De iudice delegato*[15]. — *Compétence du conservateur* : au titre qui concerne le juge délégué, Guillaume Durand traite tout d'abord le problème de la compétence des conservateurs[16]. À cet égard, il souligne que les conservateurs ne sont pas des juges au sens strict. En effet, il leur appartient seulement d'intervenir dans les cas d'injustices manifestes ; leur pouvoir ne s'étend nullement aux causes qui exigent une enquête judiciaire. Sur ce point, c'est la législation d'Innocent IV qui est reprise, sans modification, par Guillaume Durand. Celui-ci se réfère à la constitution *Statuimus*[17] ; il ne fait ici aucune allusion au commentaire d'Innocent IV ni à la doctrine qui s'en dégage. Conformément aux termes de la constitution d'Innocent IV, il emploie le qualificatif « manifeste » pour désigner les injustices qui permettent aux conservateurs d'intervenir : ... *Conseruator... potest solum defendere a manifestis iniuriis...* Implicitement, de ce fait, il dirime un débat : on sait qu'Innocent IV avait utilisé le terme « manifeste » dans la constitution *Statuimus*, alors que dans son commentaire il a fait tout

15. DURANDUS, *Speculum iuris*, lib. 1, partic. 1, *De iudice delegato*.

16. *De iudice delegato*, § 8. *Excipi*, n. 24 ; édit. cit., vol. 1, p. 26.

17. Le texte de la constitution a été inséré dans le *Sexte*, 1.14.1 : *Statuimus, ut conservatores, quos plerumque concedimus, a manifestis iniuriis et violentiis defendere possint quos eis committimus defendendos. Nec ad alia, quae iudicialem indaginem exigunt, suam possint extendere potestatem* ; cf. Ae. FRIEDBERG, *Corpus Iuris Canonici*, t. 2, *Decretalium Collectiones*, Lipsiae, 1881 (Graz, 1955), col. 978. Cf. note 85 p. 52 ; note 1, p. 63 ; note 9, p. 79 ; note 11, p. 108.

Dans l'ouvrage de Guillaume Durand, on trouve l'indication que la constitution *Statuimus* d'Innocent IV figure dans le *Sexte*. Pour l'information du lecteur, nous signalons que cette indication n'est certainement pas de Guillaume Durand, car celui-ci est décédé en 1296, alors que le *Sexte* n'a été promulgué qu'en 1298. C'est donc un auteur postérieur qui a dû ajouter cette référence au *Sexte* dans l'ouvrage de Guillaume Durand. À notre avis, ce ne peut être qu'un des canonistes qui ont rédigé les *Additiones* au *Speculum* ; nous penchons pour Jean d'André.

d'abord une distinction subtile entre « manifeste » et « notoire ». Mais, dans la suite, Innocent IV lui-même et surtout les commentateurs, notamment Hostiensis, se réfèrent de moins en moins à cette distinction dans la pratique et arrivent en fait à assimiler les deux qualificatifs et à les employer l'un pour l'autre[18]. Hostiensis, à la suite d'Innocent IV, utilisera de préférence le terme *notoire* et non celui de *manifeste*. Guillaume Durand, pour sa part, retiendra le terme *manifeste* et passera sous silence celui de *notoire*. On peut en conclure que, pour lui, il n'y a pas de différence entre les deux qualificatifs et que le problème de la distinction ne se pose pas.

Délégation de pouvoir : au sujet de la délégation des pouvoirs, Guillaume Durand fait des distinctions. Les textes officiels n'avaient pas prévu la délégation de pouvoir de la part des conservateurs. C'est la doctrine qui s'en est occupée ; Bernard de Montmirat, notamment, avait soulevé le problème vers 1260 et il avait donné une réponse négative. Il signalait à ce propos que ce n'était pas l'usage de la Curie romaine d'autoriser les conservateurs à déléguer leur pouvoir[19]. En revanche, Guillaume Durand admet que le conservateur peut déléguer son pouvoir. Cependant, la délégation demeure pour lui quelque chose d'exceptionnel. En effet, il ne s'agit pas, en l'occurrence, d'une possibilité valable pour tout conservateur ; elle est soumise à des réserves qui font que certains conservateurs seulement peuvent en faire usage. Les conservateurs qui en jouissent sont ceux dont les rescrits de nomination contiennent une clause spéciale les autorisant à procéder à une enquête judiciaire. Il pourrait s'agir, par exemple, d'enquêter sur le fait de savoir si l'injustice présente ou non le caractère manifeste requis. Les autres conservateurs ne sauraient déléguer validement leur pouvoir à qui que ce soit. C'est d'ailleurs la solution qui sera reprise par la décrétale *Hac constitutione* du *Sexte*[20], pour la raison bien simple que telle était depuis longtemps la pratique de la Curie, déjà rappelée par Bernard de Montmirat.

Qualités requises du conservateur : Guillaume Durand examine ensuite la question de savoir qui peut être conservateur. Ce point avait déjà été étudié dans la décrétale *Quia de conservatoribus*[21]. Par cette

18. Pour Innocent IV, voir ci-dessus chap. I, p. 58-62 ; pour Hostiensis et les commentateurs postérieurs, voir ci-dessus chap. III, p. 79-80 et 84-86.

19. Bibl. Vat., ms. Borgh. lat. 260, fol. 110 va : *Set numquid possunt isti conseruatores alii committere uices suas ? Consuetudo est curie quod non, arg. s. e. quoniam apostolica sedes* (X. 1.29.43) ; voir chapitre III ci-dessus, p. 101.

20. In VI°, 1.14.15.

21. On peut en trouver le texte en note dans l'édition du *Sexte* de FRIEDBERG (*Corpus Iuris Canonici*, 2, col. 981). Friedberg l'a reproduite en note de la décrétale *Hac constitutione* du *Sexte* (1.14.15), car cette dernière décrétale reprend des fragments de

décrétale, le pape Alexandre IV avait pris une série de mesures pour remédier aux abus dont nombre de conservateurs se rendaient coupables.

Parmi ces mesures, on en trouvait une qui fixait les qualités requises pour exercer la fonction de conservateur. Ce faisant, le pape ne se contentait pas de rappeler la décision déjà prise à ce sujet par Innocent IV[22], mais il se montrait encore plus exigeant que ne l'avait été son prédécesseur. Alors que jusque-là même les chanoines des églises collégiales étaient habilités à exercer la fonction de conservateur, Alexandre IV les en écartera[23]. Guillaume Durand relève que cette fonction « aujourd'hui », c'est-à-dire vers 1290, est exclusivement réservée aux évêques, aux abbés et aux chanoines des églises cathédrales. Parmi ces derniers, on fera appel tout spécialement aux dignitaires que sont l'archidiacre, le doyen, le prévôt, le chantre. Nul autre ecclésiastique ne saurait être nommé conservateur. C'est bien la solution adoptée par Alexandre IV qui est ici reprise par Guillaume Durand, puisque les chanoines des églises collégiales sont exclus. Celui-ci toutefois ne mentionne pas la décrétale *Quia de conservatoribus* ni ne fait la moindre allusion à la situation antérieure. La doctrine que Guillaume Durand présente dans le *Speculum iuris* est tout à fait conforme à la législation telle qu'elle apparaissait dans la décrétale *Quia de conservatoribus* qui, elle, date de 1256 ; le *Speculum*, lui, dans sa seconde recension remonte aux environs de l'année 1290. Cela montre bien que la doctrine n'a fait l'objet d'aucune modification sur ce point en cette seconde moitié du XIIIe siècle.

---

la décrétale *Quia de conservatoribus*. La législation d'Alexandre IV concernant les conservateurs, notamment la décrétale *Quia de conservatoribus*, a été présentée ci-dessus, chapitre IV, spécialement p. 108-111.

22. Innocent IV avait décrété que la fonction de conservateur ne pouvait être confiée qu'à des prélats ou des chanoines des églises cathédrales et des églises collégiales : constitution *Praesenti* (Ier concile général de Lyon, 1245), reproduite par Cl. LEONARDI, « Concilium Lugdunense I (1245) », dans J. ALBERIGO *et alii*, *Conciliorum Oecumenicorum decreta*, edit. 3^a, Bologna, 1973, p. 284.

23. ... *Deinceps soli episcopi, abbates et canonici cathedralium ecclesiarum, maxime hi, qui sunt in ipsis ecclesiis dignitatibus praediti, et nullae aliae personae ecclesiasticae conservatores exsistant* ; édit. FRIEDBERG, *Corpus Iuris Canonici*, 2, col. 981, en note.

La papauté tenait à ce que les conservateurs soient sans reproche, d'où la décision d'Alexandre IV de restreindre encore le choix des personnes appelées à exercer cet office. Elle était, par ailleurs, soucieuse de mettre les exempts sous sa dépendance directe pour les utiliser, selon ses vues, au service du bien général de l'Église. C'est pourquoi elle multipliait les privilèges à leur égard, afin de les défendre contre les emprises ou même les prérogatives des évêques et contre les attaques des puissants ; cf. J. GAUDEMET, dans J.F. LEMARIGNIER, J. GAUDEMET, G. MOLLAT, *Histoire des Institutions françaises au Moyen Âge* (sous la direction de F. LOT et R. FAWTIER), t. 3 : *Institutions ecclésiastiques*, Paris, 1962, p. 238.

Toujours à propos des qualités requises du conservateur, Guillaume Durand rapporte une autre mesure prise par Alexandre IV dans la décrétale *Quia de conservatoribus* : nul ne peut être conservateur de son propre conservateur. Une telle réciprocité n'était pas sans danger, car elle pouvait inciter certains conservateurs à intervenir de manière arbitraire ou partiale. Aussi Alexandre IV avait-il décidé de mettre fin à cette possibilité de service mutuel jusqu'alors en usage[24]. Guillaume Durand adopte cette décision sans éprouver le besoin de la commenter ni de la justifier ; il l'entérine tout simplement. Ce faisant, il laisse entendre qu'il s'agit d'une disposition communément reçue. Il ajoute également que, à l'exception des rois[25], il est interdit à toute personne d'avoir comme conservateur un de ses subordonnés. Comme précédemment, Guillaume Durand reste muet sur l'origine de cette règle. C'est dire que pour lui cette mesure ne faisait pas la moindre difficulté à son époque.

Peines : ces trois questions une fois traitées, Guillaume Durand en vient à parler des peines prévues à l'encontre de ceux qui transgresseraient les dispositions de la loi. La constitution *Statuimus* d'Innocent IV, comme nous l'avons indiqué plus haut[26], prévoyait que les conservateurs ne puissent intervenir que dans les cas d'injustices *manifestes*. À ce sujet, Guillaume Durand souligne que le conservateur qui s'ingère dans des causes non manifestes exerce ainsi un pouvoir ou une juridiction qu'il ne possède pas. S'il le fait sciemment, il sera ipso facto suspens de son office pendant un mois[27]. Alexandre IV, lui, avait prévu la suspense de l'office pour la durée d'une année[28]. Comment

24. ... *Ulterius inter aliquos non interveniat conservatio, nec ulli sibi mutuo praesidium conservationis impendant, ita quod nullus deputati sibi conservatoris esse valeat conservator* ; édit. FRIEDBERG, *Corpus Iuris Canonici*, 2, col. 981, en note.

25. Alexandre IV avait aussi indiqué les reines, sans doute en raison du souvenir encore récent de la régence de Blanche de Castille († 1252) durant la septième croisade (1248-1254) ; en effet, la décrétale *Quia de conservatoribus* paraissait concerner des affaires françaises. Cette circonstance n'existant plus autour de l'année 1291, la mention des reines se trouvait à cette époque dépourvue d'objet et Guillaume Durand ne l'a pas relevée.

L'auteur du *Speculum* ne fait pas non plus état, en ce qui concerne les rois, de la réserve : *Quantum ad regna sua*, mentionnée dans la décrétale *Quia de conservatoribus* : sans doute aura-t-il estimé que le contexte était suffisamment clair pour la passer sous silence.

26. Cf. *supra*, note 17.

27. ... *Item si de aliis, quam de manifestis se scienter intromiserit, potestatem vel iurisdictionem aliquam exercendo, eo ipso* per mensem *ab officio est suspensus, et pars hoc procurans in expensis aduersario condemnetur...* ; *Speculum iuris*, lib. 1, partic. 1, *De iudice delegato*, § 8. *Excipi*, n. 24, édit. cit., 1, p. 26.

28. Toujours dans la décrétale *Quia de conservatoribus*, qui ne faisait d'ailleurs que reprendre le droit commun : ... *Decernimus, quod si de aliis quam manifestis [conservatores] scienter se intromiserint, potestatem vel iurisdictionem aliquam*

expliquer une telle différence de traitement, un an d'un côté et un mois de l'autre, alors que Guillaume Durand se réfère sur ce point à la décrétale *Quia de conservatoribus* d'Alexandre IV[29] ? Certains canonistes contemporains que nous avons consultés à ce sujet, tel Mgr Charles Lefebvre, seraient enclins à attribuer cette double lecture à une faute de copiste[30], car il paraît bien clair que Guillaume Durand ne s'estime pas qualifié pour modifier la législation communément reçue ; il ne poursuit d'autre but que de se faire l'écho des décisions pontificales. Or, pour Alexandre IV, il s'agit bien d'une suspense d'un an et non d'un mois. Quant à celui qui provoque indûment l'intervention d'un conservateur, il sera tenu aux dépens à l'égard de la victime, exactement comme l'avait prévu Alexandre IV dans la même décrétale[31].

Comme on le constate, à la suite de cette première enquête dans le titre *De iudice delegato*, Guillaume Durand se révèle un auteur respectueux de l'autorité pontificale. Sur les points examinés, nous trouvons sous sa plume une doctrine qui reflète de façon exacte les mesures prises par le législateur romain ; il en réalise une parfaite synthèse. Le cadre général de la doctrine relative aux conservateurs est fourni par Innocent IV ; il s'est appliqué lui-même à commenter les dispositions de la constitution *Statuimus* (1245), qui est le premier texte législatif traitant des conservateurs. Les canonistes de l'époque ont continué ce travail de commentateur ; Guillaume Durand le poursuit. Il y insère certains détails à l'aide des dernières mesures prises un peu plus d'une trentaine d'années auparavant par Alexandre IV. Comme le *Speculum iuris* dans sa seconde recension remonte au plus tard à 1291, on peut en conclure que jusqu'alors aucun changement important n'était intervenu dans la législation. Guillaume Durand complétera ces données, sans y apporter de modification, dans le titre *De*

---

exercendo, eo ipso per unum annum *ab officia sint suspensi...* ; édit. FRIEDBERG, *Corpus Iuris Canonici*, 2, col. 981, en note.

29. *Haec habentur in constit. Alexand. IV... quia de conseruatoribus* ; *Speculum iuris*, lib. 1, partic. 1, *De iudice delegato*, § 8. *Excipi*, n. 24, édit. cit., 1, p. 26.

30. Il s'agit bien, à notre avis, d'une faute de copiste et non d'une faute d'édition. Nous avons vu à la Bibliothèque Vaticane quatre manuscrits (Vat. lat. 2627, fol. 5 va, et 8554, fol. 5 vb ; Pal. lat. 792, fol. 6 vb, et 793, fol. 20 v) ; dans ces quatre manuscrits on trouve la leçon : « un mois ». Cela prouve que les diverses éditions du *Speculum* que nous avons examinées ont été réalisées sur la base d'un manuscrit qui portait la mention : « un mois ». Pour être absolument sûr de ce que nous avançons, à savoir que nous avons affaire à une faute de copiste – la faute d'édition étant exclue –, il faudrait faire la collation de tous les manuscrits existants du *Speculum* et être certain que, parmi ces manuscrits, figure bien celui qui transmet la pensée exacte de Guillaume Durand.

31. ... *Pars autem, quae id procuraverit, expensas alteri propter hoc factas restituere teneatur...* ; édit. FRIEDBERG, *Corpus Iuris Canonici*, 2, col. 981, en note.

appellationibus ainsi que dans le titre *De privilegiis et excessibus privilegiatorum.*

2. Titre : *De appellationibus.* — Une lecture rapide du titre *De appellationibus* donne l'impression qu'il ne concerne pas les conservateurs[32]. Effectivement, le terme ne figure pas dans ce titre. C'est de manière implicite qu'il est question des conservateurs, notamment à propos de la preuve que sont tenus de faire certains religieux de leur exemption.

Guillaume Durand envisage le cas de l'abbé d'un monastère qui se prétend exempt et qui donc s'estime non soumis à la juridiction ordinaire[33]. À ce sujet, il note que, si l'abbé veut effectivement jouir de ses droits d'exemption, il est tenu d'exhiber à l'archevêque de la province ecclésiastique les documents faisant foi de son privilège. Il devra montrer ces documents soit à l'archevêque, en un lieu convenable et sûr, soit à des hommes députés par ce dernier. Si l'abbé en question refuse de se soumettre à cette exigence, l'archevêque pourra exercer sa juridiction sur lui ; c'est la décrétale *Quia personae* d'Alexandre IV (1256) qui accorde ce droit aux détenteurs de la juridiction ordinaire[34]. Guillaume Durand renvoie à cette décrétale pour justifier, dans le cas visé, l'intervention de l'archevêque. Or, dans cette décrétale, le pape mentionne explicitement les conservateurs. Il précise notamment que ces derniers n'étaient pas qualifiés pour intervenir en faveur des religieux et pour les protéger contre les agissements des ordinaires, si les religieux se prétendant exempts n'avaient pas exhibé à qui de droit les documents prouvant leur exemption. Bien plus, les procès intentés et les sentences portées par les conservateurs contre les ordinaires dans ces circonstances devaient être tenus pour nuls et non avenus[35]. Telles étaient les dispositions de cette décrétale d'Alexandre IV. En y renvoyant purement et simplement dans l'exemple cité, Guillaume Durand semble donc bien adopter les vues d'Alexandre IV concernant les conservateurs. S'il avait voulu prendre une position différente, il n'aurait pas manqué de le dire.

---

32. DURANDUS, *Speculum iuris*, lib. 4, partic. 2, *De appellationibus* ; édit. cit., vol. 2, p. 184-194.

33. *De appellationibus*, § 2. *Restat*, n. 5 et 6 ; édit. cit., vol. 2, p. 188.

34. Le texte de la décrétale *Quia personae* se trouve dans le *Bullarium Romanum*, t. 3, Augustae Taurinorum, 1858, p. 629 et s., n. 26. Elle a été reprise en partie dans la décrétale *Quum personae*, attribuée à Boniface VIII et insérée dans le *Sexte* (5.7.7) ; édit. FRIEDBERG, *Corpus Iuris Canonici*, 2, col. 1087. Pour plus de détails sur l'origine et la transmission de la décrétale *Quia personae*, voir ci-dessus chapitre IV, notes 25 et 26.

35. On trouvera un exposé détaillé des décisions prises par Alexandre IV à ce sujet dans ce même chapitre IV, p. 114-115.

On notera toutefois qu'Alexandre IV parlait d'une façon générale des rapports ou des conflits entre exempts et ordinaires diocésains. Guillaume Durand, lui, fait uniquement mention, dans ce titre, de l'abbé d'un monastère. De plus, il n'est pas question ici d'ordinaire diocésain, mais d'archevêque : faut-il en déduire qu'en ce qui concerne l'abbé d'un monastère, compte tenu de sa dignité particulière, il appartienne désormais non plus à l'évêque diocésain, mais à l'archevêque de la province d'exiger que preuve lui soit faite du privilège de l'exemption dont se prévaut l'abbé ? Rien ne permet une telle interprétation du texte ; il s'agit en l'occurrence d'un cas concret, où un archevêque et l'abbé d'un monastère sont tous deux impliqués[36]. On est donc autorisé à dire que la solution donnée par Guillaume Durand pour un cas particulier a valeur générale et reflète bien, une fois de plus, la pensée d'Alexandre IV.

3. Titre : *De privilegiis et excessibus privilegiatorum*[37]. — Dans le titre qui traite des privilèges et des excès commis par les privilégiés, Guillaume Durand revient par deux fois sur la question des conservateurs[38].

Une première fois, c'est la constitution *Volentes* d'Innocent IV qui lui en fournit l'occasion, il est vrai de façon implicite, car dans cette constitution il n'est pas directement question des conservateurs. La constitution *Volentes* avait été promulguée par Innocent IV, autour de 1250, à la suite des plaintes formulées par les évêques contre les exempts[39]. Le pape avait décidé que les ordinaires des lieux pourraient juger les exempts lorsque les délits, les contrats ou les actes sujets à litige auraient été accomplis par eux en un lieu non exempt. Cette disposition suscita des inquiétudes parmi les religieux exempts ; le pape les rassura en leur disant qu'il n'avait nullement l'intention de porter préjudice à leurs libertés et immunités. De la sorte, la disposition restrictive établie par la constitution restait lettre morte et les exempts continuaient à bafouer l'autorité des ordinaires diocésains. C'est Alexandre IV qui rétablit la situation par la décrétale *Quia personae*[40] ;

---

36. Le cas visé par Guillaume Durand concerne un appel extrajudiciaire porté devant le Siège apostolique par l'abbé du monastère d'Alet contre l'archevêque de Narbonne. L'abbé d'Alet avait fait appel au sujet d'une redevance exigée par l'archevêque pour l'exercice de son droit de visite du monastère. Il s'était adressé à Rome parce qu'il n'était pas sûr, en l'occurrence, de l'impartialité de l'archevêque.

37. DURANDUS, *Speculum iuris*, lib. 4, partic. 4, *De priuilegiis et excessibus priuilegiatorum* ; édit. cit., vol. 2, p. 493-495.

38. Les deux endroits où Guillaume Durand traite des conservateurs sont les numéros 3 et 4 du titre *De priuilegiis*... ; édit. cit., vol. 2, p. 494.

39. Au sujet de la constitution *Volentes* (origine, disposition prise et difficultés qu'elle suscita), voir supra notre chapitre IV, p. 113 et s., notes 28 à 30.

40. Cf. *supra*, notes 34 et 35.

il réaffirma les droits des ordinaires sur les exempts, comme en avait eu l'intention Innocent IV en publiant la constitution *Volentes.* Alexandre IV alla jusqu'à préciser que les conservateurs, défenseurs attitrés des exempts, ne seraient pas habilités à intervenir contre les ordinaires qui soumettraient les exempts à leur juridiction, à moins que la preuve de l'exemption n'ait été fournie d'une façon absolument incontestable.

Guillaume Durand fait, comme il en a l'habitude, la synthèse des dispositions contenues dans ces deux constitutions. Il note tout d'abord que les prélats peuvent exercer leur juridiction sur les exempts dans les cas prévus par la législation ; cela vaut même si les privilèges apostoliques obtenus par la suite en disposaient autrement[41]. Guillaume Durand poursuit son exposé en revenant sur ceux des exempts qui sont tenus de faire la preuve de leurs droits et sur la manière de fournir cette preuve. À cette obligation sont soumises deux catégories d'exempts : ceux dont l'exemption n'est pas clairement établie et ceux qui en jouissent depuis peu de temps. Les uns et les autres sont tenus, à la requête des ordinaires, d'exhiber les documents justifiant leur privilège ; cette obligation vaut au moins pour les articles qui dans ces documents paraissent obscurs et ne fondent pas de façon claire le droit à l'exemption. Les formalités de la preuve sont fixées de manière précise : elles concernent les personnes habilitées à examiner les documents et le lieu où cet examen doit se faire. En ce qui concerne les personnes, l'ordinaire seul entre en ligne de compte : il peut examiner personnellement les pièces justificatives ; s'il ne tient pas à le faire lui-même, il peut déléguer ses pouvoirs à des personnes qu'il aura choisies à cet effet. Quant au lieu, il est précisé qu'il doit s'agir d'un endroit « convenable et secret ». On notera toutefois une modification de minime importance, qui a été relevée par Guy de Baysio[42] : dans la décrétale *Quia personae* d'Alexandre IV, il est question de lieu convenable et sûr (*loco congruo et securo*) ; les mêmes termes se retrouvent dans le titre *De appellationibus* du *Speculum iuris* de Guillaume Durand, dont il a été question plus haut[43]. Dans le présent titre (*De privilegiis...*) on lit : lieu convenable et secret (*loco congruo et secreto*) ; l'épithète *securo* a été remplacée par celle de *secreto.* Comme on vient de le dire, Guy de Baysio a relevé ce changement, mais sans donner d'explication. Il note simplement que le terme *securo* se

41. Les remarques faites par Guillaume Durand au sujet des conservateurs, que nous rapportons ici et plus bas, figurent au numéro 3 du *De priuilegiis...* ; nous en avons donné la référence ci-dessus à la note 38.

42. GUIDO A BAIISO, *In Sextum decretalium Commentaria*, (lib. 5), (tit.) *De priuilegiis*, cap. *Cum personae priuilegia*, glose du mot *Securo* ; édit. Venetiis, 1577, fol. 119v°.

43. Voir, ci-dessus, dans le texte le passage qui se trouve après la note 33.

trouvait dans les anciens textes ; c'est seulement dans des textes plus récents que l'on rencontre la variante *secreto* : ... *alia litera habet secreto, sed in antiqua est securo*. À quoi doit-on attribuer cette modification ? Faut-il y voir des exigences de plus grande discrétion (« secret » au lieu de « sûr ») ou le résultat d'une simple faute de copiste ? Cette dernière explication paraît la plus probable, car dans le même ouvrage de Guillaume Durand on trouve une fois *securo* (titre *De appellationibus*) et une autre fois *secreto* (titre *De privilegiis*...). Une chose est certaine ; on retrouve dans une décrétale postérieure le terme *securo* : il s'agit de la décrétale *Quum personae* de Boniface VIII (VI. 5.7.7), qui reprend en partie la décrétale *Quia personae* d'Alexandre IV.

Guillaume Durand ne relève pas que les délégués de l'évêque doivent être qualifiés par leur prudence et leur intégrité. Toutefois, cette omission ne modifie guère les dispositions de la décrétale *Quia personae*. Elle permet de supposer que depuis Alexandre IV les ordinaires ont su faire preuve, d'une manière générale, de sagesse et de clairvoyance dans le choix de leurs délégués. C'est sans doute la raison pour laquelle Guillaume Durand n'éprouve pas le besoin d'insister sur ce point, qui va évidemment de soi et ne saurait avoir été abrogé : s'il en avait été autrement, les exempts n'auraient pas manqué de manifester leur méfiance envers des personnes dépourvues de ces qualités.

L'auteur du *Speculum* ajoute que, lorsque les religieux auront exhibé les documents attestant leur exemption, les ordinaires ne pourront plus ni les juger ni procéder contre eux. Cela leur est interdit non seulement par les dispositions de la décrétale *Quia personae*, qui l'affirmait implicitement, mais aussi par celles de la décrétale *Ex parte* du titre *De verborum significatione*, qui se trouve dans les *Décrétales de Grégoire IX* (5.40.23). Par conséquent, en cas d'abus de pouvoir de la part des ordinaires, les conservateurs des exempts pourraient légitimement intervenir.

La situation est différente dans le cas d'une église exempte, mais fréquentée par des fidèles qui, eux, ne jouissent pas de l'exemption. L'église est alors soumise à l'évêque, selon ce qu'en a décidé Alexandre IV dans la décrétale *Cum super*[44]. Guillaume Durand ajoute

44. La décrétale *Cum super* attribuée à Alexandre IV par Guillaume Durand pose problème. Des auteurs postérieurs n'en ont pas trouvé le texte, notamment Jean d'André (voir ses *Additiones* au *Speculum*, au titre *De priuilegiis*..., lib. 4, partic. 4, n. 3, aux mots *Cum super* ; édit. cit., vol. 2, p. 494, *additio* b). Jean d'André ajoute qu'une partie de cette décrétale, qui lui est inconnue, a pu être reprise dans la décrétale *Per exemptionem* (VI. 5.7.9) ; dans la glose ordinaire du *Sexte*, il donne une précision complémentaire : la décrétale *Per exemptionem* a été en partie tirée d'une décrétale *Ad perpetuam* d'Innocent IV (Glose in VI°, 5.7.9, aux mots : *Per exemptionem*).

qu'Innocent IV avait déjà opté dans le même sens ; en commentant la décrétale *Ad haec*[45], le pape avait souligné que les églises destinées aux hôtes des religieux n'étaient pas exemptes[46]. Dans ces conditions, les conservateurs des exempts ne sont pas autorisés à intervenir.

Dans le même titre consacré aux privilèges et aux excès commis par les privilégiés[47], Guillaume Durand revient une seconde fois sur la question des conservateurs. Cette fois, c'est la décrétale *Licet regularis* d'Alexandre IV, du 26 mars 1256, qui retient son attention. Dans cette décrétale, le pape s'efforçait d'empêcher les exempts d'empiéter sur les droits des ordinaires. Effectivement, les exempts avaient trouvé divers prétextes pour contourner les prérogatives des évêques : ils prenaient sous leur protection spéciale des oblats, ils faisaient construire des chapelles sans autorisation et ils y célébraient des offices, ils s'occupaient de défendre les intérêts de personnes qui ne relevaient pas de leur autorité[48].

Dans son exposé, Guillaume Durand commence par indiquer que les ordinaires peuvent exercer leur juridiction sur les « donnés » ou oblats des exempts qui s'acquittent d'un certain cens, sans pour autant leur être entièrement soumis parce qu'ils demeurent sur leurs propriétés personnelles. Le fait que ces « donnés » ou oblats paient le cens n'est pas une raison suffisante pour que les conservateurs puissent entreprendre quoi que ce soit contre les ordinaires. Guillaume Durand reprend ici la première mesure édictée par Alexandre IV dans la décrétale *Licet regularis* ; on voit, par le fait même, que cette mesure reste inchangée à la fin du siècle. Les droits des évêques sont maintenus intacts à l'égard des exempts et des conservateurs qui, en la circonstance, abuseraient de leur pouvoir.

Il se pourrait aussi qu'il y ait eu confusion entre la décrétale *Cum super* et une autre décrétale d'Alexandre IV : *Quum frater Paulus*, que signale SCHULTE, « Die Dekretalen... » (cf. *supra*, note 11), p. 747 ; cette dernière décrétale traite effectivement de la même question.

45. Guillaume Durand mentionne la décrétale *Ad hoc* ; cette décrétale est plus connue sous l'incipit *Ad haec* (X. 5.33.5). La différence provient du fait que dans quelques manuscrits on trouve la leçon *Ad hoc* à la place de *Ad haec*. Cela explique que certaines éditions imprimées reproduisent la décrétale avec l'incipit *Ad hoc* et d'autres avec l'incipit *Ad haec*.

46. Voici le texte même du commentaire d'Innocent IV : ... *Nos dicimus ecclesias hospitales non esse exemptas* ; INNOCENTIUS IV, *In quinque libros decretalium ... commentaria doctissima*, lib. 5, tit. *De priuilegiis et excessibus priuilegiatorum*, cap. 4, *Ad haec* ; Venetiis, 1578, fol. 219 r°. Guillaume Durand signale qu'une disposition analogue figure dans la décrétale *Cum* (*Quum*) *capella* (X. 5.33.16).

47. Il s'agit du numéro 4 du titre *De priuilegiis...* ; voir *supra*, note 38.

48. Pour plus de détails sur la décrétale *Licet regularis*, voir plus haut au chapitre IV, les p. 120-127.

Guillaume Durand souligne ensuite l'interdiction faite aux exempts de construire des oratoires ou des chapelles en des lieux non exempts sans la permission de l'ordinaire diocésain. Il leur est, en outre, défendu de célébrer ou de faire célébrer le service divin dans des édifices du culte situés en des lieux relevant de la juridiction de l'ordinaire diocésain, quand ces lieux ont été frappés d'interdit ; cette mesure s'applique même aux édifices que les exempts auraient construits en ces lieux avec l'autorisation de l'ordinaire. Si les exempts enfreignent ces prescriptions, l'ordinaire est habilité à les punir ; bien plus, il doit le faire, s'il veut se conformer au texte de la loi. Au cas où les conservateurs auraient dans ces conditions porté des sentences à l'encontre de l'ordinaire pour défendre les intérêts des exempts, ces sentences sont révoquées d'avance par le pape. L'auteur du *Speculum* ajoute qu'en fin de compte les exempts ne peuvent rien faire de tout (*haec*) ce qui a été mentionné plus haut sans l'autorisation du Saint-Siège ; c'est dire qu'il faut aux exempts la permission du pape et pour construire un lieu de culte sur leur propre territoire (exempt)[49] et pour y faire célébrer le service divin en cas d'interdit porté par l'ordinaire. Sur ces différents points, Guillaume Durand ne fait que reprendre les dispositions de la décrétale *Licet regularis* d'Alexandre IV, qui depuis l'année 1256 n'ont donc pas subi de modification.

Enfin, l'auteur du *Speculum* rapporte une autre mesure édictée par la décrétale *Licet regularis* : il est interdit aux exempts de s'occuper des causes d'hommes libres, même si ceux-ci leur paient un cens et, de ce fait, paraissent dépendre d'eux. Ils ne sont autorisés ni à saisir la justice de ces causes, ni une fois ces causes introduites à en prendre la défense. À ce sujet également, on retrouve le texte de la décrétale d'Alexandre IV.

C'est sur cette disposition que s'achève l'exposé de Guillaume Durand concernant les conservateurs au titre *De privilegiis et excessibus privilegiatorum* dans le *Speculum iuris*. L'auteur n'aborde pas ici le dernier problème qui avait été soulevé par la décrétale *Licet regularis*, celui des peines infligées par les exempts pour un péché ignoré ou occulte. Alexandre IV avait décidé qu'un tel péché ne pourrait jamais être frappé d'une peine déterminée. L'infliction d'une peine caractérisée risquait, en effet, de dévoiler la faute commise, ce qui était tout à fait inadmissible. Le silence de Guillaume Durand à ce sujet s'explique peut-être par le fait que la mesure prise sur ce point par Alexandre IV avait porté ses fruits : le problème semble ne plus se poser

---

49. Bien sûr, il s'agit d'un véritable lieu de culte, c'est-à-dire d'un lieu destiné à la célébration des offices religieux ; voir sur ce point les décrétales *Nimis iniqua* et *Nimis prava* (X. 5.31.16 et 17). Il va sans dire que les exempts, comme tous les autres fidèles, pouvaient posséder des chapelles pour y prier.

autour de 1290. On peut trouver une autre explication dans le fait que Guillaume Durand a soulevé cette question à un autre endroit du *Speculum iuris* ; en effet, à la fin du titre *De poenis* (n. 3 ; *Speculum*, lib. 4, partic. 4), il se réfère explicitement à ce passage de la décrétale *Licet regularis* : ... *Pro certo peccato occulto non est certa poenitentia regulariter infligenda, prout faciunt religiosi exempti : et hoc ideo, ne peccatum percipi possit, ut in constitutione Alexand. IV. eod. tit. c. licet regularis*. Cette dernière explication paraît d'autant plus plausible que ce fragment de la décrétale *Licet regularis* relatif à l'infliction des peines figure dans certains manuscrits, notamment dans celui de Prague[50], au titre *De poenis* avec l'incipit *Licet regularis*.

2. Le *Repertorium*

Guillaume Durand n'omet pas de mentionner, encore que brièvement, les conservateurs dans son *Repertorium*, sous les titres habituels *De officia delegati* et *De privilegiis et excessibus privilegiatorum*.

1. Titre : *De officio delegati*[51]. — Au titre qui concerne le juge délégué, Guillaume Durand consacre deux rubriques aux conservateurs. Une première est intitulée *De conservatoribus*. Contrairement à l'attente du lecteur, elle ne fournit aucun renseignement sur l'institution. L'auteur du *Repertorium* se contente de poser une série de questions au sujet des conservateurs. Voici les questions qu'il soulève : quelles personnes physiques ou morales peuvent prétendre à se voir attribuer un conservateur et quelle est sa compétence ? Comment se fait cette attribution ? Les conservateurs ou d'autres qui ont reçu mandat de l'autorité pontificale sont-ils habilités à infliger des peines aux coupables de méfaits ou à ceux qui n'obéissent pas à leur injonction, même sans qu'ils aient été convoqués ? Ces mêmes conservateurs ont-ils le droit de punir d'éventuels malfaiteurs parce que, ayant été convoqués, ils n'ont pas répondu à la convocation, donc en raison simplement de la contumace ? La compétence des conservateurs va-t-elle jusqu'à les autoriser à condamner les coupables à payer les frais des dommages causés ? Enfin Guillaume Durand demande si les conservateurs peuvent enquêter sur le caractère notoire d'une action coupable, enquête qui normalement relève de la procédure judiciaire qui, elle, n'est pas de la compétence des conservateurs.

À la fin de l'énumération de ces questions, l'auteur du *Repertorium* renvoie tout simplement à une constitution *Statuimus*, sans autre précision ; il s'agit assurément de la constitution *Statuimus*

50. Voir SCHULTE, « Die Dekretalen...», *op. cit.* (cf. *supra*, note 11), p. 749.

51. *Repertorium*, lib. 1, tit. *De officio delegati* ; édit. cit. (cf. *supra*, note 6), p. 12-14.

d'Innocent IV promulguée au concile de Lyon de 1245 (VI. 1.14.1) et non pas de la constitution de Boniface VIII de l'année 1295, qui commence par les mêmes termes : *Statuimus, ut conservatores*[52]. Le lecteur non averti serait tenté de croire qu'il trouvera la réponse à ces questions dans la constitution d'Innocent IV ; il n'en est rien. La constitution *Statuimus* institue officiellement les conservateurs et fixe les limites de leur action ; c'est tout[53]. Elle ne donne pas de précisions sur les qualités des conservateurs, ni de détails sur leur manière de procéder. Les questions posées par Guillaume Durand ont trouvé une réponse chez les commentateurs de la constitution, comme nous l'avons exposé ailleurs.

La seconde rubrique, qui commence par les termes *An valeat processus*, mentionne incidemment les conservateurs. Conformément au principe général adopté dans la rédaction du *Repertorium*, Guillaume Durand soulève des questions qui permettent de voir les problèmes qui se posent au sujet des différentes institutions juridiques. En l'occurrence, il s'intéresse à la valeur des procès engagés devant divers juges délégués : un individu s'adresse à plusieurs juges pour différentes actions le concernant personnellement. La question posée est la suivante : le procès intenté par cet individu devant ces divers juges est-il valable ? Guillaume Durand ne répond pas, mais il poursuit en posant une autre question qui, celle-là, concerne les conservateurs : supposons que les divers juges délégués soient des conservateurs, le procès est-il également valable ? Et l'auteur du *Repertorium* de soulever une nouvelle difficulté à propos du même cas : si l'individu en question s'est adressé pour toutes ses causes personnelles à un seul et même juge et qu'une de ces causes ait été jugée sans lui donner satisfaction, est-il habilité à la porter devant un autre juge avant d'aller en appel ? Bien que Guillaume Durand ne le dise pas expressément, cette question concerne aussi bien les conservateurs que les juges délégués. À cette difficulté, comme à la précédente, l'auteur ne donne pas de réponse ; il se contente de renvoyer pour la solution à la décrétale *Dispendia* qui, elle aussi, est d'Innocent IV et qui a également été promulguée au concile de Lyon de 1245 (VI. 1.3.3).

La décrétale *Dispendia* ne répond qu'à la première question, et elle y répond par la négative, c'est-à-dire que le procès intenté devant plusieurs juges dans les conditions indiquées ci-dessus n'a pas de valeur ; bien plus, le demandeur est condamné à payer les frais engagés

---

52. La confusion n'est pas possible, puisque le *Repertorium* dans sa seconde recension est antérieur à l'année 1280, comme nous l'avons indiqué plus haut. On peut trouver le texte de la constitution *Statuimus* de Boniface VIII dans l'édition du *Sexte* de FRIEDBERG, *Corpus Iuris Canonici*, t. 2, en note des col. 981-982.
53. Cf. *supra*, note 17.

par le défendeur. Cette décision, prise par Innocent IV, avait pour fin de réduire le nombre des procès notamment pour des raisons d'ordre économique. On ne trouve pas dans la décrétale d'indication concernant l'application de cette mesure à des actions intentées devant les conservateurs. Mais, à notre avis, l'assimilation s'impose : ce qui est valable pour les juges délégués s'applique aussi aux conservateurs. Il n'y a pas de raison d'admettre que les motifs qui ont incité le pape à réduire le nombre des procès devant les juges délégués, à savoir des intérêts d'ordre économique, ne concernent pas les conservateurs. Il n'est pas question non plus dans la décrétale *Dispendia* de la dernière difficulté soulevée par Guillaume Durand : la possibilité pour un plaignant d'aller devant un autre juge avant de se rendre en appel, quand il n'est pas satisfait de la décision que l'unique juge a rendue dans une des différentes causes qu'il lui avait soumises.

2. Titre : *De privilegiis et excessibus privilegiatorum*[54]. — Le chercheur intéressé aux conservateurs est déçu à la lecture du titre *De privilegiis* ... qui figure dans le *Repertorium*. Il y trouve tout juste une ligne et demie : Guillaume Durand se contente de renvoyer au passage qu'il leur a consacré plus haut sous le titre de l'office du juge délégué. Voici les termes mêmes de la mention qui est faite aux conservateurs dans le présent titre : *Quid iuris sit de conseruatoribus priuilegiorum. supra, in rubr. de off. dele. ver. de conseruatoribus*.

Le lecteur reste sur sa faim. Il se serait attendu au moins que l'auteur du *Repertorium* renvoie à son autre travail, au *Speculum*. Effectivement, dans cette dernière œuvre Guillaume Durand s'est assez longuement expliqué sur les conservateurs. Il l'a fait dans trois titres, comme nous l'avons vu plus haut, et qui plus est un de ces titres correspond exactement à celui du *Repertorium*, à savoir : *De privilegiis et excessibus privilegiatorum*.

On pourrait objecter que le *Speculum* est postérieur en date au *Repertorium* et donc que Guillaume Durand ne pouvait pas y renvoyer. Cette objection ne tient pas, car il ne faut pas oublier, nous l'avons dit au début de ce chapitre, qu'il y a eu deux recensions du *Repertorium* comme il y en a eu deux du *Speculum* ; la deuxième recension du *Repertorium* est postérieure à la première recension du *Speculum*. Or le texte du *Repertorium* dont nous nous servons est bien celui de cette deuxième recension qui a paru après la première recension du *Speculum*. L'auteur de cette recension du *Repertorium* a donc pu utiliser le *Speculum*. Effectivement, il l'a fait ; nous en avons la preuve : Guillaume Durand renvoie au *Speculum* en divers endroits du

54. *Repertorium*, lib. 5, tit. *De priuilegiis et excessibus priuilegiatorum* ; édit. cit. (cf. *supra*, note 6), p. 59-60.

Repertorium. Ainsi, en ce qui concerne le titre de l'office du juge délégué, que nous avons évoqué plus haut, Guillaume Durand renvoie au titre correspondant dans le *Speculum* ; il fait ce renvoi dans les toutes dernières lignes du titre en question. En revanche, pour le titre : « Des privilèges et des excès des privilégiés », qui nous intéresse en l'occurrence, il ne renvoie pas à ce titre du *Speculum*, mais à un autre titre, à savoir : *De instrumentorum editione*, qui figure, lui aussi, dans le *Speculum* (lib. 2, partic. 2)[55]. On ne s'explique pas bien la raison de cette manière différente d'agir.

Pour terminer, il convient de noter qu'en d'autres passages du même titre Guillaume Durand évoque des sujets dans lesquels les conservateurs pouvaient être impliqués : les oblats, les exempts, les lieux interdits, les églises et les chapelles soustraites à la juridiction de l'évêque... Mais nulle part il n'est question explicitement des conservateurs.

* * *

Que conclure de ce chapitre ? Deux idées paraissent s'en dégager. La première concerne l'apport de Guillaume Durand à notre connaissance des conservateurs ; la seconde, la situation effective des conservateurs un siècle après leur apparition.

Le grand canoniste connaît les conservateurs. La législation qui les régit n'a pas de secret pour lui ; il fait la synthèse de la doctrine et de la législation telles qu'elles se présentaient en ce dernier tiers du XIIIe siècle : c'est méritoire de sa part. Il faut convenir que la législation était restée stable depuis les quatre décrétales d'Alexandre IV promulguées en 1256. Nous aurions aimé cependant que Guillaume Durand nous fournisse une image plus détaillée de l'institution. Les quelques éléments qu'il en donne laissent supposer que le lecteur est bien informé, que l'institution lui est parfaitement connue. En tout cas, la lecture du *Speculum* et du *Repertorium* ne permet pas au profane en la matière de bien comprendre ce que pouvaient être les conservateurs dans la société ecclésiastique du XIIIe siècle. Les passages consacrés aux conservateurs dans ces deux ouvrages ne sont réellement intelligibles qu'au canoniste qui a des notions précises sur l'origine et le développement de l'institution au cours des cent années précédentes.

---

55. L'édition du *Repertorium* que nous utilisons renvoie au paragraphe : *non autem* du titre *De instrumentorum editione* du *Speculum*. Si on se reporte à ce titre du *Speculum*, on ne trouve pas de paragraphe : *non autem*, mais un paragraphe 11 : *nunc autem*. À notre avis, il s'agit là d'une faute de copiste, qui a lu *non autem* au lieu de *nunc autem*. Le lecteur qui s'intéresserait à ce renvoi au titre *De instrumentorum editione* en trouvera la mention dans les dernières lignes du titre *De priuilegiis et excessibus priuilegiatorum* du *Repertorium*.

Bref, Guillaume Durand s'adresse à des contemporains pour lesquels les conservateurs étaient une réalité courante dans la société ecclésiastique de l'époque. Cela nous amène tout naturellement à la deuxième idée qui se dégage de cette étude.

À nous en tenir à l'œuvre de Guillaume Durand, il paraît bien qu'un siècle après leur apparition les conservateurs restaient dans l'Église une institution vivante ; comme nous le verrons au chapitre suivant, des conciles provinciaux s'y intéressent. L'expérience avait permis au milieu du XIIIe siècle de cerner de plus près la compétence des conservateurs et de mettre des limites à leur activité. Mais tout laisse croire qu'en cette fin du XIIIe siècle les conservateurs tenaient une place non négligeable dans le cadre des institutions de l'Église. Un rôle défini leur était assigné dans la société ecclésiastique. Le temps n'avait pas usé l'institution ; bien au contraire, Boniface VIII (1294-1303) lui fera faire un nouveau pas.

VI
LES CONSERVATEURS APOSTOLIQUES ET LES PAPES DANS LA SECONDE MOITIÉ DU XIIIe SIÈCLE (1261-1294)

Les bénéficiaires de la conservation et les titulaires de la fonction

C'est à la fin du XIIe siècle que l'on trouve les premiers témoignages attestant l'existence des conservateurs apostoliques ; à partir du XIIIe, ceux-ci deviendront une institution officielle dans l'Église. Ils ont pour fonction la sauvegarde des privilèges pontificaux octroyés aux personnes morales et aussi à des personnes physiques. Leur statut ne sera défini que peu à peu au cours de la première moitié du XIIIe siècle ; c'est Innocent IV au concile de Lyon de 1245 qui donnera les premiers éléments législatifs à leur sujet. Comme nous l'avons vu, au début de la seconde moitié du XIIIe siècle, en 1256, Alexandre IV y apportera quelques compléments et modifications. Puis pendant une trentaine d'années le législateur ne s'occupe plus des conservateurs : aucune disposition législative n'a été prise par les onze papes qui se sont succédé sur le trône pontifical durant cette période. L'activité législative ne reprendra qu'à la fin du siècle sous le pontificat de Boniface VIII (1294-1303). Cela ne signifie pas que rien n'ait été fait en ce qui concerne les conservateurs par les papes durant cette deuxième partie du XIIIe siècle. Bien au contraire, leurs interventions ont été multiples en faveur des protégés de l'Église ; elles méritent de retenir l'attention de l'historien du droit canonique. Cependant, avant de détailler l'activité concrète de ces papes, il paraît utile de s'interroger sur les motifs qui font qu'aucun d'entre eux n'ait légiféré à ce sujet.

On pourrait être tenté de chercher une explication de la carence législative en la matière dans la multiplicité des papes qui ont occupé le Siège pontifical durant la trentaine d'années, 1261-1294, qui sépare la fin du pontificat d'Alexandre IV et le début de celui de Boniface VIII. Comme on l'a déjà noté, leur nombre s'élève à onze : Urbain IV (1261-1264), Clément IV (1265-1268), Grégoire X (1271-1276), Innocent V (1276), Adrien V (1276), Jean XXI (1276-1277), Nicolas IV (1277-1280), Martin IV (1281-1285), Honorius IV (1285-1287), Nicolas IV (1288-1292), Célestin V (1294). La plupart de ces papes n'ont eu qu'un temps de règne relativement court. Le pontificat de quatre d'entre eux a duré moins d'un an : Adrien V (5 semaines), Innocent V (5 mois), Célestin V (5 mois), Jean XXI (8 mois). La durée du pontificat des sept autres se situe entre deux et quatre ans, tout au plus à quatre ans et quelques mois pour Grégoire X. Il paraît clair que les papes dont le passage sur le trône pontifical n'a été qu'éphémère n'ont pas eu le temps de légiférer en ce domaine. Ceux dont le pontificat a été un peu plus long n'ont pas eu intérêt, semble-t-il, à légiférer sur une institution qui est, il faut bien le reconnaître, d'importance secondaire par rapport à d'autres. En outre, il convient de noter qu'au cours de cette trentaine d'années le Siège pontifical a été vacant durant cinq ans : près de trois ans (deux ans et neuf mois) entre Clément IV et Grégoire X – le plus long interrègne qu'ait connu l'Église – et un peu plus de deux ans (deux ans et trois mois) entre Nicolas IV et Célestin V.

Cette explication, pour plausible qu'elle apparaisse et qu'elle est peut-être en réalité, n'est pas entièrement satisfaisante. On peut avancer d'autres motifs qui ne sont pas moins justifiés et qui même correspondent mieux à la situation de l'époque. Il ne faut pas oublier que les dispositions prises au sujet des conservateurs par Alexandre IV étaient relativement récentes : elles ne datent que de 1256. Ces mesures permettaient de réprimer les abus auxquels Alexandre IV voulait porter remède. Urbain IV, qui accéda au Siège pontifical après Alexandre IV, était certes une personnalité d'envergure[1], mais il n'avait aucune raison de porter de nouvelles lois sur l'institution : il disposait d'un arsenal juridique encore présent à la mémoire des intéressés. Pour ses successeurs, en cas de difficultés particulières, il leur suffisait de rappeler la législation en vigueur. On peut raisonnablement admettre que les décisions édictées par Alexandre IV avaient porté leurs fruits ; un calme relatif s'était instauré, qui n'appelait donc pas une intervention du législateur.

La preuve que la législation était connue et n'exigeait pas de nouvelles mesures, nous la trouvons dans les conciles provinciaux et locaux qui ont été réunis au cours de cette même période. Certains de ces conciles se contentent de mentionner les dispositions prises, à la suite d'Innocent IV, par Alexandre IV ; d'autres en reproduisent les textes in extenso.

---

1. Sur Urbain IV voir, entre autres, M. SOUPLET, *Jacques de Troyes Le « Pacificateur », évêque de Verdun (1247) 1253-1255, pape Urbain IV 1261-1264*, s.l., 1954 ; E. JORDAN, *Les origines de la domination angevine en Italie*, Paris, 1909 (New York, 1960), p. 291-514, en particulier p. 293-296. On pourra consulter également E. AMANN, art. « Urbain IV », dans *Dictionnaire de théologie catholique*, t. 15, Paris, 1950, col. 2288-2295 ; Y. AZAIS, « L'établissement de la domination angevine », dans A. FLICHE, Ch. THOUZELLIER, Y. AZAIS, *La Chrétienté romaine (1198-1274)*, Paris, 1950, p. 435-440 (« Histoire de l'Église depuis les origines jusqu'à nos jours », coll. fondée par A. FLICHE et V. MARTIN, t. 10).

Il n'est pas question de citer tous les conciles qui font allusion aux dispositions des deux papes ; nous ne retiendrons que quelques-uns d'entre eux. Ainsi, le concile provincial tenu à Sens le 26 octobre 1269 reprend dans son sixième canon la décrétale *Licet regularis* d'Alexandre IV. Elle est reproduite intégralement ; on ne peut noter que de légères modifications, qui n'altèrent pas substantiellement le texte original[2]. L'année suivante, le 19 mai 1270, se tient à Compiègne un concile de la province ecclésiastique de Reims. L'examen des textes montre qu'ils insèrent dans la législation provinciale les dispositions essentielles de la constitution *Statuimus* d'Innocent IV[3]. Quelques années plus tard, le 19 septembre 1286, le concile provincial de Bourges rappelle les mesures édictées par Innocent IV dans la constitution *Volentes* et par Alexandre IV dans la décrétale *Quia personae*[4]. Des dispositions analogues étaient prises en Allemagne. À titre d'exemple, on peut signaler le concile de Wurtzbourg de 1287. Dans son canon 39, il relève que les conservateurs sont donnés par le pape ou ses légats aux religieux et aux monastères exempts et il note bien que l'exercice de la fonction de conservateur est soumis à des règles qu'il n'est pas permis d'outrepasser. Il précise, entre autres, que les conservateurs ne doivent pas s'immiscer dans des affaires qui requièrent la procédure judiciaire (*cognitio*) : *attentius provisurus ut eis et de his quae causae cognitionem exigunt... se nullatenus intromittant*. C'est dire que le canon cité du concile de Wurtzbourg, tout en ne reproduisant pas les termes mêmes de la constitution *Statuimus* d'Innocent IV, en rappelle les principales mesures[5].

Guillaume Durand est, lui aussi, un témoin de la stabilité législative que nous constatons au cours de la seconde moitié du XIIIe siècle. Dans l'important ouvrage, le *Speculum iuris*, dont la seconde rédaction se situe autour de l'année 1290 (entre 1287 et 1291), il ne fait état d'aucune nouvelle intervention législative des papes. Il rapporte la doctrine commune sur les conservateurs ; les dernières mesures qu'il peut signaler sont les quatre décrétales d'Alexandre IV de 1256[6]. L'excellent connaisseur du droit, en outre familier de la Cour romaine, n'aurait pas manqué de citer, s'il y en avait eu, les nouvelles dispositions prises par les papes. Certes, les papes de la seconde moitié

---

2. J. D. MANSI, *Sacrorum conciliorum nova et amplissima collectio*, t. 24, Venetiis, 1780, col. 6-8. Cf. Ch. J. HEFELE et H. LECLERCQ, *Histoire des conciles*, t. 6, Paris, 1914-1915, p. 148-149.

3. MANSI, *op. cit.*, t. 24, col. 13-16 ; cf. HEFELE-LECLERCQ, *op. cit.*, t. 6, p. 149.

4. MANSI, *op. cit.*, t. 24, col. 645 et s. Voir aussi E. MARTÈNE et U. DURAND, *Thesaurus novus anecdotorum*, t. 4, Lutetiae Parisiorum, 1717, col. 200 et s. ; cf. HEFELE-LECLERCQ, *op. cit.*, t. 6, p. 303-306.

5. MANSI, *op. cit.*, t. 24, col. 865. Cf. HEFELE-LECLERCQ, *op. cit.*, t. 6, p. 313.

6. Voir ci-dessus notre chapitre V, en particulier p. 138-150.

du XIIIe siècle n'ont pas édicté de mesures législatives au sujet des conservateurs. Il n'empêche qu'ils n'ont pas ignoré l'institution. En effet, les sondages que nous avons entrepris dans les actes pontificaux de cette période laissent apparaître qu'ils ont eu maintes occasions d'intervenir : nous y avons relevé de nombreuses personnes, aussi bien physiques que morales, qui ont bénéficié de la conservation ; ces mêmes actes nous permettent de constater la variété des dignitaires auxquels la charge de conservateur a été confiée et finalement les modalités selon lesquelles s'est faite la concession de ces conservateurs. Les deux premières questions feront l'objet de la présente étude ; nous réserverons pour une étude ultérieure la question concernant les modalités de la concession.

I. LES BÉNÉFICIAIRES DE LA CONSERVATION : PERSONNES PHYSIQUES ET SURTOUT PERSONNES MORALES

En parcourant les registres des papes et les bullaires propres aux ordres religieux, on se rend compte qu'au cours de la seconde moitié du XIIIe siècle la concession de conservateurs se poursuit comme par le passé. Les papes qui nous intéressent en l'occurrence nomment des conservateurs ainsi que l'avaient fait leurs prédécesseurs. Nos recherches laissent cependant apparaître que les concessions étaient moins fréquentes qu'elles ne l'avaient été auparavant.

1. Religieux

Les bénéficiaires les plus nombreux de ces concessions sont les religieux, comme ils l'avaient été dans la première moitié du XIIIe siècle[7]. Les nouveaux ordres mendiants, à savoir les Franciscains et les Dominicains, profitent largement des avantages que procure la conservation. Quelques dépouillements concernant les uns et les autres en fournissent la preuve.

Franciscains. — À titre d'information, voici quelques concessions faites aux Franciscains, relevées dans le Bullaire de Sbaralea[8], dans les *Regesta* de Potthast[9] et dans les Registres des papes publiés par l'École française de Rome[10].

7. Voir ci-dessus chapitre II, « La concession des conservateurs apostoliques au temps d'Innocent IV (1243-1254) », p. 68-69.

8. J. H. SBARALEA, *Bullarium franciscanum*, Romae, t. 2, 1761 ; t. 3, 1765 ; t. 4, 1768.

9. A. POTTHAST, *Regesta Pontificum Romanorum inde ab A. post Christum natum 1198 ad A. 1304*, 2 vol., Berolini, 1874-1875 (Graz, 1957).

10. Pour faciliter la consultation des Registres, qui n'est pas toujours aisée, nous avons estimé utile de donner les références précises aux différents volumes qui ont été publiés par les membres de l'École française de Rome.

Dans deux bulles, l'une du 27 mars 1262 et l'autre du 28 novembre de la même année, Urbain IV demande à des évêques, à des abbés, prieurs, doyens, archidiacres et autres prélats des diocèses intéressés de se faire les protecteurs de deux monastères de religieuses de l'ordre de Saint-Damien, qui ont des attaches avec les Franciscains. Le premier de ces monastères est situé dans le diocèse de Castello, actuellement intégré dans le diocèse de Venise, le deuxième dans celui de Pavie[11].

Le pape Clément IV charge le 27 janvier 1268 Manfred, évêque élu de Vérone et gouverneur de la Marche d'Ancône et du duché de Spolète, de protéger les personnes et les biens des Frères mineurs de la Marche d'Ancône. Le terme de conservateur ne figure pas dans le texte, mais la fonction y est clairement définie[12]. De leur côté, les évêques de Pérouse et de Gubbio, les abbés, prieurs, doyens, archidiacres et autres prélats de ces deux diocèses se voient confier le 9 février 1268 la protection des personnes et des biens du monastère Sainte-Marie de Monte Lucido de Pérouse appartenant à l'ordre de Sainte-Claire[13].

Grégoire X enjoint, le 18 juillet 1272, à l'évêque de Fermo de protéger les Frères mineurs résidant dans la Marche d'Ancône[14]. Le 8 février 1273, le même Grégoire X charge Maître Albert, chanoine de la basilique du Prince des Apôtres à Rome, de veiller sur les biens et les privilèges concédés par le Siège Apostolique à l'abbesse et à la communauté des sœurs cloîtrées du monastère des saints Côme et

---

Urbain IV : J. GUIRAUD, *Les registres d'Urbain IV (1261-1264)*, Paris 1901-1904, t. 1-3 ; t. 4, Appendices et tables, Paris, 1906-1958. — Clément IV : E. JORDAN, *Les registres de Clément IV (1265-1268)*, Paris, 1893-1904 ; tables, Paris, 1945 (en tout 6 fascicules constituant 1 volume). — Grégoire X : J. GUIRAUD, *Les registres de Grégoire X (1272-1276)*, Paris, 1892-1906 ; tables, 1960 (en tout 5 fascicules). — Jean XXI : E. CADIER, *Le registre de Jean XXI (1276-1277)*, Paris, 1898 (imprimé dans le fascicule 3 des *Registres de Grégoire X* par Guiraud) ; tables, Paris, 1960 (dans le même fascicule que les tables des *Registres de Grégoire X*). — Nicolas III : J. GAY et S. VITTE, *Les registres de Nicolas III (1277-1280)*, Paris, 1898-1938 (GAY, fasc. 1 à 4, Paris, 1898-1932 ; VITTE, fasc. 5 : Supplément et tables, Paris, 1938). — Martin IV : Les membres de l'École française de Rome, *Les registres de Martin IV (1281-1285)*, Paris, 1901-1935, 3 fascicules (les 2 premiers fascicules ne portent pas de nom d'auteur ; le 3e a été réalisé par Fr. Olivier-Martin). — Honorius IV : M. PROU, *Les registres d'Honorius IV (1285-1287)*, Paris, 1888, 1 vol. — Nicolas IV : E. LANGLOIS, *Les registres de Nicolas IV (1288-1292)*, Paris, 1905, 2 vol.

11. SBARALEA, *Bullar. franciscanum* (cf. *supra*, note 8)..., t. 2, p. 437, n. 23 et p. 455-456, n. 45 (POTTHAST, *Regesta Pont. Roman.*, n. 18259 et 18430). Cf. *infra*, notes 183 et 185.

12. SBARALEA, *op. cit.*, t. 3, p. 138, n. 149 ; POTTHAST, n. 20247, qui donne la lettre comme étant adressée de Viterbe, et non de Pesaro, à la même date. Cf. *infra*, note 151.

13. SBARALEA, *op. cit.*, t. 3, p. 139-140, n. 151 (POTTHAST, n. 20263). Cf. *infra*, note 186.

14. SBARALEA, *op. cit.*, t. 3, p. 184, n. 7 (POTTHAST, n. 20570). Cf. *infra*, note 153.

Damien à Rome, faisant partie de l'ordre de Sainte-Claire[15]. Jean XXI ordonne, le 18 mars 1277, à l'évêque de Todi de protéger les Frères mineurs de l'administration (province) de Saint-François en Ombrie[16].

Martin IV charge, le 9 avril 1282, l'évêque de Chiusi d'assurer la protection des Frères mineurs qui résident en Toscane[17]. Le 25 février 1283, le pape demande également au doyen de l'église de Concordia d'empêcher que l'abbesse et la communauté du monastère Sainte-Marie de Cella, dans le diocèse de Trieste, ne soient indûment molestées à propos des privilèges qui leur ont été octroyés par le Siège Apostolique[18]. Le 23 juillet 1283, une mission analogue est imposée à l'évêque du diocèse de Castello (actuel diocèse de Venise) en faveur des Frères de l'ordre de Saint-François[19]. Honorius IV constitue, le 1er juin 1286, l'évêque d'Osimo conservateur des droits des Frères mineurs résidant dans la province de la Marche d'Ancône ; certes, le terme de conservateur ne figure pas dans le texte, mais la fonction assignée à l'évêque correspond exactement à celle d'un conservateur[20].

Dominicains. — Après ces exemples de conservateurs donnés aux Franciscains, voici le résultat de recherches similaires de concessions faites en faveur des Dominicains. Nous avons utilisé pour ces dépouillements le Bullaire de Ripoll et Brémond[21] ainsi que les recueils cités plus haut : *Regesta* de Potthast et Registres de l'École française de Rome.

Clément IV charge le 12 novembre 1265 Jacques, chanoine de Bologne, de veiller à la sauvegarde des possessions et des autres biens

15. GUIRAUD, *Les registres de Grégoire X* (*supra*, note 10)..., n. 1015. Cf. *infra*, note 279.

16. SBARALEA, *Bullar. francisc.*, t. 3, p. 265-266, n. 29 (POTTHAST, n. 21238). Cf. *infra*, note 159.

Sur le sens à attribuer au mot *administratio*, voir P. GRATIEN, *Histoire de la fondation et de l'évolution de l'Ordre des Frères Mineurs au XIIIe siècle*, Paris-Gembloux, 1928, p. 41 : « Les *Provinces*, ou pour employer un terme souvent usité dans la première moitié du XIIIe siècle, les *Administrations* tiraient leur nom soit de la contrée soit de la ville principale où les Frères exerçaient leur ministère ».

17. SBARALEA, *op. cit.*, t. 3, p. 484-485, n. 22 (POTTHAST, n. 21883). Cf. *infra*, note 162.

18. POTTHAST, *Regesta*, n. 21990. Cf. *infra*, note 248.

19. SBARALEA, *Bullar. francisc.*, t. 3, p. 509, n. 53 (POTTHAST, n. 22052). Cf. *infra*, note 165.

20. SBARALEA, *op. cit.*, t. 3, p. 570, n. 49. A. Potthast (*Regesta*, n. 22474) indique que la lettre en question nomme conservateur l'évêque d'Auch : *episcopum Auxitanum* ; c'est sûrement une erreur, compte tenu de tout le contexte : il faut lire *episcopum Auximanum* (= Osimo), comme l'écrit Sbaralea. M. PROU, *Les registres d'Honorius IV* (*supra*, note 10)..., n. 935, bien qu'il renvoie à Potthast, n. 22474, reprend lui aussi, à la suite de Sbaralea, les termes *episcopum Auximanum*. Cf. *infra*, note 167.

21. T. RIPOLL et A. BRÉMOND, *Bullarium Ordinis FF. Praedicatorum*, Romae, t. 1, 1729 ; t. 2, 1730 ; t. 7, *Supplementum*, 1739 ; t. 8, *Tractatus de consensu bullarum...*, 1740.

qui appartiennent à la prieure et aux sœurs du monastère de Saint-Dominique d'Imola ; ces religieuses se réclament de l'ordre de Saint-Augustin, mais elles vivent en fait selon les règles des Frères prêcheurs[22]. Le 24 septembre 1268, le pape demande à l'évêque d'Asti de prendre sous sa protection les Frères prêcheurs de la province de Lombardie. Comme dans d'autres bulles ou lettres, le terme de conservateur ne figure pas dans le texte, mais la fonction y est bien précisée[23]. Grégoire X confie le 1er février 1273 à l'abbé de Pamiers, du diocèse de Toulouse, la protection des biens des Frères prêcheurs qui résident en Provence[24]. Il enjoint également aux archevêques et évêques d'Italie de protéger les Frères de la Pénitence, qui sont des tertiaires de l'ordre de Saint-Dominique[25].

Nicolas III charge, le 27 septembre 1279, l'archevêque de Tours d'assurer la protection des Frères prêcheurs de la province de France[26]. En faveur des mêmes Frères prêcheurs, l'archevêque de Rouen reçoit, lui aussi, la fonction de conservateur ; cette nomination fait l'objet d'une lettre du pape, datée du même jour et rédigée dans les mêmes termes que celle adressée à l'archevêque de Tours[27]. Nicolas IV demande à Radulphus de Canaberiis (Raoul de Chenevières), chanoine d'Orléans, de protéger les Frères prêcheurs de France ; la lettre pontificale porte la date du 18 décembre 1291[28]. Quelques semaines plus tard, le 13 janvier 1292, le pape attribue pareille mission à l'évêque d'Auxerre en faveur des mêmes Frères prêcheurs[29].

Les nouveaux ordres mendiants, franciscains et dominicains, ont été bien, semble-t-il, les principaux bénéficiaires de concessions de conservateurs ; mais il va sans dire qu'ils n'ont pas été seuls à être les sujets des faveurs du Siège Apostolique en ce domaine. D'autres ordres religieux, eux aussi, se sont vu attribuer des conservateurs pour les défendre contre les éventuelles exactions dont ils pouvaient être l'objet. Les dépouillements que nous avons effectués nous fournissent la preuve de concessions de ce genre faites aux Bénédictins, aux moines de Cluny,

---

22. RIPOLL et BRÉMOND, *op. cit.*, t. 7, p. 44, n. 99 ; JORDAN, *Les registres de Clément IV* (*supra*, note 10)..., n. 1874 (POTTHAST, n. 19446). Cf. *infra*, note 278.

23. RIPOLL et BRÉMOND, *op. cit.*, t. 1, p. 498, n. 94 (POTTHAST, n. 20463). Cf. *infra*, note 152.

24. RIPOLL et BRÉMOND, *op. cit.*, t. 1, p. 511, n. 10 (POTTHAST, n. 20677). Cf. *infra*, note 204.

25. RIPOLL et BRÉMOND, *op. cit.*, t. 1, p. 536, n. 41 ; la lettre est donnée sans indication de date. Cf. *infra*, note 180.

26. GAY et VITTE, *Les registres de Nicolas III* (*supra*, note 10)..., n. 882. Cf. *infra*, note 160.

27. GAY et VITTE, *op. cit.*, n. 883. Cf. *infra*, note 161.

28. LANGLOIS, *Les registres de Nicolas IV* (*supra*, note 10)..., n. 7387. Cf. *infra*, note 282.

29. LANGLOIS, *op. cit.*, n. 7388. Cf. *infra*, note 176.

aux cisterciens, aux hospitaliers, aux templiers et à d'autres familles religieuses. Nous donnons quelques exemples de concessions dont ont bénéficié ces ordres.

Bénédictins. — Urbain IV nomme, le 21 décembre 1261, l'abbé du monastère de Saint-Benoît de Fleury, actuellement Saint-Benoît-sur-Loire, conservateur des privilèges qui ont été accordés par le Siège Apostolique à l'abbé et à la communauté de Saint-Denis en France ; comme en bien d'autres documents pontificaux, le terme de conservateur n'apparaît pas dans le texte, mais la fonction y est clairement définie[30]. Trois mois plus tard, le 11 mars 1262, le pape confie une charge similaire à l'abbé de Saint-Michel d'Anvers à l'égard de l'abbesse et de la communauté bénédictine de Reinsburg (Rinjsburg) dans le diocèse d'Utrecht[31]. Le 15 mars 1263, Urbain IV désigne le prévôt d'Amiens conservateur des droits du monastère bénédictin d'Anchin ; le terme de conservateur figure, cette fois, bel et bien dans le texte de la lettre. Le conservateur nommé succède aux abbés des monastères de Saint-Aubert et du Saint-Sépulcre et au prieur de Saint-Aubert de Cambrai, qui ne peuvent pas accomplir leur mission[32]. Le 13 octobre 1263, une fonction analogue est assignée au prieur de Saint-Bénigne de Dijon pour le monastère bénédictin de Saint-Germain-des-Prés de Paris[33] ; il en sera de même le 31 janvier 1264 pour l'abbé de Saint-Augustin de Cantorbéry en faveur du monastère de la Sainte-Trinité de Caen, relevant lui aussi de l'ordre de Saint-Benoît[34].

Clément IV charge le 7 octobre 1265 Henri, évêque de Brandebourg, de prendre sous sa protection l'abbesse et la communauté bénédictine de Saint-Jean-Baptiste de Gerbestatt (Gerbstedt) dans le diocèse de Halberstadt[35]. Grégoire X demande le 3 août 1272 à l'abbé de Saint-Hilaire, dans le diocèse de Padoue, d'empêcher que le monastère Saint-Georges-le-Majeur de Venise ne subisse d'injustices de la part de quiconque[36]. Un mois plus tard, le 1er septembre 1272, le pape enjoint à Barthélémy, évêque d'Asolo, de protéger l'abbé et le monastère de Saint-Cyprien, de l'ordre de Saint-Benoît, dans le diocèse de Torcello[37]. Le 1er mai 1274, Grégoire X confie à l'abbé de Saint-Eugène, dans le

30. POTTHAST, *Regesta*, n. 18194. Cf. *infra*, note 193.

31. *Ibid*, n. 18244. Cf. *infra*, note 195.

32. GUIRAUD, *Les registres d'Urbain IV* (*supra*, note 10)..., t. 1, n. 379. Cf. *infra*, note 260 ; voir aussi *infra*, note 231.

33. *Ibid.*, t. 1, n. 401. Cf. *infra*, note 234.

34. *Ibid.*, t. 4, n. 2976. Cf. *infra*, note 197.

35. POTTHAST, *Regesta*, n. 19389. Cf. *infra*, note 150.

36. *Ibid*, n. 20586. Cf. *infra*, note 200.

37. *Ibid*, n. 20599. Cf. *infra*, note 156.

diocèse de Sienne, la fonction de conservateur des privilèges et des biens du monastère de Vallombrosa, dans le diocèse de Fiesole[38].

Nicolas III demande, le 18 mars 1278, au prévôt de l'église de Coire de prendre sous sa protection l'abbé et la communauté du monastère bénédictin de Disentis (Suisse)[39]. Honorius IV charge le 4 juillet 1285 Pierre Capoccio, évêque d'Ancône, de protéger les biens du monastère bénédictin des saints André et Sylvestre dans le diocèse de Civita Castellana[40]. Quelques jours après, le 10 juillet 1285, le pape demande au prévôt de l'église de Coire de faire restituer au monastère de Disentis les biens qui lui appartiennent, s'il découvre que ces biens ont été spoliés[41]. Moins d'un an plus tard, le 26 avril 1286, Honorius IV institue l'abbé du monastère de Compiègne, situé dans le diocèse de Soissons, conservateur des indults dont jouissent l'abbé et la communauté bénédictine de Saint-Denis, dans le diocèse de Paris[42].

Nicolas IV ordonne, le 23 août 1290, à l'abbé de Saint-Germain-des-Prés de Paris d'empêcher que l'abbé et la communauté du monastère de Saint-Denis en France ne soient indûment molestés à propos des privilèges qui leur ont été accordés par le Siège Apostolique[43]. Le 2 décembre 1290, le pape demande à Matthieu, cardinal-prêtre du titre de Saint-Laurent-in-Damaso, d'assurer la protection des domaines et autres biens qui appartiennent au monastère bénédictin de Saint-André de Ponzano, dans le diocèse de Civita

38. GUIRAUD, *Les registres de Grégoire X*..., n. 1031. Cf. *infra*, note 205.

39. GAY et VITTE , *Les registres de Nicolas III*..., n. 914 (POTTHAST, n. 21282). Cf. *infra*, note 265.

40. PROU, *Les registres d'Honorius IV*..., n. 474 (POTTHAST, n. 22251). Cf. *infra*, note 166. L. H. COTTINEAU (*Répertoire topo-bibliographique des abbayes et prieurés*, t. 1, Mâcon, 1935) signale par deux fois ce même monastère, en le localisant dans deux diocèses différents ; une première fois, au mot *Castellana*, on lit : « Castellana, St-André et St-Sylvestre, diocèse et prov. d'Ancône... En 1285, Honorius IV écrit à l'évêque Pietro Capoccio de défendre les biens de ce monastère » (col. 619) ; une deuxième fois, aux mots *Civita Castellana*, on trouve l'indication suivante : « Civita Castellana, SS. André et Sylvestre, monastère dont Honorius IV en 1285 prend la défense, diocèse du nom (érigé en 1033), province de Rome... » (col. 792). Le texte de Potthast (n. 22251) ne permet pas d'opter clairement pour l'une ou l'autre de ces deux interprétations ; mais d'après PROU (n. 474, qui renvoie à Potthast, n. 22251), le monastère en question serait bien situé dans le diocèse de Civita Castellana, les termes *Civita Castellana* désignant le diocèse de Civita Castellana et non la ville de Castellana dans le diocèse d'Ancône. Le numéro 475 de Prou (*Les registres d'Honorius IV*, col. 338-339) confirme cette interprétation. On ne trouve rien de précis à ce sujet dans le *Dictionnaire d'histoire et de géographie ecclésiastiques*, aux mots : « Ancône » et « Civita Castellana ».

41. POTTHAST, *Regesta*, n. 22253. Cf. *infra*, note 267.

42. PROU, *Les registres d'Honorius IV*..., n. 917. Cf. *infra*, note 217.

43. LANGLOIS, *Les registres de Nicolas IV*..., n. 7373. Cf. *infra*, note 227.

Castellana[44]. Trois semaines plus tard, le 23 décembre 1290, le même cardinal se voit confier une fonction identique à l'égard de deux autres monastères ; l'un, celui de Sainte-Marie de Farneto, est situé dans le diocèse d'Arezzo et l'autre, celui du Saint-Sauveur, dans le diocèse de Rieti ; tous deux font également partie de l'ordre de Saint-Benoît[45]. Le 1er décembre 1291, Nicolas IV charge le prieur de Coincy, dans le diocèse de Soissons, de faire restituer à l'abbé et à la communauté du monastère de Saint-Germain-des-Prés de Paris les biens dont ils auraient été dépossédés[46].

Clunistes (Clunisiens). — Clément IV enjoint, le 9 novembre 1265, à l'archevêque de Bourges et à ses suffragants ainsi qu'à toutes les autorités prélatices de la province de protéger les biens et les privilèges dont jouissent l'abbé et les religieux du monastère de Cluny[47]. Grégoire X charge, le 26 septembre 1272, l'abbé de Saint-Pierre de Chalon-sur-Saône de veiller à la rentrée du cens auquel ont droit l'abbé et la communauté du monastère de Cluny pour les propriétés situées dans les villes et diocèses de Langres, Autun et Chalon[48]. Le 1er décembre 1272, l'abbé de Saint-Léger de Pons, dans le diocèse de Saintes, se voit confier la protection des droits et des biens des prieurés de l'ordre de Cluny qui se trouvent dans sa région[49].

Jean XXI institue, le 9 janvier 1277, l'abbé de Saint-André d'Avignon conservateur des monastères et des prieurés de l'ordre de Cluny situés dans la province d'Arles[50]. Quelques jours plus tard, le 18 janvier 1277, il attribue une fonction analogue au prieur de Sainte-Marie de Pampelune pour les droits et les biens du monastère et des prieurés clunisiens de la région[51]. Deux lettres similaires, toujours en faveur de religieux de l'ordre de Cluny, ont été expédiées le même jour, 18 janvier 1277 : l'une, à l'abbé de Saint-Corneille de Compiègne dans le diocèse de Soissons[52] et l'autre, au doyen de l'église de Palencia[53]. Deux autres lettres, l'une adressée à l'abbé de La Chaise-Dieu dans le diocèse de Clermont et l'autre à l'abbé de Saint-Bénigne de Dijon, datées du 15 mars 1277, ont la même teneur : les deux concernent les

---

44. *Ibid.*, n. 3785. Cf. *infra*, note 189.
45. *Ibid.*, n. 3786 et 3787. Cf. *infra*, note 190.
46. *Ibid.*, n. 7385. Cf. *infra*, note 240.
47. (P. SIMON), *Bullarium Sacri Ordinis Cluniacensis*, Lugduni, 1680, p. 134 (POTTHAST, n. 19442). Cf. *infra*, note 178.
48. (SIMON), *op. cit.*, p. 136-137 (POTTHAST, n. 20607). Cf. *infra*, note 202.
49. (SIMON), *op. cit.*, p. 137 (POTTHAST, n. 20646). Cf. *infra*, note 203.
50. (SIMON), *op. cit.*, p. 141 (POTTHAST, n. 21211). Cf. *infra*, note 206.
51. (SIMON), *op. cit.*, p. 141. Cf. *infra*, note 238.
52. *Ibid.*, p. 141 (POTTHAST, n. 21216). Cf. *infra*, note 207.
53. (SIMON), *op. cit.*, p. 141. Cf. *infra*, note 246.

biens de l'ordre de Cluny, la première les biens de la province de Bourges et la seconde, ceux de la province de Lyon[54].

Nicolas III demande le 13 janvier 1279 à l'abbé de Saint-Riquier de Ponthieu, dans le diocèse d'Amiens, d'intervenir en faveur de l'abbé et de la communauté du monastère de Cluny dans le diocèse de Mâcon[55]. Dix jours plus tard, le 23 janvier 1279, le pape enjoint à l'abbé de Saint-André d'Avignon de faire restituer au monastère et aux prieurés de l'ordre de Cluny les biens qui leur appartiennent, s'il constate que ces biens leur ont été dérobés ou qu'ils ont été dispersés dans la province d'Arles[56]. Martin IV nomme, le 9 février 1283, l'abbé du monastère de Saint-Gilles (diocèse de Nîmes) conservateur des possessions et des autres biens appartenant aux frères de l'ordre de Cluny qui résident dans la province de Narbonne[57]. Le pape adresse le même jour, 9 février 1283, une lettre similaire à l'abbé de Saint-Guilhem-du-Désert, dans le diocèse de Lodève, en faveur de l'ordre de Cluny[58].

Honorius IV enjoint le 7 mai 1286 à l'abbé de Corbie, dans le diocèse d'Amiens, de protéger l'abbé et la communauté du monastère de Cluny, dans le diocèse de Mâcon, ainsi que les abbés, les prieurs et tous les religieux qui en dépendent[59]. Le même jour, 7 mai 1286, le pape écrit d'une manière semblable à l'abbé de Murbach, du diocèse de Bâle, dans l'intérêt de l'ordre de Cluny[60]. Nicolas IV charge, le 23 février 1290, l'abbé de Saint-Germain-des-Prés de Paris de prendre sous sa protection les abbés, les prieurs et les communautés de l'ordre de Cluny[61]. Ce même 23 février, l'abbé de Saint-Gilles, dans le diocèse de Nîmes, se voit confier une mission analogue pour défendre l'ordre de Cluny[62]. Le 23 juillet 1291, Nicolas IV demande aux prieurs de Marcigny, de Sainte-Marguerite (Élincourt-Ste-Marguerite) et de Charlieu, de l'ordre de Cluny, respectivement des diocèses d'Autun, de Beauvais et de Mâcon, d'assurer la sauvegarde des droits de collation

---

54. *Ibid.*, p. 141-142 (POTTHAST, n. 21235 et 21236). Cf. *infra*, notes 208 et 209.

55. (SIMON), *op. cit.*, p. 142 (POTTHAST, n. 21510). Cf. *infra*, note 210.

56. GAY et VITTE, *Les registres de Nicolas III...*, n. 877. Cf. *infra*, note 211.

57. (SIMON), *Bullar. Sacr. Ord. Cluniac.* (*supra*, note 47)..., p. 148 (POTTHAST, n. 21985). Cf. *infra*, note 214.

58. (SIMON), *op. cit.*, p. 148, en appendice à la lettre précédente (POTTHAST, en appendice au n. 21985). Cf. *infra*, note 215.

59. (SIMON), *op. cit.*, p. 150 ; PROU, *Les registres d'Honorius IV...*, n. 923 (POTTHAST, n. 22434). Cf. *infra*, note 219.

60. (SIMON), *op. cit.*, p. 150, en appendice à la lettre précédente. Cf. *infra*, note 220.

61. (SIMON), *op. cit.*, p. 156 ; LANGLOIS, *Les registres de Nicolas IV...*, n. 7538 (POTTHAST, n. 23192). Cf. *infra*, note 224.

62. (SIMON), *op. cit.*, p. 156, en appendice à la lettre précédente ; LANGLOIS, *op. cit.*, n. 7539. Cf. *infra*, note 225.

d'un prieuré, appartenant à l'ordre de Cluny, qui a été accaparé par d'autres[63].

Cisterciens. — Urbain IV ordonne, le 15 mai 1262, à Rodolphe de Vroburc de protéger les personnes et les biens qui relèvent du monastère cistercien d'Olsberg, dans le diocèse de Bâle[64]. Le 22 mai 1264, le pape demande au prévôt et à l'archidiacre de Schleswig de défendre l'abbé et la communauté du monastère d'Oem (*Cara Insula*), de l'ordre de Cîteaux, dans le diocèse d'Aarhuus (Danemark) contre les voleurs et les envahisseurs[65]. Grégoire X charge le 5 août 1272 Jean, évêque de Prague, de prendre sous sa protection l'abbesse et la communauté des cisterciennes du Val Sainte-Marie, dans le diocèse de Prague[66]. Le 8 mars 1274, le pape enjoint au prieur du couvent de la Bienheureuse Vierge Marie, situé à Orléans, de veiller sur les possessions et les biens qui appartiennent à l'abbesse et à la communauté du monastère de l'Abbaye-aux-Bois (*Liberae-Abbatiae*), près de Beaulieu, de l'ordre de Cîteaux[67].

Nicolas III demande, le 13 avril 1279, au doyen de l'église de Spire de protéger efficacement l'abbé et la communauté du monastère de Herrenalb (*de Alba*). Le texte ne précise pas de quel ordre dépend ce monastère, mais on sait par ailleurs qu'il s'agit bien d'un monastère cistercien[68]. Honorius IV charge, le 5 août 1285, l'archidiacre de Chiusi de faire restituer au monastère du Saint-Sauveur de Monte Amiato les biens qui lui auraient été enlevés[69] ; huit jours plus tard, le 13 août 1285, le doyen de l'église de Brême se voit confier une mission semblable en faveur des moniales de la Bienheureuse Vierge Marie de Börstell (*in Borstello*), dans le diocèse d'Osnabrück[70].

Nicolas IV écrit le 8 juin 1288 au prieur de Saint-Gilles de Publico Monte, dans le diocèse de Liège, à propos des biens appartenant à l'abbesse et à la communauté du monastère de Fervaques, dans le diocèse de Noyon. Le prieur de Saint-Gilles est chargé par le pape de faire restituer au monastère en question les biens dont celui-ci aurait été spolié[71]. Trois mois plus tard, le 13 septembre 1288, le doyen de l'église de Herrieden, du diocèse d'Eichstätt, se voit confier une mission

63. (SIMON), *op. cit.*, p. 157-158 ; LANGLOIS, *op. cit.*, n. 5725. Cf. *infra*, note 241.

64. POTTHAST, *Regesta*, n. 18319.

65. *Ibid*, n. 18925. Cf. *infra*, notes 255 et 261.

66. *Ibid*, n. 20589. Cf. *infra*, note 155.

67. GUIRAUD, *Les registres de Grégoire X...*, n. 1030. Cf. *infra*, note 236.

68. GAY et VITTE, *Les registres de Nicolas III...*, n. 1023 (où Potthast, n. 21564, est repris tel quel). Cf. *infra*, note 247.

69. PROU, *Les registres d'Honorius IV...*, n. 844. Cf. *infra*, note 257.

70. *Ibid.*, n. 846 (POTTHAST, n. 22280). Cf. *infra*, note 249.

71. LANGLOIS, *Les registres de Nicolas IV...*, n. 7349. Cf. *infra*, note 239.

analogue en faveur du monastère cistercien de Heilsbronn, situé dans le même diocèse[72]. Le 1er octobre 1289, Nicolas IV ordonne à l'évêque de Porto, dans la province de Rome, d'intervenir contre ceux qui détiennent injustement les biens du monastère de Saint-Sébastien à Rome[73]. Le 1er mars 1291, le pape écrit de nouveau pour ce même monastère de Rome ; cette fois, il demande à Jacques, cardinal-diacre du titre de Sainte-Marie-in-via-lata, d'obliger tous ceux qui ont commis des dommages audit monastère à les réparer[74]. Le 15 mai 1291, Nicolas IV enjoint au doyen de l'église de la Sainte-Trinité de Spire de faire restituer au monastère cistercien de Bebenhausen, dans le diocèse de Constance, les biens qui lui auraient été enlevés[75]. Peu après, le 1er juillet 1291, le pape attribue une fonction similaire à l'évêque d'Olomouc (Olmütz) dans l'intérêt du monastère de Porta Coeli, qui se trouve dans son diocèse[76].

Hospitaliers. — Urbain IV nomme, le 10 juillet 1262, l'évêque de Clermont conservateur des privilèges accordés par le Siège Apostolique au maître et aux frères hospitaliers de Saint-Antoine résidant dans le diocèse de Vienne (France)[77]. Clément IV charge, le 5 mai 1265, le chantre du chapitre cathédral d'Orléans de protéger les frères hospitaliers de France contre ceux qui voudraient les inquiéter[78]. Trois semaines plus tard, le 29 mai 1265, le pape demande aux archevêques, évêques, abbés, prieurs, doyens, archidiacres, archiprêtres et autres prélats « à qui ces lettres parviendront » de réprimer ceux qui importunent les frères hospitaliers ou qui retiennent leurs biens[79].

Grégoire X désigne, le 5 juillet 1272, le prévôt de l'église d'Arles conservateur des possessions et des autres biens dont jouissent les frères hospitaliers de Jérusalem en Provence[80]. Nicolas III, lui, chargera le 15 janvier 1278 le prévôt de l'église de Barjols, dans le diocèse de Fréjus, de faire restituer aux mêmes frères les biens dont ils auraient été injustement dépossédés[81]. Comme en bien d'autres lettres, le terme de conservateur n'apparaît pas dans ces deux textes, mais la fonction y est clairement précisée.

---

72. *Ibid.*, n. 7438 (POTTHAST, n. 22806). Cf. *infra*, note 250.
73. LANGLOIS, *op. cit.*, n. 1580. Cf. *infra*, note 172.
74. *Ibid.*, n. 4497. Cf. *infra*, note 192.
75. *Ibid.*, n. 7604 (POTTHAST, n. 23670). Cf. *infra*, note 252.
76. LANGLOIS, *op. cit.*, n. 7617 (POTTHAST, n. 23728). Cf. *infra*, note 174.
77. GUIRAUD, *Les registres d'Urbain IV...*, t. 4, n. 2920. Cf. *infra*, note 144.
78. JORDAN, *Les registres de Clément IV...*, n. 1594. Cf. *infra*, note 272.
79. JORDAN, *op. cit.*, n. 1660. Cf. *infra*, note 181. À propos de la formule « à qui ces lettres parviendront », voir chapitre I, p. 39-40.
80. GUIRAUD, *Les registres de Grégoire X...*, n. 980. Cf. *infra*, note 263.
81. GAY et VITTE, *Les registres de Nicolas III...*, n. 865. Cf. *infra*, note 264.

Nicolas IV ordonne le 4 janvier 1290 à l'abbé du monastère de Saint-Trudpert, dans le diocèse de Constance, de faire restituer à la maison Saint-Lazare de Jérusalem, dans le canton d'Uri (Suisse), les biens qui lui auraient été soustraits de manière arbitraire[82]. Trois mois plus tard, le 27 avril 1290, le pape confie une mission analogue au trésorier de l'église Saint-Florin de Coblence, du diocèse de Trèves, en faveur de l'hôpital Sainte-Marie de Coblence, de l'ordre teutonique de Jérusalem[83].

Templiers. — Urbain IV institue le 26 juin 1263 le doyen de Figeac, du diocèse de Cahors, conservateur des privilèges et des biens de la Milice du Temple en Provence[84]. En ce même jour, 26 juin 1263, le pape octroie à la Milice du Temple en Provence un second conservateur avec la même mission : il s'agit de l'abbé de Saint-Gilles, de l'ordre de Saint-Benoît, dans le diocèse de Nîmes[85]. Grégoire X adresse, le 21 mai 1272, une lettre à tous les prélats pour leur demander de frapper de sanctions canoniques ceux qui importunent les frères de la Milice du Temple et qui pillent leurs biens[86].

Prémontrés (chanoines réguliers). — Clément IV charge le 11 mai 1265 l'abbé de Saint-Michel de Hildesheim, de l'ordre de Saint-Benoît, de défendre le prévôt et la communauté du monastère de Saint-Wipert près de la ville de Quedlinbourg, dans le diocèse de Halberstadt, contre les voleurs et les envahisseurs[87]. Nicolas IV ordonne, le 3 mars 1289, au doyen de la vieille église (*vetus ecclesia*) Saint-Paul de Münster de faire restituer au monastère de Varlar, dans le diocèse de Münster, les biens qu'on lui aurait enlevés de manière injuste[88].

Religieux apparentés aux Mendiants. — Ermites du Mont-Carmel : Nicolas IV demande, le 1er juillet 1289, à l'évêque de Saragosse de protéger les frères de l'ordre des Ermites du Mont-Carmel en Espagne contre ceux qui les molestent[89]. Ce même jour, 1er juillet 1289, le pape

82. LANGLOIS, *Les registres de Nicolas IV...*, n. 7528 (POTTHAST, n. 23150). Cf. *infra*, note 223.

83. *Ibid.*, n. 7550 (POTTHAST, n. 23251). Cf. *infra*, note 277.

84. GUIRAUD, *Les registres d'Urbain IV...*, t. 4, n. 2954. Cf. *infra*, note 244.

85. *Ibid.*, t. 4, n. 2955. Cf. *infra*, note 196.

86. GUIRAUD, *Les registres de Grégoire X...*, n. 976. Cf. *infra*, note 182. On trouve dans la lettre du 21 mai 1272 la formule signalée ci-dessus à la note 79.

87. JORDAN, *Les registres de Clément IV...*, n. 1618 (POTTHAST, n. 19141). Cf. *infra*, note 198.

88. LANGLOIS, *Les registres de Nicolas IV...*, n. 7474 (POTTHAST, n. 22897). Cf. *infra*, note 251.

89. *Ibid.*, n. 7496 (POTTHAST, n. 22992). Cf. *infra*, note 170.

confie une mission identique à l'évêque de Florence en faveur des frères du même ordre qui résident en Toscane[90].

Ermites de Saint-Augustin : Grégoire X enjoint, le 2 janvier 1273, à l'archiprêtre de l'église de Lucques de prendre la défense du prieur provincial et des frères ermites de Saint-Augustin en Toscane[91].

Humiliés : Nicolas IV nomme le 2 septembre 1288 Jacques, cardinal diacre du titre de Sainte-Marie-in-via-lata, ainsi que Guy, évêque de Pavie, et Avogadro, évêque de Vercelli, conservateurs des diverses exemptions, notamment celle du droit de visite, qu'il a accordées à l'ordre des Humiliés. Il est à noter que le terme de conservateur figure bien dans le texte[92].

Religieux apparentés aux Bénédictins. — Ermites du Monte-Fano (Silvestrins ?) : Nicolas IV charge, le 15 février 1290, l'évêque d'Ostie et de Velletri d'intervenir contre ceux qui se sont emparés des propriétés et des autres biens appartenant au monastère érémitique de Monte-Fano, dans le diocèse de Camerino, ainsi qu'aux monastères et prieurés qui en dépendent[93].

Camaldules : Nicolas IV demande, le 13 avril 1290, à l'abbé de Sainte-Marie-Majeure de Florence de défendre le prieur et la communauté des Ermites camaldules qui résident dans le diocèse d'Arezzo contre les voleurs et les envahisseurs[94].

Religieux se réclamant de l'ordre de Saint-Augustin. — Urbain IV charge, le 18 février 1262, l'évêque d'Olomouc (Olmütz) de veiller à ce que soit bien respecté le privilège concernant l'exemption des contributions financières qui a été concédé par le Siège Apostolique au prieur et au chapitre de l'église du Saint-Sépulcre de Jérusalem[95]. Deux mois plus tard, le 26 avril 1262, le pape demande à Jean, évêque de Prague, de défendre les frères de la maison du Saint-Sépulcre de Sderaz contre les exactions du doyen et du chapitre d'Olomouc[96].

Clément IV ordonne le 22 septembre 1265 à l'abbé du monastère de Goseck, dans le diocèse de Halberstadt, de défendre les biens du prévôt et de la communauté du monastère Saint-Thomas de Leipzig contre les voleurs et les envahisseurs[97]. De son côté, Grégoire X charge, le 1er mars 1274, l'archevêque de Tours de protéger les privilèges et les

90. LANGLOIS, *op. cit.*, n. 7497 (POTTHAST, n. 22993). Cf. *infra*, note 171.
91. POTTHAST, *Regesta*, n. 20659. Cf. *infra*, note 270.
92. *Ibid*, n. 22787. Cf. *infra*, note 191.
93. LANGLOIS, *Les registres de Nicolas IV...*, n. 2097. Cf. *infra*, note 173.
94. *Ibid.*, n. 7548 (POTTHAST, n. 23240). Cf. *infra*, note 226.
95. POTTHAST, *Regesta*, n. 18230. Cf. *infra*, note 142.
96. *Ibid*, n. 18284. Cf. *infra*, note 143.
97. JORDAN, *Les registres de Clément IV...*, n. 1801 (POTTHAST, n. 19358). Cf. *infra*, note 199.

droits dont jouissent le supérieur et les frères des maisons de la Pénitence de Jésus-Christ dans le royaume de France[98]. Le même pape confie le 11 avril 1275 la prieure, la communauté et le monastère de Val-Duchesse, dans le diocèse de Cambrai, au maître de l'ordre des Frères prêcheurs et au prieur de la province d'Allemagne[99].

Honorius IV demande, le 23 mai 1286, à l'abbé du monastère cistercien d'Andrejeow (Jedrzejow), dans le diocèse de Cracovie, de faire restituer au maître du Saint-Sépulcre de Miechow les biens dont il aurait été spolié[100]. Quelques années plus tard, le 26 juillet 1291, Nicolas IV ordonne à l'archevêque d'Esztergom (Gran) de faire restituer au monastère de *Insula Danubii* les biens qui lui auraient été enlevés de manière injuste[101].

2. Croisés

Les croisés sont aussi les sujets de nombreuses concessions de conservateurs ; ils voulaient de la sorte assurer, durant leur absence, la sauvegarde des biens et la protection des droits qu'ils possédaient. La papauté répondait volontiers aux demandes qui lui étaient ainsi faites ; c'était pour elle un moyen d'inciter des chrétiens à s'enrôler plus facilement pour la croisade.

Urbain IV ordonne, le 21 mai 1262, au provincial des Frères prêcheurs de Lombardie de veiller à la protection des immunités et des privilèges concédés par le Siège Apostolique aux croisés. Son pouvoir s'étend à la Lombardie et à d'autres territoires sur lesquels le pape lui a donné expressément juridiction par lettre pontificale[102]. Quelques semaines plus tard, le 12 juin 1262, Urbain IV demande au maître de l'ordre des Frères prêcheurs d'empêcher que les immunités et les privilèges qui ont été accordés aux croisés par le Siège Apostolique ne soient l'objet de contestations injustes[103]. Le 11 février 1263, l'évêque de Ratisbonne est chargé de protéger les croisés d'Alémanie et de Bohême contre ceux qui voudraient s'opposer à leurs immunités et à leurs privilèges[104]. Le 22 avril 1263, Urbain IV demande à Gilles,

98. GUIRAUD, *Les registres de Grégoire X...*, n. 1028. Cf. *infra*, note 157.

99. RIPOLL et BRÉMOND, *Bullar. Ord. FF. Praedicat.* (*supra*, note 21)..., t. 8, p. 452, n. 48 ; GUIRAUD, *Les registres de Grégoire X...*, n. 581 (POTTHAST, n. 21028). Cf. *infra*, notes 237 et 286.

100. PROU, *Les registres d'Honorius IV...*, n. 928 (POTTHAST, n. 22450). Cf. *infra*, note 221.

101. LANGLOIS, *Les registres de Nicolas IV...*, n. 7620 (POTTHAST, n. 23747). Cf. *infra*, note 175.

102. RIPOLL et BRÉMOND, *Bullar. Ord. FF. Praedicat.*, t. 1, p. 421, n. 11 (POTTHAST, n. 18330). Cf. *infra*, note 284.

103. GUIRAUD, *Les registres d'Urbain IV...*, t. 4, n. 2913. Cf. *infra*, note 283.

104. *Ibid.*, t. 1, n. 320. Cf. *infra*, note 145.

archevêque de Tyr, d'empêcher qu'on ne porte atteinte aux immunités et aux privilèges dont jouissent les croisés et ceux qui vont prendre la croix ; ces personnes sont sous la protection du pape[105].

Clément IV enjoint le 27 avril 1265 à Gilles, archevêque de Tyr, de défendre les immunités et les privilèges accordés aux croisés par le Siège Apostolique[106]. Grégoire X charge le 17 août 1274 Simon, cardinal-prêtre du titre de Sainte-Cécile et légat du Siège Apostolique, de veiller à ce qu'on ne porte pas atteinte aux immunités et aux privilèges concédés par le pape aux croisés du royaume de France[107].

Les religieux et les croisés ne furent pas les seuls à s'adresser à Rome pour obtenir des conservateurs ; on trouve parmi les quémandeurs d'autres catégories de personnes : des rois, des nobles, des dignitaires ecclésiastiques. Parmi ces derniers figurent avant tout des évêques, mais on relève aussi des doyens et des chapitres, des chanoines, des prévôts, des chapelains et autres clercs. Certains textes mentionnent des maîtres et des étudiants et même des juifs convertis. Enfin, quelques lettres assurent la protection des biens et des privilèges d'une église particulière ou encore garantissent le respect du règlement intervenu dans un litige opposant un roi à des évêques et des nobles.

3. Rois et reines

Urbain IV institue, le 23 décembre 1261, l'archevêque de Rouen ainsi que les évêques d'Évreux et de Soissons conservateurs d'un privilège qu'il a octroyé à Louis, roi de France ; il s'agit du privilège de faire construire quelques maisons-Dieu dans les villes de Pontoise, Compiègne et Vernon, situées respectivement dans les diocèses de Rouen, Soissons et Évreux. Au cas où l'archevêque et les évêques ne voudraient pas exécuter ce mandat qui leur est confié, l'abbé de Saint-Denis en France est chargé de le faire, avec les mêmes pouvoirs[108]. Par une bulle du mois de juillet 1264 (du 15 juillet ?) le pape demande au provincial des Frères prêcheurs de Hongrie de protéger la reine (Maria) de Hongrie contre les attaques de ceux qui convoitent son château de Possega (Pozega ou Poszega), dans le duché de Slavonie[109].

---

105. *Ibid.*, t. 2, n. 378. Cf. *infra*, note 146. Voir M. PURCELL, *Papal Crusading Policy (1244-1291)*, Leiden, 1975, p. 164-171 (« Studies in the History of Christian Thought », vol. 11).

106. JORDAN, *Les registres de Clément IV...*, n. 1562. Cf. *infra*, note 149.

107. GUIRAUD, *Les registres de Grégoire X...*, n. 497. Cf. *infra*, note 188.

108. GUIRAUD, *Les registres d'Urbain IV...*, t. 4, n. 2879 ; cette lettre est peut-être la même que celle mentionnée par Potthast, *Regesta* sous le numéro 18193, avec la date du 21 décembre 1261. Cf. *infra*, notes 177 et 194.

109. RIPOLL et BRÉMOND, *Bullar. Ord. FF. Praedicat.*, t. 1, p. 446, n. 56 (POTTHAST, n. 18978). Cf. *infra*, note 285.

Grégoire X enjoint, le 23 mars 1273, aux abbés des monastères de Saint-Denis et de Saint-Germain-des-Prés, dans le diocèse de Paris, de défendre les privilèges et les indulgences qu'il a accordés à Philippe – il s'agit de Philippe III (1270-1285) –, roi de France[110]. Nicolas III confie, le 20 septembre 1278, aux abbés des mêmes monastères la conservation des privilèges et des indulgences qui ont été concédés par le Siège Apostolique au roi de France et à ses clercs[111]. Ces abbés se voient également attribuer par Martin IV, le 15 octobre 1281, la protection du roi de France Philippe III. Ils sont notamment chargés d'empêcher que le roi ne soit molesté à propos des privilèges qui lui ont été accordés par le Siège Apostolique[112]. Honorius IV demandera, le 27 avril 1286, à l'abbé du monastère de Saint-Denis de veiller à la sauvegarde des privilèges et des indulgences dont bénéficie Philippe (Philippe IV, 1285-1314), roi de France [113].

4. Nobles

Urbain IV ordonne, le 15 juillet 1264, au provincial des Frères prêcheurs de Hongrie de veiller à la protection des biens de la duchesse Agnès de Hongrie et de ses enfants[114]. Quelques jours plus tard, par deux bulles en date du 24 juillet 1264, le pape désigne dans l'une l'évêque de Beauvais et dans l'autre le trésorier de l'église Saint-Hilaire de Poitiers conservateurs des immunités accordées à Alphonse, comte de Poitiers[115].

Grégoire X nomme en l'année 1272 (le 31 juillet ?) le chantre de Pampelune conservateur des divers privilèges concédés à Henri, comte de Champagne, et à son épouse[116]. Martin IV demande, le 15 octobre 1281, à l'abbé de Saint-Denis, dans le diocèse de Paris, d'empêcher que Robert, comte de Clermont, ne soit indûment inquiété à propos des privilèges qui lui ont été octroyés par le Siège Apostolique[117].

---

110. GUIRAUD, *Les registres de Grégoire X...*, n. 151 ; Potthast, n. 20702, mentionne en plus les clercs du roi. Cf. *infra*, note 228 ; voir aussi *infra*, note 133.

111. GAY et VITTE, *Les registres de Nicolas III...*, n. 177. Cf. *infra*, note 229 ; voir aussi *infra*, note 135.

112. Les membres de l'École française de Rome, *Les registres de Martin IV* (*supra*, note 10)..., n. 56. Cf. *infra*, note 230.

113. PROU, Les *registres d'Honorius IV...*, n. 396. Cf. *infra*, note 218.

114. RIPOLL et BRÉMOND, *Bullar. Ord. FF. Praedicat.*, t. 1, p. 444-445, n. 53 (POTTHAST, n. 18977). Cf. *infra*, note 285.

115. GUIRAUD, *Les registres d'Urbain IV...*, t. 3, n. 2167 et 2168. Cf. *infra*, notes 148 et 276.

116. POTTHAST, *Regesta*, n. 20585. Cf. *infra*, note 273.

117. Les membres de l'École française de Rome, *Les registres de Martin IV...*, n. 57. Cf. *infra*, note 213.

5. Dignitaires ecclésiastiques et autres clercs

Archevêques et évêques. — Urbain IV charge, le 21 mars 1263, le doyen de l'église Saint-Étienne de Troyes de défendre l'évêque de Langres contre les laïcs et les clercs qui le molestent[118]. Le 7 juin 1264, le pape demande à l'évêque d'Évreux d'intervenir contre ceux qui importunent l'évêque de Bayeux[119]. Grégoire X écrit, en l'année 1272, à l'évêque de Gérone pour lui recommander Pierre, archevêque de Narbonne. Il lui enjoint « de le défendre et protéger contre tous ceux qui lui feraient violence et le troubleraient en ses droits et privilèges »[120].

Martin IV demande, le 21 septembre 1282, à l'évêque de Vercelli de ne pas permettre que Frédéric, évêque élu d'Ivrea, soit molesté à propos de l'église Saint-Laurent, qu'il a obtenue canoniquement, et de la prébende qui lui est attachée[121]. Honorius IV ordonne, le 5 juin 1286, à l'évêque élu de Bâle d'empêcher que Henri, archevêque de Mayence, ne soit indûment inquiété dans ses biens. Par une seconde lettre, datée également du 5 juin 1286, le pape donne mandat au même évêque de protéger aussi les privilèges qui ont été accordés par le Siège Apostolique à l'archevêque Henri ; ce dernier venait d'être transféré de Bâle à Mayence[122].

Un abbé qui s'est démis de sa charge. — Martin IV demande le 21 janvier 1282 à l'évêque de Meaux, à l'archidiacre de Ponthieu (diocèse d'Amiens) ainsi qu'au prévôt de l'église de Saint-Omer (diocèse de Thérouanne) d'empêcher qu'un certain Gérard ne soit molesté à cause de la provision qui lui a été accordée ; ledit Gérard s'était démis de sa charge d'abbé du monastère de Saint-Germain-des-Prés[123].

Doyens et chapitres. — Urbain IV ordonne, le 28 avril 1262, au scolastique de l'église de Cologne de protéger les libertés, les immunités et les coutumes légitimes du doyen et du chapitre de l'église de Xanten dans le diocèse de Cologne[124]. Grégoire X charge, le

118. GUIRAUD, *Les registres d'Urbain IV...*, t. 1, n. 261. Cf. *infra*, note 243.

119. *Ibid.*, t. 1, n. 439. Cf. *infra*, note 147.

120. GUIRAUD, *Les registres de Grégoire X...*, n. 1080 (texte en français dans Guiraud, qui écrit « Gironne » pour « Gérone ») ; l'auteur des *Registres de Grégoire X* ne précise pas la date de la lettre. Cf. *infra*, note 154.

121. Les membres de l'École française de Rome, *Les registres de Martin IV...*, en appendice au n. 239. Cf. *infra*, note 164.

122. PROU, *Les registres d'Honorius IV...*, n. 936 et 937 (POTTHAST, n. 22479 et 22480). Cf. *infra*, note 168.

123. Les membres de l'École française de Rome, *Les registres de Martin IV...*, n. 100. Cf. *infra*, notes 184, 256, 266, 287.

124. POTTHAST, *Regesta*, n. 18289. Cf. *infra*, note 288.

21 juillet 1272, le prieur de Saint-Pierre-à-la-Chaux (diocèse de Soissons) et le doyen de l'église Saint-Cloud (diocèse de Paris) de faire respecter les droits du doyen et du chapitre de Paris en ce qui concerne la dîme, le cens, les legs et autres redevances qui leur reviennent[125].

Nicolas III enjoint le 23 mars 1279 à l'abbé du monastère de La Chaise-Dieu, dans le diocèse de Clermont, de ne pas permettre que le doyen et le chapitre de l'église de Lyon soient molestés à propos d'une disposition concernant leurs revenus ; cette disposition avait été approuvée et de nouveau confirmée par le Siège Apostolique[126]. Nicolas IV charge le 5 septembre 1289 l'abbé du monastère de Ferrières-en-Gâtinais, de l'ordre de Saint-Benoît, dans le diocèse de Sens, de défendre le doyen et le chapitre de l'église de Paris contre les attaques des voleurs et des envahisseurs[127].

Prieurs. — Martin IV confie, le 13 juin 1284, le prieur de l'église des séculiers de Santa Maria de Broilo de Faenza à l'abbé de Santa Maria *foris portam* de la même ville pour qu'il le protège contre les fauteurs d'injustices[128].

Chanoines. — Urbain IV institue le 4 juin 1264 le prévôt de l'église de Nienbourg, dans le diocèse de Passau, exécuteur et conservateur de la dispense de résidence accordée ce même jour à maître Pierre, chanoine de l'église de Prague et notaire du roi de Bohême[129].

Prévôts. — Grégoire X ordonne, le 28 mai 1275, à l'évêque d'Orange de défendre Bérenger de Secureto, prévôt de Marseille, contre tous les agresseurs[130].

Doyens ruraux. — Nicolas III demande le 20 juillet 1280 à Hugo Vigerii, chanoine et chantre de l'église de Saintes, ainsi qu'à Pierre de Pabex, chanoine de l'église d'Angoulême, d'intervenir pour que le doyen rural d'Aizenay, dans le diocèse de Poitiers, puisse jouir, sans être inquiété, d'une exemption temporelle partielle ; le pape avait interdit à l'évêque de Poitiers de s'immiscer pendant cinq ans dans certaines affaires du doyenné d'Aizenay[131].

---

125. GUIRAUD, *Les registres de Grégoire X*..., n. 984. Cf. *infra*, notes 235 et 245.

126. GAY et VITTE, *Les registres de Nicolas III*..., n. 492. Cf. *infra*, note 212.

127. LANGLOIS, *Les registres de Nicolas IV*..., n. 7362. Cf. *infra*, note 222.

128. POTTHAST, *Regesta*, n. 22160. Cf. *infra*, note 216.

129. GUIRAUD, *Les registres d'Urbain IV*..., t. 3, n. 1798 (POTTHAST, n. 18940 ; voir n. 18939). CF. *infra*, note 262.

130. SBARALEA, *Bullar. francisc.*, t. 3, p. 232, n. 102 ; GUIRAUD, *Les registres de Grégoire X*..., n. 624 (où il est fait renvoi à POTTHAST, n. 21940 ; il faut lire : n. 21040). Cf. *infra*, note 158.

131. GAY et VITTE, *Les registres de Nicolas III*..., n. 670. Cf. *infra*, notes 274 et 280.

Chapelains. — Nicolas IV charge le 18 août 1291 Fridéric dit Zorl (Zolre), prévôt de l'église in Berlaco, dans le diocèse d'Augsbourg, de faire restituer à la chapellenie de l'autel Saint-Étienne de l'église de Weil, dans le diocèse de Constance, les biens qui lui auraient été soustraits de manière injuste ; cette chapellenie avait été conférée à perpétuité à Burchard dit Homo[132].

Clercs. — Grégoire X demande le 23 mars 1273 aux abbés des monastères de Saint-Denis et de Saint-Germain-des-Prés, dans le diocèse de Paris, de ne pas permettre que les clercs attachés au service du roi de France soient inquiétés à propos des indulgences qui leur ont été accordées par le Siège Apostolique[133]. Cependant il convient de noter que les indulgences dont il est question dans cette lettre ont été concédées au roi *et* à ses clercs ; c'est dire que, si les clercs ont bénéficié de conservateurs, ils le doivent à la personne du roi, qui est le premier concerné[134]. Cette remarque vaut aussi pour la nomination de conservateurs faite par Nicolas III le 20 septembre 1278 : le pape s'adresse aux abbés des mêmes monastères et il mentionne le roi de France et ses clercs[135].

6. Divers

Maîtres et étudiants. — Urbain IV charge, le 3 juin 1262, l'archidiacre de Ponthieu dans le diocèse d'Amiens et maître Gérard Goignelin, chanoine de Reims, demeurant tous deux à Paris, d'assurer la protection des biens qui appartiennent aux maîtres et aux étudiants (*scolares*) parisiens[136].

Juifs convertis. — Nicolas III enjoint, le 4 août 1278, au Provincial des prêcheurs de Lombardie d'enseigner à temps et à contretemps, avec l'aide des frères de son Ordre, les vérités évangéliques aux juifs qui résident dans la province. Le Provincial n'omettra pas de recommander aux prélats et aux seigneurs des lieux les juifs qui auront embrassé la doctrine de l'Évangile et reçu le baptême, afin que lesdits prélats et seigneurs les accueillent favorablement et qu'ils les empêchent d'être

---

132. LANGLOIS, *Les registres de Nicolas IV*..., n. 7627 (POTTHAST, n. 23782). Cf. *infra*, note 268.

133. GUIRAUD, *Les registres de Grégoire X*..., n. 151 (POTTHAST, n. 20702). Cf. *supra*, note 110 ; voir aussi *infra*, note 228.

134. POTTHAST (*Regesta*, n. 20702) ne donne pas de date précise pour cette lettre ; il se contente de la situer dans la première année du pontificat de Grégoire X. GUIRAUD (*Les registres de Grégoire X*, n. 151) date la lettre du 23 mars 1273 ; en revanche, il ne fait mention que du roi de France et non pas du roi et de ses clercs.

135. GAY et VITTE, *Les registres de Nicolas III*..., n. 177. Cf. *supra*, note 111 ; voir aussi *infra*, note 229.

136. POTTHAST, *Regesta*, n. 18349. Cf. *infra*, note 254.

molestés dans leurs personnes et dans leurs biens par les juifs eux-mêmes ou par d'autres ; au contraire, ils devront leur prêter assistance[137]. La fonction qui incombe en l'occurrence aux prélats et aux seigneurs des lieux s'apparente à celle d'un conservateur. Il convient cependant de noter que, si les prélats peuvent exercer la fonction de conservateur en leur qualité de dignitaires ecclésiastiques, il n'en est pas de même des seigneurs des lieux, qui sont des laïcs ; la papauté n'avait pas l'habitude de choisir des conservateurs parmi les laïcs. Dans le cas présent, il ne peut donc s'agir pour les seigneurs en question que d'un rôle de conservateur au sens large sans les pouvoirs spécifiques attachés à la fonction.

Église du Latran. — Grégoire X demande, le 23 août 1272, à l'abbé du monastère Saint-Grégoire de Rome de prendre sous sa protection les biens et les privilèges de l'église du Latran[138].

Archidiaconé. — Martin IV charge, le 1er juillet 1283, le chantre de l'église de Catanzaro de faire restituer à l'archidiaconé de Squillace ses biens, s'il constate leur aliénation illicite[139].

Règlement à propos d'un litige. — Urbain IV charge, le 17 mars 1264, l'archevêque de Cantorbéry et l'abbé de Saint-Denis en France de faire respecter le règlement intervenu à Amiens au sujet du litige qui opposait le roi d'Angleterre à certains évêques et barons de son pays[140].

II. LES TITULAIRES : LES PERSONNES AUXQUELLES EST CONFIÉE LA CHARGE DE CONSERVATEUR

Les titulaires de la charge de conservateur ne pouvaient être en principe que des gens d'Église et qui, en outre, devaient être constitués en dignités ; parmi ces dignités n'entraient en ligne de compte théoriquement que celles d'évêque, d'abbé de monastère ou de chanoine d'église cathédrale[141].

Une lecture attentive des lettres de concession que nous avons relevées dans la première partie de cette étude aura déjà permis de constater qu'effectivement les conservateurs nommés par les papes entraient bien dans l'une des trois catégories d'ecclésiastiques prévues par les textes. On ne rencontre que l'un ou l'autre ecclésiastique dont le

---

137. RIPOLL et BRÉMOND, *Bullar. Ord. FF. Praedicat.*, t. 1, p. 558, n. 7 (POTTHAST, n. 21383).

138. GUIRAUD, *Les registres de Grégoire X...*, n. 998. Cf. *infra*, note 201.

139. POTTHAST, *Regesta*, n. 22041. Cf. *infra*, note 275.

140. *Ibid*, n. 18832. Cf. *infra*, note 179.

141. Cette disposition avait été prise par Alexandre IV dans la décrétale *Quia de conservatoribus* du 23 mars 1256, comme nous l'avons exposé ci-dessus au chapitre IV, p. 109-110.

titre ne répond pas exactement aux exigences de la loi. C'est bien l'exception qui confirme la règle. Quant aux laïcs, il paraît hors de doute qu'ils sont exclus de la fonction ; les quelques exemples que l'on pourrait être tenté de citer ne sont pas convaincants.

Pour justifier l'exactitude de ces affirmations et sans reprendre en détail les documents signalés plus haut, afin d'éviter des répétitions, nous ferons simplement le relevé, catégorie par catégorie, des dignitaires qui ont été appelés à exercer la charge de conservateur.

1. Évêques, archevêques, cardinaux

Parmi les conservateurs, les évêques constituent une catégorie fort importante. La plupart du temps, c'est un évêque qui, à titre individuel, est nommé conservateur. On rencontre aussi des lettres de concession qui désignent plusieurs évêques à la fois ; d'autres lettres associent des abbés et des prélats à l'évêque ou aux évêques. Quelques lettres nomment conservateurs un archevêque seul ou bien un ou plusieurs archevêques avec des évêques et divers dignitaires. Enfin, à cette époque, on trouve quelques cardinaux qui assument la responsabilité de conservateur. Nous donnerons des exemples de ces différentes manières dont les évêques sont appelés à intervenir en qualité de conservateur.

Un archevêque ou un évêque seul. — Les lettres de nomination de cette sorte sont les plus nombreuses, comme nous l'avons déjà noté. Nous présentons la liste de celles que nous avons relevées, qui n'a pas la prétention d'être exhaustive ; pour la clarté de l'exposé, nous signalons ces nominations par pontificat.

Sous Urbain IV (1261-1264), les archevêques et évêques suivants ont été nommés conservateurs : l'évêque d'Olomouc[142] ; l'évêque de Prague[143] ; l'évêque de Clermont[144] ; l'évêque de Ratisbonne[145] ; l'archevêque de Tyr[146] ; l'évêque d'Évreux[147] ; l'évêque de Beauvais[148]. — Clément IV (1265-1268) : l'archevêque de Tyr[149] ; l'évêque de

142. Potthast, *Regesta*, n. 18230. Cf. *supra*, note 95.
143. *Ibid*, n. 18284. Cf. *supra*, note 96.
144. Guiraud, *Les registres d'Urbain IV...*, t. 4, n. 2920. Cf. *supra*, note 77.
145. *Ibid.*, t. 1, n. 320. Cf. *supra*, note 104.
146. *Ibid.*, t. 2, n. 378. Cf. *supra*, note 105.
147. *Ibid.*, t. 1, n. 439. Cf. *supra*, note 119.
148. *Ibid.*, t. 3, n. 2167. Cf. *supra*, note 115.
149. Jordan, *Les registres de Clément IV...*, n. 1562. Cf. *supra*, note 106.

Brandebourg[150] ; l'évêque élu de Vérone[151] ; l'évêque d'Asti[152]. — Grégoire X (1271-1276) : l'évêque de Fermo[153] ; l'évêque de Gérone[154] ; l'évêque de Prague[155] ; l'évêque d'Asolo[156] ; l'archevêque de Tours[157] ; l'évêque d'Orange[158]. — Jean XXI (1276-1277) : l'évêque de Todi[159]. — Nicolas III (1277-1280) : l'archevêque de Tours[160] ; l'archevêque de Rouen[161]. — Martin IV (1281-1285) : l'évêque de Chiusi[162] ; l'archevêque de Rouen[163] ; l'évêque de Vercelli[164] ; l'évêque de Castello[165]. — Honorius IV (1285-1287) : l'évêque d'Ancône[166] ; l'évêque d'Osimo[167] ; l'évêque élu de Bâle[168] ; l'évêque de Toulouse[169]. — Nicolas IV (1288-1292) : l'évêque de Saragosse[170] ; l'évêque de

---

150. POTTHAST, *Regesta*, n. 19389. Cf. *supra*, note 35.

151. SBARALEA, *Bullar. francisc.*, t. 3, p. 138, n. 149 ; POTTHAST, *Regesta*, n. 20247, qui donne la lettre comme étant adressée de Viterbe, et non de Pesaro, à la même date. Cf. *supra*, note 12.

152. RIPOLL et BRÉMOND, *Bullar. Ord. FF. Praedicat.*, t. 1, p. 498, n. 94 (POTTHAST, n. 20463). Cf. *supra*, note 23.

153. SBARALEA, *Bullar. francisc.*, t. 3, p. 184, n. 7 (POTTHAST, n. 20570). Cf. *supra*, note 14.

154. GUIRAUD, *Les registres de Grégoire X...*, n. 1080 (le texte, en français, indique « Gironne » pour « Gérone ») ; l'auteur des *Registres de Grégoire X* ne précise pas la date de la lettre. Cf. *supra*, note 120.

155. POTTHAST, *Regesta*, n. 20589. Cf. *supra*, note 66.

156. *Ibid*, n. 20599. Cf. *supra*, note 37.

157. GUIRAUD, *Les registres de Grégoire X...*, n. 1028. Cf. *supra*, note 98.

158. SBARALEA, *Bullar. francisc.*, t. 3, p. 232, n. 102 ; GUIRAUD, *Les registres de Grégoire X...*, n. 624 (qui renvoie à POTTHAST, n. 21940 ; il faut lire : n. 21040). Cf. *supra*, note 130.

159. SBARALEA, *op. cit.*, t. 3, p. 265-266, n. 29 (POTTHAST, n. 21238). Cf. *supra*, note 16.

160. GAY et VITTE, *Les registres de Nicolas III...*, n. 882. Cf. *supra*, note 26.

161. *Ibid.*, n. 883. Cf. *supra*, note 27.

162. SBARALEA, *op. cit.*, t. 3, p. 484-485, n. 22 (POTTHAST, n. 21883). Cf. *supra*, note 17.

163. Les membres de l'École française de Rome, *Les registres de Martin IV...*, n. 228.

164. *Op. cit.*, en appendice au n. 239. Cf. *supra*, note 121.

165. SBARALEA, *Bullar. francisc.*, t. 3, p. 509, n. 53 (POTTHAST, n. 22052). Cf. *supra*, note 19.

166. PROU, *Les registres d'Honorius IV...*, n. 474 (POTTHAST, n. 22251). Cf. *supra*, note 40.

167. SBARALEA, *Bullar. francisc.*, t. 3, p. 570, n. 49 ; PROU, *Les registres d'Honorius IV...*, n. 935 (POTTHAST, n. 22474). Cf. *supra*, note 20.

168. PROU, *Les registres d'Honorius IV...*, n. 936 et 937 (POTTHAST, n. 22479 et 22480). Cf. *supra*, note 122.

169. PROU, *op. cit.*, n. 277.

170. LANGLOIS, *Les registres de Nicolas IV...*, n. 7496 (POTTHAST, n. 22992). Cf. *supra*, note 89.

Florence[171] ; l'évêque de Porto[172] ; l'évêque d'Ostie et de Velletri[173] ; l'évêque d'Olomouc[174] ; l'archevêque d'Esztergom[175] ; l'évêque d'Auxerre[176].

Un archevêque ou un évêque ou même plusieurs archevêques et/ou évêques associés à un ou à d'autres prélats. — Dans cette catégorie de conservateurs, on trouve de nombreuses variantes d'associations, qui paraissent compliquées à en juger par le simple énoncé du titre. Nous illustrons par un ou plusieurs exemples chacune de ces combinaisons.

Un archevêque et deux évêques : l'archevêque de Rouen ainsi que les évêques de Soissons et d'Évreux, en 1261, sous Urbain IV[177]. — Un archevêque, plusieurs évêques et d'autres prélats : l'archevêque de Bourges et ses suffragants ainsi que toutes les autorités prélatices de la province de Bourges, en 1265, sous Clément IV[178]. — Un archevêque et un abbé : l'archevêque de Cantorbéry et l'abbé de Saint-Denis en France, en 1264, sous Urbain IV[179]. — Des archevêques et des évêques : les archevêques et les évêques d'Italie, sans date, sous Grégoire X[180]. — Des archevêques, des évêques et d'autres prélats : les archevêques, évêques, abbés, prieurs, doyens, archidiacres, archiprêtres et autres prélats « à qui ces lettres parviendront » ; nous trouvons cette formule en 1265 sous Clément IV[181] et en 1272 sous Grégoire X[182]. — Un évêque et deux ou plusieurs prélats : l'évêque de Castello, les abbés, prieurs, doyens, archidiacres, prévôts, *plebani* (curés) et autres prélats de ce diocèse, en 1262, sous Urbain IV[183] ; l'évêque de Meaux ainsi que l'archidiacre de Ponthieu et le prévôt de l'église de Saint-

---

171. LANGLOIS, *op. cit.*, n. 7497 (POTTHAST, n. 22993). Cf. *supra*, note 90.

172. LANGLOIS, *op. cit.*, n. 1580. Cf. *supra*, note 73. Le texte ne précise pas si l'évêque en question est cardinal, ce qui doit pourtant être le cas puisque Porto était un diocèse suburbicaire, ayant à sa tête un cardinal-évêque, sous-doyen du Sacré Collège.

173. *Ibid.*, n. 2097. Cf. *supra*, note 93.

174. *Ibid.*, n. 7617 (POTTHAST, n. 23728). Cf. *supra*, note 76.

175. LANGLOIS, *op. cit.*, n. 7620 (POTTHAST, n. 23747). Cf. *supra*, note 101.

176. LANGLOIS, *op. cit.*, n. 7388. Cf. *supra*, note 29.

177. GUIRAUD, *Les registres d'Urbain IV...*, t. 4, n. 2879 ; au sujet de cette lettre voir, *supra*, note 108.

178. (SIMON), *Bullar. Sacr. Ord. Cluniac.*, p. 134 (POTTHAST, n. 19442). Cf. *supra*, note 47.

179. POTTHAST, *Regesta*, n. 18832. Cf. *supra*, note 140.

180. RIPOLL et BRÉMOND, *Bullar. Ord. FF. Praedicat.*, t. 1, p. 536, n. 41. Cf. *supra*, note 25.

181. JORDAN, *Les registres de Clément IV...*, n. 1660. Cf. *supra*, note 79. Voir aussi *infra*, note 271.

182. GUIRAUD, *Les registres de Grégoire X...*, n. 976. Cf. *supra*, note 86. Voir aussi *infra*, note 271.

183. SBARALEA, *Bullar. francisc.*, t. 2, p. 437, n. 23 (POTTHAST, n. 18259). Cf. *supra*, note 11 ; voir aussi *infra*, notes 242, 259, 269, 291.

Omer, en 1282, sous Martin IV[184]. — Des évêques, des abbés et d'autres prélats : les évêques de Pavie et de Plaisance, les abbés, prieurs, doyens, archidiacres, prévôts et autres prélats de ces deux diocèses, en 1262, sous Urbain IV[185] ; les évêques de Pérouse et de Gubbio, les abbés, prieurs, doyens, archidiacres et autres prélats qui résident dans ces diocèses, en 1268, sous Clément IV[186].

Des cardinaux. — Parmi les dignitaires ecclésiastiques qui accèdent durant cette période à la fonction de conservateur, les cardinaux font peu à peu leur apparition ; on sait que tous n'étaient pas évêques. Avant Grégoire X, les lettres des papes ne signalent guère de cardinaux au nombre des conservateurs. Il n'est cependant pas exclu que certains y figuraient à titre d'évêque, comme c'est le cas pour l'évêque du siège suburbicaire de Porto dont il a été question plus haut[187], qui devait nécessairement être cardinal.

Au cours de nos dépouillements, nous avons trouvé des cardinaux conservateurs sous deux pontificats. À notre connaissance, Grégoire X (1271-1276) a confié la charge de conservateur au moins à un cardinal ; il s'agit de Simon, cardinal-prêtre du titre de Sainte-Cécile et légat du Siège Apostolique[188]. Pour sa part, Nicolas IV (1288-1292) a nommé le cardinal du titre de Saint-Laurent-in-Damaso conservateur de trois monastères : Saint-André de Ponzano (diocèse de Civita Castellana)[189], Sainte-Marie de Farneto (diocèse d'Arezzo) et Saint-Sauveur (diocèse de Rieti)[190]. En outre, le même pape a désigné le cardinal du titre de Sainte-Marie-in-via-lata conservateur des privilèges dont jouissaient les Humiliés[191] ainsi que des biens qui appartenaient au monastère Saint-Sébastien de Rome[192].

2. Abbés

Des lettres de nomination d'abbés à la fonction de conservateur figurent aussi en grand nombre dans les registres des papes ainsi que dans les bullaires des ordres religieux. Il est difficile de dire qui

---

184. Les membres de l'École française de Rome, *Les registres de Martin IV*..., n. 100. Cf. *supra*, note 123 ; voir aussi *infra*, notes 256, 266, 287.

185. SBARALEA, *Bullar. francisc.*, t. 2, p. 455-456, n. 45 (POTTHAST, n. 18430). Cf. *supra*, note 11 ; voir aussi *infra*, notes 242 et 269.

186. SBARALEA, *op. cit.*, t. 3, p. 139-140, n. 151 (POTTHAST, n. 20263). Cf. *supra*, note 13 ; voir aussi *infra*, notes 242 et 259.

187. Cf. *supra*, note 172.

188. GUIRAUD, *Les registres de Grégoire X*..., n. 497. Cf. *supra*, note 107.

189. LANGLOIS, *Les registres de Nicolas IV*..., n. 3785. Cf. *supra*, note 44.

190. LANGLOIS, *op. cit.*, n. 3786 et 3787. Cf. *supra*, note 45.

191. POTTHAST, *Regesta*, n. 22787. Cf. *supra*, note 92.

192. LANGLOIS, *op. cit.*, n. 4497. Cf. *supra*, note 74.

l'emportait des abbés ou des évêques. Comme pour ces derniers, les abbés sont tantôt nommés à titre individuel, tantôt associés à d'autres abbés ou prélats. Les abbés conservateurs à titre individuel sont de loin les plus nombreux. Nous en ferons le relevé par pontificat, comme nous l'avons fait plus haut pour les évêques.

Un abbé seul. — Sous Urbain IV (1261-1264) ont été nommés conservateurs les abbés suivants : l'abbé de Saint-Benoît de Fleury, actuellement Saint-Benoît-sur-Loire[193] ; l'abbé de Saint-Denis en France[194] ; l'abbé de Saint-Michel d'Anvers, diocèse de Cambrai[195] ; l'abbé de Saint-Gilles, diocèse de Nîmes[196] ; l'abbé de Saint-Augustin de Cantorbéry[197]. — Clément IV (1265-1268) : l'abbé de Saint-Michel de Hildesheim[198] ; l'abbé de Goseck, diocèse de Halberstadt[199]. – Grégoire X (1271-1276) : l'abbé de Saint-Hilaire, diocèse de Padoue[200] ; l'abbé de Saint-Grégoire de Rome[201] ; l'abbé de Saint-Pierre de Chalon-sur-Saône[202] ; l'abbé de Saint-Léger de Pons, diocèse de Saintes[203] ; l'abbé de Pamiers, diocèse de Toulouse[204] ; l'abbé de Saint-Eugène, diocèse de Sienne[205]. — Jean XXI (1276-1277) : l'abbé de Saint-André d'Avignon[206] ; l'abbé de Saint-Corneille de Compiègne, diocèse de Soissons[207] ; l'abbé de La Chaise-Dieu, diocèse de Clermont[208] ; l'abbé de Saint-Bénigne de Dijon[209]. — Nicolas III (1277-1280) : l'abbé de Saint-Riquier de Ponthieu, diocèse

193. POTTHAST, *Regesta*, n. 18194. Cf. *supra*, note 30.

194. GUIRAUD, *Les registres d'Urbain IV...*, t. 4, n. 2879 ; au sujet de cette lettre voir, *supra*, note 108.

195. POTTHAST, *Regesta*, n. 18244. Cf. *supra*, note 31.

196. GUIRAUD, *Les registres d'Urbain IV...*, t. 4, n. 2955. Cf. *supra*, note 85.

197. *Ibid.*, t. 4, n. 2976. Cf. *supra*, note 34.

198. JORDAN, *Les registres de Clément IV...*, n. 1618 (POTTHAST, n. 19141). Cf. *supra*, note 87.

199. JORDAN, *op. cit.*, n. 1801 (POTTHAST, n. 19358). Cf. *supra*, note 97.

200. POTTHAST, *Regesta*, n. 20586. Cf. *supra*, note 36.

201. GUIRAUD, *Les registres de Grégoire X...*, n. 998. Cf. *supra*, note 138.

202. (SIMON), *Bullar. Sacr. Ord. Cluniac.*, p. 136-137 (POTTHAST, n. 20607). Cf. *supra*, note 48.

203. (SIMON), *op. cit.*, p. 137 (POTTHAST, n. 20646). Cf. *supra*, note 49.

204. RIPOLL et BRÉMOND, *Bullar. Ord. FF. Praedicat.*, t. 1, p. 511, n. 10 (POTTHAST, n. 20677). Cf. *supra*, note 24.

205. GUIRAUD, *Les registres de Grégoire X...*, n. 1031. Cf. *supra*, note 38.

206. (SIMON), *Bullar. Sacr. Ord. Cluniac.*, p. 141 (POTTHAST, n. 21211). Cf. *supra*, note 50.

207. (SIMON), *op. cit.*, p. 141 (POTTHAST, n. 21216). Cf. *supra*, note 52.

208. (SIMON), *op. cit.*, p. 141-142 (POTTHAST, n. 21235). Cf. *supra*, note 54.

209. (SIMON), *op. cit.*, p. 142, en appendice à la lettre précédente (POTTHAST, n. 21236). Cf. *supra*, note 54.

d'Amiens[210] ; l'abbé de Saint-André d'Avignon[211] ; l'abbé de La Chaise-Dieu, diocèse de Clermont[212]. — Martin IV (1281-1285) : l'abbé de Saint-Denis, diocèse de Paris[213] ; l'abbé de Saint-Gilles, diocèse de Nîmes[214] ; l'abbé de Saint-Guilhem-du-Désert, diocèse de Lodève[215] ; l'abbé de Santa Maria *foris portam* de Faenza[216]. — Honorius IV (1285-1287) : l'abbé de Compiègne, diocèse de Soissons[217] ; l'abbé de Saint-Denis, diocèse de Paris[218] ; l'abbé de Corbie, diocèse d'Amiens[219] ; l'abbé de Murbach, diocèse de Bâle[220] ; l'abbé d'Andrejeow (Jedrzejow), diocèse de Cracovie[221]. — Nicolas IV (1288-1292) : l'abbé de Ferrières-en-Gâtinais, diocèse de Sens[222] ; l'abbé de Saint-Trudpert, diocèse de Constance[223] ; l'abbé de Saint-Germain-des-Prés, diocèse de Paris[224] ; l'abbé de Saint-Gilles, diocèse de Nîmes[225] ; l'abbé de Sainte-Marie-Majeure de Florence[226] ; l'abbé de Saint-Germain-des-Prés de Paris[227].

Deux abbés. — Les abbés de Saint-Denis et de Saint-Germain-des-Prés, diocèse de Paris, en 1273 sous Grégoire X[228], en 1278 sous

210. (SIMON), *op. cit.*, p. 142 (POTTHAST, n. 21510). Cf. *supra*, note 55.
211. GAY et VITTE, *Les registres de Nicolas III...*, n. 877. Cf. *supra*, note 56.
212. *Ibid.*, n. 492. Cf. *supra*, note 126.
213. Les membres de l'École française de Rome, *Les registres de Martin IV...*, n. 57. Cf. *supra*, note 117.
214. (SIMON), *Bullar. Sacr. Ord. Cluniac.*, p. 148 (POTTHAST, n. 21985). Cf. *supra*, note 57.
215. (SIMON), *op. cit.*, p. 148, en appendice à la lettre précédente (POTTHAST, en appendice au n. 21985). Cf. *supra*, note 58.
216. POTTHAST, *Regesta*, n. 22160. Cf. *supra*, note 128.
217. PROU, *Les registres d'Honorius IV...*, n. 917. Cf. *supra*, note 42.
218. *Ibid.*, n. 396. Cf. *supra*, note 113.
219. (SIMON), *Bullar. Sacr. Ord. Cluniac.*, p. 150 ; PROU, *op. cit.*, n. 923 (POTTHAST, n. 22434). Cf. *supra*, note 59.
220. (SIMON), *op. cit.*, p. 150, en appendice à la lettre précédente. Cf. *supra*, note 60.
221. PROU, *Les registres d'Honorius IV...*, n. 928 (POTTHAST, n. 22450). Cf. *supra*, note 100.
222. LANGLOIS, *Les registres de Nicolas IV...*, n. 7362. Cf. *supra*, note 127.
223. *Ibid.*, n. 7528 (POTTHAST, n. 23150). Cf. *supra*, note 82.
224. (SIMON), *Bullar. Sacr. Ord. Cluniac.*, p. 156 ; LANGLOIS, *op. cit.*, n. 7538 (POTTHAST, n. 23192). Cf. *supra*, note 61.
225. (SIMON), *op. cit.*, p. 156, en appendice à la lettre précédente ; LANGLOIS, *op. cit.*, n. 7539. Cf. *supra*, note 62.
226. LANGLOIS, *op. cit.*, n. 7548 (POTTHAST, n. 23240). Cf. *supra*, note 94.
227. LANGLOIS, *op. cit.*, n. 7373. Cf. *supra*, note 43.
228. GUIRAUD, *Les registres de Grégoire X...*, n. 151 (POTTHAST, n. 20702). Cf. *supra*, note 110 ; voir aussi *supra*, note 133.

Nicolas III[229] et en 1281 sous Martin IV[230]. Parfois aux deux abbés est associé un prieur : l'abbé de Saint-Aubert, l'abbé du Saint-Sépulcre ainsi que le prieur de Saint-Aubert de Cambrai, en 1263, sous Urbain IV[231].

Un ou plusieurs abbés associés à un ou plusieurs archevêques ou évêques et/ou à un ou à d'autres prélats. — On retrouve ici un grand nombre de variantes d'associations que nous avons relevées à propos des évêques. Nous nous contentons donc de renvoyer le lecteur aux exemples déjà signalés plus haut[232].

3. Divers dignitaires ecclésiastiques

En plus des évêques, des archevêques et des cardinaux ainsi que des abbés, divers autres dignitaires ecclésiastiques[233] ont également été choisis pour être conservateurs : prieurs, doyens, archidiacres, archiprêtres, prévôts, chantres, trésoriers, chanoines ; notre énumération n'est sans doute pas complète. Les exemples de telles nominations ne manquent pas, à en juger d'après les quelques dépouillements que nous avons effectués.

Prieurs. — Un prieur : le prieur de Saint-Bénigne de Dijon, diocèse de Langres, en 1263, sous Urbain IV[234] ; le prieur de Saint-Pierre-à-la-Chaux (diocèse de Soissons) en 1272[235], le prieur du couvent de la Bienheureuse Vierge Marie d'Orléans en 1274[236] et le prieur des Frères prêcheurs de la province d'Allemagne en 1275[237], tous les trois sous Grégoire X ; le prieur de Sainte-Marie de Pampelune, en 1277, sous Jean XXI[238] ; le prieur de Saint-Gilles de Publico Monte (diocèse de

---

229. GAY et VITTE, *Les registres de Nicolas III...*, n. 177. Cf. *supra*, note 111 ; voir aussi *supra*, note 135.

230. Les membres de l'École française de Rome, *Les registres de Martin IV...*, n. 56. Cf. *supra*, note 112.

231. GUIRAUD, *Les registres d'Urbain IV...*, t. 1, n. 379. Cf. *supra*, note 32.

232. Voir, plus haut, texte correspondant aux notes 179, 181-183, 185-186.

233. Sur les dignités dans les chapitres à l'époque, voir DURAND DE MAILLANE, *Dictionnaire de droit canonique et de pratique bénéficiale*, art. « Dignités », 3e édit., Lyon, 1776, t. 2, p. 323 et s. ; on pourra consulter également P. TORQUEBIAU, art. « Chapitres de chanoines », dans *Dict. de droit can.*, publ. sous la direction de R. NAZ, t. 3, Paris, 1942, col. 547-548.

234. GUIRAUD, *Les registres d'Urbain IV..*, t. 1, n. 401. Cf. *supra*, note 33.

235. GUIRAUD, *Les registres de Grégoire X...*, n. 984. Cf. *supra*, note 125.

236. *Ibid.*, n. 1030. Cf. *supra*, note 67.

237. RIPOLL et BRÉMOND, *Bullar. Ord. FF. Praedicat.*, t. 8, p, 452, n. 48 ; GUIRAUD, *Les registres de Grégoire X...*, n. 581 (POTTHAST, n. 21028). Cf. *supra*, note 99 ; voir aussi *infra*, note 286.

238. (SIMON), *Bullar. Sacr. Ord. Cluniac.*, p. 141. Cf. *supra*, note 51.

Liège) en 1288 [239] et le prieur de Coincy (diocèse de Soissons) en 1291 [240], sous Nicolas IV. Il convient de noter qu'au prieur est associé parfois un autre dignitaire qui, lui aussi, est désigné en qualité de conservateur ; ce fut le cas pour le prieur de Saint-Pierre-à-la-Chaux et pour celui des Frères prêcheurs de la province d'Allemagne.

Plusieurs prieurs : les prieurs de Marcigny, de Sainte-Marguerite (Élincourt-Ste-Marguerite) et de Charlieu, respectivement des diocèses d'Autun, de Beauvais et de Mâcon, en 1291, sous Nicolas IV[241]. Quelquefois les lettres de nomination attribuent la fonction de conservateurs à plusieurs catégories de personnes (archevêques, évêques, abbés et autres prélats) parmi lesquelles figurent des prieurs : c'est le cas sous Urbain IV en 1262 et sous Clément IV en 1265 et 1268 [242].

Doyens. — Un doyen : le doyen de l'église Saint-Étienne de Troyes le 21 mars 1263 [243] et le doyen de Figeac, diocèse de Cahors, le 26 juin 1263 [244], sous Urbain IV ; le doyen de l'église Saint-Cloud ainsi que le prieur de Saint-Pierre-à-la-Chaux, le 21 juillet 1272, sous Grégoire X[245] ; le doyen de l'église de Palencia, le 18 janvier 1277, sous Jean XXI[246] ; le doyen de l'église de Spire, le 13 avril 1279, sous Nicolas III[247] ; le doyen de l'église de Concordia (Italie), le 25 février 1283, sous Martin IV[248] ; le doyen de l'église de Brême, le 13 août 1285, sous Honorius IV[249] ; le doyen de l'église de Herrieden (diocèse d'Eischstätt) le 13 septembre 1288 [250], le doyen de la vieille église (*vetus ecclesia*) de Münster le 3 mars 1289 [251] et le doyen de l'église de la Sainte-Trinité de Spire le 15 mai 1291 [252], tous les trois sous Nicolas IV. — Des doyens : certaines lettres pontificales nomment

239. LANGLOIS, *Les registres de Nicolas IV*..., n. 7349. Cf. *supra*, note 71.

240. *Ibid.*, n. 7365. Cf. *supra*, note 46.

241. (SIMON), *Bullar. Sacr. Ord. Cluniac*...., p. 157-158 ; LANGLOIS, *op. cit.*, n. 5725. Cf. *supra*, note 63.

242. Voir, plus haut, texte correspondant aux notes 183, 185-186.

243. GUIRAUD, *Les registres d'Urbain IV*..., t. 1, n. 261. Cf. *supra*, note 118.

244. *Ibid.*, t. 4, n. 2954. Cf. *supra*, note 84.

245. GUIRAUD, *Les registres de Grégoire X*..., n. 984. Cf. *supra*, note 125 ; voir aussi, ci-dessus, note 235 et texte correspondant.

246. (SIMON), *Bullar. Sacr. Ord. Cluniac.*, p. 141. Cf. *supra*, note 53.

247. GAY et VITTE, *Les registres de Nicolas III*, n. 1023 (où Potthast, n. 21564, est repris tel quel). Cf. *supra*, note 68.

248. POTTHAST, *Regesta*, n. 21990. Cf. *supra*, note 18.

249. PROU, *Les registres d'Honorius IV*..., n. 846 (POTTHAST, n. 22280). Cf. *supra*, note 70.

250. LANGLOIS, *Les registres de Nicolas IV*..., n. 7438 (POTTHAST, n. 22806). Cf. *supra*, note 72.

251. *Ibid.*, n. 7474 (POTTHAST, n. 22897). Cf. *supra*, note 88.

252. *Ibid.*, n. 7604 (POTTHAST, n. 23670). Cf. *supra*, note 75.

conservateurs des doyens associés, suivant le cas, à des évêques, des abbés, des prieurs ou d'autres prélats. Il suffit de se reporter aux nominations de conservateurs qui figurent plus haut sous la rubrique : « un archevêque ou un évêque ou même plusieurs archevêques... associés à un ou à d'autres prélats »[253].

Archidiacres. — Un archidiacre : l'archidiacre de Ponthieu (diocèse d'Amiens) et un chanoine de Reims le 3 juin 1262[254] ainsi que l'archidiacre de Schleswig et le prévôt de la même ville le 22 mai 1264[255], sous Urbain IV ; l'archidiacre de Ponthieu avec l'évêque de Meaux et le prévôt de l'église de Saint-Omer, le 21 janvier 1282, sous Martin IV[256] ; l'archidiacre de Chiusi, le 5 août 1285, sous Honorius IV[257]. En plus des lettres de nomination proprement dite d'un archidiacre à la fonction de conservateur, nous avons trouvé deux documents qui, en passant, nous apprennent que l'archidiacre du pays d'Ouche, dans le diocèse d'Évreux, exerçait la charge de conservateur des privilèges de l'université de Paris ; il s'agit d'Eustache de Grancourt et les lettres datent respectivement du 21 août 1291 et du 5 février 1292, donc du pontificat de Nicolas IV[258]. – Des archidiacres avec des évêques et autres prélats : sous Urbain IV, Clément IV et Grégoire X[259].

Prévôts. – Un prévôt : le prévôt d'Amiens le 15 mars 1263[260], le prévôt de Schleswig et l'archidiacre de la même ville le 22 mai 1264[261] ainsi que le prévôt de l'église de Nienbourg (diocèse de Passau) le 4 juin 1264[262], sous Urbain IV ; le prévôt de l'église d'Arles, le 5 juillet 1272, sous Grégoire X[263] ; le prévôt de l'église de Barjols (diocèse de Fréjus) le 15 janvier 1278[264] et le prévôt de l'église de Coire (Suisse) le 18 mars 1278[265], sous Nicolas III ; le prévôt de l'église de Saint-Omer, diocèse de Thérouanne, en même temps que l'évêque de Meaux et que

---

253. Voir p. 179.
254. Potthast, *Regesta*, n. 18349. Cf. *supra*, note 136.
255. *Ibid*, n. 18925. Cf. *supra*, note 65 ; voir aussi *infra*, note 261.
256. Les membres de l'École française de Rome, *Les registres de Martin IV...*, n. 100. Cf. *supra*, note 123 ; voir aussi *supra*, note 184, et *infra*, note 266.
257. Prou, *Les registres d'Honorius IV...*, n. 844. Cf. *supra*, note 69.
258. Langlois, *Les registres de Nicolas IV...*, n. 5858 et 6541.
259. Voir, plus haut, le texte correspondant aux notes 181-183 et 185-186.
260. Guiraud, *Les registres d'Urbain IV...*, t. 1, n. 379. Cf. *supra*, note 32.
261. Potthast, *Regesta*, n. 18925. Cf. *supra*, note 65 ; voir aussi *supra*, note 255.
262. Guiraud, *Les registres d'Urbain IV...*, t. 3, n. 1798 (Potthast, n. 18940 ; voir n. 18939). Cf. *supra*, note 129.
263. Guiraud, *Les registres de Grégoire X...*, n. 980. Cf. *supra*, note 80.
264. Gay et Vitte, *Les registres de Nicolas III...*, n. 865. Cf. *supra*, note 81.
265. *Ibid.*, n. 914 (Potthast, n. 21282). Cf. *supra*, note 39.

l'archidiacre de Ponthieu, le 21 janvier 1282, sous Martin IV[266] ; le prévôt de l'église de Coire, le 10 juillet 1285, sous Honorius IV[267] ; le prévôt de l'église in Berlaco, diocèse d'Augsbourg, le 18 août 1291, sous Nicolas IV[268]. — Des prévôts parmi d'autres prélats[269].

Archiprêtres : l'archiprêtre de l'église de Lucques, le 2 janvier 1273, sous Grégoire X[270] ; des archiprêtres parmi d'autres prélats[271].

Chantres : le chantre du chapitre cathédral d'Orléans, le 5 mai 1265, sous Clément IV[272] ; le chantre de Pampelune, le 31 juillet (?) 1272, sous Grégoire X[273] ; le chantre de l'église de Saintes, le 20 juillet 1280, sous Nicolas III[274] ; le chantre de l'église de Catanzaro, le 1er juillet 1283, sous Martin IV[275].

Trésoriers : le trésorier de l'église Saint-Hilaire de Poitiers, le 24 juillet 1264, sous Urbain IV[276] ; le trésorier de l'église Saint-Florin de Coblence, diocèse de Trèves, le 27 avril 1290, sous Nicolas IV[277].

Chanoines d'églises cathédrales, sans titre particulier : Jacques, chanoine de Bologne, le 12 novembre 1265, sous Clément IV[278] ; maître Albert, chanoine de la basilique du Prince des Apôtres à Rome, le 8 février 1273, sous Grégoire X[279] ; Hugo Vigerii, chanoine de l'église de Saintes, et Pierre de Pabex, chanoine de l'église d'Angoulême, le 20 juillet 1280, sous Nicolas III[280]. Pour le pontificat de Martin IV (1281-1285), nous n'avons pas trouvé d'exemples de chanoines désignés pour être conservateurs, mais il n'y a pas de doute

---

266. Les membres de l'École française de Rome, *Les registres de Martin IV...*, n. 100. Cf. *supra*, note 123 ; voir aussi *supra*, notes 184 et 256.

267. POTTHAST, *Regesta*, n. 22253. Cf. *supra*, note 41.

268. LANGLOIS, *Les registres de Nicolas IV...*, n. 7627 (POTTHAST, n. 23782). Cf. *supra*, note 132.

269. Voir, plus haut, le texte correspondant aux notes 183 et 185.

270. POTTHAST, *Regesta*, n. 20659. Cf. *supra*, note 91.

271. Voir, plus haut, le texte correspondant aux notes 181 et 182.

272. JORDAN, *Les registres de Clément IV...*, n. 1594. Cf. *supra*, note 78.

273. POTTHAST, *Regesta*, n. 20585. Cf. *supra*, note 116.

274. GAY et VITTE, *Les registres de Nicolas III...*, n. 670. Cf. *supra*, note 131 ; voir aussi *infra*, note 280.

275. POTTHAST, *Regesta*, n. 22041. Cf. *supra*, note 139.

276. GUIRAUD, *Les registres d'Urbain IV...*, t. 3, n. 2168. Cf. *supra*, note 115.

277. LANGLOIS, *Les registres de Nicolas IV...*, n. 7550 (POTTHAST, n. 23251). Cf. *supra*, note 83.

278. RIPOLL et BRÉMOND, *Bullarium Ordinis FF. Praedicat.*, t. 7, p. 44, n. 99 ; JORDAN, *Les registres de Clément IV...*, n. 1874 (POTTHAST, n. 19446). Cf. *supra*, note 22.

279. GUIRAUD, *Les registres de Grégoire X...*, n. 1015. Cf. *supra*, note 15.

280. GAY et VITTE, *Les registres de Nicolas III...*, n. 670. Cf. *supra*, note 131 ; voir aussi *supra*, note 274.

que de telles nominations ont eu lieu. En effet, une lettre de Martin IV, du 13 avril 1282, signale que des chanoines d'églises cathédrales ont été choisis, parmi d'autres dignitaires, comme conservateurs de biens convoités par le monastère de Saint-Denis en France ; les biens convoités étaient situés dans des lieux soumis à la juridiction des archevêques et autres prélats de la région[281]. Sous Nicolas IV (1288-1292), nous trouvons une lettre explicite de nomination ; il s'agit de Raoul de Chenevières (Radulphus de Canaberiis), chanoine d'Orléans, qui a été établi conservateur le 18 décembre 1291 [282].

4. Autres titulaires

Supérieurs religieux : le maître de l'ordre des Frères prêcheurs le 12 juin 1262 [283], le provincial des Frères prêcheurs de Lombardie le 21 mai 1262 [284] et le provincial des Frères prêcheurs de Hongrie le 15 juillet 1264 [285], sous Urbain IV ; le maître de l'ordre des Frères prêcheurs et le prieur de la province d'Allemagne, le 11 avril 1275, sous Grégoire X[286].

Un notaire apostolique : maître Gilo, notaire apostolique et archidiacre de Ponthieu (diocèse d'Amiens), avec l'évêque de Meaux et le prévôt de l'église de Saint-Omer (diocèse de Thérouanne), le 21 janvier 1282, sous Martin IV[287].

Un scolastique (écolâtre ?) : le scolastique de l'église de Cologne, le 28 avril 1262, sous Urbain IV[288].

Curés ? : d'après les recherches que nous avons faites, rien ne laisse apparaître que des curés aient été appelés à exercer seuls la fonction de conservateur, contrairement à ce qui s'était encore passé sous le pontificat d'Innocent IV (1243-1254)[289]. Nicolas III demande bien, le

---

281. Les membres de l'École française de Rome, *Les registres de Martin IV...*, n. 147 (POTTHAST, n. 21886).

282. LANGLOIS, *Les registres de Nicolas IV...*, n. 7387. Cf. *supra*, note 28.

283. GUIRAUD, *Les registres d'Urbain IV...*, t. 4, n. 2913. Cf. *supra*, note 103.

284. RIPOLL et BRÉMOND, *Bullar. Ord. FF. Praedicat.*, t. 1, p. 421, n. 11 (POTTHAST, n. 18330). Cf. *supra*, note 102.

285. RIPOLL et BRÉMOND, *op. cit.*, t. 1, p. 444-445, n. 53, et p. 446, n. 56 (POTTHAST, n. 18977 et 18978). Cf. *supra*, notes 114 et 109.

286. RIPOLL et BRÉMOND, *op. cit.*, t. 8, p. 452, n. 48 ; GUIRAUD, *Les registres de Grégoire X...*, n. 581 (POTTHAST, n. 21028). Cf. *supra*, note 99 ; voir aussi *supra*, note 237.

287. Les membres de l'École française de Rome, *Les registres de Martin IV...*, n. 100. Cf. *supra*, note 123 ; voir aussi *supra*, notes 184, 256 et 266.

288. POTTHAST, *Regesta*, n. 18289. Cf. *supra*, note 124.

289. E. BERGER, *Les registres d'Innocent IV* (1243-1254), Paris, 1884-1921 (4 vol.), n. 5114, 6454, 7547, 7805 ; voir plus haut, chapitre II, p. 71.

9 février 1278, à Ange Brandi (Brachi), curé de l'église Saint-Moïse de Venise, d'avertir l'évêque de Padoue de s'abstenir de commettre des injustices à l'égard du monastère de Cella de Padoue, mais la mission confiée en l'occurrence au curé de la paroisse Saint-Moïse de Venise ne semble pas s'identifier à celle d'un conservateur[290]. Certes, nous n'avons pas trouvé d'exemples de curés à qui la fonction de conservateur aurait été confiée à titre individuel ; en revanche, nous avons relevé une lettre de nomination de conservateurs qui mentionne une série de personnes (un évêque, des abbés, prieurs, doyens, archidiacres, prévôts) et à la fin de la liste figurent aussi des curés (*plebani*)[291].

5. Laïcs

Il convient enfin de signaler quelques exemples où des laïcs ont pu jouer, d'une certaine manière, le rôle de conservateur. Il ne s'agit pas, semble-t-il, d'exceptions à la règle selon laquelle n'étaient nommés conservateurs que des dignitaires ecclésiastiques. C'est seulement entendue au sens large que cette fonction a pu être exercée parfois par des laïcs. Ainsi en est-il quand, le 18 mai 1264, Urbain IV confie à Alphonse, comte de Poitiers et de Toulouse, la charge de veiller à ce que, à l'occasion d'une inquisition, Raymond, évêque de Toulouse, ainsi que les clercs et les laïcs qui lui sont attachés, ne subissent pas de dommages[292]. De son côté, Clément IV demandera, le 11 juillet 1265, au roi de Bohême (Otakar) de prendre sous sa protection le prévôt, le chapitre et l'église de Seckau et de ne pas permettre qu'ils soient inquiétés par Philippe, évêque élu de Salzbourg, ni par d'autres[293].

Martin IV prie, le 23 juillet 1283, G. de Dragona, vicaire royal (*vicarius regius*) de la ville de Rome d'empêcher les fidèles de Civitavecchia d'être molestés par les brigands[294]. Deux ans plus tard, le 18 juillet 1285, Honorius IV exhortera le roi d'Écosse à ne pas permettre que les évêques de Ross et de Moray (Murray) soient inquiétés par les officiers royaux, et il l'invite à protéger les églises ainsi que les clercs et leurs biens[295].

---

290. SBARALEA, *Bullar. francisc.*, t. 3, p. 286, n. 7 ; GAY et VITTE, *Les registres de Nicolas III...*, n. 4 (POTTHAST, n. 21269).

291. Voir, plus haut, texte correspondant à la note 183.

292. POTTHAST, *Regesta*, n. 18916.

293. *Ibid*, n. 19255.

294. *Ibid*, n. 22050 ; sur la fonction exercée par G. de Dragona, voir aussi le numéro 22043 de Potthast.

295. PROU, *Les registres d'Honorius IV...*, n. 63 (POTTHAST, n. 22264). Voir l'Introduction de Prou aux Registres, p. LXXIII.

La mission demandée en ces quelques cas à des laïcs ne saurait, à notre avis, être qualifiée de fonction de conservateur au sens strict. D'abord, on ne peut pas parler vraiment d'ordre qui serait donné, en l'occurrence, par les différents papes aux laïcs en question ; il s'agit plutôt d'invitation à assurer une protection. Par ailleurs, Alexandre IV avait réservé la fonction de conservateur aux seuls dignitaires ecclésiastiques que sont les évêques, les abbés et les chanoines d'églises cathédrales ; il en avait exclu tous les autres clercs[296]. Dans ces conditions, on voit mal comment ses successeurs auraient pu confier la charge proprement dite de conservateur à des laïcs. Enfin, quelle que fût la teneur de la lettre pontificale, les laïcs n'auraient pas été habilités à infliger des peines ecclésiastiques, qui étaient précisément le moyen de pression dont disposaient les conservateurs. Dans aucun texte concernant ces laïcs, les papes ne leur concèdent de tels pouvoirs. Il en résulte que, si des laïcs étaient appelés à exercer une mission comparable dans une certaine mesure à la fonction de conservateur, il n'est pas possible de les ranger parmi les conservateurs proprement dits.

C'est Alexandre IV, comme nous l'avons déjà noté plus haut, qui en 1256 avait restreint de façon stricte à trois catégories d'ecclésiastiques la faculté d'exercer la charge de conservateur : évêques, abbés, chanoines d'églises cathédrales. Il avait été contraint de prendre cette mesure restrictive, après Innocent IV, en raison des abus qui s'étaient multipliés dans l'institution ; on avait même vu autrefois des curés exercer la fonction de conservateur. Les recherches faites dans les registres des papes et dans les bullaires des ordres religieux nous ont permis de nous rendre compte que, d'une manière générale, la règle établie par Alexandre IV a été observée par ses successeurs. D'après les sondages que nous avons effectués, nous constatons que les personnes qui ont été nommées conservateurs durant la période étudiée, qui va de 1261 à 1294, étaient des archevêques ou des évêques, des abbés ou d'autres dignitaires ecclésiastiques. Nous n'avons relevé que de rares exceptions, qui n'infirment pas la règle, mais en sont plutôt une confirmation.

* * *

Notre étude s'est pratiquement réduite à des listes de noms. Elle a pu paraître fastidieuse au lecteur ; nous en avons bien conscience. Certes, nous aurions pu ne retenir que quelques noms ou exemples de bénéficiaires et de titulaires. Ce faisant, nous serions restés dans les généralités, sans prise sur le réel. Il est certain que la présentation de quelques exemples eût été insuffisante pour se rendre compte de la vitalité de l'institution en cette seconde moitié du XIIIe siècle. Il ne nous

296. Cf. *supra*, note 141.

importait pas seulement de savoir que l'institution des conservateurs avait continué, en principe, de subsister durant cette période ; nous voulions surtout connaître les différentes personnes et communautés qui avaient sollicité du Siège Apostolique la concession de conservateurs et la manière dont la papauté avait répondu à ces demandes.

Si les autorités romaines avaient pris quelques dispositions législatives au sujet des conservateurs, nous aurions eu des éléments directs d'information. Mais, comme nous l'avons déjà indiqué, pendant les décennies qui intéressent notre étude, les conservateurs n'ont fait l'objet d'aucune intervention pontificale d'ordre législatif proprement dit. Il ne nous restait, pour présenter la vie de l'institution, qu'une seule voie : passer au crible les registres des papes et les bullaires des ordres religieux. Ce n'est qu'à cette condition que nous pouvions découvrir les concessions de conservateurs. Les documents par lesquels les papes nommaient les conservateurs nous fournissent différentes sortes d'indications : tout d'abord, ils nous renseignent sur les organismes et les personnes qui quémandaient la protection pontificale ; ensuite, nous y découvrons les raisons pour lesquelles la protection était demandée ; enfin, ils nous font connaître les dignitaires ecclésiastiques auxquels la charge de conservateur était confiée. En plus de ces diverses informations, l'analyse des documents pontificaux nous instruit sur les modalités suivant lesquelles étaient accordées les concessions.

Le dépouillement des documents n'a pas été aisé. Les registres des papes ont des tables, mais elles sont souvent sommaires ; en tout cas, elles ne tiennent guère compte des conservateurs. On y trouve rarement le terme lui-même de conservateur, bien que les documents qui mentionnent l'institution soient très nombreux. Les bullaires des ordres religieux n'offrent pas plus de facilité de consultation. Il a donc fallu dépouiller, page par page, les registres des papes et les bullaires des ordres religieux. C'est à ce prix qu'il a été possible de donner des précisions sur la vitalité de l'institution.

Les résultats de ces dépouillements minutieux sont concluants. Les onze papes qui se sont succédé entre la fin du pontificat d'Alexandre IV (1261) et le début de celui de Boniface VIII (1294) n'ont pas ignoré les conservateurs. Comme leurs prédécesseurs, ils en ont accordé à de nombreuses personnes : religieux, croisés, rois, nobles, dignitaires ecclésiastiques, clercs et même simples fidèles. De ce point de vue, ils ont poursuivi la politique d'Innocent IV et d'Alexandre IV, même si les concessions semblent moins fréquentes durant cette période qu'elles ne l'avaient été sous les deux pontificats précédents. Quant aux titulaires, les exemples relevés nous montrent que les dispositions prises par Alexandre IV sont passées dans les faits. Est-ce à dire que durant cette trentaine d'années les papes n'ont pas apporté leur marque particulière à l'institution ? Une lecture attentive des documents révèle que des modifications intéressantes apparaissent dans les modalités de la concession des conservateurs. Nous en ferons l'objet du prochain chapitre.

VII
LES CONSERVATEURS APOSTOLIQUES DANS LA SECONDE MOITIÉ DU XIIIe SIÈCLE : LES MODALITÉS DE LEUR NOMINATION ET DE L'EXERCICE DE LEUR FONCTION

Sous Innocent IV (1243-1254), les nominations de conservateurs étaient devenues pléthoriques ; cela s'était manifesté surtout dans les dernières années de son pontificat. Cette situation avait été favorisée par une interprétation libérale de la constitution *Statuimus* (1245), dont l'intention première avait été pourtant de circonscrire les pouvoirs des conservateurs. Mais c'est Innocent IV lui-même qui, quelques années plus tard, s'était montré très large dans le commentaire qu'il avait donné de la constitution.

Son successeur, Alexandre IV (1254-1261), s'était efforcé de ramener l'institution dans des limites raisonnables et d'y mettre un peu plus d'ordre ; il s'attacha, entre autres, à réduire le nombre démesuré de conservateurs qui avaient été institués par Innocent IV. À cette fin, dès la deuxième année de son pontificat, il publie en l'espace de trois jours quatre décrétales : *Quia de conservatoribus* (23 mars 1256) ; *Quia personae* (même date) ; *Quia pontificali* (24 mars 1256) ; *Licet regularis* (26 mars 1256). La décrétale *Quia de conservatoribus* nous intéresse plus particulièrement ; elle impose une série de restrictions en ce qui concerne la concession de conservateurs. Une première restriction ne permet de confier la fonction de conservateur qu'à des catégories bien délimitées d'ecclésiastiques : n'entrent en ligne de compte que les évêques, les abbés et les chanoines des églises cathédrales. En sont exclus désormais même les chanoines des églises collégiales, qui sous Innocent IV pouvaient encore être nommés conservateurs. Une deuxième restriction tend à éviter les complaisances réciproques : dorénavant nul ne pourra être le conservateur de son propre conservateur. De manière concrète, cela signifie, à l'aide d'un exemple, ceci : supposons que l'évêque d'Évreux ait été nommé conservateur des droits et des privilèges de l'évêque de Bayeux. La législation interdit la réciproque : l'évêque de Bayeux ne peut pas être nommé conservateur des droits et des privilèges de l'évêque d'Évreux. Une troisième restriction vise à mettre un terme à un autre genre de complaisance : celle d'un subordonné à l'égard de son supérieur. C'est pourquoi Alexandre IV interdit qu'un sujet puisse exercer la fonction de conservateur dans l'intérêt de celui sous les ordres duquel il se trouve. C'est dire que nul ne pourra plus avoir pour conservateur quelqu'un qui est placé sous son autorité. Il est évident que cette troisième restriction ne concerne pas les rois ni les reines, comme l'explique Alexandre IV. La raison en est fort simple : n'ayant pas de supérieurs, mais seulement des sujets, rois et reines ne seraient pas en mesure d'avoir des conservateurs si on leur appliquait la règle.

En plus de cette série de restrictions, Alexandre IV prévoit diverses sanctions contre ceux qui enfreindraient les dispositions législatives réglementant l'institution. Parmi ces sanctions, nous trouvons la suspense d'un an de leur charge pour les conservateurs qui outrepasseraient les limites de leurs pouvoirs. En outre, ceux qui inciteraient un conservateur à intervenir d'une façon arbitraire sont tenus de rembourser les frais de celui qui aurait subi des dommages à la suite de leur instigation.

Dans les autres décrétales, Alexandre IV prend des mesures particulières pour réprimer des abus. Certains conservateurs agissaient de façon désinvolte à l'égard des évêques : dans les conflits qui opposaient les évêques aux religieux, des conservateurs allaient jusqu'à frapper à tort et à travers les évêques de peines canoniques. Autres abus : des conservateurs soutiennent des religieux qui revendiquent des privilèges dont ils ne peuvent pas fournir la preuve aux ordinaires ; en cas de doute justifié sur la réalité de ces privilèges, les ordinaires sont habilités à faire valoir leurs droits contre ces religieux. Les sanctions qu'infligeraient à cette occasion les conservateurs des religieux à ces ordinaires sont déclarées par le pape nulles et non avenues. Une disposition analogue est prise contre les conservateurs qui défendraient les religieux exempts outrepassant leurs droits. Il s'agit en l'occurrence de religieux qui se rendent coupables de l'un ou l'autre des abus suivants : faire profiter de l'exemption des hôtes qui n'en bénéficient pas ; se permettre d'établir des chapelles et oratoires sans le consentement des ordinaires ; demander à des chapelains de célébrer le service divin en des lieux frappés d'interdit ; se charger des causes de personnes qui dépendent d'eux sans jouir cependant de l'exemption ; infliger des peines déterminées pour certains délits occultes au risque de dévoiler l'identité du coupable et la nature de la faute. Conformément à ce que nous avons dit plus haut, tout conservateur qui interviendrait de manière arbitraire pour soutenir ces religieux verrait donc son action frappée de nullité.

Telle est la situation que l'on rencontre dans la première décennie de la seconde moitié du XIIIe siècle, c'est-à-dire à la fin du pontificat d'Alexandre IV (1261)[1]. Sous les onze papes qui occupèrent le Siège pontifical de 1261 à 1294, il n'y a pas eu de dispositions législatives nouvelles : les mesures réglementant l'institution étaient amplement suffisantes. Cependant, l'institution restait bien vivante. À preuve, les nombreuses concessions de conservateurs que nous avons relevées durant cette trentaine d'années et dont nous avons fait état au chapitre précédent. Cette même étude nous aura permis de constater la variété des dignitaires auxquels la charge de conservateur a été confiée. Il nous reste à voir la manière dont s'effectuait la concession de ces conservateurs. À ce sujet, diverses questions méritent l'attention. Nous examinerons tour à tour l'objet de la conservation, les formes de la concession, l'intervention des conservateurs et l'éventuelle infliction de peines.

I. L'OBJET DE LA CONSERVATION

La mission confiée aux conservateurs est d'ordre divers et varié. Ils sont chargés d'assurer, suivant les cas, la protection de personnes physiques ou, le plus souvent, de personnes morales. Cette protection concerne quelquefois ces personnes elles-mêmes ; la plupart du temps, il s'agit non pas des personnes en tant que telles, mais des intérêts de toutes sortes dont ces personnes peuvent avoir la jouissance ou la possession. Ce sont des biens matériels ou des droits, des privilèges, des indulgences, des grâces, des immunités. La fonction du conservateur conjugue fréquemment la protection de divers éléments. Il arrive qu'un même conservateur soit chargé de protéger à la fois des personnes et leurs biens matériels ou des personnes et leurs privilèges. On trouve aussi des exemples de concession qui mentionnent la protection simultanée de biens matériels et de privilèges. La variété des combinaisons apparaît dans les documents.

Il serait aisé de donner des exemples de lettres pontificales instituant des conservateurs dans lesquelles on relève les divers éléments que nous avons évoqués plus haut. Ainsi, dans deux lettres, l'une du 27 mars 1262 et l'autre du 28 novembre de la même année, Urbain IV demande à des conservateurs de protéger les religieuses de deux monastères ainsi que leurs biens ; les religieuses font l'objet de vexations et les biens, l'objet de convoitises[2]. Dans une autre lettre, du 15 mars 1263, le même Urbain IV confie à un conservateur la sauvegarde des privilèges du monastère d'Anchin ainsi que la protection de ses biens contre les

---

1. Voir, à ce sujet, notre chapitre IV.

2. J. H. SBARALEA, *Bullarium franciscanum*, t. 2, Romae, 1761, p. 437, n° 23 et p. 455-456, n° 45 ; A. POTTHAST, *Regesta Pontificum Romanorum inde ab A. post Christum natum 1198 ad A. 1304*, 2 vol., Berolini, 1874-1875 (Graz, 1957), n°s 18259 et 18430.

voleurs et les pilleurs[3]. Le 11 février 1263, Urbain IV charge un conservateur d'empêcher que ne soit porté atteinte aux immunités et aux privilèges dont jouissent les croisés d'Alémanie et de Bohême[4]. Nous nous contentons de citer ces trois exemples ; ils suffisent à montrer la diversité des tâches qui pouvaient incomber aux conservateurs. Il n'y aurait aucune difficulté à allonger la liste de ces exemples en parcourant les registres d'Urbain IV (1261-1264). On parviendrait au même résultat en feuilletant les registres des dix autres papes qui ont occupé le Siège pontifical durant cette seconde moitié du XIIIe siècle[5]. Un tel travail serait superflu, car il ferait double emploi avec le dépouillement des lettres de ces divers papes. Nous avons procédé à ce dépouillement et nous en avons publié le résultat au chapitre précédent[6].

II. LES FORMES DE LA CONCESSION DES CONSERVATEURS

1. Les lettres de concession

La concession de conservateurs est réservée aux papes. C'est dire que seul le pape est habilité à nommer des conservateurs ; nulle autorité subalterne n'est autorisée à s'arroger ce pouvoir. Ce n'est que plus tard qu'on rencontrera des cas qui laissent apparaître l'une ou l'autre concession faite, sans délégation pontificale, par une autorité inférieure[7]. Il importe de relever que le droit exclusif reconnu au pape de nommer des conservateurs a suscité effectivement des questions de la part de certains commentateurs ; ils se sont demandé si, sans être mandatés par le pape, des prélats autres que les légats pontificaux étaient habilités à nommer des conservateurs. Ainsi, Antoine de Butrio (1338-1408), dans son commentaire de la constitution *Statuimus* d'Innocent IV (VI. 1.14.1), rapporte que Jean d'André († 1348) signale le cas de la concession d'un conservateur par un légat du pape ; ce qui paraît normal. À partir de ce fait, Antoine de Butrio, à la suite de Jean

3. J. GUIRAUD, *Les Registres d'Urbain IV (1261-1264)*, t. 1, Paris, 1901, n° 379.

4. GUIRAUD, *op. cit.*, t. 1, n° 320.

5. Ces dix autres papes sont : Clément IV (1265-1268), Grégoire X (1271-1276), Innocent V (1276), Adrien V (1276), Jean XXI (1276-1277), Nicolas III (1277-1280), Martin IV (1281-1285), Honorius IV (1285-1287), Nicolas IV (1288-1292), Célestin V (1294).

6. Le lecteur intéressé trouvera également dans ce même chapitre VI les différentes catégories de personnes qui ont bénéficié de lettres conservatoires et de conservateurs.

7. Nous avons trouvé une lettre par laquelle l'évêque de Strasbourg Jean II de Lichtenberg (1354-1365) institue des conservateurs de privilèges pour les Franciscains de son diocèse ; dans cette lettre, il n'est apparemment pas question d'une délégation pontificale. La lettre est reproduite par Clément SCHMITT, « Documents sur la province franciscaine de Strasbourg aux XIVe-XVe siècles d'après un Formulaire de Lucerne », dans *Archivum Franciscanum Historicum*, t. 59, 1966, p. 242-243, n° 28.

d'André, s'interroge pour savoir si éventuellement tout ordinaire pourrait agir de même dans son diocèse. Mais, reprenant la pensée de Jean d'André, il conclut qu'il est plus juste de soutenir que seuls les Pontifes romains ont le pouvoir de concéder des conservateurs (*...aequum est tenere hos conseruatores dari posse per solos Romanos Pontifices*)[8]. Les cas de concession de conservateurs par un évêque ne sauraient donc être, à notre avis, que des cas exceptionnels.

La concession des conservateurs par le pape se fait sous forme de lettres qui sont rédigées par la chancellerie pontificale. Selon l'usage, les lettres étaient classées en deux catégories : les lettres dites *legendae* et les lettres dites *dandae*. Les premières, les lettres *legendae*, étaient soumises à un contrôle particulier. Le contenu devait en être approuvé par le pape ; à cette fin, elles étaient en principe lues devant lui. Ce n'est qu'après cette formalité que le pape apposait sa signature à la supplique et que l'on procédait à la rédaction définitive de la lettre de concession ; il convient de noter que, selon H. Bresslau, le pape se faisait lire non pas le projet de lettre relatif à la supplique, mais le texte définitif de la concession[9]. Les secondes, les lettres *dandae*, étaient accordées sous la seule responsabilité du vice-chancelier ou même d'un notaire. Les règles de chancellerie de Nicolas III (1277-1280) prévoient que certaines de ces lettres soient soumises à un contrôle plus approfondi ; cette mesure concerne les concessions qui présentent quelque difficulté du fait qu'elles ne sont pas conformes au droit commun. Pour répondre à cette exigence, le vice-chancelier ou un notaire se livre à une lecture attentive du document. En revanche, pour les concessions qui ne donnent pas lieu à contestation, le contrôle est superficiel ; il ne porte que sur l'aspect rédactionnel du document pour en vérifier l'exactitude matérielle[10].

Les lettres de concession de conservateurs, que l'on dénomme couramment lettres conservatoires, faisaient partie de ces deux catégories : les unes figuraient parmi les lettres *legendae*, les autres parmi les lettres *dandae*. Le pape Nicolas III a établi une nouvelle liste des lettres qui devaient être rangées dans la catégorie des *litterae legendae* et de celles qui devaient être rangées dans la catégorie des *litterae dandae*. La liste lui avait été proposée par son vice-chancelier

8. ANTONIUS A BUTRIO, *In Sextum Decretalium volumen Commentaria...*, lib. 1, (tit.) *De officia et potestate iudicis delegati*, cap. 1, *Statuimus* , n° 4 ; Venetiis, 1575, fol. 81r°.

9. *Handbuch der Urkundenlehre für Deutschland und Italien*, t. 2, 3e édit., reprod. anast., Berlin, 1958, p. 172-174.

10. Cf. P. HERDE, *Beiträge zum päpstlichen Kanzlei- und Urkundenwesen im dreizehnten Jahrhundert*, Kallmünz,1961, p. 54 et s., coll. « Münchener Historische Studien. Abteilung Geschichtliche Hilfswissenschaften », hrsg. von P. ACHT, vol. 1. Voir aussi G. BARRACLOUGH, « Audientia litterarum contradictarum », dans *Dict. de droit can.*, sous la direction de R. NAZ, t. 1, Paris, 1935, col. 1388 et s.

Pierre de Milan ; après l'avoir examinée avec ce vice-chancelier et quelques-uns de ses notaires, Nicolas III a promulgué cette nouvelle liste le 12 février 1278[11]. Les lettres conservatoires figurent aux numéros 33, 34 et 83 de la liste telle qu'elle a été publiée par M. Tangl[12]. Ces textes énumèrent trois séries de lettres conservatoires : de ces trois, une est classée parmi les *litterae dandae*, les deux autres dans la catégorie des *litterae legendae*.

Les lettres conservatoires rangées parmi les *litterae dandae* sont celles qui sont concédées aux croisés, aux simples clercs et aux laïcs : [34.] ... *protectio crucesignatorum et conservatoria datur clericis et laicis non tamen episcopis et regibus sine lectione – Detur*. Les lettres rangées parmi les *litterae legendae* concernent d'une part « les évêques, les rois ainsi que les autres grands » : [33.] ...*de episcopis regibus et etiam aliis magnatibus conservatoria. – Legatur per notarium, reliquis detur sine lectione et scribatur ordinariis* ; d'autre part, « les privilèges octroyés contre des indults » : [83.] ...*conservatoria privilegiorum contra indulta. – Legatur*[13].

2. Les incipit

Les incipit des lettres de concession, pris en eux-mêmes, ne présentent pas d'intérêt spécial ; ils sont variables et très divers de nature. Cependant, le relevé détaillé que nous en avons fait laisse apparaître quelques particularités, qui méritent attention ; cela est surtout manifeste quand on compare entre eux les incipit des lettres émises au cours de différents pontificats.

L'examen et la comparaison des incipit de ces lettres autorisent les réflexions suivantes : dans leur variété, ces incipit peuvent être rangés en diverses catégories ; on serait presque tenté de parler de typologie. Certains incipit sont repris de lettres de concession émises dans le passé et se maintiennent sous plusieurs pontificats de la période que nous étudions ; on peut les dénommer incipit permanents. Cette permanence facilite la tâche du chercheur : quand il rencontre un incipit de cette sorte, il est à peu près sûr de se trouver en présence d'une lettre par laquelle l'autorité pontificale octroie un ou plusieurs conservateurs. Nos dépouillements nous ont permis aussi de trouver un incipit qui avait été employé sous plusieurs pontificats et qui n'est pas repris après la

---

11. P. HERDE, *Audientia litterarum contradictarum. Untersuchungen über die päpstlichen Justizbriefe und die päpstliche Delegationsgerichtsbarkeit vom 13. bis zum Beginn des 16. Jahrhunderts,* t. 1, Tübingen, 1970, p. 56 et s. (« Bibliothek des Deutschen Historischen Instituts in Rom », vol. 31).

12. *Die päpstlichen Kanzleiordnungen von 1200-1500,* Innsbruck, 1894 (réédition Aalen, 1959), p. 72 à 82.

13. Voir ci-dessus chapitre II, p. 66-67.

mort d'Alexandre IV en 1261. Nous avons constaté enfin qu'un nouvel incipit fait son apparition en cette seconde moitié du XIIIe siècle : il est utilisé par quelques papes, puis il tombe dans l'oubli.

Les incipit que nous avons dénommés permanents sont, à notre connaissance, au nombre de quatre : *Non absque dolore, Inundans malitia, Sub religionis habitu* et *Pium esse dinoscitur* (*dignoscitur*). Ainsi, l'incipit *Non absque dolore* était relativement fréquent sous le pontificat d'Innocent III (1198-1216) et surtout sous celui d'Honorius III (1216-1227). Quant à Grégoire IX (1227-1241), d'après nos investigations, il ne l'aurait utilisé qu'une fois. On va retrouver ce même incipit sous les papes Urbain IV (1261-1264), Clément IV (1265-1268) et Grégoire X (1271-1276). L'incipit *Inundans malitia*, nous l'avions relevé sous Innocent IV (1243-1254) ; il sera utilisé dans les lettres de nomination de conservateurs que donneront Clément IV (1265-1268) et certains de ses successeurs, à savoir Jean XXI (1276-1277), Martin IV (1281-1285), Honorius IV (1285-1287) et Nicolas IV (1288-1292). L'incipit *Sub religionis habitu*, qui concerne exclusivement les religieux, figurait dans les lettres de Grégoire IX (1227-1241), d'Innocent IV (1243-1254) et d'Alexandre IV (1254-1261) ; il sera repris sous les pontificats d'Urbain IV (1261-1264), de Clément IV (1265-1268), de Grégoire X (1271-1276), de Nicolas III (1277-1280) et de Nicolas IV (1288-1292). Quant à l'incipit *Pium esse dinoscitur* (*dignoscitur*), il était apparu sous Innocent IV (1243-1254) et sera utilisé par son successeur immédiat Alexandre IV (1254-1261). Il se maintient sous Urbain IV (1261-1264) et les papes suivants : Clément IV (1265-1268), Grégoire X (1271-1276), Jean XXI (1276-1277) et Nicolas IV (1288-1292)[14].

L'incipit utilisé sous plusieurs pontificats et qui ne se retrouve plus après la mort d'Alexandre IV (1261) est l'incipit *Nimis iniqua*. Les registres d'Honorius III, de Grégoire IX, d'Innocent IV et d'Alexandre IV signalent des lettres de concession de conservateurs qui commencent par *Nimis iniqua*. On trouve un exemple d'incipit *Nimis iniqua* sous Honorius III (1216-1227). Le nombre d'exemples de cet incipit augmente sous Grégoire IX (1227-1241) et il s'amplifie sous Innocent IV (1243-1254) ; les exemples que nous avons pu relever sont encore au nombre de huit sous Alexandre IV (1254-1261) et l'incipit n'apparaît plus dans la suite.

Le nouvel incipit qui est d'un usage passager est l'incipit *Cum praedicationem* (*predicationem*) *crucis* ; il concerne les croisés. Nous le trouvons pour la première fois sous le pontificat d'Urbain IV (1261-

---

14. Nous ne donnons pas de références aux différentes lettres dans lesquelles apparaissent ces incipit ; cela nous entraînerait trop loin et encombrerait les notes de manière disproportionnée.

1264). Il se maintient sous Clément IV (1265-1268) et Grégoire X (1271-1276). Leurs successeurs ne l'utiliseront plus, sans doute par suite des circonstances historiques ; ils n'avaient plus de raison d'accorder des conservateurs aux croisés. La huitième croisade s'était achevée peu après la mort de Saint Louis devant Tunis (25 août 1270). Certes, une nouvelle croisade fut décidée par Grégoire X et approuvée par le IIe concile de Lyon (1274), mais elle ne partit jamais.

III. L'INTERVENTION DES CONSERVATEURS

Conformément à la législation, définie essentiellement par la constitution *Statuimus* d'Innocent IV (1245) et la décrétale *Quia de conservatoribus* d'Alexandre IV (1256), et à la doctrine reçue, les conservateurs sont seulement habilités à défendre leurs protégés contre les violences et les injustices manifestes dont ces derniers peuvent être les victimes ; ils n'ont pas le droit de s'occuper d'affaires douteuses qui requièrent une enquête judiciaire et qui par conséquent sont de la compétence du juge[15]. Mais, comme dans le passé, on constate des exceptions à la règle : dans des cas particuliers, rares il est vrai, l'autorité romaine permet aux conservateurs de procéder de manière judiciaire ; c'est dire que dans ces circonstances le conservateur est autorisé à cumuler sa fonction et celle d'un juge. À titre d'exemple, nous signalons une lettre de Grégoire X, du 8 mars 1274. Dans cette lettre, le pape accorde au prieur du couvent de la Bienheureuse Vierge Marie, situé à Orléans, le droit d'utiliser la procédure judiciaire contre ceux qui s'en prennent aux biens de l'abbesse et de la communauté du monastère de l'Abbaye-aux-Bois (*Liberae-Abbatiae*), près de Beaulieu, de l'ordre de Cîteaux ; dans la lettre, on trouve des termes qui ne laissent subsister aucun doute que le prieur, en l'occurrence, puisse agir en qualité de juge : ... *partibus convocatis, audias causam*[16].

En revanche, les papes autorisent plus facilement les conservateurs à faire usage, dans l'exercice de leur fonction, d'une nouvelle procédure qui se développe depuis le début du XIIIe siècle. Il s'agit d'une procédure particulière qui se distingue de la procédure ordinaire. Elle allège l'*ordo iudiciarius* normal en supprimant un certain nombre de formalités qui ne sont pas essentielles. À l'époque, les règles de cette nouvelle procédure sont encore imprécises. Ainsi, parfois le libelle était omis ainsi que la *litis contestatio* ; dans d'autres cas, on négligeait les dispositions concernant les vacations, les délais, certaines exceptions. Il était question aussi de renoncer aux appels dilatoires, de ne pas tenir compte des réclamations d'avocats ou de procureurs, de réduire au

15. Le lecteur trouvera les détails concernant cette législation et la doctrine développée par les commentateurs dans les chapitres I, III, IV et V ci-dessus.

16. J. GUIRAUD, *Les Registres de Grégoire X (1272-1276)*, Paris, 1892-1906, n° 1030.

maximum le nombre de témoins. Par ces différentes mesures, il s'agissait de gagner du temps afin de ne pas laisser traîner en longueur les procès[17].

La possibilité pour les conservateurs d'utiliser cette procédure simplifiée est indiquée dans les textes par l'une ou l'autre des formules suivantes : *de plano et sine judicii (judiciorum) strepitu*[18] ou *de plano et sine strepitu ac figura judicii*[19] ou simplement *sine strepitu et figura judicii*[20]. C'est dire que, lorsque dans une lettre de nomination figure une de ces formules, le conservateur saura qu'il peut intervenir d'une certaine manière ; bien sûr, la procédure judiciaire ordinaire lui demeure interdite, mais le fait qu'une de ces formules est employée dans la lettre pontificale signifie que le conservateur peut agir selon la procédure simplifiée.

Certes, les conservateurs disposaient d'une procédure simplifiée, mais les règles n'en étaient pas définies, comme nous l'avons dit plus haut. C'est pourquoi on imagine aisément qu'ils devaient être souvent embarrassés dans l'application de cette procédure. En présence d'une telle situation, les canonistes demanderont au pape Clément V (1305-1314) de définir les règles de cette procédure. Il le fera par la décrétale *Saepe* (Clém. 5.11.2), que l'on date entre le 6 mai 1312 et le 21 mars 1314[21]. Dès lors, on saura exactement à quoi s'en tenir quand les formules citées plus haut apparaîtront dans une lettre nommant un conservateur. Cette procédure, mise au point par Clément V, correspond à ce qu'on dénomme la procédure sommaire. Est-il nécessaire de noter que cette clarification interviendra seulement après la période que nous étudions ?

---

17. Voir, pour plus de détails, les travaux de Ch. LEFEBVRE, « Les origines romaines de la procédure sommaire aux XIIe et XIIIe siècles », dans *Ephem. iur. can.*, t. 12, 1956, p. 149-197 ; « Juges et savants en Europe du XIIIe au XVIe siècle», *ibid.*, t. 21, 1965, p. 21-22 ; art. « Procédure », dans *Dict. de droit can.*, sous la dir. de R. NAZ, t. 7, Paris, 1965, col. 295. On trouvera aussi quelques indications dans l'ouvrage de P.A. BONNET, *Il giudizio di nullità matrimoniale nei casi speciali*, Roma, 1979, p. 57-59 (« Studia et documenta iuris canonici », moderante P. FEDELE, vol. 9).

18. T. RIPOLL et A. BRÉMOND, *Bullarium Ordinis FF. Praedicatorum*, t. 1, Romae, 1729, p. 439, n°42 (Urbain IV) ; J. H. SBARALEA, *Bullarium franciscanum*, t. 2, Romae, 1761, p. 531, n° 115 (Urbain IV) ; SBARALEA, *op. cit*, t. 3, Romae, 1765, p. 306, n° 29 (Nicolas III).

19. SBARALEA, *Bullarium franciscanum*, t. 3, p. 106, n° 115 (Clément IV).

20. (P. SIMON), *Bullarium Sacri Ordinis Cluniacensis*, Lugduni, 1680, p. 157 (Nicolas IV).

21. Dans les *Clémentines* (5.11.2), la décrétale porte la date : *Avinion. XII. Kal. Decembr. Pont. nostri Ao. II.* = le 19 novembre 1306. En réalité, d'après les travaux de St. Kuttner, il faut la placer entre le 6 mai 1312 et le 21 mars 1314 ; cf. St. KUTTNER, « The date of the Constitution *Saepe*, the Vatican Manuscripts and the Roman Edition of the Clementines », dans *Mélanges E. Tisserant*, t. 4, Città del Vaticano, 1964, p. 427-452 (coll. « Studi e Testi », 234).

En outre, il est toujours permis aux conservateurs de recourir à la procédure spéciale prévue pour les faits notoires, c'est-à-dire des faits connus de tous ou de la plupart des habitants d'une localité. Comme l'avait précisé Innocent IV (1243-1254) dans son commentaire de la constitution *Statuimus* (VI. 1.14.1), les conservateurs, en vertu même de leur charge, peuvent procéder à une enquête pour déterminer si les faits dont se plaignent les victimes sont effectivement notoires ; une fois le caractère notoire établi, les conservateurs seront en mesure de punir les coupables[22].

Les lettres de concession rappellent aussi l'ancienne règle concernant les citations. Elle avait fait l'objet de la constitution *Nonnulli* du IVe concile du Latran (1215)[23]. D'après cette règle, il était interdit de citer qui que ce soit à plus de deux jours de marche hors de son diocèse : *Statuimus, ne quis ultra duas diaetas extra suam dioecesim per literas apostolicas ad iudicium trahi possit.*

La règle qui fixait à deux jours de marche la limite autorisant la citation n'était pas toujours observée dans la première moitié du XIIIe siècle. En effet, on trouve des lettres de concession dans lesquelles les papes octroyaient des dérogations, en ce sens qu'ils autorisaient à procéder à des citations au-delà de deux jours de marche. Mais il paraît utile de signaler que, dans la plupart des cas, les papes ne précisaient pas la limite extrême au-delà de laquelle la citation n'était plus tolérée ; ils s'en remettaient au libre jugement du conservateur. Ce n'est que dans quelques lettres que l'on trouvait des indications limitant la distance de la citation. En revanche, à l'époque que nous étudions, la distance est d'ordinaire spécifiée ; elle est fixée en règle générale à trois ou quatre jours de marche. Nous trouvons, par exemple, cette clause dans une lettre de Jean XXI (1276-1277), en date du 9 janvier 1277 ; elle est ainsi rédigée : ... *Nonobstante constitutione de duabus dietis edita in concilia generali, dummodo ultra tertiam vel quartam aliqui extra suam dioecesim auctoritate praesentium non trahantur* (« ... Nonobstant la constitution publiée au concile général concernant les deux jours de marche, pourvu que par l'autorité des présentes lettres ne soient appelées à comparaître les personnes habitant à plus de trois ou quatre jours de marche hors de leur diocèse »)[24].

On constate dans de nombreuses lettres pontificales de la seconde moitié du XIIIe siècle des précisions qui ne figuraient pas dans les

---

22. INNOCENTIUS IV, *In quinque libros decretalium, necnon in decretales per eundem Innocentium editas, commentaria doctissima*, lib. 1, tit. *De officio et potestate iudicis delegati*, cap. 1 in VI°, *Statuimus*, n° 4, glose aux mots *Ad alia* ; Venetiis, 1578, fol. 62 r°. Cf. ci-dessus chapitre I, p. 58-62.

23. Canon 37, reproduit dans les *Décrétales de Grégoire IX*, 1.3.28.

24. (SIMON), *Bullar. Sacr. Ord. Cluniac.*, p. 141. La constitution à laquelle renvoie le texte est le canon 37 du IVe concile du Latran cité à la note précédente.

documents antérieurs par lesquels les papes nommaient des conservateurs. Il s'agit d'une part de l'insistance mise à ne pas utiliser la procédure judiciaire et à ne pas dépasser l'objet de la mission confiée, d'autre part d'une limitation de temps imposée pour exercer le mandat.

Ces précisions font l'objet d'une clause qui est introduite par le terme : *Attentius*. Le législateur fait plusieurs recommandations. Il demande d'abord au conservateur de s'en tenir strictement au mandat qui lui a été octroyé par la lettre de nomination. D'après ce mandat, le conservateur ne doit pas se considérer comme un juge et agir en cette qualité ; il doit rester un simple conservateur. Cela signifie qu'il ne lui est pas permis de faire usage de la procédure judiciaire. Le législateur enjoint ensuite au conservateur de s'occuper exclusivement du règlement de l'affaire dont il a la responsabilité et de ne pas s'immiscer dans tout autre domaine. Toute violation de ces dispositions entraînerait la nullité de son intervention. Enfin, le législateur prend des mesures pour que la mission confiée soit remplie conformément au mandat reçu et dans des délais raisonnables. Pour cela, il exige qu'elle soit exécutée dans le délai qu'il fixe lui-même : ce sera, le plus souvent, trois ou cinq ans.

Le libellé de la clause diffère quelque peu d'une lettre à l'autre, mais il ne s'agit pratiquement que de détails sans importance. À titre d'information, nous reproduisons le texte de deux de ces clauses. Ainsi, nous avons choisi une lettre de Clément IV, qui porte la date du 27 janvier 1268, dernière année de son pontificat[25]. Voici la première partie de la clause qui figure dans cette lettre : *Attentius provisurus, ut de hiis quae causae cognitionem exigunt, vel quae indulta hujusmodi non contingunt, te aliquatenus intromittere non praesumas. Nos enim, si secus praesumpseris, tam praesentes litteras, quam etiam processum, quem per te illarum auctoritate haberi contigerit, omnino carere viribus, ac nullius fore decernimus firmitatis* (« Veille avec grande attention à ne pas avoir l'audace de te mêler de quelque manière des affaires qui exigent une procédure judiciaire ou de celles qui ne concernent pas les indults relevant de ta mission. En effet, si tu avais l'audace d'agir autrement, nous décidons que les présentes lettres aussi bien que la procédure engagée par toi en vertu de l'autorité de celles-ci sont privées de toute force et par la suite n'auront aucune consistance »). La seconde partie de la clause est ainsi libellée : *Hujusmodi ergo mandatum nostrum sic prudenter, et fideliter exequi studeas, ut ejus fines ullatenus non excedas : praesentibus post quinquennium minime valituris* (« Tu t'appliqueras donc à exécuter notre mandat de manière prudente et fidèle, afin de ne dépasser en aucune façon les limites de celui-ci : les présentes lettres seront

25. SBARALEA, *Bullarium franciscanum*, t. 3, p. 138, n° 149.

dépourvues de toute valeur après cinq ans »). Il est question ici de cinq ans. La deuxième clause que nous citons fait mention de trois ans. C'est dans une lettre de Grégoire X, du 23 août 1272, que nous trouvons ce délai. La première partie de la clause correspond à celle qui figure dans la lettre de Clément IV citée ci-dessus ; dans la seconde partie, il est question de trois ans : *Hujusmodi ergo mandatum nostrum sic prudenter et fideliter exequaris quod ejus fines quomodolibet non excedas, presentibus post triennium minime valituris*[26].

IV. L'INFLICTION DE PEINES

Les conservateurs étaient autorisés à infliger des peines à ceux qui se rendaient coupables d'injustices ou de violences manifestes à l'encontre des personnes qu'ils avaient mission de protéger. L'infliction d'une peine est liée au caractère manifeste de l'acte délictueux ; c'est dire que, s'il y avait le moindre doute sur la culpabilité de l'incriminé, le conservateur ne pouvait pas intervenir. Il fallait que la culpabilité fût évidente ; il n'appartenait pas au conservateur de se livrer à une enquête judiciaire pour établir cette culpabilité. Tout au plus, le conservateur était autorisé à convoquer l'accusé et à l'interroger sur l'injustice qui lui était reprochée. Si celui-ci niait le fait, le conservateur n'avait aucun pouvoir pénal sur lui.

Quant à la nature des peines que les conservateurs sont autorisés à infliger, on ne constate pas, à notre époque, de nouveauté. Dans la plupart des textes, il est simplement question de censure ecclésiastique (*censura ecclesiastica*). Les commentateurs interprètent cette expression dans le sens de l'excommunication. Quelques rares lettres sont plus explicites : elles prévoient l'excommunication pour les laïcs, la suspense de l'office et du bénéfice pour les clercs, les chanoines réguliers et les moines ; elles vont jusqu'à demander aux conservateurs de prononcer l'anathème quand les coupables se sont laissé aller à des violences physiques[27].

Les sujets que les conservateurs peuvent frapper de peines canoniques ont toujours été, bien sûr, les fauteurs directs des injustices, mais éventuellement aussi ceux qui ont incité ces derniers à les commettre. À l'époque étudiée, nous trouvons dans les lettres pontificales des indications qui laissent apparaître une autre catégorie de personnes auxquelles les conservateurs peuvent infliger des peines. Il s'agit des témoins qu'ils ont convoqués selon le droit pour établir la réalité des faits reprochés. Au cas où ces témoins refusent sans motif légitime de répondre à la convocation, ils sont passibles d'une peine

---

26. GUIRAUD, *Les registres de Grégoire X...*, n° 998.
27. À ce sujet voir, entre autres, une lettre de Clément IV, en date du 9 novembre 1265 ; (SIMON), *Bullarium Sacr. Ord. Cluniac.*, p. 134.

canonique comme les fauteurs directs. Les auteurs des lettres citent, à titre d'exemple, des motifs qui ne seraient pas légitimes : les relations qui lient les témoins aux fauteurs, la haine qui les anime à l'égard des victimes ou la crainte qu'ils ont de représailles. Nous reproduisons le passage d'une lettre de Grégoire X, du 1er décembre 1272, qui fait allusion à ces motifs de refus : *Testes autem qui fuerint nominati, si se gratia, odio, vel timore subtraxerint, censura simili appellatione cessante compellas veritati testimonium perhibere* (« Quant aux témoins qui auront été désignés, s'ils se dérobent pour cause de bienveillance, de haine ou de crainte, tu les contraindras par une censure semblable, sans possibilité d'appel, d'apporter témoignage à la vérité »)[28]. Ces motifs ne sont pas considérés comme légitimes ; c'est dire que les témoins ne peuvent pas les invoquer pour se soustraire à la convocation qui leur a été adressée et que le refus de comparaître ne les empêche pas d'être frappés d'une peine. Une telle éventualité n'était pas envisagée dans le passé, du moins à en juger d'après les lettres de concession ; les conservateurs n'étaient pas autorisés à user de leur pouvoir pénal à l'égard des témoins récalcitrants.

Les coupables frappés de peines canoniques n'étaient pas habilités à se pourvoir en appel contre une sentence des conservateurs. Il s'agit là d'une règle constante que les lettres pontificales de la seconde moitié du XIIIe siècle se contentent de rappeler. Certes, la doctrine canonique était hésitante à ce sujet, mais les textes eux-mêmes sont formels : la clausule *appellatione remota* ou *appellatione postposita* revient dans la plupart des lettres que nous avons consultées. Quel que soit le terme employé (*remota* ou *postposita*), le sens est identique : c'est le refus de tout droit d'appel. La règle s'appliquera également aux témoins qui, à notre époque, sont eux aussi passibles d'une peine canonique : comme les fauteurs directs, les témoins ne sont pas admis à faire appel d'une sentence de peine prononcée à leur encontre. Il convient de noter que, en ce qui concerne les témoins, la clausule utilisée est la suivante : *appellatione cessante*[29] ; la signification est la même que celle des clausules *appellatione remota* et *appellatione postposita*[30].

---

28. (SIMON), *op.cit.*, p. 137.

29. Voir le texte correspondant à la note 28.

30. Cf. AMANIEU, art. « Appellatione remota », dans *Dict. de droit can.*, sous la dir. de R. NAZ, t. 1, Paris, 1935, col. 827-833. Dans cet article, il n'est question que d'*appellatione remota* et d'*appellatione cessante*. Mais, selon ce que nous avait communiqué par une lettre du 24 janvier 1988 le regretté Mgr Charles Lefebvre († 1989), la clausule *appellatione postposita* a la même signification que les clausules *appellatione remota* et *appellatione cessante*.

On serait tenté de dire que les conservateurs sont sans histoire au cours de la seconde moitié du XIIIe siècle. Aucun élément législatif nouveau n'apparaît qui mériterait une attention particulière. Cela ne signifie pas que l'institution a perdu de son intérêt ou de sa vitalité. Elle subsiste bien comme dans le passé ; les nombreuses lettres concédant des conservateurs qui nous sont parvenues en sont la meilleure preuve.

L'absence d'éléments législatifs nouveaux s'explique fort bien, comme nous l'avons déjà signalé au début de ce travail. Grâce aux dispositions prises par Alexandre IV en 1256, l'institution était parfaitement structurée ; tout avait été prévu pour éviter les abus, qui s'étaient manifestés dans la première moitié du XIIIe siècle. Pour une bonne application de la législation, les papes insistent tout spécialement sur trois points : l'interdiction faite aux conservateurs d'utiliser la procédure judiciaire proprement dite, l'obligation de s'en tenir strictement à la mission qui leur a été confiée et la limitation du mandat dans le temps pour accomplir leur tâche de manière plus efficace. Il y a lieu de souligner que, tout en maintenant les dispositions législatives d'Alexandre IV, ses successeurs y ont apporté en fait quelques précisions en interprétant certains points de manière restrictive, d'autres de manière extensive. Ainsi, ils ont limité les possibilités de citation des inculpés à quatre jours de marche au maximum et la durée du mandat des conservateurs à cinq ans tout au plus. Ils ont permis l'utilisation plus fréquente de la procédure simplifiée, connue sous la dénomination de procédure sommaire. Enfin, ils ont autorisé ou même obligé les conservateurs à infliger des peines également aux personnes qui refuseraient de se présenter comme témoins. On peut se demander si ces différentes mesures ont été suivies d'effet. Il semble que ce fut le cas : les lettres qui font état d'abus commis par les conservateurs ou leurs protégés sont beaucoup moins nombreuses que durant la période précédente.

Bref, nous avons affaire à une institution qui, jusqu'à la fin du XIIIe siècle, vit du point de vue législatif sur l'acquis, s'il est permis de s'exprimer ainsi. Il faudra attendre le pape Boniface VIII (1294-1303) pour lui donner un nouveau souffle.

VIII
LES CONSERVATEURS APOSTOLIQUES ET LA LÉGISLATION DE BONIFACE VIII (1294-1303)

Après avoir présenté l'institution des conservateurs depuis leur origine, laquelle remonte à la fin du XIIe siècle, il convient d'examiner la manière dont le pape Boniface VIII a réglementé l'institution des conservateurs apostoliques dans les toutes dernières années du XIIIe siècle. Les onze papes qui se sont succédé entre la fin du pontificat d'Alexandre IV (1261) et le début de celui de Boniface VIII (1294) n'ont apporté aucune disposition d'ordre législatif sur les conservateurs apostoliques. Durant cette trentaine d'années, l'institution continue à fonctionner sur la base des décisions qui avaient été prises par Innocent IV en 1245 et Alexandre IV en 1256. Son activité est attestée par les nombreuses concessions de conservateurs faites en cette seconde moitié du XIIIe siècle[1].

Cependant, l'institution mérite une certaine rénovation. Des réformes sont devenues nécessaires pour assurer son bon fonctionnement et mieux réglementer l'activité des conservateurs. Le pape Boniface VIII (1294-1303) prendra les mesures qui s'imposent. Il le fera en promulguant une constitution sur les conservateurs au début de son pontificat, en l'année 1295. Ces premières dispositions seront complétées par trois décrétales qui trouveront place dans le *Sexte* (1298).

Cette rénovation s'insère dans le cadre du renouveau législatif que l'on constate à la fin du XIIIe siècle et qui se poursuivra peu après avec la convocation du concile de Vienne (1311-1312). Comme on vient de le dire, dès le début de son pontificat, Boniface VIII émet une constitution dans laquelle l'activité des conservateurs est réglementée avec plus de clarté que cela n'avait été fait sous ses prédécesseurs. Trois ans plus tard, le *Sexte* présentera de manière plus ordonnée les éléments antérieurs acquis depuis les *Décrétales de Grégoire IX* (1234)[2].

---

1. Voir le chapitre VI ci-dessus.

2. Sur les circonstances de ce renouveau de l'activité canonique et la façon dont Boniface VIII a conçu le pouvoir législatif, voir Ch. LEFEBVRE, « Boniface VIII : le *Sexte* », dans G. LE BRAS, Ch. LEFEBVRE, J. RAMBAUD, *L'Âge classique (1140-1378). Sources et théorie du droit*, Paris, 1965, p. 247-254 (« Histoire du droit et des institutions de l'Église en Occident », dir. G. LE BRAS, J. GAUDEMET, t. 7) ; Sten GAGNER, *Studien zur Ideengeschichte der Gesetzgebung*, Stockholm – Uppsala –

I. LA CONSTITUTION *STATUIMUS*

La constitution *Statuimus* a été publiée le 8 avril 1295[3]. Nous ignorons les circonstances précises qui ont occasionné cette intervention du pape à propos des conservateurs. Notre ignorance provient en partie du fait que la constitution *Statuimus* n'a pas été commentée ; la raison en est qu'elle n'a pas été insérée dans le *Sexte*. Si elle y avait trouvé place, les commentateurs s'y seraient nécessairement intéressés et il y a quelque chance qu'ils nous auraient fourni des indications sur les motifs qui ont incité Boniface VIII à émettre cette constitution.

Il est intéressant de signaler qu'elle a le même incipit que la constitution promulguée, cinquante ans auparavant, par Innocent IV au 1er concile de Lyon (1245) : *Statuimus, ut conservatores*. Le fait que les termes de l'incipit des deux constitutions sont identiques a même induit en erreur certains historiens, et non des moindres. Ainsi, A. Potthast attribue à Boniface VIII la constitution qu'avait publiée Innocent IV[4]. Cependant, il ne faudrait pas croire que la constitution *Statuimus* de Boniface VIII remplace tout simplement celle d'Innocent IV portant le même incipit ; il s'agit bien de deux constitutions différentes[5]. L'une et l'autre gardent leur valeur propre, mais la constitution de Boniface VIII apporte de nouvelles dispositions qui marquent un net progrès non seulement par rapport à la législation définie dans la constitution *Statuimus* d'Innocent IV, mais aussi par rapport à celle établie par Alexandre IV dans la décrétale *Quia de conservatoribus* (1256). De la sorte, nous constatons que les conservateurs restent dans l'Église une institution bien vivante. C'est pourquoi nous estimons que la constitution de Boniface VIII mérite une analyse détaillée.

Certaines des dispositions que nous trouvons dans cette constitution sont purement un rappel des mesures prises par Innocent IV et

---

Göteborg, 1960, p. 356 et s. (coll. « Acta Universitatis Upsaliensis. Studia Iuridica Upsaliensia », 1).

3. Le texte est reproduit dans Ae. FRIEDBERG, *Corpus Iuris Canonici*, t. 2, *Decretalium Collectiones*, Lipsiae, 1879 (Graz, 1955), col. 981-983, tit. 14, cap. 15, note a, et dans le *Bullarium Romanum*, t. 4, Augustae Taurinorum, 1859, p. 128-129, n° 4. Le texte donné par B. DE COTTON, *Historia Anglicana* (édit. H.R. Luard), London, 1859, p. 274-279, comporte quelques variantes. Voir aussi A. THOMAS, M. FAUCON, G. DIGARD, *Les Registres de Boniface VIII (1294-1303)*, t. 1, Paris, 1907, col. 262, n° 773 (références, incipit, date, sans le texte).

4. A. POTTHAST, *Regesta Pontificum Romanorum inde ab A. post Christum natum 1198 ad A. 1304*, 2 vol., Berolini, 1874-1875 (Graz, 1957), n° 24060 ; l'auteur renvoie par erreur à la constitution *Statuimus* d'Innocent IV insérée dans le *Sexte* au lib. 1, tit. 14, cap. 1.

5. Il convient de noter aussi que la constitution d'Innocent IV ne traite que des conservateurs, tandis que dans celle de Boniface VIII on trouve des dispositions relatives non seulement aux conservateurs mais encore aux juges ordinaires.

Alexandre IV ; d'autres apportent de réelles modifications à la législation antérieure. Boniface VIII souligne tout d'abord que les conservateurs sont « parfois » (*interdum*) accordés par le Siège Apostolique. Le terme *interdum* (parfois) employé dans le texte paraît pour le moins poser question, si on compare la constitution avec la décrétale *Quia de conservatoribus* d'Alexandre IV et la constitution *Statuimus* d'Innocent IV. En effet, dans ces deux dernières on trouve le terme *plerumque* (fréquemment)[6]. À prendre les deux termes au pied de la lettre, on est amené à conclure que sous Alexandre IV et Innocent IV, la concession de conservateurs était fréquente (*plerumque*) et qu'elle se serait raréfiée (*interdum*) au début du pontificat de Boniface VIII. La fréquence des concessions sous Innocent IV est effectivement attestée par les commentateurs, en particulier Bernard de Compostelle[7]. Dans ces conditions, le terme *interdum* suggérerait une certaine attitude d'opposition de Boniface VIII à la concession de conservateurs ; mais cela ne paraît vrai qu'au début de son pontificat. En effet, trois années plus tard, en 1298, nous retrouvons dans la décrétale *Hac constitutione* du *Sexte* le terme *plerumque*, c'est-à-dire « fréquemment ». Or, cette décrétale est attribuée à Boniface VIII ou, en tout cas, elle a été publiée sous son autorité.

Le pape rappelle ensuite que les conservateurs sont « nommés pour défendre certaines personnes contre les injustices et les vexations manifestes ». En disant cela, il réaffirme à la fois le but en vue duquel sont institués les conservateurs et les limites de leur pouvoir. Ils sont appelés à intervenir dans les cas où des individus auraient accompli des actes dont l'injustice est flagrante au point que nul ne peut en contester le caractère délictueux ni mettre en doute la culpabilité des fauteurs. Il leur est défendu d'intervenir dans les cas où les faits reprochés ne constituent pas de manière évidente une injustice et requerraient, pour être sanctionnés, une enquête judiciaire. En effet, la procédure judiciaire comme telle est interdite ; elle n'est tolérée que dans de rares cas qui doivent être prévus explicitement dans les textes. C'est dire qu'en principe les conservateurs ne peuvent intervenir que si les injustices sont manifestes ou bien notoires. Si le caractère délictueux du fait incriminé est douteux en lui-même ou récusé à bon droit par son auteur, le conservateur est démuni de tout pouvoir. Sur ce point, Boniface VIII se conforme parfaitement à la manière de voir d'Innocent IV, telle qu'elle avait trouvé son expression dans la

---

6. On trouve le texte de la constitution *Quia de conservatoribus* dans le *Bullarium Romanum*, t. 3, Augustae Taurinorum, 1858, p. 632-633, n° 27 et dans FRIEDBERG, *op. cit.* (cf. note 3), col. 981, et celui de la constitution *Statuimus* dans le *Sexte*, 1.14.1, FRIEDBERG, *op. cit.*, col. 978.

7. Cf. *supra* chapitre I, p. 54-55.

constitution *Statuimus* de 1245 et qu'elle avait été réaffirmée par Alexandre IV dans la décrétale *Quia de conservatoribus* de 1256[8] : il importait essentiellement de ne pas porter atteinte au pouvoir judiciaire ordinaire.

Boniface VIII poursuit en donnant des indications sur les personnes qui peuvent être nommées conservateurs. Ce sont tous les chanoines de l'église cathédrale et les chanoines des églises collégiales qui sont pourvus d'une dignité ou d'un personnat[9]. Telle est, d'après Boniface VIII, la liste des personnes susceptibles d'accéder à cette charge. À première vue, on est étonné du caractère restreint de la liste : il n'est question ni des évêques ni des abbés. Cela signifierait-il que la fonction de conservateur ne puisse pas leur être conférée ? Cette interprétation ne saurait être admise, car elle ne correspond pas à la réalité. En effet, nous trouvons pour cette période des lettres de Boniface VIII qui désignent comme conservateur un évêque ou un abbé. En outre, il faut noter que, trois ans plus tard, la décrétale *Hac constitutione* du *Sexte*, attribuée à Boniface VIII, réserve en premier lieu aux évêques et aux abbés la charge de conservateur. Une autre raison qui incite à se prononcer dans le même sens est qu'en 1295 Boniface VIII, comme nous l'avons dit plus haut, admet au nombre des conservateurs possibles non seulement les chanoines des églises cathédrales, mais aussi certains chanoines des églises collégiales. En cela, il se montre plus large qu'Alexandre IV qui, lui, avait pour les chanoines restreint le choix à ceux des églises cathédrales. Dès lors, on comprendrait difficilement qu'il ait voulu exclure les évêques et les abbés.

Sur ces différents points, Boniface VIII ne fait en somme que reprendre les dispositions prises par ses prédécesseurs, sans y apporter de modification. Mais, sur d'autres points, le pape n'a pas hésité à se montrer innovateur. Nous constatons en effet que, sous son pontificat, de nouvelles dispositions ont été prises qui ont modifié quelque peu le statut des conservateurs.

Ceci vaut tout d'abord pour les pouvoirs reconnus aux conservateurs. Boniface VIII limite le territoire dans lequel les conservateurs peuvent exercer leur activité. Jusqu'ici on appliquait l'ancienne règle remontant au IVe concile du Latran (1215) selon laquelle il était permis de citer quelqu'un qui habitait à une distance de deux jours de marche hors de son diocèse ; au-delà de cette limite, les

---

8. Pour les références aux deux constitutions, voir *supra*, note 6.

9. On entend par personnat une prébende capitulaire à laquelle est attachée une préséance sans juridiction, telle la prébende du préchantre. La dignité, elle, est une prébende capitulaire qui comporte à la fois préséance et juridiction ; tel est le cas du doyen ou du prévôt.

citations étaient en principe interdites[10]. À s'en tenir à cette règle, les conservateurs étaient donc habilités à citer des personnes qui résidaient hors du diocèse. Boniface VIII, lui, restreint la limite au diocèse, en ce sens que les conservateurs ne seront désormais autorisés à citer que des personnes qui habitent dans la ville épiscopale ou du moins à l'intérieur des limites du diocèse ; il n'est plus question pour eux de faire comparaître et éventuellement de sanctionner des personnes demeurant hors du diocèse.

Boniface VIII introduit un nouvel élément pour bien montrer que les conservateurs ne sont pas des juges au sens strict du terme les autorisant à intervenir contre n'importe quelle injustice dont ils auraient eu connaissance : ils ne peuvent s'occuper strictement que des affaires pour lesquelles ils ont reçu mission. On peut voir dans la disposition prise par Boniface VIII à la fois l'influence d'Hostiensis et celle de la pratique des papes de la seconde moitié du XIIIe siècle. En effet, Hostiensis insistait beaucoup sur l'importance du rescrit de nomination pour déterminer la compétence exacte des conservateurs et éviter ainsi qu'ils ne s'ingèrent dans des domaines ne les concernant pas directement[11]. Quant aux papes, à défaut d'une règle générale, ils profitaient des lettres de nomination pour fixer au conservateur ses droits et surtout pour lui enjoindre de ne s'occuper que de l'affaire qui lui avait été confiée[12]. Cela explique la disposition introduite par Boniface VIII.

Ensuite Boniface VIII met fin à l'incertitude au sujet de la possibilité pour le conservateur de déléguer son pouvoir. Il décrète que le conservateur ne pourra déléguer à d'autres son pouvoir, sauf si les lettres de nomination lui en reconnaissent expressément la faculté. La question avait été soulevée dans le passé par Bernard de Montmirat et par Guillaume Durand. Le premier avait soutenu que la délégation n'était pas admise par la Curie romaine : l'office de conservateur étant un *nudum ministerium* ne peut être communiqué[13]. Le second avait été plus nuancé. En principe, il partageait aussi l'opinion selon laquelle la délégation n'était pas possible et même qu'elle était en réalité invalide. Ce n'est que dans les cas où le rescrit accordait au conservateur le pouvoir d'utiliser la procédure judiciaire proprement dite que la délégation était légitime ; ces exceptions étaient rares[14]. Il faut noter que

10. Il s'agit du canon 37 du IVe concile du Latran (1215) : *Décrétales de Grégoire IX*, 1.3.28.

11. Voir ci-dessus, à ce sujet, au chapitre III, les p. 78-79 ; 81-83 ; 92-93.

12. Cf. *supra* (chapitre VII), p. 203.

13. Cf. *supra* (chapitre III), p. 101-102.

14. Cf. *supra* (chapitre V), p. 140.

Boniface VIII ne fait pas mention de ces cas particuliers, au moins explicitement, mais il ne semble pas les exclure.

Boniface VIII apporte deux précisions relatives à la publication des sentences portées par les conservateurs ; l'une concerne le lieu de la publication, l'autre les personnes autorisées à les publier. Le lieu : les sentences ne doivent être publiées que dans la ville épiscopale ou tout au plus à l'intérieur des limites du diocèse en question ; les conservateurs ne sont pas autorisés à les publier ailleurs. Les personnes habilitées à procéder à la publication : le conservateur est bien sûr habilité à faire lui-même la publication, mais il peut aussi permettre à d'autres personnes de le faire à sa place, à condition cependant que ces personnes fassent partie de la ville épiscopale ou du moins du diocèse concerné. Selon Boniface VIII, ces restrictions, qu'il s'agisse du lieu ou des personnes, s'appliquent également aux citations.

Boniface VIII aborde ensuite la manière dont prend fin l'office de conservateur. En fait, le pape n'envisage qu'une hypothèse : celle de la nomination d'un conservateur et du décès du concédant avant que le conservateur n'ait commencé l'exercice de la mission qui lui a été confiée[15]. Dans ce cas, le décès du concédant entraîne de plein droit la cessation de l'office du conservateur. On peut en déduire *a contrario* que le conservateur garde son office s'il a eu l'occasion avant le décès du concédant de s'occuper effectivement de l'affaire dont il était chargé. Il n'y a en l'espèce qu'application aux conservateurs du droit commun valable pour tout délégué. Lucius III avait en effet répondu le 26 juin 1185 à l'archevêque de Cantorbéry et à ses suffragants que tout mandat remis à un juge expirait à la mort du délégant lorsque le procès n'était pas encore engagé. Cette décision devait prendre place dans les *Décrétales de Grégoire IX* (1.29.19). Il y a donc sur ce point assimilation des conservateurs aux juges délégués.

Quant à sa charge, le conservateur doit normalement l'exercer dans la ville épiscopale elle-même. Cependant, s'il n'y a plus de ville épiscopale pour une raison ou une autre, à la suite par exemple d'une destruction, Boniface VIII prévoit une solution de rechange : s'il existe dans le diocèse une autre localité importante, c'est là que l'affaire devra être traitée et que toute la procédure devra se dérouler[16]. Sur ce point,

15. Boniface VIII ne précise pas que le concédant est le pape. Cela n'a rien d'étonnant, car il était admis que les nominations de conservateurs étaient réservées au Siège Apostolique. On peut noter que l'exclusivité de la réserve pontificale a suscité des questions de la part de l'un ou l'autre commentateur ; voir, à ce sujet, *supra* (chap. VII), p. 196-197.

16. Dans le texte, il est question de *processus*. Ce terme peut être entendu au sens strict, quand le conservateur est autorisé à utiliser la procédure judiciaire proprement dite ; mais, dans la plupart des cas, il faut le prendre au sens large, du fait que le conservateur n'est pas habilité normalement à agir en qualité de juge.

le pape reprend d'une certaine manière la position adoptée dans le passé par la constitution *Praesenti* d'Innocent IV, selon laquelle les causes devaient être examinées dans les villes ou les localités assez importantes, où puissent se trouver des experts en droit[17].

Enfin, le pape envisage un cas particulier : l'auteur du dommage causé à une personne est le chapitre d'une église cathédrale ou un membre de ce chapitre ou, éventuellement, l'un de leurs supérieurs immédiats, à savoir le patriarche, le primat, l'archevêque ou l'évêque. Dans ce cas, le pape donne au plaignant le choix entre plusieurs conservateurs. La première option consiste à lui proposer comme conservateur, s'il est d'accord, un chanoine de cette même église cathédrale ou un chanoine d'une église collégiale située dans la ville épiscopale ou dans le diocèse ; s'il s'agit d'un chanoine d'une église collégiale, il devra être pourvu d'une dignité ou d'un personnat. L'autre option est la suivante : si le plaignant le préfère, on lui concédera, à titre de conservateur, un chanoine de l'église cathédrale ou d'une église collégiale d'un autre diocèse. Dans cette dernière hypothèse, le conservateur ne serait pas du même diocèse que le fauteur. Or, Boniface VIII avait bien précisé, comme nous l'avons dit plus haut, que le conservateur et le fauteur devaient appartenir au même diocèse. Ce ne serait donc pas le cas dans cette hypothèse. La difficulté n'a pas échappé à Boniface VIII. C'est pourquoi, le texte prévoit l'exception : le conservateur pourra, en l'occurrence, agir contre le fauteur, même s'ils relèvent de diocèses différents. Il est entendu que ce conservateur doit être habilité à s'occuper de l'affaire en question ou être en mesure de porter une sentence contre le fauteur. S'il s'agit d'un chanoine d'une église collégiale, il va de soi qu'il devra, comme cela a déjà été dit, être pourvu d'une dignité ou d'un personnat.

Ces différentes dispositions paraissent assimiler de plus en plus les conservateurs aux juges, puisqu'un certain caractère sédentaire et fixe leur semble assuré. Les conservateurs se transforment ainsi progressivement en une catégorie de juges plus spécialement chargés de veiller sur les intérêts de ceux en faveur desquels ils ont été nommés ; c'est un signe de l'évolution de l'institution. On peut ajouter que cette évolution était prévisible, puisque, dès les origines, les commentateurs soulignaient que les rescrits de concession pouvaient accroître les pouvoirs reconnus aux conservateurs.

---

17. Pour le texte de la constitution *Praesenti*, voir Cl. LEONARDI, « Concilium Lugdunense I (1245) », dans J. ALBERIGO *et alii*, *Conciliorum Oecumenicorum decreta*, edit. 3ª, Bologna, 1973, p. 284, n° 2 ; pour plus de détails sur la constitution *Praesenti*, voir *supra* (chap IV), p. 109, note 16.

II. DEUX DÉCRÉTALES DU *SEXTE* CONCERNANT LES CONSERVATEURS ATTRIBUÉES À BONIFACE VIII

Les deux décrétales qui nous intéressent à présent sont la décrétale *Hac constitutione* et la décrétale *Quum personae*. Les deux décrétales se trouvent dans le *Sexte* : VI. 1.14.15 ; VI. 5.7.7. Les éditeurs du *Sexte*, en dernier lieu Friedberg, les attribuent à Boniface VIII.

Nous avons recherché le texte ou au moins la mention de ces deux décrétales parmi les bulles de Boniface VIII dans les ouvrages suivants : *Les Registres de Boniface VIII*, publiés par les membres de l'École française de Rome, Paris, 1904-1939, 4 vol. ; les *Regesta* de Potthast, Berolini, 1874-1875 (Graz, 1957), 2 vol. ; le *Bullarium Romanum*, t. 4, Augustae Taurinorum, 1859. Notre recherche a été vaine. Les deux décrétales en question ne figurent dans aucun de ces recueils.

Comment expliquer alors que dans le *Sexte* ces deux décrétales soient attribuées à Boniface VIII ? Une étude sérieuse des deux décrétales nous fournit un premier élément qui, à ce sujet, mérite de retenir l'attention. L'une et l'autre sont composées à partir d'emprunts faits à des constitutions antérieures.

La décrétale *Hac constitutione* reprend les dispositions de la décrétale *Quia de conservatoribus* d'Alexandre IV (1256) et de la constitution *Statuimus* de Boniface VIII (1295). À preuve, des commentateurs soulignent la parenté entre la décrétale *Hac constitutione* du *Sexte* et la décrétale *Quia de conservatoribus* d'Alexandre IV. Ainsi, dans la glose ordinaire du cap. *Hac constitutione* (in VI°, 1.14.15), aux mots *Hac constitutione*, Jean d'André écrit : *Quaedam ex istis sumpta fuerunt de extrauaganti Alexandri, quae incipiebat Quia de conseruatoribus* (« certaines parties de cette décrétale ont été empruntées à l'« extravagante » d'Alexandre qui commençait par les termes *Quia de conseruatoribus* »). En revanche, nous n'avons pas trouvé de commentateurs du *Sexte* qui relèvent que pour la décrétale *Hac constitutione* des emprunts aient été faits à la constitution *Statuimus* de Boniface VIII. Nous pouvons le regretter, mais ce silence ne prouve pas qu'il n'y ait pas de parenté entre les deux documents. Le contraire paraît répondre à la réalité. Il suffit de comparer le texte de la décrétale *Hac constitutione* avec celui de la constitution *Statuimus* pour s'apercevoir que les relations entre les deux sont manifestes.

Quant à la décrétale *Quum personae*, nous pouvons faire une réflexion semblable : elle reprend des parties importantes de la décrétale *Quia personae* d'Alexandre IV. Jean d'André, dans la glose ordinaire du cap. *Quum personae* (in VI°, 5.7.7), aux mots *Cum* (sic) *personae* le relève : *Et pro parte sumi potuit ex Extrauaganti*

Alexandri IIII quae incipit : Quia personae (« en partie cette décrétale a pu être empruntée à l'"Extravagante" d'Alexandre IV qui commence par les mots : *Quia personae* »).

L'examen de la méthode de travail suivie pour la rédaction du *Sexte* donne un autre élément instructif pour expliquer l'attribution de ces deux décrétales à Boniface VIII. Nous sommes renseignés par le pape lui-même sur la manière dont le *Sexte* a été réalisé. Il nous l'indique dans la bulle *Sacrosanctae Romanae Ecclesiae*, du 3 mars 1298, par laquelle il a promulgué la collection. C'est lui qui a décidé d'entreprendre cette collection en raison des difficultés résultant de la pléthore des décrétales et de l'ambiguïté que présentaient certaines d'entre elles. Il a confié cette tâche à une équipe de trois canonistes : Guillaume de Mandagout, archevêque d'Embrun, Bérenger Frédol, évêque de Béziers, et Richard Petroni de Sienne, vice-chancelier de l'Église romaine. Il leur a demandé notamment de mettre de l'ordre dans les nombreuses décrétales parues depuis la compilation de Grégoire IX (1234) : supprimer celles qui étaient devenues désuètes, celles qui se contredisaient, celles qui paraissaient entièrement superflues. Les autres, ils devaient les abréger, les modifier en tout ou en partie, y faire les corrections, les suppressions et les additions qui s'imposaient[18].

Le fait que les deux décrétales ne figurent pas telles quelles parmi les constitutions de Boniface VIII, ni celles de ses prédécesseurs, permet d'affirmer qu'elles ont été rédigées par l'équipe des canonistes chargés de réaliser le *Sexte*. Ils l'ont fait à partir d'éléments antérieurs, comme nous le savons de façon formelle par les déclarations, entre autres, de Jean d'André. Le travail a été effectué sur l'ordre de Boniface VIII et selon les directives très précises qu'il leur a données. Il ne saurait y avoir de doute qu'il a vu et supervisé le texte. On comprend dès lors que la paternité de ces deux décrétales soit attribuée à Boniface VIII lui-même.

1. La décrétale *Hac constitutione* (VI. 1.14.15)

Comme nous l'avons déjà mentionné, la décrétale *Hac constitutione* reprend les dispositions de la décrétale *Quia de conservatoribus* d'Alexandre IV et de la constitution *Statuimus* de Boniface VIII, tout en y apportant quelques modifications ; en somme, elle en constitue une synthèse améliorée. Pour bien mettre en évidence l'apport dû à la décrétale *Hac constitutione*, il nous paraît utile de rappeler brièvement

18. On trouvera le texte de la bulle *Sacrosanctae Romanae Ecclesiae* en tête de l'édition du *Sexte* de FRIEDBERG, *Corpus iuris canonici*, t. 2, Lipsiae, 1879 (Graz, 1955), col. 933-936. Le texte a été reproduit en grande partie dans la préface du *Codex iuris canonici* de 1917.

les mesures édictées auparavant ; cela nous permettra de mieux en saisir la spécificité.

Alexandre IV, dans la décrétale *Quia de conservatoribus*, commençait par souligner sa volonté de porter remède aux abus commis par les conservateurs ; par exemple, certains intervenaient sans avoir la juridiction requise, d'autres portaient des jugements contestables. Pour mettre fin à cette situation, le pape réserve la fonction de conservateur à des personnes dont l'intégrité ne devait, en principe, pas être mise en doute : pourront désormais être conservateurs « seuls les évêques, les abbés, les chanoines des églises cathédrales, surtout ceux constitués en dignité, et nulle autre personne ecclésiastique ». En outre, il exclut la conservation réciproque ; c'est dire que deux personnes ne peuvent plus exercer l'une pour l'autre la fonction de conservateur : ce service mutuel est dorénavant interdit. De plus, à l'exception des rois et des reines, personne ne pourra, à l'avenir, avoir comme conservateur quelqu'un qui soit sous sa dépendance. Pour le cas où un conservateur outrepasserait ses pouvoirs, il se voit infliger la suspense de sa charge pendant un an. L'instigateur, pour sa part, devra restituer à la victime les dépenses qu'elle aurait engagées inutilement.

Quant à Boniface VIII, comme nous l'avons vu plus haut, il a également modifié quelque peu, dans la constitution *Statuimus*, le statut des conservateurs. Il a tout d'abord limité leur pouvoir à la ville épiscopale ou au diocèse et à leurs habitants ; ils ne sont plus autorisés, comme c'était le cas auparavant, à citer ou à sanctionner des personnes demeurant hors du diocèse. Le pape a en outre interdit en principe aux conservateurs de déléguer leur pouvoir, sauf quand il s'agit de faire des citations ou de publier des sentences. Enfin, il a rappelé que le pouvoir des conservateurs expirait normalement à la mort du mandant.

La décrétale *Hac constitutione* ne fait pas mention de la *ratio legis* par laquelle Alexandre IV avait cru nécessaire d'introduire la décrétale *Quia de conservatoribus* pour justifier son intervention. Cette absence ne signifie pas que les faits en question, c'est-à-dire les abus de pouvoir des conservateurs, n'existent plus ; la nouvelle décrétale en est une justification. En ce qui concerne la fréquence des concessions, nous en avons longuement parlé plus haut en nous expliquant sur l'emploi des termes *plerumque* et *interdum* dans les documents en question. Quant aux personnes qui peuvent être conservateurs, la nouvelle décrétale précise aussi bien pour les chanoines des églises cathédrales que pour ceux des églises collégiales qu'ils doivent être titulaires d'une dignité ou d'un personnat ; ceci est une nouveauté. Alexandre IV admettait les chanoines des églises cathédrales ; il excluait les chanoines des églises collégiales. En 1295, Boniface VIII, lui, admettait également tous les chanoines des églises cathédrales, comme Alexandre IV ; il n'excluait pas les chanoines des églises collégiales, contrairement à Alexandre IV, mais il exigeait d'eux qu'ils soient pourvus d'une dignité ou d'une personnat. Pour la réciprocité de la conservation, la décrétale *Hac constitutione* s'en tient à ce qui avait été décidé par Alexandre IV.

Quant à la sphère d'activité des conservateurs, la décrétale apporte à la fois une limitation et une extension. Dans le passé, et encore sous Alexandre IV, il avait été possible aux conservateurs de citer ou de convoquer des personnes qui se trouvaient à deux jours de marche hors du diocèse. Boniface VIII, en 1295, avait restreint le pouvoir des conservateurs aux strictes limites du diocèse. Désormais, les conservateurs sont habilités de nouveau à citer des personnes qui résident hors du diocèse, mais la distance est réduite à une journée de marche.

À propos de la délégation de pouvoir, la décrétale reprend la position de la constitution *Statuimus*, mais elle en clarifie l'application : si, par exception, la délégation était permise, elle ne le serait qu'en faveur de personnes habilitées elles-mêmes à remplir la charge de conservateur ; en outre, la délégation ne serait autorisée que pour la ville ou le diocèse où le concédant avait reçu mission d'intervenir. Par ailleurs, dans le cas où les conservateurs abuseraient de leur pouvoir, en utilisant la procédure judiciaire ou en s'occupant d'affaires ne relevant pas de leur compétence, ils sont par le fait même, comme sous Alexandre IV, suspens de leur office pendant un an. En ce qui concerne les instigateurs, Alexandre IV exigeait qu'ils soient tenus de réparer les dommages causés. Boniface VIII, lui, se montre plus sévère : il frappe les instigateurs d'une excommunication, tout en exigeant d'eux, bien évidemment, la réparation des dommages. Ce n'est qu'après avoir dédommagé les victimes qu'ils pourront être relevés de l'excommunication encourue.

Une disposition qu'on ne trouvait ni dans la décrétale *Quia de conservatoribus* d'Alexandre IV ni dans la constitution *Statuimus* de Boniface VIII apparaît dans la décrétale *Hac constitutione* du *Sexte* : elle concerne les frais de procédure et le dédommagement des assesseurs, des notaires et des témoins. À ce sujet, la décrétale *Hac constitutione* demande qu'on s'en tienne au droit commun tel qu'il a été défini par Boniface VIII lui-même dans une constitution antérieure : il s'agit de la décrétale *Statutum* du *Sexte* (VI. 1.3.11, §.4, *Insuper* ; §.5, *Assessorem* ; §.6, *Notarium* ; §.8, *Pro ferendo*).

Pour faire ressortir à la fois la similitude et la différence entre les trois documents, nous avons jugé utile de les présenter sous la forme d'un tableau synoptique ; pour ce tableau, nous avons pris comme texte de base ou de référence la décrétale *Hac constitutione* du *Sexte*.

Sexte *Hac constitutione* (1298)	Boniface VIII *Statuimus* (1295)	Alexandre IV *Quia de conservatoribus* (1256)
		Quia de conservatoribus, quos plerumque Apostolica Sedes ex consueta benignitate concedit, et ipsorum potestate ac processibus plurima referuntur aequitati et modestiae non amica, circa quae festinum Apostolicae providentiae consilium convenit adhiberi, dignum duximus super his attenta sollicitudine cogitare, ac ad arcendum pro communi commodo et quiete talium immoderantias et excessus opportuna remedia invenire.
Hac constitutione perpetuo valitura sancimus, ut conservatores, qui aliquibus, ut a manifestis iniuriis et violentiis tueantur eosdem, plerumque a Sede Apostolica conceduntur,	Statuimus, ut conservatores, qui ab Apostolica Sede conceduntur interdum, ut aliquos a manifestis iniuriis et molestiis tueantur,	
de cetero deputari non possint, nisi episcopi vel eorum superiores, aut abbates, seu dignitates vel personatus in cathedralibus vel collegiatis ecclesiis obtinentes, nullusque deputati sibi conservatoris esse valeat conservator.	sint in alicuius civitatis ecclesia cathedrali canonici, vel dignitatem aliquam seu personatum in civitate vel dioecesi eius obtinentes,	Statuimus itaque de fratrum nostrorum consilio, quod deinceps soli episcopi, abbates et canonici cathedralium ecclesiarum, maxime hi, qui sunt in ipsis ecclesiis dignitatibus praediti, et nullae aliae personae ecclesiasticae conservatores existant. Quodque ulterius inter aliquos reciproca non interveniat conservatio, nec ulli sibi mutuo praesidium conservationis impendant, ita quod nullus deputati sibi conservatoris esse valeat conservator ;

Nec aliquis, (regibus et reginis, qui, sicut dignitatis altitudine praeeminent, sic praerogativa gratiae ipsos convenit anteferri, duntaxat exceptis), deinceps conservatorem habeat eum, qui sub ipsius iurisdictione, dominio vel districtu ecclesiastico vel temporali consistat.		*(la suite du texte commençant par :* et cum huiusmodi ... *se trouve plus bas)* *(texte transposé)* Statuimus insuper, quod nulla ecclesiastica, saecularisve persona, exceptis regibus et reginis quantum ad regna sua, qui sicut dignitatis altitudine praeeminent, sic praerogativa gratiae ipsos convenit anteferri, conservatorem habeat, qui sub sua iurisdictione, vel de ipsius dominio et districtu ecclesiastico vel temporali consistat.
Conservatores autem huiusmodi extra civitates seu dioeceses, in quibus fuerint deputati, contra quoscunque procedere, aut aliquos ultra unam diaetam a fine dioecesum eorundem trahere non praesumant.	extra quam siquidem civitatem vel aliquos ad iudicium evocare non valeant, nec etiam procedere contra illos, qui de civitate vel dioecesi non fuerint supradictis, vel infra civitatem eandem dumtaxat de commissis sibi negotiis sive causis possint cognoscere : aliis tamen nequeant committere vices suas, nisi expresse hoc eis ex literarum conservatoriarum beneficio competere dignoscatur. Citationes tamen et denuntiationes sententiarum, quas iidem personaliter tulerint, possint tantum infra civitatem vel dioecesim praedictam facere per se vel alium, seu alios, qui de civitate vel dioecesi fuerint memoratis ;	*(la suite du texte commençant par* Si vero aliqui *se trouve à la fin de la décrétale)*
Vices quoque suas, (citationibus et sententiarum denunciationibus duntaxat exceptis, quas per alios valeant exercere), nulli committere possint, nisi hoc eis competierit ex beneficia literarum ; sed nec tunc, nisi intra civitates seu dioeceses, in quibus deputati fuerint, et personis tantum, quae superius sunt expressae.		*(ceci est la suite du texte se terminant* par valeat conservator*)*
Ut autem conservatores limites sibi traditae potestatis, quos frequenter excedunt, metu poenae diligenter observent, decernimus, ut, si de aliis		et cum huiusmodi conservatores a manifestis solum iniuriis et violentiis eos, ad quorum tuitionem deputati sunt, possint defendere, nec ad alia,

quam de manifestis iniuriis et violentiis scienter se intromiserint, seu ad alia, quae iudicialem indaginem exigunt, suam extenderint potestatem, eo ipso per unum annum ab officio sint suspensi. Pars vero, quae hoc fieri procurabit, sententiam excommunicationis incurrat, a qua non possit absolvi, nisi ei, quem sic fatigavit indebite, primo satisfaciat integraliter de expensis.		quae iudicialem indaginem exigunt, suam valeant extendere potestatem, decernimus, quod si de aliis quam manifestis scienter se intromiserint, potestatem vel iurisdictionem aliquam exercendo, eo ipso per unum annum ab officio sint suspensi. Pars autem, quae id procuraverit, expensas alteri propter hoc factas restituere teneatur.
Officium autem quorumcunque conservatorum ipso iure quoad non coepta negotia per obitum concedentis volumus exspirare.	quodque conservatorum ipsorum, quoad non coepta negotia, ipso iure exspiret officium post obitum concedentis ; ubi vero huiusmodi civitas minime haberetur, seu destructa fortasse exsisteret, et in eius dioecesi locus reperiretur insignis, in loco ipso de huiusmodi negotio cognoscatur, et totalis processus habeatur in ipso. Quum autem ... earundem.	*(la suite du texte transposé, qui commence par :* Statuimus insuper... *se trouve plus haut)*
Circa munera vero et expensas, assessores ac notarios, et personas testimonii causa vocandas, illa praecipimus in huiusmodi conservatoribus per omnia observari, quae in delegatis iudicibus constitutio a nobis super his edita observanda decrevit. Quicquid autem contra praemissa vel eorum aliquod attentari contigerit, omnino decernimus irritum et inane.	Decernimus quoque, ut ipso iure sit irritum et inane si quid contra praemissa contigerit attentari. Nulli ergo omnino hominum...	*(ceci est la suite du texte transposé plus haut, qui se termine par :* temporali consistat.*)* Si vero aliqui tales habentur, tam ipsi, quam omnes alii conservatores a quibuscumque deputati personis, nisi sint episcopi

vel abbates, aut ecclesiarum cathedralium canonici, sint et habeantur, elapso anno, penitus revocati, ita quod ex tunc de huiusmodi conservatione nullatenus se intromittere valeant, nec ullam super hoc habeant, vel retineant potestatem. Nulli ergo omnino hominum...

2. La décrétale *Quum personae* (VI. 5.7.7)

La décrétale *Quum personae* ne fait pas mention de manière explicite des conservateurs ; mais nous estimons qu'elle les concerne pour les raisons suivantes, qui nous paraissent parfaitement justifiées : elle reprend en partie les dispositions essentielles de la décrétale *Quia personae* (1256) d'Alexandre IV qui, elle, fait état explicitement des conservateurs[19]. La dépendance des deux décrétales, l'une par rapport à l'autre, ne fait pas l'ombre d'un doute. La matière traitée est la même. Ce n'est donc pas un hasard si elles commencent, à une nuance près, par les mêmes termes : *Quia personae* d'un côté et *Quum personae* de l'autre ; c'est certainement intentionnel. Des commentateurs du *Sexte* et d'autres, notamment Guillaume Durand, ne se sont pas trompés : ils ont souligné la parenté entre les deux décrétales. Friedberg, pour sa part, n'a pas manqué de le signaler[20]. Cela nous permet d'affirmer que les conservateurs n'échappent pas aux mesures prises dans la décrétale *Quum personae*.

La décrétale relève que des ecclésiastiques, aussi bien réguliers que séculiers, se sont livrés à des actes malfaisants, causant de l'infamie à eux-mêmes et du tort à d'autres, notamment à des exempts. Il faut avouer que certains religieux se prétendent exempts et en fait ne le sont pas ou ils jouissent d'une exemption, mais refusent sous divers prétextes d'en fournir la preuve. À ce sujet, Alexandre IV, en 1256, avait pris les dispositions suivantes : les privilégiés devront exhiber les documents relatifs à l'exemption, effective ou prétendue telle, chaque fois que les ordinaires des lieux le leur demanderont. Les personnes habilitées à juger du bien-fondé des allégations ou des prétentions des intéressés sont les ordinaires des lieux eux-mêmes ou des personnes

19. Le texte de la décrétale *Quia personae* se trouve dans le *Bullarium Romanum*, t. 3, Augustae Taurinorum, 1858, p. 629 et s., n° 26.

20. Pour les références aux commentateurs et à Friedberg, voir *supra* (chap. IV) p. 112, note 26.

déléguées par eux à cette fin. Si les privilégiés refusent d'acquiescer à la demande des ordinaires, les conservateurs concédés aux exempts ne pourront intervenir pour empêcher les ordinaires d'exercer leur juridiction. S'ils le font malgré tout, leur action sera tenue pour nulle et non avenue.

La décrétale *Quum personae* reprend les dispositions d'Alexandre IV concernant l'exhibition des privilèges ; elle en accroît même la portée en précisant qu'un terme peut être fixé pour cette exhibition, terme qui est laissé à la libre appréciation de l'ordinaire ou de ses délégués. Elle ajoute qu'il ne suffit pas de montrer le document, comme le prescrivait Alexandre IV, mais qu'il faut le lire dans son intégralité ; et, au cas où il y aurait des points controversés, il faudra délivrer une copie des parties sur lesquelles il y a litige. Il eût été normal que la décrétale fasse mention ici de l'éventuelle intervention des conservateurs, comme l'avait fait Alexandre IV ; elle ne le fait pas. Cette omission ne signifie nullement que Boniface VIII ignore les conservateurs ; bien au contraire, la minutie qu'il apporte dans la manière dont doivent être prouvées les prétentions des exempts laisse à penser qu'il reste parfaitement dans la ligne d'Alexandre IV. C'est dire qu'au cas où des conservateurs interviendraient indûment en faveur des exempts, les mesures que prendraient ces conservateurs contre les ordinaires n'auraient aucune valeur.

Nous reproduisons ci-dessous les parties des textes qui concernent notre sujet :

Sexte (1298)	Alexandre IV (1256)
Quum personae ecclesiasticae tam religiosae quam saeculares plura praesumant, quae ipsis infamiam pariunt et aliis inferunt laesionem,	Quia personae religiosae tam exemptae quam aliae de regno Franciae plura dicuntur praesumere, quae ipsis infamiam pariunt et aliis inferunt laesionem,
	....
praetextu exemptionis vel libertatis, quam asserunt se habere, ordinariorum correctiones et ordinationes subterfugientes, ac eorum forum sive iudicium declinantes :	Quamplures insuper, sicut fertur, occasione privilegiorum exemptionis, quae habent, vel habere se dicunt, libertatis suae limites excedentes, privilegia ipsa, ne sciatur ad quae et in quantum se illorum vires extendant, ordinariis locorum ostendere, vel eorum facere copiam contradicunt.
	....
	....
nos, volentes super hoc de salubri remedia providere, statuimus, ut hi, qui se asserunt per privilegia seu indulgentias Apostolicae Sedis exemp-	Decernimus quoque, ut si hi, qui se asserunt per privilegia vel indulgentias Apostolicae Sedis exemptas, de quorum

tos, a locorum ordinariis requisiti huiusmodi privilegia vel indulgentias, quibus se dicunt fore munitos, ipsis ordinariis in loco congruo et securo, aut aliquibus prudentibus viris omni suspicione carentibus, ad hoc per dictos ordinarios deputatis, infra terminum competentem, pro facti qualitate ipsorum ordinariorum vel delegatorum suorum arbitrio moderandum, iusto impedimento cessante, ostendere ac ad legendum integraliter exhibere, nec non de articulis, de quibus controversia fuerit, transscriptum tradere teneantur. Si autem ad fundandam intentionem suam super huiusmodi libertate solummodo praescriptionem canonicam duxerint opponendam : eisdem ordinariis vel delegatis ab eis viris prudentibus non suspectis de praescriptione huiusmodi facere debent fidem ....

sua exemptione seu libertate non constat, vel qui videlicet in exemptionis seu libertatis possessione per longa tempora non fuerunt, a locorum ordinariis requisiti, huiusmodi privilegia vel indulgentias, quibus dicunt se fore munitos, saltem quoad illos articulas, super quibus quaestio vel controversia fuerit, ipsis ordinariis in loco congruo et securo, vel aliquibus prudentibus viris, omni suspicione carentibus, ad hoc per dictos ordinarios deputatis, non exhibuerint vel ostenderint, et iidem ordinarii sua iurisdictione usi fuerint contra eos, nequaquam tunc ipsi ordinarii hac occasione per conservatores a Sede illis deputatos eadem molestari valeant, aut aliquatenus impediri, quinimo sententiae vel processus conservatorum ipsorum, quae vel qui prolatae seu habiti fuerint contra eosdem ordinarios, in hoc casu omnino non teneant, nullumque robur habeant vel vigorem ....

III. LA DÉCRÉTALE *AUCTORITATE SEDIS APOSTOLICAE* DU *SEXTE* (5.7.4)

Nous examinons ici une autre décrétale qui traite des conservateurs et dont la paternité, directe ou indirecte, revient, à notre avis, à Boniface VIII. Il s'agit de la décrétale *Auctoritate sedis apostolicae* (VI. 5.7.4). Certes, dans le *Corpus iuris canonici* elle est attribuée à Alexandre IV, et Potthast lui-même confirme cette attribution (*Regesta*, n° 18117). Mais Friedberg (C.I.C., 2, col. 1083, cap. 4, note a) relève que cette attribution est erronée ; cela nous paraît justifié. En effet, nous ne trouvons pas cette décrétale parmi les constitutions d'Alexandre IV qui figurent dans le *Bullarium Romanum*[21]. Nous ne la trouvons pas non plus dans les *Registres* d'Alexandre IV publiés par les membres de l'École française de Rome[22]. Nous pensons qu'elle fait partie des décrétales qui ont été remaniées par l'équipe des canonistes chargés de rédiger le *Sexte* sur l'ordre de Boniface VIII qui, par la suite, en a approuvé le contenu. Comme ces canonistes ont conservé dans la décrétale *Auctoritate* certaines des dispositions qui avaient été prises

21. *Bullarium Romanum*, t. 3, édit. cit. (cf. note 19).
22. C. Bourel de La Roncière, J. de Loye, P. de Cenival, A. Coulon, *Les Registres d'Alexandre IV (1254-1261)*, Paris, 1902-1959, 3 vol.

par Alexandre IV dans la décrétale *Licet regularis* (1256)[23], ils ont sans doute estimé qu'il était plus honnête d'attribuer de façon formelle la paternité de la décrétale *Auctoritate* à Alexandre IV plutôt qu'à Boniface VIII ; effectivement, les commentateurs souligneront plus tard la dépendance des deux décrétales[24]. On peut quand même trouver étrange que les rédacteurs du *Sexte* aient agi de cette manière pour la décrétale *Auctoritate*, alors que pour la décrétale *Quum personae*, qui s'inspirait tout autant de la décrétale *Quia personae* (1256) d'Alexandre IV, ils ont adopté une attitude inverse : ils l'ont attribuée à Boniface VIII.

La décrétale *Auctoritate* ne retient que deux éléments de la décrétale *Licet regularis* (1256) dont elle est tributaire : elle laisse tomber l'exposé des causes qui ont motivé l'intervention papale, de même que, dans la partie dispositive, tout ce qui a trait aux hôtes, aux oblats et aux personnes acquittant un cens aux exempts ; elle omet pareillement tout ce qui touche les peines portées indûment par les exempts ou les religieux en cas de péchés inconnus et occultes.

Le premier élément qu'elle retient concerne les prescriptions relatives aux oratoires et chapelles. Alexandre IV interdisait aux exempts de construire des oratoires, ou des chapelles sans l'autorisation de l'ordinaire du lieu. Il ne faisait pas, en l'occurrence, la distinction entre lieux exempts et lieux non exempts, si bien qu'on pouvait éventuellement croire qu'il fallait aux exempts l'autorisation de l'ordinaire pour toute construction d'un oratoire ou d'une chapelle, même dans un lieu exempt. À ce sujet, la décrétale *Auctoritate* est plus claire : elle précise que l'interdiction faite aux exempts de construire un oratoire ou une chapelle ne concerne que les lieux non exempts. C'est dire que l'autorisation de l'ordinaire n'est pas requise si les exempts veulent entreprendre la construction d'un édifice du culte dans des lieux relevant de l'exemption. Mais, comme on le verra plus loin, pour réaliser une telle construction dans ces lieux, la loi se fera encore aussi contraignante que par le passé : l'autorisation romaine sera toujours exigée.

En ce qui concerne la célébration du service divin, la décrétale *Auctoritate* reprend les dispositions d'Alexandre IV : la célébration est évidemment prohibée dans des chapelles ou oratoires construits sans l'autorisation de l'ordinaire ou encore normalement durant le temps d'un interdit.

La décrétale *Auctoritate* maintient également les mesures relatives à l'infraction de la loi : si les exempts passent outre aux interdictions

---

23. Le texte de la décrétale *Licet regularis* est reproduit dans FRIEDBERG, *op. cit.* (cf. note 3), col. 1084-1085, tit. 7, cap. 4, note a.

24. Voir *supra* (chap. IV), p. 120, note 60.

prévues, les ordinaires sont autorisés à prendre les sanctions qui s'imposent. Au cas où, à cette occasion, les exempts feraient intervenir leurs conservateurs, les sentences que pourraient porter ces conservateurs contre les ordinaires sont de plein droit révoquées. Pour toute construction dans un lieu exempt, la décrétale *Auctoritate* confirme les prescriptions édictées en 1256 par Alexandre IV : elle statue, comme l'avait fait le précédent pape, que ce n'est pas l'ordinaire du lieu qui est compétent dans ce cas, mais bien l'autorité romaine, à savoir le Siège Apostolique. Ceci signifie que les exempts doivent solliciter l'autorisation du pape ou bénéficier d'un privilège spécial pour édifier une chapelle ou un oratoire dans un lieu relevant de l'exemption. Et pour célébrer le service divin s'applique la même règle : une telle célébration ne serait pas autorisée si l'édifice du culte avait été construit sans permission papale.

Le deuxième élément retenu par la décrétale *Auctoritate* a trait aux causes ou aux intérêts de personnes qui dépendent d'une certaine manière des exempts, par exemple en travaillant à leur service, mais qui ne jouissent pas personnellement du statut de l'exemption. Pour le pape, il s'agit en réalité de personnes qui sont à considérer comme des hommes libres et donc relevant de la juridiction des ordinaires diocésains. Sur ce point, la décrétale renouvelle les dispositions prises précédemment par Alexandre IV : les religieux exempts n'ont pas à s'occuper des causes ou des intérêts de ces personnes comme s'il s'agissait de leurs propres sujets, ni comme demandeurs ni comme défendeurs, même s'ils leur font acquitter un cens. Il va de soi qu'en ce cas aussi une intervention de conservateurs qui tendraient à s'opposer à la volonté du pape serait sans effet.

Comme nous l'avons fait précédemment, nous donnons de ces deux décrétales les passages qui traitent des éléments exposés ci-dessus :

Sexte (1298)	Alexandre IV (1256)
Auctoritate sedis apostolicae de fratrum nostrorum consilio statuimus, quod oratoria vel capellas in locis non exemptis sine dioecesanorum locorum ipsorum licentia exempti construere non praesumant, neque in sic constructis, nec tempore interdicti, (casibus expressis in iure duntaxat exceptis), celebrent vel faciant celebrari divina. Quodsi talia praesumpserint, ab his per locorum ipsorum ordinarios compescantur, et, si quas propter hoc exemptorum ipsorum conservatores in eos sententias protulerint, illas penitus revocamus.	Licet regularis ... Oratoria vero vel capellas sine dioecesanorum locorum ipsorum licentia iidem exempti construere non praesumant, neque in sic constructis neque in locis non exemptis, quum ab ordinariis fuerint interdicta, celebrent vel faciant celebrari divina. Quod si talia praesumpserint, ab his per locorum ipsorum ordinarios compescantur, et, si quas propter hoc exemptorum ipsorum conservatores sententias protulerint in contrarium, illas penitus revocamus.

Inhibemus insuper, ne in locis etiam exemptis hoc ipsi exempti facere audeant, nisi super his licentiam vel privilegium habeant sedis apostolicae speciale. Causas quoque sive lites proprias suorum hominum liberorum, quae videlicet tantum ad ipsos homines pertinent, iidem exempti suo nomine, sive ut actores sive ut defensores, aliquatenus non assumant, etiamsi sint ipsis dicti homines censuales ; quum id nequaquam licitum sit eisdem.	Inhibemus autem, ne in locis etiam exemptis hoc ipsi exempti facere audeant, nisi super his licentiam sedis apostolicae habeant vel ipsius privilegium speciale. Causas quoque sive lites proprias suorum liberorum hominum, quae videlicet ad ipsos tantum homines pertinent, iidem exempti suo nomine, sive ut actores, sive ut defensores, veluti suas aliquatenus non assumant, etiamsi sint ipsis dicti homines censuales, quum id nequaquam licitum sit eisdem.

CONCLUSION

Nous devons à Boniface VIII une réorganisation du statut des conservateurs. Pour ce faire, il a promulgué quatre documents législatifs : la constitution *Statuimus*, en 1295, et trois décrétales qui ont trouvé place dans le *Sexte* (1298) : la décrétale *Hac constitutione* (VI. 1.14.15) et les décrétales *Auctoritate* (VI. 5.7.4) et *Quum personae* (VI. 5.7.7).

Cette réorganisation comporte des éléments nouveaux et des dispositions qui avaient déjà été prises par ses prédécesseurs. En fait de nouveautés, l'apport de Boniface VIII a consisté essentiellement à préciser la compétence des conservateurs, et cela en circonscrivant leur possibilité d'action et en clarifiant les modalités de leur intervention. Ainsi, il limite le territoire dans lequel les conservateurs peuvent exercer leur fonction. Il restreint aussi les affaires qui relèvent de leur juridiction et modifie le choix des personnes habilitées à exercer la charge de conservateur. Il détermine les lieux où peuvent être publiées les sentences portées par les conservateurs et les personnes autorisées à le faire. Il règle la manière dont, dans certaines circonstances, prend fin l'office du conservateur.

En ce qui concerne les dispositions anciennes qu'il a reprises à son compte et sanctionnées de son autorité, on les trouve notamment dans la constitution *Statuimus* d'Innocent IV (1245) et la décrétale *Quia pontificali* d'Alexandre IV (1256). Ces deux documents législatifs ont pris place intégralement dans le *Sexte*, promulgué, comme on l'a dit plus haut, par Boniface VIII en 1298. Tous deux figurent dans le titre *De officio et potestate iudicis delegati*, comme la décrétale *Hac constitutione*. De ce fait, l'institution des conservateurs est définitivement rattachée à celle des juges délégués, bien que des divergences existent entre les uns et les autres.

C'est cet ensemble qui constitue la législation relative aux conservateurs à la fin du XIIIe siècle. Désormais l'institution présente un caractère plus défini. Des incertitudes que l'on rencontrait dans le passé ont été levées. L'institution va pouvoir fonctionner avec une efficacité accrue. Le mérite en revient à Boniface VIII.

IX
LES CONSERVATEURS APOSTOLIQUES D'APRÈS LE CONCILE DE VIENNE (1311-1312)

Après la publication du *Sexte*, en 1298, l'institution des conservateurs connaît un renouveau. Les pontificats de Boniface VIII (1294-1303), de Benoît XI (1303-1304) et de Clément V (1305-1314) sont marqués par un accroissement de lettres conservatoires, comme en témoignent les Registres de ces papes. À partir du concile de Vienne (1311-1312), le statut des conservateurs prendra une nouvelle forme. Ils recevront des pouvoirs plus étendus pour intervenir dans les domaines qui relèvent de leur compétence. Il faut chercher l'origine de cette extension de pouvoirs non pas dans un document proprement législatif, mais dans une lettre pontificale de caractère privé.

Il s'agit d'une lettre du pape Boniface VIII, expédiée d'Anagni et portant la date du 28 juillet 1301. Papinien de Roborea, évêque de Parme et vice-chancelier de l'Église romaine[1], s'était plaint au pape d'attaques dont faisaient l'objet ses droits et ses biens ainsi que ceux de son diocèse. La lettre est une réponse à ces plaintes. Elle n'est pas adressée directement à l'évêque Papinien, mais à trois personnes que Boniface VIII nomme conservateurs au bénéfice de Papinien. Ces personnes sont l'évêque et l'archidiacre de Bologne ainsi que le prieur du monastère Saint-Barthélémy de Bologne, situé à la porte de Ravenne. Il convient de noter que c'est Jean d'André (1270-1348) qui a rendu les canonistes attentifs à l'intérêt de cette lettre pour l'institution des conservateurs. Il l'a fait dans la *Novella in Sextum*, en commentant le terme *dietam* (*diaetam*) de la décrétale *Hac constitutione* (VI. 1.14.15) : *Dominus Papinianus, episcopus Parmensis, dum erat*

1. Avant sa nomination à l'évêché de Parme, Papinien avait été prévôt de Parme, puis chapelain du Palais apostolique et auditeur des causes du Palais ; nommé vice-chancelier de l'Église romaine, il devient évêque de Novare le 4 février 1296. Son accession à l'évêché de Parme date du 3 juin 1300. Il meurt à Avignon le 14 août 1316. Cf. G. BRIACCA, « Papiniano Della Rovere. Contributo ad una biografia », dans *Contributi dell'Istituto di Storia Medioevale (Raccolta di studi in memoria di Giovanni Soranzo)*, I, Milano, 1968, p. 60-128 (les pages 85 et suivantes concernent l'épiscopat de Papinien à Parme). Voir aussi C. EUBEL, *Hierarchia catholica Medii Aevi*, 2e éd., t. 1, Monasterii, 1913, p. 392 ; R. FAWTIER, *Les registres de Boniface VIII*, t. 4, Paris, 1939, p. IX.

vicecancellarius Bonifacii, pro suo episcopatu Parmensi impetrauit conseruatoriam per quam dabatur conseruatoribus potestas, quod etiam in his quae iudicialem requirunt indaginem per se vel alios procedere possent, et citare usque ad quatuor dietas, et per quas tempore datae perpetuabatur ipsorum iurisdictio (« Papinien, évêque de Parme, alors qu'il était vice-chancelier de Boniface, demanda pour son épiscopat de Parme une lettre « conservatoire » par laquelle serait concédé aux conservateurs le pouvoir d'intervenir, par eux ou par d'autres, même dans des affaires exigeant une enquête judiciaire, et de citer les personnes éloignées jusqu'à quatre jours de marche et, dans ce cadre, d'exercer leur juridiction sans limite de temps à partir de la date de la concession »)[2].

À la lecture de cette lettre, on constate que les pouvoirs accordés, en la circonstance, par Boniface VIII aux trois personnes en question sont plus étendus que ceux normalement reconnus jusqu'ici aux conservateurs.

Ces pouvoirs se caractérisent de triple façon. Tout d'abord, les conservateurs peuvent procéder à une enquête judiciaire ; jusqu'alors, sauf en de très rares cas, les conservateurs n'étaient pas autorisés à le faire. C'est dire qu'ils ne pouvaient pas intervenir lorsque les injustices ou les violences reprochées aux fauteurs n'étaient pas clairement établies et requéraient, pour être prouvées, le recours à une enquête judiciaire. Ils n'étaient habilités à agir que si les actes délictueux étaient notoires. L'enquête judiciaire était réservée aux juges ; or, les conservateurs n'entraient pas dans la catégorie des juges proprement dits. Désormais, il leur est permis de faire une enquête judiciaire, ce qui les assimile d'une certaine manière aux juges.

En second lieu, ils pourront citer les prévenus ou les témoins résidant dans un lieu situé à quatre jours de marche hors du diocèse. Or, d'après la constitution *Nonnulli* du IVe concile du Latran (1215)[3], la distance autorisant une citation était limitée à deux jours de marche. Par la suite, Boniface VIII avait même réduit cette distance à une seule journée.

Enfin, les conservateurs disposent maintenant d'une juridiction qui n'est pas limitée dans le temps. Jusqu'ici la mission qui leur était confiée était temporaire ; ils devaient accomplir leur tâche dans le délai qui leur avait été assigné. Effectivement, dans la seconde moitié du XIIIe siècle, pour éviter que les affaires ne traînent en longueur et pour que le mandat soit fidèlement exécuté, les papes n'avaient concédé aux conservateurs que trois ans, tout au plus cinq, pour s'acquitter de leur mission. Si les conservateurs n'avaient pas rempli leur office dans le

---

2. Le texte est pris dans l'édition de la *Novella in Sextum*, Venetiis, 1581 (édit. anast., Torino, 1966), fol. 52 r°.

3. Canon 37, inséré dans les *Décrétales de Grégoire IX*, 1.3.28.

temps imparti, ils se voyaient privés automatiquement de tout droit dans l'affaire dont ils étaient chargés.

En plus de ces trois points essentiels, la lettre donne quelques précisions qui méritent d'être relevées. Dès le premier jour de leur nomination, les trois conservateurs peuvent agir de concert ou à titre individuel ; chacun d'eux a pleine juridiction pour assurer la défense des intérêts de l'évêque et de son diocèse.

Contrairement aux dispositions qui figurent auparavant dans la décrétale *Hac constitutione* (1298 ; VI. 1.14.15), ils sont autorisés aussi à déléguer leur pouvoir à d'autres. Bien plus, la délégation est permise sans que soit exigée l'appartenance des délégués au même diocèse que celui du délégant.

Une autre facilité est encore octroyée à ces trois conservateurs : si l'un d'eux a commencé légitimement la procédure, par une citation ou autrement, et qu'il ne puisse la poursuivre, chacun des deux autres dispose de la juridiction nécessaire pour la mener à terme.

En outre, la lettre indique les personnes ou les institutions contre lesquelles ces conservateurs peuvent exercer leur pouvoir : en principe, tous ceux, quels qu'ils soient, qui se rendent coupables d'injustices ou d'exactions à l'encontre de Papinien, évêque de Parme, et de son diocèse. La lettre cite en particulier les universités, les seigneuries, les collèges, les prélats, même s'ils sont évêques, et toute autre personne jouissant d'une dignité ecclésiastique ou civile. En cas de nécessité, le pape autorise même ces conservateurs à recourir à l'aide du bras séculier.

Comme, à notre connaissance, cette lettre n'a pas été publiée et qu'elle est donc difficilement accessible au lecteur, nous en reproduisons le texte d'après le manuscrit que nous avons trouvé aux Archives Vaticanes, Reg. Vat. 50, foL 44 v°, n° 173 : *Uenerabili Episcopo et dilecto filio archidiacono Bononiensi et priori monasterii sancti Bartholomei, porte Rauennatis, Bononiensis, per priorem soliti gubernari. Ex iniuncte nobis seruitutis officia ecclesiis et personis ecclesiasticis pontificali presertim preditis dignitate tenemus adesse presidio secundum uenerabilem fratrem nostrum P(apinianum) episcopum Parmensem sancte Romane Ecclesie uice cancellarium eo specialius uolumus et intendimus contra malignancium audaciam quorumcumque tueri quomodo ipsum suis exigentibus meritis beneuolencia prosequimur ampliari. Cum itaque dictus Episcopus sicut ipse nobis exposuit super bonis et iuribus suis et Parmensis ecclesie frequenter indebite molestari, nos et ipsius in hac parte prouidere quieti et molestancium maliciis obuiare uolentes, discrecioni uestre per apostolica scripta mandamus quatenus uos uel duo aut unus uestrum per uos uel alium seu alios eidem Episcopo opportuni fauori et efficacis defensionis presidio assistentes, non permittatis eum super hiis ab aliquibus molestari faciendo sibi uel procuratori seu procuratoribus suis, cum ab eo uel ab eis super hoc fueritis requisiti, de quibuslibet iniuriatoribus suis eciam per uiam iudicii super hiis que iudicialem requirunt indaginem iusticie complementum ac iniuriatores et molestatores huius quicumque et cuiuscumque condicionis fuerint aut status, eciam si uniuersitates comitates uel collegia fuerint seu si pontificali uel alia quacumque ecclesiastica uel seculari premineant dignitate, auctoritate nostra appellacione postposita compescendo, inuocato ad hoc si opus fuerit auxilio brachii secularis, non obstantibus de duabus edita in concilia generali, et nostris de una dietis, dummodo ultra terciam uel quartam dietam aliquis extra suam ciuitatem et diocesim auctoritate presencium ad iudicium non trahatur, ac quibuslibet aliis constitucionibus in contrarium promulgatis. Ceterum uolumus et apostolica auctoritate decernimus quod a data presencium plene sit attributa unicuique uestrum iurisdiccio in premissis quandoque idem robur eandemque uim perpetuacionis ex tunc iurisdiccio cuiuslibet uestrum obtineat quod et quam si quilibet uestrum auctoritate presencium incepisset per citacionem monicionem uel alias legitime procedere obtinerent, et quasi re non integra perpetuata eadem uestrum cuiuslibet iurisdiccio censeatur. Datum ut supra (Anagni v kalendas augusti anno septimo) (28 juillet 1301).*

Les pouvoirs accordés aux conservateurs en faveur de l'évêque Papinien ne devaient pas être exceptionnels par la suite. C'est ce que l'on est autorisé à admettre, si l'on s'en tient au dire de Jean d'André. En effet, le célèbre commentateur note que cette manière de procéder sera utilisée par la Curie romaine. Elle l'était encore au temps où Jean d'André rédigeait la *Novella in Sextum* ; celle-ci remonte aux années 1336-1342 : *... Haec forma sic venit in stilum curiae, quod quo ad hoc parum valet hodie de facto haec prouisio*[4].

À titre d'information, nous avons fait quelques sondages dans les Registres des papes suivants : Boniface VIII (1294-1303), Benoît XI (1303-1304) et Clément V (1305-1314). Il nous intéressait de savoir si, avant le concile de Vienne (1311-1312), nous pourrions trouver des exemples qui auraient étayé la remarque de Jean d'André concernant l'adoption d'un nouveau style par la Curie.

Pour Boniface VIII, nous avons consulté les lettres conservatoires postérieures au 28 juillet 1301, date de la lettre accordant des pouvoirs spéciaux aux trois conservateurs chargés de défendre les intérêts de Papinien. *Les Registres de Boniface VIII* (1294-1303) publiés par l'École française de Rome (G. Digard, M. Faucon, A. Thomas, R. Fawtier, Paris, 1904-1939, 4 vol.) ne donnent, pour ces lettres, que

4. Le passage reproduit ici fait suite au texte correspondant à la note 2.

l'incipit et un résumé du contenu, et non pas le texte lui-même. Nous avons examiné les manuscrits des lettres qui, dans les *Registres* de l'École française de Rome, portent les numéros 4265, 4266, 4316, 4622 et 4845 (Reg. Vat. 50, fol. 85 v°-86r° ; fol. 86 r° ; fol. 104 r°-v° ; fol. 236 r°-v°). Ils ne fournissent aucun indice sur une modification des pouvoirs concédés habituellement aux conservateurs.

Les lettres que nous avons relevées dans le *Registre de Benoît XI* (1303-1304), publié par Ch. Grandjean (Paris, 1905, 1 vol.), à savoir les numéros 959, 960, 1044 et 1045, ne sont pas plus explicites. En ce qui concerne Clément V, nous avons examiné dans les Registres publiés par les Bénédictins (Romae, 1885-1892, 10 vol.) quelques lettres antérieures au concile de Vienne (1311-1312). Ces lettres figurent sous les numéros 4435, 4436, 5272 et 5273. Elles aussi nous amènent à la même conclusion : elles ne laissent pas apparaître d'éléments nouveaux. C'est dire que les concessions de conservateurs accordés par ces trois papes entre les années 1301-1311 (début du concile de Vienne) que nous avons relevées sont faites selon la formule habituelle ; nous n'avons pas découvert durant cette période d'exemples de nomination accordant à des conservateurs des pouvoirs spéciaux équivalents à ceux octroyés aux trois conservateurs de l'évêque Papinien. Le résultat négatif de notre enquête partielle ne contredit pas pour autant l'affirmation de Jean d'André. Pour pouvoir porter un jugement objectif, il aurait fallu procéder à un dépouillement complet des Registres des trois papes cités plus haut ; en outre, on sait que les Registres ne contiennent qu'une partie des documents délivrés par les papes. Voici ce qu'on lit à la fin de l'introduction du tome 4 des *Registres de Boniface VIII* (1294-1303) sous la plume de R. Fawtier : « L'on n'y trouvera pas (dans *Les Registres de Boniface VIII*) le texte de toutes les lettres expédiées par la Chancellerie apostolique. L'on n'y trouvera pas – en principe – ce qui est l'essentiel de la correspondance particulière du pontife, les lettres closes. Il semble même que la plus grosse partie de la correspondance politique, les lettres curiales, n'y ait point été transcrite. Il est certain que, en nombre considérable, les lettres de grâce et de justice ont évité leur transcription dans ces Registres. Y chercher un tableau complet de l'activité de la Curie de Boniface VIII serait donc, à notre avis, une erreur grave »[5]. La réflexion de R. Fawtier vaut aussi pour les Registres de Benoît XI (1303-1304) et de Clément V (1305-1314). C'est pourquoi nous nous rallions à la réflexion de Jean d'André et nous admettons volontiers comme acquis que la Curie a repris pour d'autres conservateurs, au moins en certains cas, les dispositions prévues dans la lettre de 1301 en faveur de Papinien.

* * *

5. R. FAWTIER, *Les Registres de Boniface VIII (1294-1303)*, t. 4, Paris, 1939, p. CV-CVI.

Nous arrivons au concile de Vienne (1311-1312). Deux points méritent l'attention : la mise en garde contre des abus et l'accroissement des pouvoirs reconnus aux conservateurs. Ces deux points n'ont pas la même importance. Le premier est de nature secondaire ; il n'intéresse pas directement le statut des conservateurs. Le second, en revanche, est capital ; il modifie les pouvoirs des conservateurs.

Dans un premier point, le concile rend attentif aux abus commis à l'occasion de l'intervention des conservateurs. Il le fait dans deux textes : le premier est la décrétale *Frequens* (Clém. 5.6.1)[6] et le second, la décrétale *Religiosi* (Clém. 5.7.1)[7].

Dans le premier texte, le concile s'en prend aux évêques qui entravent l'action des conservateurs. Il arrive que les privilèges dont jouissent les exempts n'ont pas été respectés par les ordinaires. Dans ce cas, des conservateurs sont intervenus légitimement pour tenter de mettre fin aux agissements des évêques. Ils ont porté des sentences pour rétablir la justice à l'égard des exempts.

Les évêques se sont opposés à la publication ou à l'exécution de ces sentences. C'est ce refus de la part des évêques d'obtempérer aux décisions des conservateurs que le pape Clément V dénonce dans cette décrétale. Il ordonne que prennent fin de tels comportements de la part des évêques. Le concile prend à son compte l'intervention du pape et la sanctionne, à son tour, de son autorité.

Dans le second texte, la décrétale *Religiosi*, le concile intervient contre les religieux. On leur reproche de prendre des mesures vexatoires à l'égard d'ecclésiastiques. Ils les citent devant des juges délégués par le pape pour tenter d'obtenir justice : ils le font en ne respectant pas les règles de la loi ou en les convoquant en des lieux fort éloignés de leur résidence. C'est une façon de faire qui est contraire au droit et tout aussi répréhensible. Le terme de conservateur ne figure pas dans le texte, mais il ne fait pas de doute que sous l'expression de « juges délégués » sont compris les conservateurs.

Le bien-fondé de ces reproches ne saurait être mis en question : on sait par les doléances du clergé de la province de Sens que les juges délégués par le Siège Apostolique se rendaient coupables d'abus de ce genre, et même de plus graves, puisqu'ils seraient allés jusqu'à

---

6. Sur la formation du décret lors du concile, voir Ew. MÜLLER, *Das Konzil von Vienne (1311-1312). Seine Quellen und seine Geschichte*, Münster i. W., 1934, p. 552-556 ; cf. aussi G. MOLLAT, art. « Les Clémentines », dans *Dict. de droit can.*, sous la dir. de R. NAZ, t. 4, Paris, 1949, col. 636. On pourra consulter également J. LECLER, *Vienne*, Paris, 1964, p. 153 (coll. « Histoire des conciles œcuméniques », sous la dir. de G. DUMEIGE, t. 8).

7. Cf. MÜLLER, *op. cit.*, p. 536-539 ; MOLLAT, *op. et loc. cit.*, col. 636 ; LECLER, *op. cit.*, p. 150-151.

convoquer inutilement des témoins pour extorquer des amendes sous prétexte de contumace[8].

Quoi qu'il en soit, le pape profite du concile pour rappeler aussi bien aux prélats qu'aux religieux l'obligation d'observer les règles canoniques.

Le second point nous paraît de loin plus important. Il concerne directement les pouvoirs des conservateurs. Il a fait l'objet d'une disposition du concile. Nous la connaissons par un manuscrit cité par Ewald Müller : le manuscrit Cod. lat. 2699 de la Bibliothèque Nationale de Munich (Münchener Staastbibliothek)[9].

Parmi les différentes dispositions relevées par Müller, nous en trouvons une qui effectivement intéresse les conservateurs : il s'agit du texte 21, selon la numérotation établie par Müller. D'après ce texte, des conservateurs peuvent être accordés contre les fauteurs d'injustices, les voleurs ou les receleurs de biens ecclésiastiques. Les conservateurs ont toute liberté pour citer les coupables ; ils peuvent les convoquer jusqu'à une distance allant à quatre jours de marche hors du diocèse de ces délinquants. Ce pouvoir, ils ont le droit de l'exercer aussi bien à l'égard de laïcs, de clercs ou de religieux. Si trois conservateurs sont accordés pour intervenir dans une affaire donnée, ils peuvent agir non seulement de concert mais même à titre individuel.

Voici les termes mêmes du texte 21, tels que nous les trouvons dans le manuscrit Cod. lat. 2699 : *Item iniuriatores, spoliatores et detentores possessionum ecclesiarum sive layci, clerici vel religiosi trahi possunt per conservatoria usque ad quartam dietam extra suam dyocesim – ita etiam quod iudices, si tres fuerant impetrati, unus sine altero procedere possit*[10].

Nous ignorons la raison pour laquelle cette disposition n'a pas été insérée parmi les décrets du concile. Nous savons simplement que, pendant le concile ou très peu de temps après sa clôture, le pape a donné à divers évêques et abbés de monastère des lettres conservatoires (*Conservatoria*). Ces lettres mettent à exécution de façon provisoire ce qui avait été décidé au concile. Il n'est pas impossible que la disposition que nous trouvons dans le manuscrit de Munich reflète les termes d'un décret général qu'on avait l'intention de promulguer durant le concile. Mais on peut admettre aussi que cette disposition est plus probablement un résumé bref et synthétique d'une décision prise au concile. Quoi qu'il en soit, comme les abus dont étaient l'objet certains diocèses

8. G. MOLLAT, « Les doléances du clergé de la province de Sens au concile de Vienne (1311-1312) », dans *Revue d'histoire ecclésiastique*, t. 6, 1905, p. 325.

9. MÜLLER, *Das Konzil von Vienne*..., *op. cit.*, p. 679. Voir aussi LECLER, *Vienne,* Paris, 1964, p. 149.

10. MÜLLER, *op. cit.*, p. 687, n° 21.

exigeaient qu'on y remédie immédiatement, le pape accordait à de nombreux prélats, surtout des évêques allemands, des conservateurs munis de pouvoirs qui dépassaient ceux prévus jusque-là. Il le faisait par des lettres individuelles que ces prélats emportaient chez eux. Il allouait en fait aux conservateurs des possibilités d'agir correspondant à celles qui figurent dans le texte 21 cité plus haut. En vertu de ces possibilités, les conservateurs étaient habilités à convoquer avec une plus grande liberté les fauteurs d'injustices ; rien ne les empêchait de faire venir ces délinquants d'un lieu distant de quatre jours de marche hors de leur diocèse. En outre, ces conservateurs pouvaient intervenir aussi bien à l'égard de laïcs que de clercs ou de religieux, et même à titre individuel au cas où ils auraient été nommés à trois pour une même affaire.

Nous ne savons pas non plus pourquoi cette disposition n'a pas été insérée plus tard dans les *Clémentines*. Peut-être semblait-il au pape plus sage de régler de manière individuelle les abus signalés par les évêques ; c'est pourquoi la chancellerie pontificale établit un formulaire particulier de ces « Conservatoria du concile de Vienne ».

Il n'est pas interdit de penser que cette précaution ait été prise par la Cour pontificale pour exempter les rois, en particulier le roi de France, des mesures pénales prévues contre les fauteurs d'abus. Les lettres particulières avaient l'avantage de permettre à qui les recevaient de n'infliger des peines qu'aux coupables qu'ils avaient en vue. Une disposition générale aurait eu des répercussions que la papauté voulait éviter. À ce sujet, il est intéressant de signaler un document de Clément V, du 13 juillet 1312, donc de peu postérieur à la fin du concile. Il s'agit d'une lettre adressée à l'évêque de Rouen, dans laquelle celui-ci est autorisé à agir contre tous les fauteurs d'abus, à l'exception de Philippe (Philippe IV le Bel), roi de France, et de ses proches parents[11].

La disposition que nous trouvons dans le manuscrit de Munich accorde pour tous les conservateurs des pouvoirs similaires à ceux concédés en 1301, à titre individuel, par Boniface VIII aux trois conservateurs nommés pour défendre les intérêts de Papinien, évêque de Parme. Ces pouvoirs, comme nous l'avons dit plus haut, ont été octroyés dans un premier temps par Clément V lui-même à certains conservateurs dans des lettres remises à de nombreux évêques. Ils seront rapidement généralisés après le concile ; tous les conservateurs en bénéficieront. À preuve, la manière dont se feront désormais les concessions de conservateurs, puisqu'elle recevra la dénomination de

11. Toutes ces indications, nous les avons prises dans l'ouvrage de Ew. MÜLLER, *Das Konzil von Vienne…, op. cit.*, p. 431-432 ; 483-484.

forma concilii Viennensis (formule du Concile de Vienne)[12]. Cette dénomination figure dans le livre de la chancellerie en usage durant la période des papes d'Avignon.

Aux termes de cette formule, les conservateurs obtiennent même des pouvoirs encore plus larges que ceux concédés en 1301 aux trois conservateurs nommés par Boniface VIII au bénéfice de Papinien. En effet, outre la faculté qui leur est donnée de pratiquer éventuellement une enquête judiciaire, ils peuvent utiliser sans restriction la procédure sommaire suivant les termes que l'on trouve dans la décrétale *Dispendiosam* au titre *De iudiciis* (Clém. 2.1.2) : *simpliciter et de plano, ac sine strepitu iudicii et figura*. De ce fait, ils pourront régler plus rapidement certaines situations, sans que leurs protégés soient obligés de recourir aux formalités de l'*ordo iudiciarius*.

Les lettres conservatoires délivrées par Clément V lui-même, au lendemain du concile de Vienne, laissent apparaître clairement que les conservateurs seront habilités dorénavant à faire usage, de manière habituelle, de la nouvelle procédure. À titre d'exemples, nous signalons quelques-unes de ces lettres : Avignon, 3 janvier 1313 ; Avignon, 1er avril 1313 ; *Apud Castrum novum* (Châteauneuf), 23 mai 1313 ; *Montiliis* (Monteux), 5 janvier 1314[13]. Les successeurs de Clément V procéderont de manière identique. Il suffit, pour s'en convaincre, de se reporter aux Registres des lettres de ces papes.

Une décrétale postérieure au concile de Vienne définit les règles de la procédure sommaire. En réalité, elle était déjà en usage depuis un certain temps ; mais son application n'était pas générale et les règles en étaient encore imprécises[14]. À la demande des canonistes, le pape Clément V déterminera le sens à attribuer aux diverses clausules qui la caractérisent. Il le fera dans la décrétale *Saepe*, insérée dans les *Clémentines* au titre *De verborum significatione* (5.11.2). On avait longtemps cru que cette décrétale était antérieure au concile de Vienne ; on la datait du 19 novembre 1306, conformément à ce qui est indiqué dans les Clémentines : Avinion. XIII. Kal. Decembr. Pont. nostri Ao. II (= 19 novembre 1306). D'après les travaux de St. Kuttner, elle est postérieure au concile : il faut la placer entre le 6 mai 1312 (fin du

---

12. Cf. M. TANGL, *Die päpstlichen Kanzleiordnungen von 1200-1500*, Innsbruck, 1894 (réédition Aalen, 1959), p. 321-324 : *Conservatoria iuxta formam concessam per dominum Clementem in concilio Viennensi*.

13. On trouvera le texte de ces lettres dans *Les Registres de Clément V (1305-1314)*, publiés par les Bénédictins, Romae, 1885-1892, nos 9097, 9017, 10006, 10137.

14. Au sujet de l'évolution de la procédure sommaire à l'époque que nous étudions, voir Ch. LEFEBVRE, « Les origines romaines de la procédure sommaire aux XIIe et XIIIe siècles », dans *Ephem. Iur. Can.*, t. 12, 1956, p. 192 et s.

concile) et le 21 mars 1314[15]. La procédure définie dans la décrétale *Saepe* sera utilisée couramment par les conservateurs après le concile de Vienne.

Pour l'histoire des conservateurs, le concile de Vienne constitue une date capitale : il accorde aux conservateurs des pouvoirs plus étendus que ceux qui, normalement, leur étaient reconnus dans le passé : procéder en certains cas à une enquête judiciaire et faire usage, d'une manière habituelle, de la procédure sommaire. Ainsi prend naissance la *forma concilii Viennensis*, selon laquelle, durant des décennies, seront désormais nommés les conservateurs. On comprend, dans ces conditions, qu'ils vont franchir un nouveau pas pour devenir une catégorie particulière de juges délégués.

15. Comme nous l'avons déjà dit précédemment (*supra* p. 201, note 21) : St. KUTTNER, « *The date of the Constitution* Saepe*, the Vatican Manuscripts and the Roman Edition of the Clementines* », dans *Mélanges E. Tisserant*, t. 4, Città del Vaticano, 1964, p. 427-452 (« Studi e Testi », 234).

CONCLUSION

Il pourra paraître singulier que l'institution des conservateurs apostoliques n'ait pas jusqu'ici davantage retenu l'attention des chercheurs : des conciles relativement rares en font état, alors que les papes, qu'il s'agisse d'Innocent IV, d'Alexandre IV ou de Boniface VIII, leur attribuent plus d'importance, de même que les religieux.

Sans doute faut-il voir l'origine de cette discordance dans le fait que la papauté n'a pas voulu développer une hiérarchie spécialement chargée de leur mission, mais qu'elle a choisi comme conservateurs des archevêques, évêques, entre autres dignitaires, sur lesquels elle estimait pouvoir compter plus spécialement pour atteindre l'objectif poursuivi.

On conçoit dans ces conditions que les conciles n'aient pu que difficilement intervenir à l'égard d'évêques compris dans leur sein.

De toute manière, le fait est acquis de l'importance des conservateurs apostoliques dès leurs origines, telles qu'elles ont été déterminées. En ce domaine, comme en bien d'autres, ce sont les abus commis qui ont contraint le législateur à intervenir pour préciser les droits et les devoirs incombant aux titulaires de l'institution : c'est vrai aussi bien pour Innocent IV que pour Alexandre IV ; on est moins renseigné sur les motifs qui ont inspiré Boniface VIII.

De la sorte s'est progressivement développée une institution dont l'objectif était d'assurer une protection spéciale de l'Église en faveur d'opprimés de toute nature, particulièrement les personnes morales.

C'est ainsi un chapitre de l'administration et de la justice ecclésiastiques qui se manifeste au XIIIe siècle, avec un nouveau développement de la centralisation romaine s'ajoutant à ceux déjà précédemment connus.

Au cours des siècles, les conservateurs apostoliques se verront accorder des pouvoirs plus étendus que ceux qui leur étaient auparavant reconnus[1], avant de les voir progressivement restreints. Puis, ils feront

1. Notamment sous le pontificat de Sixte IV (1471-1484), lui-même ancien ministre général des Frères mineurs, qui attribuera largement des privilèges aux ordres religieux, surtout aux Franciscains, avec notamment la bulle *Mare Magnum* (31 août 1474) et la *Bulla aurea* (1479). Cf. A. TEETAERT, « Sixte IV », dans *Dictionnaire de théologie*

encore l'objet de quelques mesures législatives. Ainsi, au Ve concile du Latran (1512-1517), sous Léon X. Lors de la 10e session, le 4 mai 1515, la bulle ***Regimini universalis Ecclesiae*** s'en prend aux abus d'exemption, et aux privilèges des chanoines et clercs séculiers, mais aussi à « l'ingérence des laïcs dans la juridiction ecclésiastique »[2]. Le texte vise à renforcer l'autorité des évêques, notamment en matière judiciaire. Il réglemente également le niveau de diplôme requis pour « les juges et les conservateurs désignés par le Siège apostolique »[3].

Quelques décennies plus tard, le concile de Trente (1545-1563) s'efforce également de réguler et de réduire les pouvoirs accordés plus tôt. Ainsi, le canon 14 (***In exemptorum causis***) de la 7e session *De reformatione*, du 3 mars 1547, « réprime les abus de ceux qui utilisaient l'exemption pour échapper au pouvoir des Ordinaires en refusant d'être jugés par eux »[4] (leur préférant leurs conservateurs). Le concile commence par rappeler les dispositions de la décrétale *Volentes* d'Innocent IV, évoquée *supra*, qui détermine la juridiction exclusive de l'Ordinaire pour tous les lieux non exempts. À ces dispositions, le concile ajoute que les clercs séculiers et réguliers, même exempts, mais demeurant hors d'un monastère, ainsi que les *miserabiles personae*, peuvent être cités devant l'Ordinaire, même s'ils ont « un juge député par le Siège apostolique ». En conséquence, les privilèges qui avaient été accordés aux Conservateurs en ces matières sont rendus caduques par ce décret conciliaire.

Lors de la 14e session (toujours *De Reform.*) du 25 novembre 1551, au canon 5 (***Insuper, cum nonnulli***), sans évoquer directement les conservateurs, le concile s'en prend aux abus des lettres conservatoires (*conservatoria*). Selon Charles Lefebvre, « on sait que, depuis Innocent IV, des juges conservateurs peuvent être obtenus pour se défendre contre toute violence. Malheureusement cette constitution, originairement destinée à réprimer toute injustice au nom de l'autorité pontificale, est depuis un certain temps trop souvent détournée de son objectif : elle sert à s'opposer au pouvoir des évêques ou d'autres supérieurs, qui sont alors mis dans l'impossibilité d'agir contre ceux qui auraient obtenu de telles lettres conservatoires »[5]. Dans un premier temps, le concile envisage la non admission de lettres conservatoires

---

catholique, t. 14, 1ère partie, Paris, 1939, col. 2212-2213. Voir p. 261, note 6, du présent ouvrage.

2. Olivier de la BROSSE, Joseph LECLER, Henri HOLSTEIN, Charles LEFEBVRE, *Latran IV et Trente*, Paris, Éditions de l'Orante, 1975, p. 108.

3. *Les Conciles œcuméniques*, tome II-1, *Les décrets, Nicée I à Latran V*, Paris, Cerf, 1994, p. 1286-1287.

4. Olivier de la BROSSE *et alii*, *Latran IV et Trente*, *op. cit.*, p. 343.

5. Joseph LECLER, Henri HOLSTEIN, Pierre ADNÈS, Charles LEFEBVRE, *Trente*, Paris, Éditions de l'Orante, 1981, p. 115.

dans tous types de causes criminelles, civiles ou mixtes, et cela quel que soit le demandeur. Et quand bien même le défendeur aurait eu un juge conservateur, ce dernier peut être écarté au moindre soupçon de compétence. Mais le texte sera encore durci au cours de la même session après examen par une commission de canonistes, pour les causes criminelles, dans lesquelles le recours aux lettres conservatoires est définitivement écarté au profit de la juridiction de l'évêque ou du supérieur légitime.

La 21e session du 16 juillet 1562, dans son canon 8 (***Quaecumque in dioecesi***)[6], tout en évoquant la vigilance demandée à l'évêque sur les édifices religieux, et « l'exécution des obligations qui sont attachées aux bénéfices »[7], « exclut non seulement tout appel, comme c'est le cas le plus général, mais aussi tous privilèges, toutes coutumes, mêmes prescrites depuis un temps immémorial, ainsi que lettres conservatoires, envois de juges délégués et inhibitions que ceux-ci seraient capables d'opposer ».

La session 24 du 11 novembre 1563 entend assurer le pouvoir judiciaire de l'évêque, à la suite de nombreux abus commis par les juges délégués *in partibus*. Le texte du can. 20 (***Causae omnes***) signe la fin du pouvoir des conservateurs, même s'ils n'y sont pas cités : « Le concile décrète que toutes les causes jugées en première instance, même si elles sont bénéficiales, sont réservées aux Ordinaires des lieux », et que les « causes matrimoniales et criminelles » relèveront directement de l'évêque seul[8].

Plus tard, les abus des conservateurs, surtout des Réguliers, se poursuivant, divers papes émettent des constitutions les concernant : Clément VIII, par la constitution *Sanctissimus*, du 19 mars 1592 ; Grégoire XV, par la constitution *Sanctissimus*, du 20 septembre 1621 ; et enfin Clément XIII. Dans la constitution *Cum omnium*, du 23 avril 1762, le pape s'en prend directement aux Jésuites dans les territoires de mission, qui, en conflit avec les évêques, continuaient à se choisir des conservateurs sans tenir compte des qualités exigées par les précédentes constitutions[9]. Clément XIII rappellera les règles prescrites par ses prédécesseurs et interdira aux Réguliers de se choisir des conservateurs dans les territoires de mission, rendant le recours à Rome nécessaire en cas d'injustices notoires (et notamment de conflits avec les évêques).

---

6. Le canon 8 de la session 21 ne parle qu'indirectement des conservateurs. Nous le mentionnons cependant, car il est question de « lettres conservatoires » (*Conservatoria*) dans le texte ; il nous paraît évident que les conservateurs sont visés dans ce canon.

7. Joseph Lecler et alii, *Trente*, *op. cit.*, p. 293.

8. *Ibid.*, p. 482-483.

9. Être titulaire d'une dignité ecclésiastique, d'un personnat, être membre d'un chapitre d'église cathédrale, ou juge désigné dans un concile provincial ou diocésain. Cf. Grégoire XV, *Sanctissimus*, § 2.

Aussi, de plus en plus, à partir de la fin du XVIIIe siècle, l'usage prévaudra, en particulier pour les ordres religieux, de ne plus passer par les conservateurs, mais de s'adresser directement au Saint-Siège pour la protection des droits. L'institution finira par tomber en désuétude par manque d'intérêt[10].

10. La conclusion écrite par l'auteur en 1969 a été complétée par Mme Gwenaëlle Hervet pour la présente édition.

DOCUMENTS

1.
CONCILE DE LYON I (1245)

De officio et potestate iudicis delegati

Statuimus ut conservatores, quos plerumque concedimus, a manifestis iniuriis et violentiis defendere possint quos ei committimus defendendos, nec ad alia quæ judicialem indaginem exigunt, suam valeant [possint] extendere potestatem.

Traduction française dans *Les Conciles œcuméniques*, tome II-1, *Les décrets. Nicée I à Latran V*, Paris, Cerf, 1994, p. 600-601 :

« Nous statuons que les conservateurs, que nous accordons fréquemment, peuvent défendre contre les injures et les violences manifestes ceux que nous confions à leur défense ; mais ils ne peuvent pas étendre leur pouvoir à d'autres affaires qui requièrent une enquête judiciaire ».

2.
CONCILE DE VIENNE (1311-1312)

Constitution *Frequens*

Processus iuste factos seu sententias iuste latas a delegatis sedis apostolicae vel a conservatoribus pro exemptis publicari seu exsecutioni mandari a suis subditis non permittunt.

Traduction française dans J. ALBERIGO *et alii*, *Les Conciles œcuméniques*, tome II-1, *Les décrets. Nicée I à Latran V*, Paris, Cerf, 1994, p. 797-799 :

« Ils ne permettent pas que soient publiés ou exécutés par ceux qui leur sont soumis les justes procès ou les justes sentences portées par des délégués du Siège apostolique ou par des procureurs [*recte* : conservateurs] en faveur des exempts. »

Constitution *Religiosi*

Religiosi ... inhibemus ... nec etiam in casibus sedi apostolicae aut locorum ordinariis reservatis quemquam absolvere, aut personas ecclesiasticas, praesertim coram iudicibus delegatis a nobis suam contra eos iustitiam prosequentes vexare indebite, aut ad loca plura et praesertim multum remota convenire praesumant. Si qui vero praemissa vel aliquod de praemissis attentare praesumpserint, per duos menses subiaceant poenis illis, quae secundum eorum regulam vel statuta pro gravibus criminibus seu culpis eis consueverunt imponi, super quibus absque manifesta necessitate cum eis non valeat dispensari.

Traduction française dans *Les Conciles œcuméniques*, tome II-1, p. 801 :

« Nous leur [aux religieux] interdisons aussi d'absoudre quiconque dans les cas réservés au Siège apostolique ou aux ordinaires des lieux, ou de malmener indûment les ecclésiastiques en cherchant à se faire rendre justice, en particulier, par les juges délégués par Nous, ou d'oser se rassembler en plusieurs endroits, en particulier, lorsque ceux-ci sont très retirés. Si certains osent faire les choses qui précèdent ou l'une d'entre elles, ils seront soumis pendant deux mois aux peines que, selon la règle et les statuts, on a coutume de leur imposer pour des crimes ou des fautes graves, ce dont on ne pourra les dispenser sans une nécessité manifeste. »

3.
CONCILE DU LATRAN V,
session 10 du 4 mai 1515

Bulle *Regimini universalis Ecclesiae* « contre les exempts, dans laquelle sont contenues certaines dispositions concernant la liberté et la dignité épiscopales »,

Traduction française dans *Les Conciles œcuméniques*, tome II-1, *op. cit.*, p. 1285-1287 :

« [...] Et puisque l'ordre ecclésiastique est bouleversé lorsque chaque juridiction n'est pas respectée, par souci de favoriser, autant que Nous le pouvons selon Dieu, la juridiction des ordinaires, de mettre fin plus rapidement aux litiges et d'épargner aux parties en litige des frais et des dépenses immodérés, Nous statuons et ordonnons que toutes les causes, aussi bien spirituelles que civiles, mixtes ou concernant le for ecclésiastique de quelque façon, de même que les causes se rapportant aux bénéfices [...], soient exclusivement jugées et tranchées en première instance hors de la curie romaine, sur place, devant les ordinaires locaux, et qu'un appel, s'il a été interjeté, ne soit jamais admis, à moins qu'il ne s'agisse d'une sentence interlocutoire qui a force de sentence définitive, ou d'un dommage qui, sans rapport avec la cause principale, ne pourrait être réparé par l'appel de la sentence définitive ; ou à moins qu'une des parties, par crainte fondée de la puissance de son adversaire ou pour une cause probable et honnête au moins à demi démontrée autrement que par son propre serment, n'ose porter son litige devant l'ordinaire. En l'occurrence, ces causes, même celles qui sont objets d'appel, pourront, même en première instance, être portées, jugées et tranchées à ladite curie. Dans les autres cas, les appels, l'assignation de ces autres causes et tout ce qui survient par la suite seront sans force et sans portée. D'autre part, les juges et observateurs [*recte* : conservateurs] désignés par le Siège apostolique (*Iudices autem et conservatores a sede apostolica deputanti*), s'ils ne sont pas diplômés dans l'un des deux droits, sur demande des parties ou de l'une d'entre elles, sont tenus de prendre un assesseur non suspect aux yeux des parties et de juger selon son rapport [...] ».

4.
CONCILE DE TRENTE

Session 7, du 3 mars 1547, canon 14 [*In exemptorum causis*]

Traduction française dans J. ALBERIGO *et alii*, *Les Conciles œcuméniques*, tome II-2, *Les décrets. Trente à Vatican II*, Paris, Cerf, 1994, p. 1403 :

« Dans les cas des exempts, on gardera la constitution d'Innocent IV, intitulée *Volentes*, publiée au concile général de Lyon, que le saint concile a jugé à propos de renouveler et renouvelle. On ajoutera encore que, dans les causes civiles de salaires et de personnes misérables, les clercs séculiers ou les clercs réguliers vivant en dehors de leur monastère, exempts de quelque façon que ce soit, même s'ils ont un juge précis député apostolique, et, dans les autres causes, s'ils n'ont pas de juge, pourront comparaître devant l'Ordinaire du lieu, en tant que celui-ci est délégué pour cela par le Saint-Siège lui-même, et être contraints et obligés par les moyens du droit à payer leurs dettes. Les privilèges, exemptions, députations de conservateurs de biens [1] faisant opposition à ce qui vient d'être dit n'auront aucune valeur ».

Session 14, du 25 nov. 1551, *de reform.*, canon 5 [*Insuper, cum nonnulli*]

Traduction française dans *Les Conciles œcuméniques*, tome II-2, *op. cit.*, p. 1455 et 1457 :

« De plus, quelques-uns, sous prétexte qu'ils sont victimes de diverses injustices et tracasseries dans leurs biens, leurs affaires et leurs droits, obtiennent, par lettres conservatoires (*per literas conservatorias*), que soient nommés des juges déterminés (*iudices deputari*), pour les protéger et les défendre contre ces tracasseries et ces injustices et les maintenir, pour ainsi dire, dans la possession de leurs biens, affaires et droits, sans permettre qu'ils soient molestés à leur sujet. Ils détournent, la plupart du temps, le sens de ces lettres contre l'esprit de celui qui les accorde. C'est pourquoi, quelqu[e] clauses ou décrets que contiennent ces lettres, quelques juges qui y aient été députés, sous quelque prétexte ou couleur qu'elles aient été accordées, ces mêmes lettres conservatoires ne pourront garantir absolument personne, de quelque dignité ou condition qu'il soit, quand bien même ce serait un chapitre, de pouvoir être accusé et convoqué dans des causes criminelles et mixtes devant son évêque ou un autre supérieur ordinaire, et que l'on enquête et procède contre lui [...]. Dans les causes civiles où il sera demandeur, il ne lui sera absolument pas permis de traîner quelqu'un en jugement devant ses juges conservateurs (*conservatores iudices*). Si, dans les causes où il sera lui-même défendeur, il arrive que le conservateur choisi par lui soit déclaré suspect par le demandeur, ou que s'élève quelque controverse entre les juges eux-mêmes, le conservateur et l'Ordinaire, sur la compétence de juridiction, on n'avancera pas outre dans la cause jusqu'à ce qu'un jugement ait été rendu par des arbitres élus en forme de droit sur la suspicion ou sur la compétence [...]. Pour ses familiers, qui ont l'habitude de s'abriter derrière de telles lettres conservatoires, celles-ci ne serviront de rien, sauf seulement pour deux, à condition pourtant qu'ils vivent à ses frais à lui. Personne non plus ne pourra jouir du bénéfice de semblables

1. Le traducteur français a ajouté incorrectement « de biens » alors que ce n'est pas dans le texte latin qui dit seulement : *Privilegiis, exemptionibus, conservatorum deputationibus et eorum inhibitionibus adversus praemissa nequaquam valituris* – signe que les juges conservateurs apostoliques sont mal connus des historiens français, *salva reverentia*.

lettres au-delà de cinq ans. Il ne sera pas permis aux juges conservateurs d'avoir aucun tribunal érigé en forme.

Dans les causes concernant des personnes salariées ou misérables (*mercedum aut miserabilium personarum*), le décret du saint concile sur ce sujet [cf. sess. VII c. 14 *de ref.*] demeurera dans sa force. Quant aux universités générales, aux collèges des docteurs ou des écoliers, aux lieux réguliers et aux hôpitaux exerçant effectivement l'hospitalité, ainsi que les personnes des mêmes universités, collèges, lieux et hôpitaux, ils ne sont pas et il est entendu qu'ils ne sont absolument pas compris dans le présent canon, mais exempts ».

Session 21, du 16 juillet 1562, *de reform.*, canon 8 [*Quaecumque in dioecesi*]

Traduction française dans *Les Conciles œcuméniques*, tome II-2, *op. cit.*, p. 1487 :

« Il est équitable que tout ce qui, dans un diocèse, concerne le culte de Dieu, soit l'objet d'un soin attentif de la part de l'Ordinaire et qu'il y pourvoie, là où il le faut. C'est pourquoi les monastères en commende, même les abbayes, prieurés et prévôtés dans lesquels l'observance régulière n'est pas en vigueur, et aussi les bénéfices, tant cures que non-cures, séculiers et réguliers, de quelque manière qu'ils soient en commende, même les exempts, seront visités tous les ans par les évêques, même en tant que délégués du Siège apostolique. Ces mêmes évêques feront en sorte, par les moyens adaptés, même par le séquestre des fruits, que soit réparé ou restauré ce qui en a besoin, et qu'on se consacre comme il faut au soin des âmes, si ces lieux ou leurs annexes en ont la charge, et aux autres obligations qui sont dues, nonobstant tous les appels, privilèges, coutumes même prescrites de temps immémorial, lettres conservatoires, députations de juges et leurs défenses. Et si l'observance régulière est en vigueur dans ces lieux, les évêques, par leurs paternelles admonitions, veilleront à ce que les supérieurs des réguliers observent et fassent observer la règle de vie conforme à leurs constitutions de réguliers, à ce qu'ils maintiennent ceux qui leur sont soumis dans leur devoir et les gouvernent. Si, une fois avertis, les supérieurs ne visitent pas ou ne corrigent pas leurs sujets dans les six mois, ces mêmes évêques pourront alors, même en tant que délégués du Siège apostolique, les visiter et les corriger, comme le pourraient les supérieurs eux-mêmes, conformément à leurs constitutions, sans tenir aucun compte de tous les appels, privilèges et exemptions, et nonobstant ceux-ci ».

Session 24, du 11 novembre 1563, *de reform.*, canon 20 [*Causae omnes*]

Traduction française dans *Les Conciles œcuméniques*, tome II-2, *op. cit.*, p. 1569 et 1571 :

« Toutes les causes relevant de quelque manière que ce soit de la juridiction ecclésiastique, même si elles sont bénéficiales, ne seront portées en première instance que devant les Ordinaires des lieux et seront entièrement achevées, dans un délai maximal de deux ans à compter du jour où le procès a été intenté. Autrement, ce délai passé, les parties ou l'une d'entre elles seront libres de recourir à des juges supérieurs, mais compétents [...]. Mais, avant ce délai, ces causes ne seront pas confiées ni évoquées à d'autres, et les appels qui pourraient être interjetés ne seront reçus par aucun supérieur ; il n'y aurait pas de confrontation ou de rejet, si ce n'est après une sentence définitive ou ayant force définitive, dont le grief même ne pourrait être réparé par un appel. On fera exception pour les causes qui, selon les sanctions canoniques, doivent être traitées auprès du Siège apostolique, ou celles que, pour un motif urgent et spécial, le souverain pontife romain, par un rescrit spécial [...], jugera bon de confier et d'évoquer à la Curie. En outre, les causes matrimoniales et criminelles ne seront pas laissées au jugement du doyen, de l'archidiacre, ni des autres inférieurs, même lors d'une visite canonique ; elles ne seront laissées qu'à l'examen et à la juridiction de l'évêque [...]. Si l'une des parties fait, devant l'évêque, la preuve authentique de sa pauvreté, on ne la contraindra pas à plaider hors de la Province ni en deuxième ni en troisième instance dans une cause matrimoniale, à moins que l'autre partie ne veuille subvenir aux diverses dépenses du procès. Les légats, même *a latere*, les nonces, les gouverneurs ecclésiastiques ou autres, en vertu de quelques facultés que ce soient, non seulement n'entreprendront pas de faire obstacle aux évêques dans les causes susdites ni de prévenir ou de troubler leur juridiction d'une manière ou d'une autre ; mais ils ne procéderont pas non plus contre des clercs ou contre d'autres personnes ecclésiastiques, sauf si l'évêque requis de procéder auparavant ne se montre négligent. Autrement, procédures et ordonnances n'auront aucun poids et ils seront tenus de satisfaire à tous préjudices portés aux deux parties [...] ».

5.
CLÉMENT VIII, CONSTITUTION *SANCTISSIMUS*, du 19 mars 1592

Dans *Bullarum diplomatum et privilegiorum Sanctorum Romanorum Pontificum*, Taurinensis Editio, Locupletior Facta, Collectione Novissima Plurium Brevium, Epistolarum, Decrectorum Actorumque S. Sedis A S. Leone Magno usque ad praesens, Cura et Studio Collegii Adlecti Romae Virorum S. Theologiae et S. Canonum Peritorum, Quam SS. D. N. Pius Papa IX Apostolica Benedictione Erexit. Tomus IX, *A Sisto Papa V (an MDLXXXVIII) ad Clementem VIII (an. MDXCII)*, Augustae Taurinorum [Turin], Sebastiano Franco et filiis editoribus, MDCCCLXV [1865].

V.

Declaratio quoad electionem et qualitates iudicum conservatorum, ad instantiam quorumcumque Ordinum, universitatum, collegiorum et locorum piorum a Sede Apostolica concessorum et concedendorum.

Clemens Papa VIII.

[Causa huius constitutionis]

Sanctissimus in Christo pater et dominus noster dominus Clemens, divina providentia Papa VIII, ne ob malitiosam petentium suggestionem, et ex eo quod ob locorum distantiam, personarum, quibus causae mandantur, certa notitia haud ita facile haberi potest, per iudices aliquos minus interdum idoneos, in conservatores deputatos causas ipsas cognosci contingat, cupiens salubriter providere :

[Revocatio quarumcumque deputationum iudicum conservatorum a Sede Apostolica concessarum non habentium qualitates requisitas in cap. I *De rescript.* in VI]

§ 1. Revocavit ac declaravit nullas, invalidas et subreptitias omnes et quascumque iudicum deputationes in litteris conservatoriis, iuxta formam in quinterno Cancellariae descriptam, seu alias quomodolibet expeditis hactenus per Sedem Apostolicam perpetuo vel ad tempus nondum elapsum, concessas et directas iis conservatoribus et iudicibus, qui qualitates non habent requisitas et descriptas in constitutione felicis recordationis Bonifacii Papae VIII, praedecessoris sui, quae incipit : *Statutum*.

[Et non electorum in provincialibus concilis iuxta formam Conc. Trid.]

§ 2. Quique etiam in conciliis provincialibus aut dioecesanis, iuxta decretum Concilii Tridentini, electi et designati non sunt ad instantiam quorumcumque conventuum, capitulorum, militiarum, universitatum, collegiorum, Ordinum, ac in favorem quorumvis monasteriorum, hospitalium et aliorum quorumvis piorum, tam saecularium quam cuiusvis Ordinis aut instituti regularium, locorum, quantumvis exemptorum, obtentas, cum quibusvis praeservativis, restitutivis, mentis attestativis, derogatoriarum derogatoriis, efficacioribus et insolitis clasulis et decretis, quorum omnium tenores Sanctitas Sua haberi voluit pro expressis.

[Excipiuntur causae iam definitae, vel incaeptae.]

§ 3. Non tamen quoad negotia iam coepta, vel quoad ea, in quibus illae suum sortitae sunt effectum, seu exequutionem habuerunt.

[Litterae imposterum expediendae iusta formam Constit. Bonifacil VIII.]

§ 4. Ac etiam insuper voluit et ordinavit quod omnes deinceps litterae conservatoriae huiusmodi per Sedem Apostolicam concedendae, ad conservatores et iudices dumtaxat dirigantur, qui qualitates, iuxta dicti Bonifacii constitutionem, habeant, quique in praefatis conciliis electi et designati sint, et non aliis ; aliter vero expeditae litterae praefatae nullius sint roboris vel momenti.

[Decretum irritans.]

§ 5. Decernens, *etc.*

Placet, publicetur, et describatur. Hi.

[Publicatio.]

Lecta et publicata fuit supradicta revocatio Romae in Cancellaria Apostolica, anno Incarnationis Dominicae MC[D]XCII, die vero XIX martii, pontificatus Sanctissimi Domini nostri Papae anno primo.

Claudius Ciccolimus, *cursor*.

Dat. die 19 martii 1592, pontif. an. I.

Traduction[2] *:*

Déclaration quant à l'élection et aux qualités des juges conservateurs, concédés et devant être concédés par le Saint Siège à la

2. N.d.T. (Gw. Hervet) : je remercie M. Christophe Guignard, professeur en littérature chrétienne ancienne et de latin supérieur à la Faculté de théologie catholique de l'Université de Strasbourg, de m'avoir aidée pour certains passages difficiles de cette constitution *Sanctissimus* et des deux suivantes : *Sanctissimus* (Grégoire XV) et *Cum omnium* (Clément XIII).

demande de tous Ordinaires, universités, collèges et établissements pieux.

Pape Clément VIII.

[Raison de cette institution.][3]

Notre seigneur, très saint père en Christ et maître, par la providence divine, Pape Clément VIII, désirant veiller salutairement à ce qu'il n'arrive pas que ces causes soient connues par certains juges parfois peu convenables, députés comme conservateurs, sur une suggestion retorse des demandeurs – et cela parce qu'à cause de la distance géographique, il n'est pas si facile d'avoir connaissance de personnes à qui confier les causes –, [Notre saint père, donc] désirant [y] pourvoir salutairement :

[Révocation de toutes les députations concédées par le Siège Apostolique aux juges conservateurs qui n'ont pas les qualités requises au chap. I *De rescript.* du *Sexte.*]

§ 1. Révoqua et déclara nulles, invalides et subreptices toutes et chaque députation de juges par lettres conservatoires, selon la forme décrite au cahier de la Chancellerie, ou autrement préparées, concédées et adressés d'une quelconque façon jusqu'ici par le Siège Apostolique perpétuellement ou pour un temps non encore écoulé, à ces conservateurs et juges, qui n'ont pas les qualités requises et décrites dans la constitution du Pape Boniface VIII, d'heureuse mémoire, son prédécesseur, qui commence par : *Statutum.*

[... et celles (les députations) de ceux qui ne sont pas élus dans les conciles provinciaux, selon la norme du Conc. de Trente.]

§ 2. Celles aussi obtenues par ceux qui selon le décret du Concile de Trente, ne sont pas choisis et désignés dans les conciles provinciaux ou diocésains, à la demande de quelque Ordre religieux, de chanoines, de militaires, d'universités, collèges, et en faveur de toutes sortes de monastères, hôpitaux et autres établissements pieux, tant séculiers que de quelque Ordre ou institut de réguliers, d'établissements, y compris exempts, avec toute sorte de clausules ou décrets précédemment observés, avec force restitutive, confirmative, dérogeant aux dérogations, plus efficaces et inhabituels, dont Sa Sainteté voulut qu'ils fussent établis en teneur en leur faveur.

[Sont exceptées les causes déjà définies ou commencées.]

§ 3. Non cependant quant aux affaires déjà commencées ou quant à celles fixées qui ont eu leur résultat ou leur exécution.

---

3. Nous reportons ici les rubriques marginales figurant dans le bullaire.

[Les lettres seront désormais expédiées selon la norme de constitution de Boniface VIII.]

§ 4. Et également, de plus, il voulut et ordonna que par la suite toutes les lettres conservatoires devant être concédées par le Siège Apostolique, soient destinées seulement à des conservateurs et juges qui aient les sortes de qualités dont il est question dans la constitution dudit Boniface, et qui sont choisis et désignés dans lesdits conciles, et pas aux autres ; autrement que lesdites lettres concédées soient nulles en force et en importance.

[Clausule irritante.]

§ 5. Nous décidons, *etc.*

Qu'il plaise de publier et copier

[approbation du pape : paraphé « Hi » (Clément VIII = Hippolyte Aldobrandini)]

[Publication.]

La susdite révocation fut lue et publiée à Rome à la Chancellerie Apostolique, l'année de l'Incarnation du Seigneur 1592, le 19 mars, la première année du pontificat de notre Très Saint Seigneur Pape.

Claudio Ciccolimo, *huissier*.

Donné le 19 mars 1592, an I du Pontificat.

6.
GRÉGOIRE XV, CONSTITUTION *SANCTISSIMUS*, du 20 septembre 1621

Dans *Bullarum diplomatum et privilegiorum Sanctorum Romanorum Pontificum*, Taurinensis Editio, Locupletior Facta, Collectione Novissima Plurium Brevium, Epistolarum, Decretorum Actorumque S. Sedis A S. Leone Magno usque ad praesens, Cura et studio Collegii Adlecti Romae Virorum S. Theologiae et Ss. Canonum Peritorum, Quam SS. D. N. Pius Papa IX Apostolica Benedictione Erexit. Tomus XII, *A Paulo V (ab. an. MDCXI) ad Gregorium XV (MDCXXIII)*. Augustae Taurinorum [Turin], A. Vecco et sociis Editoribus... MDCCCLXVII [1867].

Revocatio quarumcumque electionum iudicum conservatorum hactenus factarum, et nova de eis eorumque electionibus in posterum faciendis dispositio[4].

Sanctissimus in Christo pater et dominus noster D. Gregorius divinâ providentia Papa XV, ex certis rationalibus causis animum suum moventibus, et de voto venerabilium fratrum suorum S. R. E. cardinalium Concilii Tridentini interpretum, partim felicis recordationis Clementis Papae VIII praedecessoris sui vestigiis inhaerendo,

[Pontifex revocat omnes et quascumque electiones conservatorum hactenus factas.]

§ 1. Revocavit, ac nullas et invalidas decrevit, omnes et quascumque iudicum conservatorum electiones, nominationes seu deputationes, tam in vim litterarum conservatoriarium iuxta formam in quinterno cancellariae descriptam, quam in vim quorumcumque privilegiorum perpetuo, vel ad tempus nondum elapsum, apostolicâ auctoritate concessorum, seu aliàs quocumque iure vel titulo hactenus factas, pro quibuscumque conventibus, capitulis, militiis, etiam sancti Ioannis Hierosolymitani, congregationibus, collegiis, ordinibus, monasteriis, hospitalibus, aut aliis quibusvis piis, tam secularibus quam cuiusvis Ordinis, etiam Mendicantium, seu instituti vel societatis regularibus, locis quantumvis exemptis, etiam de necessitate exprimendis, seu illorum personis, cuiusvis qualitatis seu conditionis existant.

[Statuit huiusmodi electiones de cetero fieri ut hic.]

§ 2. In futurum vero Sanctitas sua hac generali et perpetuo valiturâ constitutione statuit et decrevit, ut iudices conservatores huiusmodi, sive principales sive subrogati, eligi, nominari aut deputari non possint, nisi, non solum habeant qualitates requisitas et descriptas in constitutione similis recordationis Bonifacii Papae VIII etiam praedecessoris sui, quae incipit *Statutum*, ita ut vel dignitate ecclesiasticâ praediti, vel personatum obtinentes, vel ecclesiarum cathedralium canonici existant, sed etiam in conciliis provincialibus aut dioecesanis, iuxta decretum concilii praedicti, iudices electi seu designati sint.

[Ac conservatores aliter eligi vetat.]

§ 3. Quodque deinceps litterae conservatoriae, per Sedem Apostolicam concedendae, infrascriptis tantum dirigantur, et si quae

4. De hac materia vide dispositionem Bonifacii VIII in cap. XI *De rescript.* num. 6, et etiam cap. I et XV *De offic. deleg.* num. 6 ; necnon Concil. Trid. sess. XIV, cap. V *De ref.*, et Leonis X Constit. XXIV, tom. V, pag. 685, et Clem. VIII Const. V, tom. IX, pag. 524.

litterae aliter expedientur, illae, ac deputationes huiusmodi, omniaque exinde sequenda, nullius sint roboris vel momenti.

[Eligentibusque poenas infligit.]

§ 4. Et nihilominus qui secus, quam iuxta formam superius praescriptam, conservatores huiusmodi cum effectu eligere, nominare, seu deputare, aut electis, nominatis, seu deputatis uti ausi fuerint, regulares quidem voce activâ et passivâ sint ipso iure privati, adeo ut habilitationem a nemine, praeterquam a Romano Pontifice, consequi valeant ; reliqui vero aliis poenis arbitrio Sanctitatis suae coërceantur, et praedictorum omnium conventus, monasteria, ac loca huiusmodi, eorumque personae se bona, careant conservatore ad annum, ita ut illorum causae interea coram locorum Ordinariis dumtaxat cognosci ac diffiniri debeant.

[Personas eligibiles in conservatores in synodis provincialibus ab Ordinariis certo modo designari decernit.]

§ 5. Ceterum, ut latius pateat conservatorum huiusmodi deligendorum facultas, Sanctitas sua admonitos voluit omnes locorum Ordinarios, ut in synodis provincialibus aut dioecesanis quamplures personas, ex habentibus qualitates in praedictâ constitutione eiusdem Bonifacii praedecessoris contentas et alioquin ad id aptas, designari procurent, et si aliquem interim ex designatis mori contigerit, substituat Ordinarius loci cum consilio capituli alium in eius locum usque ad futuram provincialem aut dioecesanam synodum.

[Tempus ad eligere huiusmodi modi conservatores praefinit.]

§ 6. Insuper Sanctitas sua, inhaerendo hac in parte decreto similis recordationis Gregorii Papae XIII, etiam praedecessoris sui, statuit et ordinavit, ut regulares ac personae huiusmodi, in Italia infra duos, extra Italiam vero infra sex menses a die publicationis in Urbe praesentis constitutionis inchoandos, debeant sibi eligere seu assumere conservatores, iuxta formam superius propositam.

[Electionesque factas in actis curiae Ordinariorum exhiberi mandat.]

§ 7. Eiusque electionis seu assumptionis documentum infra tempus huiusmodi penes acta curiae Ordinariorum exhibere et dimittere teneantur, alioquin, eo termino elapso, quamdiu conservatores secundum formam praesentis constitutionis non elegerint, coram eisdem Ordinariis conveniantur.

[Nec non electos infra quinquennium mutari prohibet.]

§ 8. Quodque conservatores huiusmodi semel legitime deputati, nisi ex legitima causa, a Sede Apostolicâ aut locorum Ordinariis, prout iisdem regularibus et aliis supradictis libuerit, approbandâ, durante quinquennio a die deputationis amoveri aut mutari nullatenus possint aut valeant.

[Conservatorum iurisdictionem declarat.]

§ 9. Ad haec statuit Sanctitas sua, ut coram ipsis conservatoribus regulares ac personae suprascriptae conveniri quidem, aut trahi debeant, sed alios convenire, aut trahere non possint ; ita ut memorati conservatores in causis, in quibus regulares et alii actores fuerint, nullam prorsus iurisdictionem habeant, sed in iis tantum, in quibus rei exiterint, neque extra civitates, seu dioeceses, in quibus fuerint deputati, contra quoscumque procedere praesumant.

[Controversias inter conservatores et Ordinarios per arbitros decidi iubet.]

§ 10. Si qua[e] vero inter iudices conservatores huiusmodi et locorum Ordinarios controversia super competentiâ iurisdictionis orta fuerit, nequaquam in causâ procedatur, donec per arbitros in formâ iuris electos super iurisdictionis competentiâ fuerit iudicatum.

[Conservatorum et litigantium suos limites excedentium iuxta Bonifacii VIII Constitutionem poenas declarat.]

§ 11. Quod si qui conservatores, sive in hac parte sive aliàs quomodolibet, suos limites excesserint, per annum ab officio conservatoris huiusmodi suspensi sint, et pars, quae hoc fieri procuraverit, sententiam excommunicationis incurrat, iuxta formam alterius Constitutionis eiusdem Bonifacii praedecessoris, quae incipit *Hac constitutione*, quam Sanctitas sua in omnibus, quae praesenti constitutioni non adversantur, innovavit et innovat.

[Iudices non suspecti, quando a principibus peti possint explicat.]

§ 12. Per hoc tamen non intendit Sanctitas sua prohibere, quominus regulares et alii supradicti in casibus a iure permissis petant iudicem non suspectum a principibus seu magistratibus secularibus ; dum tamen haec tria copulative concurrant, videlicet, ut regulares et alii praedicti sint actores, non autem rei, utque agant contra laicum, non autem contra ecclesiasticum vel aliàs a iurisdictione seculari exemptum, atque ut causa, in qua judex deputatur, fuerit profana, non autem ecclesiastica, et in eâ iuxta sacrorum canonum dispositionem laicus, ut praefertur eligendus, iudex competens existat.

[Observantiam praemissorum praecipit cum decreto irrritanti.]

§ 13. Quae omnia et singula in praesenti constitutione contenta Sanctitas sua voluit inviolabiliter observari, decernens sic in iis ceterisque omnibus praemissis per quoscumque, etc., etiam sacri palatii apostolici auditores, nec non S. R. E. cardinales (sublatâ, etc.) indicari, etc., nec non irritum et inane, etc.

[Contrariis quibuscumque plenissime derogat.]

§ 14. Non obstantibus constitutionibus et ordinationibus apostolicis, ac litteris conservatoriis, quas omnes ad formam praesentis constitutionis reduxit, in favorem quorumcumque Ordinum, tam Mendicantium quam non Mendicantium, militiarum, etiam sancti loannis Hierosolimitani, congregationum, societatum, aut cuiusvis alterius instituti etiam necessario exprimendi, collegiorum, capitulorum, ecclesiarum, monasteriorum, ac piorum quorumcumque, tam secularium quam regularium, locorum, necnon illorum (etiam iuramento, confirmatione apostolicâ, vel quavis firmitate aliâ roboratis) statutis et consuetudinibus, etiam immemorabilibus, privilegiis quoque, etiam ex causâ et titulo oneroso, indultis et litteris apostolicis, etiam marimagno, seu bullâ aureâ, aut alias nuncupatis, sub quibuscumque tenoribus et formis, ac cum quibusvis etiam derogatoriarum derogatoriis, aliisque efficacioribus et insolitis clausulis, necnon irritantibus, etiam motu proprio, et ex certâ scientiâ, ac de apostolicae potestatis plenitudine, aut aliàs quomodolibet, etiam per viam communicationis seu extensionis concessis, et iteratis vicibus approbatis et innovatis (etiamsi pro illorum sufficienti derogatione de illis, eorumque tenoribus et formis specialis et individua, ac de verbo ad verbum, non autem per clausulas generales idem importantes, mentio seu quaevis alia expressio habenda, aut aliqua alia exquisita forma servanda esset, tenores huiusmodi, ac si de verbo ad verbum nihil penitus omisso, et formâ in illis traditâ et observatâ, inserti forent, praesentibus pro expressis habens), quibus, quoad ea quae praesentibus adversantur, illis aliàs in suo robore permansuris, hac vice dumtaxat specialiter et expresse derogavit, ceterisque contrariis quibuscumque.

[Hanc legem in locis solitis et in cancellaria publicari et in illius quinterno describi mandat.]

§ 15. Ceterum, ut praesens constitutio facilius omnibus innotescat, Sanctitas sua voluit et mandavit, ut non solum in cancellariâ apostolicâ, sed etiam ad valvas basilicae Principis apostolorum de Urbe, et in acie campi Florae publicetur, illiusque exempla in iisdem locis affixa dimittantur, ac in quinterno cancellariae inter constitutiones perpetuas describatur et adnotetur.

[Papae suscriptio.]

Placet publicetur et describatur A.

[Publicatio in cancellaria die XX septembris MDCXXI.]

Lecta et publicata fuit supradicta constitutio in cancellariâ apostolicâ ab altero ex reverendis PP. DD. maioris praesidentiae abbreviatoribus, die XX mensis septembris, anno Incarnationis

Dominicae MDCXXI, *pontificatus vero praelibati Sanctissimi Domini Nostri D. Gregorii Papae XV anno I.*

[Descriptio in illius quinterno.]

Et postmodum die et anno supradictis in quinterno eiusdem cancellariae inter alias constitutiones apostolicas descripta et adnotata fuit.

NICOLAUS URSINUS Procustos.

[Publicatio in Urbe die XX septembris MDCXXI Pontificatus anno I.]

In Dei nomine Amen. Anno a Nativitate Domini nostri Iesu Christi MDCXXI, *indictione quarta, die vero* XX *septembris, pontificatus sanctissimi in Christo patris et domini nostri Gregorii divinâ providentiâ Papae XV, Pontificatus sui anno I, retroscripta constitutio apostolica affixa ac publicata fuit in valvis basilicae Principis apostolorum de Urbe, et in acie campi Florae per me Augustinum Braccherium apostolicum cursorem.*

OCTAVIUS SPADA Magister Cursorum.

Sequitur quoddam dubium super istâ Constitutione exortum, cum suâ declaratione.

[Dubium.]

In Constitutione de conservatoribus editâ a sacrae memoriae Gregorio XV, ex sententiâ sacrae Congregationis Concilii, inter cetera statutum est, ut coram conservatoribus regulares conveniri quidem, aut trahi debeant, sed alios convenire aut trahere non possint, ita ut memorati conservatores in causis, in quibus regulares et alii actores fuerint, nullam prorsus iurisdictionem habeant, sed in iis tantum, in quibus rei extiterint.

Dubitatur nunc, an per haec verba sublata sit facultas, quam habent conservatores, defendendi regulares, et alios a manifestis iniuriis et violentiis, quae illis de facto inferuntur, dum a suis possessionibus deiiciuntur, et propriis bonis uti ac frui impediuntur.

[Resolutio dicti dubii.]

Sacra congregatio cardinalium Concilii Tridentini interpretum censuit eiusmodi verbis minime sublatam fuisse facultatem quam habent conservatores defendendi regulares a manifestis iniuriis ac violentiis, dummodo observent formam praescriptam a constitutionibus Innocentii IV, et Bonifacii VIII relatis in cap. I, et in fin. *De offic. deleg.* in VI.

C. Card. DE TORRES.
PROSPER FAGNANUS S. Congr. Secr.

Traduction (G. H.) :

Révocation des élections de juges conservateurs réalisées jusqu'ici, et nouvelle disposition au sujet de leurs élections à l'avenir[5].

Notre très saint père et seigneur en Christ Seigneur Grégoire XV, pape par la providence divine, pour certaines raisons ayant fait impression sur son âme, et selon les souhaits de ses vénérables frères les cardinaux de la S.E.R. [Sainte Église Romaine] interprétant le Concile de Trente, en partie suivant les traces de son prédécesseur d'heureuse mémoire, le pape Clément VIII,

[Le Pontife révoque toutes et chaque élection de conservateurs faites jusque-là.]

§ 1. Révoqua, et décréta comme nulles et invalides, toutes et chacune des élections, nominations ou députations de juges conservateurs, tant par la force des lettres conservatoires selon la forme décrite au cahier de la chancellerie, que par la force de quelque privilège à perpétuité, ou pour un temps non encore écoulé, concédées par l'autorité apostolique, ou faites jusque-là autrement par quelque droit ou titre, pour tous et chaque couvents, ordres, militaires [chevaliers], également de Saint Jean de Jérusalem, congrégations, collèges, ordres, monastères, hôpitaux, ou autres [établissements] pieux, tant séculiers que de quelque Ordre que ce soit, également des Mendiants, ou instituts ou sociétés de réguliers, autant de lieux exempts, également devant en exprimer la nécessité, ou qu'il s'agisse de leurs membres [personnes], de quelque qualité ou condition qu'ils soient.

[Il établit que ce type d'élections sera fait à l'avenir comme suit.]

§ 2. Sa Sainteté établit et décréta par cette constitution valant pour tous et à perpétuité, dans le futur, que cette sorte de juges conservateurs, qu'ils soient principaux ou subrogés, ne pourraient pas être élus, nommés ou députés, à moins que, non seulement ils aient les qualités requises et décrites dans la constitution de semblable mémoire du Pape Boniface VIII également son prédécesseur, qui commence par *Statutum*, à savoir qu'ils soient titulaires d'une dignité ecclésiastique, ou qu'ils obtiennent un personnat, ou appartiennent à un chapitre des églises cathédrales, mais aussi qu'ils soient juges élus ou désignés dans les conciles provinciaux ou diocésains, selon le décret du concile précité.

---

5. À ce sujet, voir la disposition de Boniface VIII au chap. 11 *De rescrip.*, num. 6, et aussi aux chap. 1 et 15 *De offic. deleg.* num. 6 ; également Concile de Trente, session 14, chap. V, *De réf.*, et Léon X, Constitution 24, tome 5, p. 685, et Clément VIII, Const. 5, tome 9, p. 524.

[Et il interdit les conservateurs autrement élus.]

§ 3. Et que désormais les lettres conservatoires, devant être concédées par le Siège Apostolique, soient établies uniquement comme ci-dessus, et si ces lettres étaient autrement préparées, que celles-ci, ainsi que les députations ainsi concédées, et toutes celles qui suivraient, soient de force et d'importance nulles.

[Et il inflige des peines aux futurs électeurs et élus.]

§ 4. Et de la même façon, ceux qui, autrement que selon la forme décrite ci-dessus, avec un quelque résultat, auraient osé élire avec des effets juridiques, nommer ou députer des conservateurs, ou une fois élus, nommés ou députés les utiliser comme tels ; que, s'ils sont réguliers, ils soient privés de plein droit de voix active et passive, de sorte qu'ils ne pourront recevoir l'habilitation de personne d'autre que du Pontife romain ; que les autres soient punis d'autres peines au jugement de Sa Sainteté, et que les couvents, monastères, et lieux de cette sorte, de tous les prêcheurs, et leurs personnes et leurs biens, soient privés de conservateur pour un an, de sorte que leurs causes pendant ce temps soient seulement connues et définies par les Ordinaires des lieux.

[Il décide que les personnes éligibles comme conservateurs seront désignées d'une façon certaine dans les synodes provinciaux.]

§ 5. De plus, pour que la faculté d'élire des conservateurs apparaisse plus clairement, sa Sainteté voulut averti[r] tous les Ordinaires des lieux, pour qu'ils veillent à ce que soient désignées dans les synodes provinciaux ou diocésains, bon nombre de personnes, parmi celles ayant les qualités demandées dans la suscitée constitution de Boniface VIII et par ailleurs aptes à cela, et s'il arrivait que quelqu'un soit désigné d'une autre façon, l'Ordinaire du lieu avec le conseil du chapitre devra lui substituer quelqu'un d'autre à sa place jusqu'au prochain synode provincial ou diocésain.

[Il détermine par avance le délai pour élire les conservateurs de cette manière.]

§ 6. Par ailleurs, sa Sainteté, s'en tenant pour cette partie au décret de pareille mémoire du Pape Grégoire XIII, également son prédécesseur, décréta et ordonna, que les réguliers et les personnes de ce genre, en Italie sous deux mois, hors d'Italie sous six mois commençant à partir du jour de la publication de la présente constitution, devront se choisir ou prendre des conservateurs, selon la forme présentée.

[Il ordonne que les élections faites soient produites dans les actes de la curie des Ordinaires.]

§ 7. Et qu'il faut que l'acte de cette élection ou de ce choix soit produit et envoyé sous ce délai aux actes de la curie de l'Ordinaire, autrement, une fois le délai écoulé, aussi longtemps qu'on n'élira pas les conservateurs selon la forme de la présente constitution, on devra se présenter devant ce même Ordinaire du lieu.

[Et il interdit de remplacer les élus sous cinq ans.]

§ 8. Et que les conservateurs, une fois députés de cette manière, ne pourront être révoqués ou remplacés selon le bon plaisir de ces mêmes réguliers et autres susdits en aucun cas pendant cinq ans, si ce n'est pour une cause légitime devant être approuvée par le Siège Apostolique ou les Ordinaires des lieux.

[Il précise la juridiction des conservateurs.]

§ 9. Pour cela, Sa Sainteté a établi, que devant ces mêmes conservateurs, les réguliers et les personnes suscitées devront être présentés, ou traduits, mais ne pourront pas se présenter ou traduire les autres ; de sorte que les conservateurs en question, dans les causes dans lesquelles se trouveraient des réguliers et d'autres acteurs, n'auraient absolument aucune juridiction, mais seulement dans celles dans lesquelles ils seraient accusés, et qu'ils ne pourraient pas procéder contre qui que ce soit en-dehors des villes ou diocèses dans lesquels ils auraient été députés.

[Il ordonne que les controverses entre les conservateurs et les Ordinaires soient tranchées par des arbitres.]

§ 10. Si de telles controverses étaient soulevées entre des juges conservateurs et les Ordinaires des lieux au sujet de la compétence de juridiction, on ne peut procéder en aucun cas dans la cause, jusqu'à ce que la compétence sur la juridiction soit jugée par des arbitres élus selon la forme du droit.

[Il déclare les peines contre les conservateurs et les plaignants excédant leurs limites, selon la Constitution de Boniface VIII.]

§ 11. Que si des conservateurs, soit sur ce point soit sur un autre, excédaient leurs limites, ils seront suspendus pour un an de leur office de conservateurs, et la partie, qui aura fait en sorte que cela arrive, encourra une sentence d'excommunication, selon la forme de l'autre Constitution du même Boniface son prédécesseur, qui commence par *Hac constitutione*, que Sa Sainteté, dans toutes les choses qui ne sont pas contre la présente constitution, a renouvelé et renouvelle.

[Il explique quand des juges non suspects peuvent être demandés aux princes.]

§ 12. Par cela, cependant, Sa Sainteté n'entend pas interdire que les réguliers et les autres suscités dans les cas permis par le droit demandent un juge non suspect aux princes ou aux magistrats séculiers ; du moment cependant que ces trois choses suivantes soient réunies, à savoir, que les réguliers et les autres suscités soient acteurs, non accusés, et qu'ils agissent contre un laïc, non contre un ecclésiastique ou un autre exempt de la juridiction séculière, et que la cause dans laquelle le juge est député, soit profane, non ecclésiastique, et que dans celle-ci selon la disposition des saints canons, le laïc qui serait pressenti pour être choisi, soit un juge compétent.

[Il ordonne l'observance de ce qui précède avec un décret irritant.]

§ 13. Sa Sainteté voulut que ces choses contenues dans la présente constitution, en tout et en particulier, soient observées inviolablement, décrétant ainsi que tout ce qui s'y trouve ainsi que dans ce qui précède soit notifié à tout un chacun, etc., même les auditeurs du sacré palais apostolique, et les cardinaux de la Sainte Église Romaine (dérogeant, etc.), et que ce qui serait concédé autrement soit nul et invalide, etc.

[Il déroge pleinement à toutes choses contraires.]

§ 14. Nonobstant les constitutions et ordonnances apostoliques, et les lettres conservatoires, il ramena toutes choses à la forme de la présente constitution, en faveur de tous les Ordres, tant Mendiants que non Mendiants, militaires, même de Saint Jean de Jérusalem, congrégations, sociétés, ou de quelque autre institut qu'il faudra expressément indiquer, collèges, chapitres, églises, monastères, et tous établissements pieux, tant séculiers que réguliers, et dans leurs constitutions et coutumes (même confirmées par serment, confirmation apostolique ou par tout autre signature), y compris immémoriales, et par des privilèges, même pour une raison [légitime] et à titre de charge, par indults et lettres apostoliques, même par *Maremagnum* ou par la *Bulle d'or* [*bulla aurea*][6], ou d'autres appellations, sous quelque contenu ou

6. Bulles du pape Sixte IV, qui « approuva en 1484 la règle austère des Frères Minimes fondés par saint François de Paule, encouragea le développement des Frères de la vie commune, confirma l'Ordre des Augustins déchaussés, accorda aux Franciscains, par la Bulle *Mare magnum* et par la *Bulle d'Or*, une extension considérable de leurs privilèges », Fernand MOURRET, *Histoire générale de l'Église*, t. 5, *La renaissance et la réforme*, Bloud et Gay, 1921 [cité dans http://mediterranee-antique.fr /Auteurs/Fichiers /MNO/Mourret/H_Eglise/T5/HE5_16.htm], p. 190 ; « La Bulle *Mare Magnum* de Sixte IV, qui leur donnait les pouvoirs ordinaires de prêcher, de confesser, d'enterrer les morts, sans recourir aux évêques, confirma tous ces usages. Elle devint la charte des Moines Mendiants. Les exagérations de quelques-uns de ceux-ci, qui se crurent les propres prêtres des fidèles, qui firent de leurs chapelles des paroisses, qui allèrent jusqu'à se prétendre supérieurs à tous les autres pasteurs des âmes, et surtout les rivalités qui s'élevèrent bientôt entre les divers Ordres Mendiants, devaient compromettre leur action apostolique. Mais cette action fut vraiment grande ; et c'est précisément par cette Bulle *Mare Magnum*, injustement blâmée comme excessive par

forme que ce soit, et même avec quelque force dérogatoire ou autres clausules de force plus efficace ou particulières, et invalidantes, même motu proprio, et de science certaine, et même de plein pouvoir apostolique, ou de tout autre sorte, ou concédées à d'autres occasions, de quelque manière que ce soit, même par voie de communication ou extension, et plusieurs fois répétées approuvées et renouvelées (même si pour une suffisante dérogation de celles-ci à ce sujet, et de leurs contenus et par une forme spéciale et singulière, et pour mot pour mot, non toutefois par clausules générales même importantes, il faut avoir une mention ou une autre expression, ou une autre forme choisie qui soit utilisée, même si des teneurs de cette sorte, et même si mot pour mot rien n'est omis, et par une forme transmise et observée dans celles-ci, étaient incluses, en faveur de ce qui est exprimé par la présente), en tant qu'elles s'opposeraient à la présente, celles-ci demeurant autrement dans leur force, cette fois seulement il dérogea spécialement et expressément, et à toutes les autres choses contraires.

[Il prescrit que cette loi soit publiée dans les lieux habituels et à la chancellerie et qu'elle soit copiée au cahier (de 5 feuilles) de celle-ci.]

§ 15. Par ailleurs, pour que la présente constitution soit faite connaître plus facilement à tous, Sa Sainteté voulut et prescrit qu'elle soit publiée non seulement à la chancellerie apostolique, mais aussi aux portes de la basilique du Prince des Apôtres de la Ville [*Urbs*, Rome], et à la vue de tous [*in acie*, trad. incertaine] du Champ de Flore, et que des exemplaires joints de celle-ci soient envoyés dans ces mêmes lieux, et que dans le cahier de 5 feuilles de la chancellerie elle soit copiée et enregistrée parmi les constitutions.

[Signature du Pape.]

Qu'il plaise d'être publié et copié. [Signé :] A[lessandro Ludovisi : Grégoire XV].

[Publication à la chancellerie le 20 septembre 1621.]

La constitution susdite fut lue et publiée à la chancellerie apostolique par l'un des deux révérends PP. Majeurs de la présidence pour les brefs, le 20 septembre, l'année de l'Incarnation du Seigneur 1621, année I du pontificat de Notre Très Saint Seigneur le Pape Grégoire XV ci-dessus évoqué.

---

quelques historiens, que Sixte IV a le plus efficacement travaillé à la réforme de l'Église. De tous ces Ordres religieux, favorisés et encouragés par lui, surgirent, avec un courage et une indépendance que ses marques de confiance avaient rendus plus assurés, les prédicateurs les plus ardents et les plus écoutés de la vraie réforme ». *Ibid.*, p. 192-193.

[Copie dans le cahier de celle-ci].

Et ensuite au jour et à l'année susdits dans le cahier de cette même chancellerie parmi les autres constitutions elle fut copiée et enregistrée.

Procustos[7] *NICCOLÒ ORSINI.*

[Publication en ville [à Rome] le 20 septembre 1621, année première du Pontificat.]

Au nom du Seigneur, Amen. L'année 1621 depuis la Nativité de Notre Seigneur Jésus Christ, 4e indiction[8], *le 20 septembre, du pontificat de notre très saint père et seigneur en Christ Grégoire XV, Pape par la providence divine, en sa première année, la constitution fut retranscrite, affichée et publiée aux portes de la basilique du Prince des apôtres de la Ville [Urbs, Rome], et sur la place du Champ de Flore, par moi, Augustino Braccheri, huissier* [cursor] *apostolique.*

OCTAVIO SPADA, Maître des huissiers.

Il s'ensuit un certain doute surgi au sujet de cette Constitution, avec sa déclaration.

[Doute.]

Dans la constitution au sujet des conservateurs publiée par Grégoire XV de sainte mémoire, par sentence de la sacrée Congrégation du Concile, il a été établi entre autres, que devant les conservateurs, les réguliers devaient se présenter ou être traduits, mais que les autres ne pourraient se présenter ou être traduits, de sorte que les conservateurs en question dans les causes où des réguliers et autres seraient acteurs, n'auraient aucune juridiction, mais seulement dans celles dans lesquelles ils seraient accusés.

Il semble donc douteux, que par ces mots soit donnée aux conservateurs la faculté de défendre les réguliers, et les autres, d'injustices et de violences manifestes, qui leur seraient de fait infligées, quand on les chasse de leurs possessions et qu'on les empêche de jouir du fruit de leurs propres biens.

[Résolution du doute ci-dessus.]

La Sacrée congrégation des cardinaux du Concile de Trente a décidé que par ces mots [de la constitution de Grégoire XV, cf. § 9] la faculté que les conservateurs ont de défendre les réguliers d'injustices et violences manifestes n'a pas été retirée, du moment qu'ils suivent la

---

7. Il faut sans doute comprendre un « pro-custode » en charge des archives.

8. 4e indiction : période de temps pour dater les bulles des papes. Cf. Albert BLAISE, *Dictionnaire latin-français des auteurs chrétiens*, dans Database of Latin Dictionaries, https://clt-brepolis-net.acces-distant.bnu.fr/dld/Dictionaries.

forme prescrite par les constitutions d'Innocent IV et Boniface VIII rapportées au chap. I et à la fin de *De offic. deleg.* dans le Sexte.

Cardinal [Cosimo] DE TORRES.
Prospero FAGNANI, Secrétaire de la S. Congrégation.

7.
CLÉMENT XIII, CONSTITUTION *CUM OMNIUM*, du 23 avril 1762

Dans *Bullarii Romani continuatio Summorum Pontificium Clementis XIII. Clementis XIV. Pii VI. Pii VII. Leonis XII. et Pii VIII. Consitutiones, literas in forma brevis, epistolas ad principes viros, et alios atque alloquutiones complectens quas collegit, Andreas advocatus Barberi curae Capitulii Collateralis Additis Summariis, Adnotationibus, Indicibus Opera, et Studio Comitis Alexandri Spetia I. C.*, Romae, ex typographia reverendae Camerae apostolicae, 1835, p. 237-240 :

Dat die 28 [23] Apr. 1762 Anno IV.

CCLXXVII.

Confirmatio literarum Bonifiacii VIII., Gregorii XV., et Innocenti X. circa Judices Conservatores, cum declaratione, quod Superiores Regularium temporarii, nullo casu deligi in Judices conservatores possint, quodque in Infidelium Regionibus nullo modo expediantur eligendi Judices Conservatores.

Clemens Episcopus Servus Servorum Dei
Ad perpetuam rei memoriam

[Summa sedulitate Romani Pontifices Missionibus prospexere ad Infidelium partes missas.]

§ 1. Cum omnium quidem Ecclesiarum, tum earum præsentim quæ in remotissimis regionibus sunt constitutæ, decet Apostolicam Sedem curam gerere. Fideles enim illic degentes, vel Ecclesiæ corpori recens inserti, vel undique Paganorum ritibus, et superstitionibus circumdati, nisi novarum plantarum instar foveantur, irrigentur, diligenterque custodiantur, periculum est ne paullatim arescant, in eisque fructum quem optat cælestis Paterfamilias, non adinveniat. Hinc Romani Pontifices prædecessores Nostri, quorum exemplum Nos quoque sequuti sumus, in easdem regiones seculares, et regulares Clericos bene multos qui in agro Dominico operarentur, mittendos curarunt. Sed infensissimus humani generis inimicus, qui inter frumentum zizania super seminare solet, discordiarum semina inter eorum aliquos spargere adeo consuevit, ut non raro sui muneris obliti, ac Apostolicæ legationis immemores, pro eo quod gentibus, et populis sedentibus in tenebris, et regione umbræ mortis, fidei lucem ingerere, et ad vetitatis agnitionem perducere curent, ipsi inter se levissimis de rebus maximas contentiones ineant, quod interdum eo usque protenditur, ut eodem temporis, ac loci vestigio, quo Evangelium salutis afferunt, et pacem Christianam annunciant, quam Christus discipulis suis velut unicum hæreditatem testamente reliquit, eas ipsi turbas excitant, ut qui eis adhærent pro partium studio, etiam ad arma concurrunt, ac manus inter se, non sine honorum omnium gemitu conferant. Id vero eo acerbius ferimus, quo eorum dissidia, Catholicæ Fidei propagationi, summo esse impedimento propemodum videmus, atque in messe multa, veros Operarios adhuc paucos dolemus.

[Recensentur nonullæ causæ dissidiorum.]

§ 2. Dissidiorum causa ejusmodi est, quod dum ex Regularibus nonnulli in vindicandis privilegiis toti occupantur, interim opus ministerii sui in consumationem Sanctorum, et in edificationem Corporis Christi negligentes interdum, quod ore docent, ac oculis adstruunt, factis negare, ac manu dextruere videantur.

[In Missionibus Tunkini abusus inoleverant quoad Judices Conservatores.]

§ 3. Nuper siquidem non sine intimo cordis Nostri dolore accepimus, in Regno Tunkini in Indiis Orientalibus, Regulares nonnullos, qui eodem ad Christi Religionem propagandam missi sunt, sub obtentu conservandorum privilegiorum, quæ Regularibus eisdem ab Apostolica Sede concessa fuerunt, Conservatores Judices ut vocant, præter ordinem, et contra Apostolicarum Constitutionum spiritum, ac mentem tales sibi delegisse, quos nec ipsa instituti sui ratio pateretur, quique eo temeritatis pervenerunt, ut in Apostolicos Nostros Vicarios ibidem degentes, quorum auctoritatem, ut Religiosos viros decet, revereri debuissent, maximo cum Christiani nominis apud Ethnicos ipsos dedecore, gravique cum perturbatione illarum Ecclesiarum, excomunicationis, et suspensionis, et interdicti sententiam ferre non dubitaverint.

[Ad tales removendos abusus Sacræ Congregationis Propagandæ Fidei provocatum fuit Judicium.]

§ 4. De quibus omnibus cum a Vicario Apostolico ad Nos essent delatæ quærelæ, requiem non habuit caro Nostra, sed videntes tumultum in Domo Dei, in qua ne contentiones quidem Apostolus patitur, pro summi Pontificatus officio, duximus tanto malo validioribus remediis quantocius occurrendum. Ut vero cautius in re tanti momenti procederemus, Congregationem particularem nonullorum S. R. E. Cardinalium, qui Negociis Propagandie Fidei præpositi sum, ad rem totam examinandam instituimus, qui quidem examen diligentes aggressi, primo Dubium illud = *An potuerit eligi in Conservatorem Superior Regularis temporarius* = pro rei gravitate minime censuere statim, ac protinus definiendum, sed reservato examine, ac decisione ejusmodi dubii, inter cætera pro re nata declararunt, inhærendo Constitutionibus Apostolicis, decretis alias æditis.

« 1. Quod denegata Regularibus, vel dilata facultas excipiendi confessiones, sufficiens causa non fuerit eligendi sibi Conservatorem.

« 2. Quod proinde qui illum ea de causa elegerint Conservatorem, in excomunicationem inciderint ad formam *Cap. final. de off. et potest. Jud. Deleg. in 6* speciatim confirmati in constit. Gregori XV, quæ incipit *Sanctissimus*.

« 3. Quod electus hujusmodi Conservator, sub pæna suspensionis a divinis, ipso facto incurrenda, a Conservatoris nomine, et officio omnino abstinere se debeat, nullis, ac nullius valoris declaratis omnibus huc usque ab eo actis, et deinceps forsan agendis.

« 4. Demum quod graviter moneantur Regulares omnes, ut imposterum, remotis partium studiis et proprii Ordinis comodis, ad animarum salutem unice invigilent, ne tandem Sedes Apostolica, tot Episcoporum querælis fatigata, privilegia olim Regularibus concessa pro incremento Missionum, quæque nunc ad earumdem perniciem tendere cernuntur, revocare cogatur. Atque ad hunc effectum, nequis esse posset ignorantiæ locus, hujusmodi decretorum, exemplar Superioribus Generalibus respective intimetur ; ut eorumdem observantiam, et exequutionem sollicite curent ».

[Non obstante Sacræ Congregationis Propaganda fide judicium, iisdem persistentibus abusibus, novum prodit [prodiit] prælaudatæ Congregationis decretum.]

§ 5. Quæ quidem omnia, quum esset a Nobis auctoritate Apostolica confirmata, hoc tamen temporis intervallo in regionibus adeo dissitis, discordiarum, ac scandalorum incendium nec extingui, nec temperari potuit, imo multo etiam magis acutum, et dilatatum est, adeo ut graves quærimoniæ, ad Nos usque pervenerint, negata etiam fuisse, in summo vitæ discrimine sacramenta nonnullis eorum, qui Judicis Conservatoris judicio, et censuris non obtemperassent. Quibus ex causis haud diutius differendam dubii huc usque suspensi decisionem rata dicta Congregatio, deductis hinc inde juribus, et re mature perpensa, ac præ oculis habitis Constitutionibus Apostolicis, tum et fere communi Juris Canonici peritorum consensu, ac præsertim resolutione Congregationis Episcoporum, et Regularium negociis præposite, que ab Archiepiscopo Turritano consulta = *An regulares unius Conventus, Monasterio, vel Domus aliquem Priorem, Guardianum, vel quemvis alium, quavis Regulari dignitate fulgentem, in suum Conservatorem eligere, vel deputare possint* = die 8. Oct. 1717 rescripsit : *Non posse* : his aliisque similibus Decretis inhærens die 8 Martii currentis Anni tandem in hanc modum propositum dubium resolvit « *Consulendum SSmo, ut dignetur declarare, Superiores regulares temporarios nullibi, et in nullo casu posse eligi in Conservatores ; in partibus autem Infidelium expedire ut Conservatores omnino non eligantur* ».

[Semper certus modus, certique fines electioni, et potestati Judicum Conservatorum a Sancta Sede præscripti.]

§ 6. Hoc Nobis relatum, exhibitumque Decretum jam satis agnovimus, quoad utramque partem Apostolicis Constitutionibus consentaneum, et congruum. Jamdudum enim prædecessores Nostri Bonifacius VIII in Constitutione, quæ incipit *Statum* [recte : *Statutum*], Gregorius XV. in Constitutione, quæ incipit *SSm̃us in Christo Pater*, et Innocentius X. in Literis in forma Brevis quæ incipiunt *Alias a Nobis* animadvertentes, Regulares, aliosque quibus ab Apostolica Sede generale, sive speciale privilegium concessum est, ut possint sibi Judices Conservatores eligere, sub hujusmodi privilegii prætextu, Episcoporum, aliorumque judicum Ordinariam, sive delegatam jurisdictionem perturbare, et electos Judices Conservatores suæ potestatis limites frequenter excedere ; optimo sane consilio, dum privilegia ista sarta, tecta esse voluerunt, certum tamen modum Judicum Conservatorum electioni, certosque fines eorumdem potestati imposuerunt ; pœnis etiam adversus transgressores constitutis.

[Pontifex approbat, ei confirmat præcædentes Apostolicos constitutiones quoad Judices conservatores.]

§ 7. Horum igitur Summorum Pontificium prædecessorum Nostrorum vestigiis inhærentes, de consilio Congregationis particularis supramemoratæ quod nonnullorum S. R. E. Cardinalium, qui Negociis Propagandæ Fidei præpositi sunt, videlicet Ven. Fratris Nostri Josephi S. R. E. Cardinalis Spinelli Episcopi Ostiensis, et S. Collegii Decano, ac dilectorum filiorum Nostrorum S. R. E. Cardinalium Stoppani, Galli, Antonelli, et Columnæ de Sciarra, motu proprio, et ex certa scientia, et matura Nostra deliberatione, Nos in primis, constitutiones easdem Bonifacii VIII. et Gregorii XV. necnon Apostolicas literas in forma brevis Innocentii X. quarum tenorem hic pro inserto volumus, cum singulis declarationibus, in iisdem contentis innovamus, et confirmamus, ac easdem Constitutiones, et Apostolicas Literas, plenum robur, et firmitatem habere volumus, et mandamus.

[Ne in Judices Conservatores eligantur Superiores temperanei, sed tantum personæ dignitatem vel personatum obtinentes.]

§ 8. Præterea quod, in iisdem constitutionibus cautum est, ut ii dumtaxat in Judices Conservatores eligi possint, qui dignitatem, aut personatum in Cathedrali, vel collegiata Ecclesia obtinent, Nos iisdem Constitutionibus inhærentes statuimus, et declaramus, non licere quibuscumque in locis, Regularibus cujuscumque Ordinis, Monasterii, vel Congregationis, mendicantibus, vel non mendicantibus, etiam Societatis Jesu, quantumvis exprimi, at speciatim nominari eos oporteat, cæterisque, quibus ab Apostolica sede concessum est, ut Judices Conservatores sibi deligere possint, vigore cujuscumque privilegii, cui, quatenus opus sit, expresse derogamus, Præpositos, Rectores Provinciales, Diffinitores, Custodes, Priores, Ræctores, Vicarios, Visitatores, aliosque quoscumque Superiores Regulares non perpetuos, sed temporarios proprii, vel ulterius Ordinis in Judices Conservatores eligere, quos hac in parte, et ad hunc effectum in Diguitate Ecclesiastica constitutos non esse, eorumdem electionem, etiamsi fiat, servata in reliquis forma Constitutionis Gregorii XV, ipso jure irritam prorsus fore declaramus.

[Regularibus in missionibus degentibus in partibus infidelium, interdicitur Judicum Conservatorum electio.]

§ 9. Tantem inhærentes etiam decretis in Congregatione Generali de Propaganda fide coram S. M. Urbano VIII. habita die III. Febr. anni MDCXL, et prospectis etiam periculis et scandalis, quæ ex electione Judicum Conservatorum, in partibus Infidelium plerumque in animarum perniciem, et publicæ tranquillitatis, atque Ecclesiasticæ pacis perturbationem, emergunt ; juxta decretum præfatæ Congregationis, auctoritate Apostolica denunciamus, Regulares mendicantes, et non mendicantes, Monachos, et Clericos Regulares, cujuscumque Congregationis, et Ordinis, etiam Societatis Jesu, aliosque quamvis expresse, et speciatim nominare eos oporteat, privilegia sibi concessa eligendi Judices Conservatores, quousque in partibus Infidelium degunt, ae sacras missiones exercent, nullo modo expedire *utantur* ; sed omnes et singulos in ostensionibus, et causis, quæ ipsorum Ordinis, et privilegia tangunt, ut ab Ecclesia Ecclesiarum omnium matre, et Magistra, cui nihil antiquius est, quum cuique sua jura servare, rectum judicium, et remedium præstolentur.

[Clausula sublata, et decretum irritans.]

§ 10. Decernentes præsentes nostras Literas, et in eis contenta quæcumque, licet Superiores quorumcumque ordinum etiam Generales, vel Priores itidem Generales, seu Missionum, aut Missionarii ipsi, vel ab eis deputati, aut alii quicumque in præmissis interesse habentes, vel habere prætendentes, ad hæc vocati, citati, vel auditi, sive causæ propter quas eædem præsentes emanarint, sufficienter adductæ, justificatæ, et verificatæ non fuerint, semper, et perpetuo validas, et efficaces existere, suosque plenarios, et integros effectus sortiri, et obtinere, ac ab omnibus inviolabiliter observari ; sicque et non alias pro quoscumque Judices Ordinarios, vel Delegatos, quavis auctoritate fungentes, et etiam S. R. E. Cardinales, etiam de Latere Legatos, dictæque Sedis Nuncios, et Vicarios Apostolicos, seu Visitatores, quibusvis facultatibus munitos, sublata eis, et eorum cuilibet quavis aliter judicandi, et interpetrandi facultate, et auctoritate, judicari, et definiri debere ; irritum quoque, et inane, si secus super his a quoquam, quavis auctoritate, scienter, vel ignoranter contigerit attentari.

[Derogatio contrariorum.]

§ 11. Non obstantibus Sixti V. favore Ordinum Mendicantium, et Pii V, ac Gregorii XIII. incipientibus *In Supereminenti* favore Clericorum Regularium Societatis Jesu extra Europam existentibus, ac quibusvis aliis Constitutionibus, et Ordinationibus Apostolicis, nec non Ordinum, et Institutorum quorumcumque, etiam juramento, confirmatione Apostolica, vel quavis firmitate alia roboratis, statutis, et consuetudinibus, privilegiis quoque, indultis, et literis Apostolicis, etiam Mare Magnum, vel alius [aliis] quomodolibet nuncupatis, eisdem Ordinibus, et Institutis, eorumque Superioribus, et Prælatis, ac personis etiam Missionariis in limine quoque, et actu primævæ illorum expeditionis, ac subinde, et successive, etiam per quoscumque Romanos Pontifices predecessores Nostros, ac Sedem Apostolicam prædictam, et per Nos pariter quomodolibet concessis, confirmatis, et iteratis vicibus approbatis, et innovatis ; quibus omnibus, quæ præsentibus quomodolibet obstare possunt etiam de illis, eorumque totis tenoribus, specifica, et expressa, ac individua, nec non de verbo ad verbum, non autem per clausulas generales idem importantes mentio, seu quævis alia expressio habenda, aut aliqua alia exquisita forma ad hoc servanda foret, eorumque tenores pro plene, et sufficienter præsentibus expressis, et totaliter insertis habentes, illis aliter in suo robore permansuris, hac vice dumtaxat specialiter, et expresse, amplissime, et plenissime, nec non opportune, et valide derogamus, et derogatum esse volumus, cæterisque contrariis quibuscumque.

[Forma statuitur, et immediatae exequutioni præsentes literæ ponantur.]

§ 12. Ut autem præsentes Nostræ literæ ad omnium notitiam deducantur, neque aliquis eorum ignorantiam prætendere, aut contra eas se excusare valeat, volumus, et mandamus, earum exemplar Superioribus Generalibus Ordinum, Congregationum, et Institutorum prædictorum, seu illorum Procuratoribus Generalibus in Urbe existentibus e quibus Missionarii quicumque extiterint, a dicta Congregatione de Propaganda Fide tradi debere. Quodque post traditionem hujusmodi omnes, et illos quos concernunt, et concernent in futurum perinde arctent, et afficiant, ac si eorum cuilibet personaliter intimatæ fuissent.

[Transumpterum fides.]

§ 13. Volumus etiam, quod earumdem præsentium transumptis, etiam impressis, manu alicujus Notarii Publici suscriptis, et sigillo dicti filii Moderni, et pro tempore existentis dictæ Congregationis a Secretis munitis, eadem prorsus fides in judicio, et extra ubique Gentium, et locorum adhibeatur, quæ iisdem præsentibus adhiberentur, si originaliter exhibitæ forent, et obstensæ.

[Sanatio poenalis.]

§ 14. Nulli ergo omnino hominum liceat hanc paginam Nostræ confirmationis, Mandati, Statuti, declarationis, decreti, derogationis, et voluntatis infringere, vel ei ausu temerario contraire, si quis autem hoc attentare præsumserit, Omnipotentis Dei, et Beatorum Apostolorum Petri, et Pauli indignationem se sciat incursurum. Datum Romæ apud S. Mariam Majorem Anno Incarnationis Dominicæ Millesimo septingentesimo sexagesimo secundo, Nono Kalendas Maii, Pontificatus Nostri Anno IV.

Traduction (G. H.) :

Donné le 28 [23] avril 1762 de la 4e année [du pontificat].

Confirmation des lettres de Boniface VIII, Grégoire XV, et Innocent X, concernant les Juges Conservateurs, avec la déclaration, que les Supérieurs temporaires des Réguliers, ne peuvent en aucun cas déléguer des juges conservateurs, et que dans les territoires des Infidèles, on ne doit en aucune manière choisir des Juges conservateurs.

Clément évêque, serviteur des serviteurs de Dieu. Ad perpetuam rei memoriam.

[Les Pontifes Romains veillent avec le plus grand empressement sur ceux qui sont envoyés aux Missions.]

§ 1. Il revient au Siège Apostolique d'avoir soin de toutes les Églises, y compris celles qui sont constituées dans les régions lointaines. Les fidèles habitant là, en effet, qu'ils soient récemment devenus membres du Corps du Christ, ou entourés partout de rites païens, et de superstitions, s'ils ne bénéficient pas à la place de nouvelles plantations, s'ils ne sont pas irrigués, si l'on ne veille pas diligemment sur eux, courent le risque de se dessécher peu à peu, et que le fruit qui a été semé en eux par le Père de famille céleste, ne vienne pas à maturité. C'est pourquoi les Pontifes Romains, nos prédécesseurs, dont nous suivons l'exemple, dans ces régions séculières, veillèrent à envoyer de nombreux Clercs réguliers pour travailler dans le champ du Seigneur. Mais le très cruel ennemi du genre humain, qui a coutume de semer l'ivraie parmi le blé, s'est employé à semer des germes de discordes entre quelques-uns d'entre eux, de sorte que, souvent oublieux de leurs devoirs et des légations apostoliques, en vertu desquels ils devraient veiller à conduire les nations et des peuples assis dans les ténèbres et dans la région de l'ombre de la mort, à les porter dans la lumière de la foi, et à la connaissance de la vérité, ils entrent entre eux dans des disputes au sujet de choses d'une très grande légèreté, qui se prolongent de manière incessante jusqu'à maintenant, alors que dans le même temps, et dans le lieu de leur passage, où ils apportent l'Évangile du salut, et annoncent la paix du Christ, [Évangile] que le Christ a laissé comme unique héritage en testament, les mêmes excitent les foules, pour qu'elles adhérent avec passion en faveur de leurs partis, et recourent même aux armes, et en viennent aux mains entre eux, non sans que s'en plaignent tous les gens de bien. Nous supportons très cruellement leurs divisions contre la propagation de la Foi Catholique, nous y voyons un grand empêchement à celle-ci, et nous souffrons d'avoir si peu de vrais Ouvriers dans une si grande moisson.

[Plusieurs causes de désordres sont signalées.]

§ 2. La cause de ces divisions est que quelques-uns des Réguliers, tout en s'occupant à revendiquer des privilèges, entre temps négligent l'œuvre de leurs ministères dans l'accroissement des saints et dans l'édification du Corps du Christ, qu'ils semblent enseigner par la bouche, et en apparence bâtir, alors qu'ils le nient dans les faits en le détruisant de leur main.

[Dans les missions du Tonkin, les abus impliquant des Juges Conservateurs se multiplient.]

§ 3. Récemment en effet, nous avons appris, non sans douleur dans l'intime de Notre Cœur, qu'au Royaume de Tonkin dans les Indes Orientales, quelques Réguliers, qui furent envoyés pour propager la religion chrétienne, sous le prétexte de conserver des privilèges, lesquels avaient été concédés par le Siège Apostolique pour les Réguliers en question, se sont délégué à eux-mêmes, contre leur Ordre, et contre l'esprit et la pensée des Constitutions Apostoliques, des Juges Conservateurs comme ils les appellent, dont on ne voit pas la raison de l'institution, et qui parvinrent à cela par leur témérité, de sorte que dans Nos Vicairies Apostoliques où ils demeurent, alors que leur autorité aurait dû être révérée, comme il se doit à des hommes Religieux, surtout avec le nom de Chrétiens chez les Indigènes eux-mêmes, ils n'hésitèrent pas, honteusement, et en perturbant gravement les Églises, à porter des sentences d'excommunication, et de suspense, et d'interdit.

[En vue de mettre fin à ces abus, il fut fait appel au jugement de la S. Congrégation pour la Propagation de la Foi.]

§ 4. Quand toutes ces choses Nous furent rapportées par le Vicaire Apostolique, Nous n'accordâmes aucun repos à Notre Chair, mais voyant le tumulte dans la Maison de Dieu, dans laquelle l'Apôtre ne peut souffrir de tensions, en raison de son office de Souverain Pontife, nous ordonnâmes qu'il soit remédié au plus vite par des remèdes très vigoureux à tant de mal. Afin de procéder très précautionneusement dans une chose si importante, nous avons interrogé la Congrégation particulière de quelques Cardinaux de la Sainte Église Romaine qui sont préposés aux affaires de la Propagation de la Foi, pour examiner la chose dans son entier ; ces derniers ayant procédé à cet examen de manière diligente, [répondirent] d'abord au doute suivant : « Le Supérieur temporaire des Réguliers peut-il choisir un Conservateur ? », pour ne pas décider sur le champ en raison de la gravité de la chose, et de le définir par la suite, mais de réserver l'examen et la décision de ce doute, déclarèrent entre autres dans ces circonstances, se fondant sur les Constitutions Apostoliques et sur les autres décrets rendus :

« 1. Que le refus ou l'ajournement de la faculté de confesser aux Réguliers n'est pas une cause suffisante pour se choisir un Conservateur.

« 2. Qu'en conséquence ceux qui choisiraient un Conservateur pour une telle cause encourent l'excommunication selon la norme du *chapitre final De off. et potest. Jud. Deleg. in VI°*[9], en particulier

9. Chapitre final sur l'office et le pouvoir des juges délégués, dans le *Sexte*.

confirmée dans la constitution de Grégoire XV, qui commence par *Sanctissimus*.

« 3. Qu'un Conservateur choisi de cette façon, sous peine de suspense *a divinis*, encourue ipso facto, doit s'abstenir d'utiliser le nom de Conservateur et de tout office, et que tous les actes qu'il aura faits jusqu'ici seront nuls, et seront déclarés n'avoir aucune valeur, ainsi que tous ceux qu'il ferait ensuite.

« 4. C'est alors avec gravité, que tous les Réguliers sont avertis, ayant éloigné tout esprit de parti, et qu'à l'avenir, en conformité avec leurs Ordres, ils veillent uniquement au salut des âmes, afin que le Siège Apostolique, fatigué par tant de plaintes d'Évêques, ne soit pas forcé de révoquer les privilèges autrefois concédés aux Réguliers pour l'accroissement des Missions, qui semblent maintenant tendre à leur ruine. Et à cet effet, à moins qu'on soit dans l'ignorance du lieu, un exemplaire de ces décrets sera notifié respectivement aux Supérieurs Généraux ; pour qu'ils veillent à les faire observer et à leur totale exécution. »

[Malgré le jugement de la S. Congrégation pour la Propagation de la Foi, les mêmes abus ayant persisté, ladite Congrégation rendit un nouveau décret.]

§ 5. Or, bien que Notre autorité Apostolique ait confirmé toutes ces dispositions, pendant cet intervalle de temps cependant, dans les régions particulièrement éloignées, l'incendie des discordes et des scandales n'a cependant pas été éteint, et il n'a pu être tempéré, au contraire, il est devenu encore plus vif, et s'est étendu, au point que de graves plaintes sont parvenues qu'à Nous, selon lesquelles sont refusés, au péril de leur vie, les sacrements de vie à ceux qui n'obéissent pas au jugement des Juges Conservateurs, et aux censures. À cause de cela, on ne peut pas différer davantage la décision du doute que jusqu'ici la Congrégation suscitée avait suspendue, tout ayant été pesé en droit, et l'affaire ayant été mûrement réfléchie, et ayant sous les yeux les Constitutions Apostoliques, et d'autre part le consentement de presque tous les experts en droit canonique et surtout la résolution de la Congrégation des Évêques, et préposée aux affaires des Réguliers, laquelle avait été consultée par l'archevêque de Porto Torres (Sardaigne) : « Est-ce que les réguliers d'un Couvent, d'un Monastère, ou un Prieuré d'une maison de Gardiens, ou de tout autre jouissant de la dignité de Réguliers, peuvent pour leur compte élire (*eligere*) ou choisir (*deputare*) un Conservateur ? » ; le 8 octobre 1717, il fut répondu : « Ils ne peuvent pas ». En tenant compte de ce décret et d'autres similaires, le 8 mars de la présente année, le doute fut résolu de cette manière : « En ayant référé au SSmo (au Saint-Père), il convient de déclarer, que les supérieurs réguliers temporaires ne peuvent nulle part et en aucun cas être choisis comme Conservateurs ; dans les territoires des Infidèles, faire savoir qu'aucun conservateur ne doit être désigné ».

[Sont une fois pour toutes fixés par le Saint Siège le mode et les limites de l'élection et du pouvoir des juges conservateurs.]

§ 6. Cela Nous ayant été relaté, et le Décret nous ayant été montré, nous nous sommes rendu compte que cela était bien conforme et adapté pour les deux parties aux constitutions apostoliques. Longtemps auparavant en effet Nos Prédécesseurs Boniface VIII dans la Constitution qui commence par *Statutum*[10], Grégoire XV, dans la Constitution qui commence par *SSmus in Christo Pater*, et Innocent X dans la Lettre en forme de bref, qui commence par *Alias a Nobis* remarquaient que les Réguliers et d'autres auxquels un privilège spécial avait été concédé par le Siège Apostolique pour qu'ils puissent se choisir des Juges Conservateurs, sous prétexte de ce privilège, troublaient la juridiction ordinaire ou déléguée des Évêques et d'autres juges, et que les Juges Conservateurs excédaient fréquemment les limites de leur pouvoir ; de manière fort avisée, du moment que ces privilèges étaient établis, ils voulurent les assainir et imposèrent certaines limites à leur pouvoir ; des peines furent aussi établies contre les transgresseurs.

[Le Pape approuve, et confirme les précédentes constitutions apostoliques quant aux Juges Conservateurs.]

§ 7. Nous attachant à marcher sur les traces des Souverains Pontifes Nous ayant précédé, sur le conseil des Cardinaux de la S.É.R. (Sainte Église Romaine), des quelques Congrégations particulières susmentionnées, qui sont préposés aux affaires de la Propagation de la Foi, à savoir Notre Ven. Frère Joseph Cardinal de la S.É.R. Spinelli évêque d'Ostie, et Doyen du S. Collège, et nos chers fils Card. de la S.É.R. Stoppani, Galli, Antonelli et Colonna di Sciarra, à notre initiative (*motu proprio*), et après une mûre délibération, Nous renouvelons d'abord les constitutions de Boniface VIII et Grégoire XV, et la lettre apostolique en forme de bref d'Innocent X, dont nous voulons que la teneur soit ici insérée, avec leurs déclarations propres, et confirmons ces Constitutions, et la Lettre Apostolique, leur donnons pleine force, et nous voulons les voir établies, et ainsi nous commandons.

10. L'original indique « Statum » de manière fautive.

[Les Supérieurs temporels ne peuvent pas être élus Juges Conservateurs, mais uniquement les personnes possédant une dignité ou un personnat.]

§ 8. Par ailleurs, puisque des précautions furent prises dans ces Constitutions pour qu'il fût seulement possible de choisir comme Juges Conservateurs ceux qui obtiennent la dignité ou le personnat dans une cathédrale ou une église collégiale, en nous fondant sur ces mêmes Constitutions, Nous établissons et déclarons, qu'il n'est pas permis à quiconque dans n'importe quel lieu, aux Réguliers de n'importe quels Ordre, Monastères, ou Congrégations, qu'ils soient Mendiants, ou non Mendiants, même ceux de la Société de Jésus, quand bien même il faudrait qu'ils soient précisés et nommés individuellement et à tous les autres auxquels il fut concédé par le Siège Apostolique de choisir des juges conservateurs, par la force d'un quelconque privilège, auquel, autant que nécessaire, nous dérogeons expressément. Nous déclarons que les Préposés, Recteurs provinciaux, Définiteurs (=Assistants), Gardiens, Prieurs, Recteurs, Vicaires, Visiteurs, et tous autres Supérieurs Réguliers non perpétuels mais seulement temporels du propre, choisis comme Juges Conservateurs, n'ont pas été établis dans la dignité ecclésiastique pour remplir ce rôle et à cet effet, [et] que leur élection, même si elle advenait, étant sauve pour le reste la forme de la Constitution de Grégoire XV, sera absolument invalide par ce droit même.

[L'élection de Juges Conservateurs est interdite aux Réguliers des missions chez les Infidèles.]

§ 9. Nous en tenant également aux décrets de la Congrégation Générale de la Propagation de la Foi coram S.M. Urbain VIII, du 3 février 1640, compte tenu des dangers et des scandales qui proviennent de l'élection des Juges Conservateurs, dans les territoires des Infidèles [provoquant] la perte des âmes et de la tranquillité publique, et le trouble de la paix de l'Église ; selon le décret de ladite Congrégation, Nous avertissons par Notre autorité apostolique, les Réguliers mendiants, et non mendiants, les moines, et les clercs réguliers, de toute congrégation et de tout ordre, même de la Société de Jésus, et tous les autres quand bien même il faudrait qu'ils soient précisés et nommés individuellement, de ne pas *utiliser* les privilèges qu'ils se sont concédés de choisir des Juges Conservateurs, jusqu'à ceux qui demeurent dans les territoires des Infidèles, et travaillent aux missions sacrées ; mais que tout et chacun dans les enquêtes (*ostensionibus*), et les causes de leurs Ordres, et qui touchent aux privilèges, attendent de l'Église, Mère et Maîtresse de toutes les Églises, pour laquelle rien n'est plus important, de faire respecter les droits de chacun, et un juste jugement, et un remède.

[Clausule dérogatoire et irritante.]

§ 10. Nous décidons que notre présente Lettre, et tout ce qui y est contenu (bien que les Supérieurs de n'importe quel ordre y compris Généraux, ou Prieurs également Généraux, ou des Missions, ou missionnaires eux-mêmes, ou choisis par eux, ou n'importe quel autre ayant un intérêt dans ce qui précède, ou prétendant en avoir, pour ces choses (dites précédemment) appelés, cités, ou entendus [*lac.*], ou [*lac.*] les causes en raison desquelles la présente aura été émise, n'auraient pas été suffisamment conduites, justifiées et vérifiées)[11], sera toujours et perpétuellement confirmée dans sa vigueur et son efficacité, qu'elle obtiendra et gardera son effet plein et entier, qu'elle favorisera dans la plus large mesure maintenant et dans l'avenir ; et ainsi non autrement pour tous les Juges Ordinaires, ou Délégués, quelle que soit l'autorité dont ils sont revêtus, et même les Cardinaux de la Sainte Église Romaine, également les Légats *a latere*, et les Nonces du siège, et les Vicaires Apostoliques, ou Visiteurs, de quelques facultés qu'ils soient munis, leur est dérogée, et de leur quelconque faculté de juger autrement, et faculté d'interpréter, et autorité, de juger et de décider ; en conséquence, si quelqu'un s'avisait de procéder autrement à ce sujet, par une quelconque autorité, que ce soit sciemment ou par ignorance, ce serait invalide et sans effet.

[Dérogation des (décisions précédentes) contraires.]

§ 11. Nonobstant les textes étant en vigueur de Sixte V, en faveur des Ordres Mendiants, de Pie V, et de Grégoire XIII (*In Supereminenti*) en faveur des Clercs Réguliers de la Société de Jésus en-dehors de l'Europe, et toutes autres Constitutions, et Ordonnances Apostoliques, et des Ordres, et de n'importe quel Institut[12], même si elles sont affermies par un serment, une confirmation Apostolique ou n'importe quelle autre garantie, par des statuts ou des coutumes, aussi par des privilèges, des indults et des Lettres apostoliques, même par *Mare Magnum*[13], ou tous autres documents, concédés, confirmés, et plusieurs fois approuvés, et renouvelés sous quelque forme que ce soit à ces mêmes Ordres et Instituts et leurs Supérieurs, et Prélats, et aussi aux

11. Une partie de ce texte semble corrompue, notamment à la fin de la proposition commençant par « licet » à la première ligne, et entre « sive » et « causae » à la 4ᵉ ligne (indication des lacunes par [*lac.*]). Nous avons ajouté des parenthèses pour le rendre plus intelligible. Il faut comprendre selon nous que la présente constitution gardera sa valeur, n'en déplaise aux Supérieurs... qui estimeraient vouloir y déroger pour les motifs énumérés. *Salvo meliori iudicio* (G.H.).

12. Il s'agit ici des constitutions des ordres et instituts en question, donc du droit particulier.

13. Voir note 6 dans la Constitution de Grégoire XV.

personnes des Missionnaires « in limine » (avant-poste), et au seuil de leur expédition, et immédiatement après, par la suite, y compris par n'importe lequel des Pontifes Romains nos prédécesseurs, par le Siège Apostolique déjà mentionné, et également par Nous-Même ; à toutes ces choses, auxquelles la présente pourrait s'opposer de quelque manière, également celles, et de toute teneur, spécifiques, et exprimées expressément et individuellement, et aussi exprimées mot pour mot (*de verbo ad verbum*) – mais non par clausules générales même importantes –, ou par toute forme d'expression, ou par tout autre forme particulière, et leur teneur ayant respectivement la forme et les termes de ce qui est exprimé dans la présente lettre, (à toutes ces choses) qui seraient demeurées autrement dans leur force, cette fois, du moins, Nous dérogeons spécialement et expressément et voulons qu'il soit dérogé ainsi que à toutes les choses contraires, quelles qu'elles soient.

[Les formes sont établies pour que la présente lettre soit mise immédiatement à exécution.]

§ 12. Pour qu'il soit donné connaissance de Notre présente lettre à tous, et que personne ne prétende être dans son ignorance, ou se donne une excuse contre celle-ci, nous voulons, et demandons qu'un exemplaire de celle-ci soit transmis par ladite Congrégation pour la Propagation de la Foi aux Supérieurs Généraux des Ordres, des Congrégations, et des Instituts précités, ou à leurs Procureurs généraux se trouvant à Rome de tous les Missionnaires où qu'ils se trouvent. Et qu'après sa transmission, cette lettre contraigne, fasse agir tous ceux qu'elle concerne, et pourrait concerner dans le futur, et soit connue d'eux de quelque manière personnellement.

[Authentification de transmission.]

§ 13. Nous voulons aussi, que la présente soit reçue, imprimée et signée de la main d'un Notaire Public, et munie du sceau de notre cher fils Modernus (*et sigillo dicti filii Moderni*)[14], et pour le temps présent, protégée par l'archiviste de ladite Congrégation, que celle-ci dorénavant fasse foi en jugement, et soit appliquée et dans tous les pays, et dans les lieux où cette lettre doit être appliquée, si elle est présentée et montrée dans un exemplaire original.

[Clause pénale.]

§ 14. Qu'il ne soit permis donc à personne d'attenter à cette page de Notre confirmation, Mandat, Statut, déclaration, décret, dérogation, et

---

14. Le texte latin permet deux interprétations : soit il s'agit du « Modernus », certainement un notaire, déjà mentionné (*dicti*), mais nous ne voyons pas où. Soit il faut lire « *addicti* », adjectif couramment employé dans le sens de « cher » (G.H.).

volonté, ou si quelqu'un osait y contrevenir par une action téméraire, si quelqu'un présumait y attenter, qu'il sache qu'il encourt l'indignation de Dieu Tout-Puissant, et des bienheureux apôtres Pierre, et Paul.

Fait à Rome à Sainte Marie Majeure, l'année de l'Incarnation du Seigneur 1762, neuvième jour des calendes de Mai, en la 4e année de notre Pontificat[15].

15. Le 23 avril et non le 28 avril comme semble l'indiquer en marge le *Bullarium*, parce qu'on compte à rebours à partir du dernier jour du mois et on rajoute 2 : 30 avril – 9 + 2 = 23.

BIBLIOGRAPHIE

I. SOURCES MANUSCRITES

ANTONIUS A BUTRIO, *In Sextum Decretalium volumen Commentaria nunc primum excussa. opus, iuris studiosis utilissimum et pernecessarium*, lib. 1, (tit.) *De officia et potestate iudicis delegati*, cap. 1, *Statuimus*, n° 4 ; Venetiis, 1575, fol. 81r°.

BERNARD DE COMPOSTELLE le Jeune. *Apparatus ad constitutiones Innocentii IV.*
Bibl. Vat., Pal. lat. ms. 629, f. 262 ra – 274 vb.
Bibl. Vat., Chis. E VIII, ms. 237. 12. 281 ra – 292 vb.

BERNARD DE MONTMIRAT, *Lectura in constitutiones Innocenti IV.* Bibl. Vat., Borghes, lat., 260, fr. 109 rb – 116 vb.

BERNARD DE PARME, *Casus.*
Bibl. Vat., Borghes, lat. 269 ff. 84 ra – 87 vb.

BONIFACE VIII, *Regesta.*
Arch. Vat., Reg. Vat. 50.

« Casus » anonymes « Papa exsistens in concilio Lugdunensi ».
Bibl. Vat., Vat. lat. 2689, ff. 3s.

« Collectio decretalium RR. Pontificum ».
Bibl. Vat., Vat. lat. ms. 12572.

GUILLAUME DURAND, *Speculum iuris.*
Bibl. Vat., Pal. lat. 792, 793.
Vat. lat. ms. 2627.
ms. 8554.

PIERRE DE SAMPSON, *Lectura in decretales Innocentii IV.*
Wien, Nationalbibliothek, ms. 2083, ff. 197 ra – 199 ra.
2113, ff. 101 rb - 108 va.

UGUCCIO, *Summa Decreti.*
Bibl. Vat., Vat. lat. 2280.

II. SOURCES IMPRIMÉES

ALBERIGO J. *et alii*, *Conciliorum Oecumenicorum decreta*, edit. 3[a], BOLOGNA, 1973.

— *Les Conciles œcuméniques. Les décrets.* Tome II-1, *Nicée I à Latran V*, Les éditions du Cerf, Paris, 1994, coll. « Le magistère de l'Église ».

— *Les Conciles œcuméniques*, tome II-2, *Les décrets. Trente à Vatican II*, Paris, Cerf, 1994, coll. « Le magistère de l'Église ».

ANTELMY J., *Assertio pro S. Euchario. Lugdunensi episcopo*, Parisiis, 1726.

AUVRAY L., CLÉMENCET E., CAROLUS-BARRÉ L., *Les registres de Grégoire IX*, Paris, 1896-1955.

BERGER E., *Les registres d'Innocent IV*, Paris, 1884-1921 (4 vol.).

BERNARD DE PARME, *Glossa in Decretales Gregorii IX* [entre 1241-1266], Romae, 1589.

BOUREL DE LA RONCIÈRE C., de LOYE J., de GENIVAL F. et COULON A., *Les registres d'Alexandre IV*, Paris, 1902-1953.

Bullarium Romanum, Augustae Taurinorum [Turin], 1857-1872.

Christopher R. CHENEY and Mary G. CHENEY, *The Letters of pope Innocent III (1198-1216) concerning England and Wales, A Calendar with an appendix of texts*, Oxford, at the Clarendon Press, 1967.

Conciliorum œcumenicorum decreta, Friburgi Brisgoviae [Freiburg im Breisgau], 1962.

COTTINEAU L. H., *Répertoire topo-bibliographique des abbayes et prieurés*, t. 1, Mâcon, 1935.

COTTON B. de, *Historia anglicana* (ed. H. R. Luard), London, 1859.

DELAVILLE LE ROULX J., *Cartulaire général des Hospitaliers*, Paris, 1880.

DELORME F.M. et HALUSCYNSKYJ T.T., *Acta ab Nicola IV ad Benedictum XI*, Romae, 1954.

DENIFLE H., CHATELAIN Aem., *Chartularium Universitatis Parisiensis*, t. 1, Parisiis, 1889.

DIGARD J., FAUCON M., THOMAS A., FAWTIER R., *Les registres de Boniface VIII. Recueil des bulles de ce pape publiées et analysées d'après les manuscrits originaux des archives du Vatican*, Paris, 1884-1939.

FABRE P., *Étude sur le « Liber Censuum » de l'Église romaine*, Paris, 1892 (fasc. LXII de la Bibliothèque des Écoles françaises d'Athènes et de Rome).

FRIEDBERG Aem., *Corpus iuris canonici*, Lipsiae [Leipzig], 1879-1881 (ed. anast., Graz, 1955).

GAY J. et VITTE S., *Les registres de Nicolas III (1277-1280), Recueil des bulles...*, Paris, 1898-1938. [GAY J., CLÉMENCET-WITTE S., Registres pontificaux de Nicolas III (1277-1280), 1898-1938].

GEOFFROY DE TRANI (Goffredi Tranensis), *Summa in titulos decretalium*, Venetiis, 1564.

GRANDJEAN Ch., *Le registre de Benoît XI. Recueil des bulles de ce pape...*, Albert Fontemoing éditeur, Paris, 1905.

GUILLAUME DURAND, *Speculum iudiciale*, Francofurti, 1612.

— *Repertorium aureum*, Francofurti, 1612.

GUILLAUME DE MONTLAUZUN, *Lectura in Sextum,* Lugduni, 1570.

GUIRAUD J. et CLÉMENCET S., *Les registres d'Urbain IV. Recueil des bulles de ce pape...*, Paris, 1900-1958.

GUIRAUD J., CADIER E., *Les registres de Grégoire X (1272-1276) et de Jean XXI (1276-1277). Recueil des bulles de ces papes...*, Paris, 1892-1898 [tables, 1960].

GUY DE BAYSIO, *Lectura in Sextum Decretalium* [ou : *super Sexto Decretalium, 1303-1304*], Venetiis, 1577.

— *Rosarium Decreti* [*Decretorum,* v. 1300], Venetiis, 1577.

HAGENEDER O., HAIDACHER A. (édit.), *Die Register Innocenz' III.*, t. I, 1, *Pontifikatsjahr 1198-1199*, Graz-Köln, 1964 (coll. « Publikationen der Abteilung für Historische Studien des Österreichischen Kulturinstituts in Rom »).

HALUSCYNSKYJ T.T., WOJNAR M.M., *Acta Innocentii PP. IV (1243-1254)*, Romae, 1962 (Pontifica commissio ad redigendum Codicem iuris canonici orientalis, Fontes, ser. III, vol. IV, t. 1).

— *Acta Alexandri PP. IV (1254-1261)*, Romae, 1966 (Pont. Comm. ad red. C.I.C. or., Fontes ser. III, vol. IV, t. 2).

HENRI DE SUZE (Hostiensis), *Summa aurea* [v. 1250-53], Lugduni, 1568.

— *Commentaria in Sextum decretalium librum* [v. 1271], Venetiis, 1531.

INNOCENT IV [Sinibaldo de FIESCHI], *Commentaria in quinque libros decretalium [1216-1227]*, Venetiis, 1610.

JEAN D'ANDRÉ [Giovanni D'ANDREA], *Additiones in [ad] [Guill.] Durantis Speculum iudiciale* [1300-1348 ?], Francofurt, 1612.

— *Glossa in Sextum*, Romae, 1584.

— *Novella in Sextum*, Venetiis, 1581.

— *Novella in decretales Gregorii IX*, Venetiis, 1581.

JEAN LEMOINE, *Apparatus in Sextus*, Venetiis, 1585.

JEAN LE TEUTONIQUE, *Glossa in Decretum Gratiani*, Romae, 1584.

JORDAN E., *Les registres de Clément IV (1265-1268)*, Paris, Tables, 1945.

LANGLOIS E., *Les registres de Nicolas IV (1288-1292), Recueil des bulles...*, Paris, 1905.

MANSI I.D., *Sacrorum conciliorum nova et amplissima collectio*, Florentiae, 1759-1798, tomes 22, 23, 24.

MARTA I.A., *Tractatus de clausulis*, Venetiis, 1660.

MARTÈNE E., DURAND U., *Thesaurus novus anecdotorum*, t. 4, Parisiis, 1717.

LES MEMBRES DE L'ÉCOLE FRANÇAISE DE ROME, *Les registres de Martin IV (1281-1285), Recueil des bulles...*, Paris, 1901-1935, Fasc. 3, F. OLIVIER-MARTIN, 1901.

MIGNE J.P., *Patrologia latina, Regesta Innocentii III*, tt. 214-217, Parisiis, 1855.

MOLLAT G., « Les doléances du clergé de la province de Sens au concile de Vienne (1311-1312) », dans *Revue d'histoire ecclésiastique*, t. 6, 1905, p. 318-326.

NICOLINI U., *Trattati « de positionibus » attribuiti a Martino de Fano*, Milano, 1935 (« Orbis Romanus », Biblioteca di testi medievali a cura dell'Università Cattolica del Sacro Cuore, IV).

OTTENTHAL E. v., *Die päpstlichen Kanzleiregeln von Johannes XXII. bis Nicolaus V.*, Innsbruck, Wagner, 1888.

DE PARIS M., « *Chronica majora* », dans *Monumenta Germaniae Historica, Scriptorum*. t. 28, p. 107-389 (ed. F. Liebermann), Hannover-Berlin, 1888.

PIANA C., « *Supplementum ad "Bullarium franciscanum" ex quodam opere inedito I.H. Sbaralea restituendo* », dans *Franciscan studies*, t. 5, 1955, p. 123-146.

POTTHAST A., *Regesta Romanorum Pontificum inde ab A. post Christum natum 1198 ad A. 1304*, Berolini [Berlin], 1874-1875.

POWICKE F.M. and CHENEY C.R. (ed.), *Councils and Synods with other Documents Relating to the English Church*, Oxford, 1964.

PRESSUTTI P., *Regesta Honorii Papae III (1216-1227)*, Romae, 1888-1895.

PROU M., *Les registres d'Honorius IV (1285-1287), Recueil des bulles...*, Paris, 1888.

RIPOLL T. et BRÉMOND A., *Bullarium ordinis Fratrum Praedicatorum*, Romae, 1729-1740.

ROBERTSON J., *Concilia Scotiae*, t. 2, Edinburgi, 1866.

SBARALEA J. H., *Bullarium franciscanum*, Romae, 1759-1768.

SCHMITT, Cl., « Documents sur la province franciscaine de Strasbourg aux XIVe et XVe s. d'après un formulaire de Lucerne », dans *Archivum Franciscanum Historicum*, t. 59, 1966, p. 248-273.

(VON) SCHULTE J.F., *Beiträge zur Dekretalen zwischen den Decretales Gregorii IX und Liber Sextus Bonifatii VIII* (extr.).

— « Die Dekretalen zwischen den Decretales Gregori IX und Liber VI Boniface VIII, ihre Sammlung und Verarbeitung außerhalb des Liber VI und im Liber VI », dans *Sitzungsberichte der Philosophisch-Historischen Classe der Kaiserlichen Akademie der Wissenschaften*, Wien, 55, 1867, p. 701-797.

— « Beiträge zur Literatur über die Dekretalen Gregors IX., Innocenz IV., Gregors X. », Wien, 1871, *Sitzungsberichte der Philosophisch-Historischen Classe der Kaiserlichen Akademie der Wissenschaften*, Wien, 68, Aprilhefte, 1871, p. 55.

SIEMER L., *Archiven der deutschen Dominikaner*, t. 2, Köln, 1939.

TANGL M., *Die päpstlichen Kanzleiordnungen von 1200-1500*, Innsbruck, 1894.

TAUTU, A.L., *Acta Honorii III et Gregorii IX*, Vatic., 1950 (Pont. Comm. ad redig. C.I.C. or., ser. III, vol. III).

— *Acta Urbani IV, Clementis IV, Gregorii X*, Romae, 1953 (Pont. Comm. ad red. C.I.C. or., ser. III, vol. V, t. 1).

TEIGE J., « Beiträge zum päpstlichen Kanzleiwesen des XIII. und XIV. Jahrhunderts », dans *Mitteilungen des Instituts für Österreichische Geschichtsforschung*, t. 17, 1896, p. 414s.

WADDING L., *Annales Minorum*, Romae, 1731-1806.

WAHRMUND L., « Die *"Consuetudines Curiae Romanae"* », dans *Archiv für katholisches Kirchenrecht*, t. 79, 1899, p. 3-19.

— *Quellen zur Geschichte des römisch-kanonischen Prozesses [Processes] im Mittellalter*, Innsbruck, 1905-1928, t. 1, 1905, fasc. 7 et 8.

III. TRAVAUX CITÉS

AMANN E., art. « Urbain IV », dans *Dictionnaire de théologie catholique*, t. 15, Paris, 1950, col. 2288-2295.

BARBOSA, A., *Tractatus varii*, Lugduni, 1660.

BARRACLOUGH G., « *Audientia litterarum contradictarum* », dans *Dictionnaire de droit canonique*, t. 1, Paris, 1935, col. 1387-1399.

BAUMGARTEN P.M., « Zum päpstlichen Urkundenwesen den XIII. und XIV. Jahrhunderts », dans *Römische Quartalschrift für christliche Altertumskunde und Kirchengeschichte*, t. 40, n° 3/4, Herder, 1932, p. 343-360.

BERGER É., *Saint Louis et Innocent IV. Étude sur les rapports de la France et du Saint-Siège*, Paris, 1893.

BERTOLINO R., *Il notorio nell' ordinamento giuridico della Chiesa*, Torino, 1965.

BONNET P.A., *Il giudizio di nullità matrimoniale nei casi speciali*, Roma, 1979, p. 57-59 (« Studia et documenta iuris canonici », moderante P. FEDELE, vol. 9).

BOÜARD A. de, *Manuel de diplomatique française et pontificale*, tome 1, Paris, 1929.

BRIACCA G. , « Papiniano Della Rovere. Contributo ad una biografia », dans *Contributi dell'Istituto di Storia Medioevale (Raccolta di studi in memoria di Giovanni Soranzo)*, I, Milano, 1968, p. 60-128.

BRESSLAU H., *Handbuch der Urkundenlehre für Deutschland und Italien*, t 1, Leipzig, 1912^2 (reprod. anast., Berlin, 1969).

BUISSON L., *König Ludwig IX., der Heilige und das Recht. Studie zur Gestaltung der Lebensordnung Frankreichs im hohen Mittelalter*, Freiburg i. B., 1954.

CALLEBAUT A., « Les provinciaux de la province de France au XIIIe siècle. Notes, documents et études », dans *Archivum Franciscanum Historicum*, t. 10, 1917, p. 289-356.

CASTILLO LARA R.J., « Los primos desarrollos doctrinales del "notorium" en la Canonística Clásica », dans *Salesianum*, t. 22, 1960, p. 410-433.

CIMETIER F., *Les sources du droit ecclésiastique*, Paris, 1930, p. 74-75 (« Bibliothèque catholique des sciences religieuses »).

DAUX C., « La protection apostolique au Moyen Âge », dans *Revue des questions historiques*, t. 72, 1900, p. 5-60.

DE LA BROSSE O., LECLER J., HOLSTEIN H., LEFEBVRE Ch., *Latran IV et Trente*, Paris, Éditions de l'Orante, 1975, coll. « Histoire des conciles œcuméniques », sous la direction de G. DUMEIGE, t. 11.

DELISLE L., « Mémoire sur les actes d'Innocent III », dans *Bibliothèque de l'École des chartes*, t. 19, 1858, p. 1-73.

DELORME P.M., « Alexandre IV et la protection de l'ordre », dans *Archivum Franciscanum Historicum*, t. 12, 1919, p. 393 et suiv.

DE LUCA L., « *Confirmatio apostolica* », Roma / Cagliari, 1948.

DIGARD G., *Philippe le Bel et le Saint-Siège de 1205 à 1304*, t. 1, Paris, 1936.

DUBLED H., « L'Avouerie des monastères en Alsace au Moyen Âge (VIIIe - XIIe siècle) », dans *Archives de l'Église d'Alsace*, n.s., t. 10, 1959, p. 1-88.

DU CANGE, DU FRESNE C., FAVRE L., *Glossarium mediae et infimae latinitatis*. Niort, 1883-1887 (ed. anast. Paris, 1917-1918).

DUMAS A., « Protection apostolique », dans *Dictionnaire de droit canonique*, t. 7, Paris, 1965, col. 381-358.

DZIATZKO C., « Die Notorietät im canonischen Beweisverfahren », dans *Archiv für katholisches Kirchenrechts*, t. 48, 1882, p. 225-229.

EUBEL C., *Hierarchia catholica Medii Aevi*, t. 1, Monasterii, 1913.

FALLETTI L., « Guillaume Durand », dans *Dictionnaire de droit canonique*, t. 5, Paris, 1953, col. 1014-1075.

DIGARD G, FAUCON M., THOMAS A., FAWTIER R., *Les registres de Boniface VIII* (introduction), FAWTIER R., t. 4, Paris, 1939.

FEIGL H., « Die Überlieferung der Register Papst Innozenz III'. », dans *Mitteilung des Instituts österreichische Geschichtsforschung*, t. 65, 1957, p. 242-295.

FLICHE A., THOUZELLIER Ch, AZAIS Y., *La Chrétienté romaine (1198-1274)*, Paris, 1950, coll. « Histoire de l'Église depuis les origines jusqu'à nos jours », fondée par A. Fliche et V. Martin, t. 10).

FOREVILLE R., *Latran I, II, III et Latran IV*, Paris, 1965, coll. « Histoire des Conciles œcuméniques », sous la direction de G. Dumeige, s.j.).

FOURNIER P., *Les officialités au Moyen Âge*, Paris, 1880.

GAGNER St., *Studien zur Ideengeschichte der Gesetzgebung*, Stockholm – Uppsala – Göteborg, 1960 (coll. « Acta Universitatis Upsaliensis. Studia Iuridica Upsaliensia », 1).

GHISALBERTI G., « La teoria del notorio nel diritto comune », dans *Annali di storia del diritto*, t. 1, 1957, p. 403-451.

GIRY A., *Manuel de diplomatique*, Paris, 1894 (reprod. anast., New York, 1965, et Hildesheim, 1972).

GRATIEN P., *Histoire de la fondation et de l'évolution de l'Ordre des Frères Mineurs au* XIIIe *s.*, Paris-Gembloux, 1928.

(VON) HALBAN BLUMENSTOK A., *Der päpstliche Schutz im Mittelalter*, Innsbruck, 1890.

(VON) HECKEL R., « Studien über die Kanzleiordnung Innozenz III. », dans *Historisches Jahrbuch*, t. 57, 1937, p. 258-289.

HEFELE Ch. J. et LECLERCQ H., *Histoire des conciles d'après les documents originaux*, tomes 5 et 6, Paris, 1912-1915.

HEIDEMANN J., *Papst Clemens IV. Eine Monographie*, Münster i. W., Schöningh, 1903.

HEINER F.X., « Urteile "in notorio" », dans *Archiv für katholisches Kirchenrecht*, t. 90, 1910, p. 700 et s.

HERDE P., *Audientia litterarum contradictarum. Untersuchungen über die päpstlichen Justizbriefe und die päpstliche Delegationsgerichtsbarkeit im 13. bis zum Beginn des 16.*

Jahrhunderts, Tübingen, 1970 (coll. « Bibliothek des Deutschen Historischen Instituts in Rom », 31).

— *Beiträge zum päpstlichen Kanzlei- und Urkundenwesen im dreizehnten Jahrhundert*, Kallmünz, 1967 (coll. « Münchener Historische Studien. Abteilung Geschichtliche Hilfswissenschaften », vol. 1).

— « Marinus von Eboli: "Super Revocatoriis" und "De Confirmationibus" », dans *Quellen und Forschungen aus italienischen Archiven und Bibliotheken*, t. 42-43, 1963, p. 146 et suiv, 216 et suiv.

HINSCHIUS P., *System des katholischen Kirchenrechts*, t. 1, Berlin, 1869.

HOURLIER J., *L'Âge classique (1140-1378). Les religieux*, Paris, 1974 (coll. « Histoire du droit et des institutions de l'Église en Occident », publ. sous la direction de G. LE BRAS, t. 10).

JORDAN E., *Les origines de la domination angevine en Italie*, Paris, 1909 (New York, 1960).

KESSLER, P.J., « Untersuchungen über die Novellen-Gesetzgebung Papst Innozenz' IV. », dans *Zeitschrift der Savigny-Stiftung für Rechtsgeschichte. Kanonistische Abteilung*, t. 31-33, 1942-1944.

KLEWITZ H.W., *Reformpapsttum und Kardinalkolleg: Die Entstehung des Kardinalkollegiums. Studien über die Wiederherstellung der römischen Kirche in Süditalien durch das Reformpapsttum – Das Ende des Reformpapsttums*, H. Gentner, Darmstadt, 1957.

KUTTNER St., « The date of the Constitution *Saepe*, the Vatican Manuscripts and the Roman Edition of the Clementines », dans *Mélanges E. Tisserant*, t. 4, Città del Vaticano, 1964, p. 427-452 (coll. « Studi e Testi », 234).

LAURENT M.H. *et alii*, *Beatus Innocentius PP. V (Petrus de Tarantasia o.p.)*, *Studia et documenta,* Romae ad S. Sabinae, 1943.

LE BRAS G., *Institutions ecclésiastiques de la Chrétienté médiévale*, Paris, 1959-1964, 2 vol. (coll. « Histoire de l'Église », sous la direction de A. FLICHE et V. MARTIN, t. 12).

LE BRAS G., LEFEBVRE Ch., RAMBAUD J., *L'Âge classique, sources et théorie du droit*, Paris, 1965 (coll. « Histoire du droit et des institutions de l'Église en Occident », sous la direction de G. LE BRAS, t. 7).

LECLER J., *Vienne*, Paris, Éditions de l'Orante, 1964, coll. « Histoire des conciles œcuméniques », sous la direction de G. DUMEIGE, t. 8.

LECLER J., HOLSTEIN H., ADNÈS P., LEFEBVRE Ch., *Trente*, Paris, Éditions de l'Orante, 1981, coll. « Histoire des conciles œcuméniques », sous la direction de G. DUMEIGE, t. 10.

LE CLERC V., « Guillaume Duranti, évêque de Mende, surnommé le Spéculateur », dans *Histoire littéraire de la France*, t. XX, 1842, p. 411-497.

LEFEBVRE Ch., « Hostiensis », dans *Dictionnaire de droit canonique*, t. 5, Paris, 1953, col. 1211-1227, et dans *New Catholic Encyclopedia*, t. 7, p. 170 et suiv.

— « Les origines romaines de la procédure sommaire aux XIIe et XIIIe siècles », dans *Ephemerides iuris canonici*, t. 12, 1956, col. 151 et suiv.

— « Sinibalde dei Fieschi », dans *Dictionnaire de droit canonique*, t. 7, Paris, 1965, col. 1029-1062.

— « Procédure », dans *Dict. de droit can.*, t. 7, Paris, 1965, col. 285 et suiv.

LEGENDRE P., *La pénétration du droit romain dans le droit canonique classique de Gratien à Innocent IV (1140-1254)*, Paris, 1964.

LEKAI Louis-J. S.O. Cist., *Les moines blancs. Histoire de l'ordre cistercien*, trad. Fr., Paris, 1957.

LEMARIGNIER J.F., GAUDEMET J., MOLLAT G., *Histoire des Institutions françaises au Moyen Âge* (sous la direction de F. LOT et R. FAWTIER), t. 3 : *Institutions ecclésiastiques*, Paris, 1962.

LEONARDI Cl., « Concilium lateranense IV (1215) », dans J. ALBERIGO *et alii*, *Conciliorum Oecumenicorum decreta*, edit. 3^a^, Bologna, 1973.

— « Concilium Lugdunense I (1245) », dans *Ibid.*, p. 227-271.

LÉVY J.-Ph., *La hiérarchie des preuves dans le droit savant du Moyen Âge depuis la renaissance du droit romain jusqu'à la fin du XIVe siècle*, Paris, 1939, coll. « Annales de l'Université de Lyon », 3e série : Droit, fasc. 5.

LUCHAIRE A., *Manuel des institutions françaises. Période des Capétiens directs*, Paris, 1892.

MAHN J.B., *L'ordre cistercien et son gouvernement des origines au milieu du XIIIe siècle (1098-1265)*, Paris, 1945 (coll. « Bibliothèque des Écoles Françaises d'Athènes et de Rome », fasc. 161).

MARCHAL J., *Le « droit d'oblat ». Essai sur une variété de pensionnés monastiques*, Ligugé-Paris, 1955, « Archives de la France monastique », vol. 49.

MATHIS B., *Die Privilegien des Franziskanerordens bis zum Konzil von Vienne (1311)*, Paderborn, 1927.

MOLLAT G., « Les Clémentines », dans *Dictionnaire de droit canonique*, t. 4, Paris, 1949, col. 635-640.

MORTIER A., *Histoire des maîtres généraux de l'ordre des Frères prêcheurs*, Paris, 1903-1914.

MÜLLER Ew., *Das Konzil von Vienne (1311-1312). Seine Quellen und seine Geschichte*, Münster i. W., 1934.

NASALLI ROCCA DI CORNELIANO E., *Gregorio X e i suoi tempi*, Piacenza, 1928.

NAZ R. (dir.), *Dictionnaire de droit canonique*, Paris, éditions Letouzey et Ané, 1935-1965, 7 vol.

NICOLAS C.-A., *Un pape saint-gillois : Clément IV dans le monde et dans l'Église, 1195-1268*, Gellion et Bandini, Nîmes, 1910.

OLIVIER-MARTIN Fr., *Histoire du droit français des origines à la Révolution*, Paris, 1951.

OURLIAC P., art. « Bernard de Parme ou de Botone », dans *Dictionnaire de droit canonique*, t. 2, Paris, 1937, col. 781-782.

PAULUS C., *Welt– und Ordensklerus beim Ausgange des XIII. Jahrhunderts im Kampfe um die Pfarr-Rechte*, Essen-Ruhr, 1900.

PAVLOFF G.G., *Papal Judge Delegates at the time of the « Corpus Iuris Canonici »*, Washington, 1963, coll. « The Catholic University of America, Canon Law Studies », n° 426.

PHILLIPS G., *Kirchenrecht*, t. 6, Regensburg, 1864.

POWICKE F. M., *The thirteenth century. 1216-1307*, Oxford, 1953.

PURCELL M., *Papal Crusading Policy (1244-1291)*, Leiden, 1975, p. 164-171 (« Studies in the History of Christian Thought », vol. 11).

RICHARD P., « Alphonse de Poitiers », dans *Dictionnaire d'histoire et de géographie ecclésiastiques*, t. 2, Paris, 1914, col. 744-749.

SAWICKI J. T., *Bibliographia synodarum particuliarium*, S. Congregatio de Seminariis et Studiorum universitatibus, Cité du Vatican, coll. « Monumenta iuris canonici », 1967.

SCHLEYER K., *Anfänge des Gallikanismus im 13. Jahrhundert. Der Widerstand des französischen Klerus gegen die Privilegierung der Bettelorden,* Berlin, 1937 (« Historische Studien », t. 314).

SCHMUTZ R.A., « Medieval Papal Representatives : Legates, Nuncios, and Judges-Delegate », dans *Studia Gratiana*, t. 15, 1972.

SCHREIBER G., *Kurie und Kloster in 12. Jahrhundert. Studien zur Privilegierung, Verfassung und besonders zum Eigenkirchenwesen der vorfranziskanischen Orden vornehmlich auf Grund der Papsturkunden von Paschalis II. bis auf Lucius III. (1099-1181)*, t. 1, Stuttgart, F. Enke, 1910 (coll. « Kirchenrechtliche Abhandlungen », hrsg. von U. Stutz, fasc. 65-66).

— « Studien zur Exemtionsgeschichte der Zisterzienser. Zugleich ein Beitrag zur Veroneser Synode vom Jahre 1184 », dans *Zeitschrift der Savigny-Stiftung für Rechtsgeschichte*: *Kanonistische Abteilung*, t. 4, 1914, p. 74-112

SESSEVALLE Fr. de, *Histoire générale de l'ordre de saint François*, Paris, 1932.

SIBILIA S., *Alexander IV (1254-1261)*, Anagni, 1961.

— *Gregorio IX (1227-1241)*, Milano, 1961.

SOUPLET M., *Jacques de Troyes, le « Pacificateur », évêque de Verdun (1247) 1253-1255, pape Urbain IV 1261-1264*, Troyes, 1954.

TEIGE J., *Beiträge zur Geschichte der « Audientia litterarum contradictarum »*, t. 1, Prag. 1897.

TENCKHOFF Fr., *Papst Alexander IV.*, Paderborn, 1907.

TIERNEY Br., *Foundations of the Conciliar Theory*, Cambridge, 1955.

VALOIS N., *Guillaume d'Auvergne, évêque de Paris (1228-1249). Sa vie et ses ouvrages*, Paris, 1880.

VAN HOVE A., *Prolegomena ad C.J.C.*, 2e éd., Mechliniae-Romae, 1945.

VENDEUVRE J., *L'exemption de visite monastique*, Paris, 1907.

VILLIEN A., « Abbas », dans *Dictionnaire de droit canonique*, t. 1, Paris, 1935, col. 1-2.

WAHRMUND L., « Der *Ordo iudiciorum* des Martinus de Fano et Das *Formularium* des Martinus de Fano », dans *Quellen zur Geschichte des römisch-kanonischen Processes im Mittelalter*, vol. 1, fasc, 7 et 8, Innsbruck, 1906-1907 (édit. an., Aalen, 1962).

— *Die « Consuetudines Curiae Romanae »*, dans *Archiv für katholisches Kirchenrecht*, t. 79, 1899, p. 3-19.

WERNZ F.X., *Ius decretalium ad usum praelectionum in scholis textus canonicis sive iuris decretalium*, t. 2, Romae, 1906.

WOLTER R., HOLSTEIN H., *Lyon I et Lyon II*, Paris, 1966 (coll. « Histoire des conciles œcuméniques » sous la direction de G. Dumeige, s.j.).

(VAN DEN) WYNGAERT A., « Querelles du Clergé Séculier et des Ordres Mendiants à l'Université de Paris au XIIIe siècle », dans *La France franciscaine*, t. 5, 1922, p. 257-281.

TABLE DES MATIÈRES

Structures éditoriales du groupe L'Harmattan

L'Harmattan Italie
Via degli Artisti, 15
10124 Torino
harmattan.italia@gmail.com

L'Harmattan Hongrie
Kossuth l. u. 14-16.
1053 Budapest
harmattan@harmattan.hu

L'Harmattan Sénégal
10 VDN SICAP AMITIE 3
BP 45034 Dakar-Fann
direction@senharmattan.com

L'Harmattan Cameroun
Tsinga/Derrière polyclinique FECAFOOT
BP 11486 Yaoundé
Jacques.koukam@harmattan.fr

L'Harmattan Burkina Faso
Villa 281, secteur 23 623, rue 14.32
Ouagadougou
zagbie@outlook.fr

L'Harmattan Guinée
Almamya, rue KA 028 OKB Agency
BP 3470 Conakry
harmattanguinee@yahoo.fr

L'Harmattan RDC
185, avenue Nyangwe
Commune de Lingwala - Kinshasa
matangilamusadila@yahoo.fr

L'Harmattan Congo
219, avenue Nelson Mandela
BP 2874 Brazzaville
deunovmikhael@gmail.com

L'Harmattan Mali
Immeuble Mgr Jean Marie Cissé
Aci Hamadallaye
BP 145 Bamako
syllaka@yahoo.fr

L'Harmattan Togo
Djidjole - Maison Amela
face EPP BATOME
02 BP 20680 Lomé
didieramela11@gmail.com

L'Harmattan Côte d'Ivoire
Résidence Karl - Cité des Arts
Abidjan-Cocody
03 BP 1588 Abidjan
harmattan.ivoire@gmail.com

L'Harmattan Bénin
Rue 604, (Immeuble à l'entrée
de la rue UCAO- Cite de Saint-Jean)
Cotonou
stepcorpus@gmail.com

Nos librairies en France

Librairie internationale
16, rue des Écoles
75005 Paris
librairie.internationale@harmattan.fr
01 40 46 79 11
www.librairieharmattan.com

Librairie des savoirs
21, rue des Écoles
75005 Paris
librairie.sh@harmattan.fr
01 46 34 13 71
www.librairieharmattansh.com

www.ingramcontent.com/pod-product-compliance
Lightning Source LLC
LaVergne TN
LVHW011250061026
849535LV00005B/1212
9782336550886